Veronika Beci

Musiker und Mächtige

VERONIKA BECI

Musiker und Mächtige

Artemis & Winkler

Die deutsche Bibliothek – CIP-Einheitsaufnahme
Ein Titeldatensatz für diese Publikation ist bei
der Deutschen Bibliothek erhältlich.

© 2001 Patmos Verlag GmbH & Co. KG
© ppb-ausgabe 2001 Patmos Verlag GmbH & Co. KG
Artemis & Winkler Verlag, Düsseldorf und Zürich
Alle Rechte, einschließlich derjenigen des auszugsweisen Abdrucks sowie
der fotomechanischen und elektronischen Wiedergabe, vorbehalten.
Umschlagmotiv: © Getty Images, Inc.
Umschlaggestaltung: Groothuis & Consorten, Hamburg
Satz: Fotosatz Moers, Mönchengladbach
Druck und Bindung: Wiener Verlag, A-Himberg
ISBN 3-538-07126-8

Inhalt

ERSTES KAPITEL

Immer schon: Musik und Politik
Eine spannungsvolle Beziehung

Kaum ist 1989 die Mauer gefallen, kaum ist im Jahr darauf ein
wieder vereinigtes Deutschland proklamiert, beginnt ein musikalischer Streit: der Streit um die passende Nationalhymne. Weder
die Bürger der alten Bundesrepublik noch die der (ehemaligen)
Deutschen Demokratischen Republik möchten ihre Hymne mis-
sen. Kulturpolitiker sind in diesen Tagen gefragt und geraten in
Argumentationsnot – kann man dem einen Teil Deutschlands
seine musikalische Identifikationsfolie entziehen, um ihn mit
einer anderen zu konfrontieren? Ist das bald nach dem Zweiten
Weltkrieg entstandene fortschrittsgläubige Trutzlied des Komponisten Hanns Eisler und des Dichters Johannes R. Becher, »Auf-
erstanden aus Ruinen«, nicht eigentlich zeitgemäßer als die histo-
risch angestaubte Symbiose der Haydnschen Kaiserhymne mit
Hoffmann von Fallerslebens »Einigkeit und Recht und Freiheit«
aus der Zeit des Vormärz? Hat nicht der Text der »Becher-
Hymne«, gerade weil er 1949 den Gedanken der deutschen Einheit beschwor und deshalb von der offiziellen DDR längst nicht
mehr verwendet wurde, seine Aktualität bewiesen, etwa bei den
großen Montagsdemonstrationen von 1989, als die Menge mit
den aus der Hymne oder ihrem Gedankenfeld stammenden
Rufen »Deutschland, einig Vaterland!« und »Wir sind ein Volk!«
stürmisch die Wiedervereinigung forderte? Andererseits: Ist
Haydns klassische Themenspende, gleichsam musikalischer Ausdruck der bei der Einigung versprochenen »blühenden Land-
schaften«, nicht ästhetisch wertvoller als der Sang von Arbeiter-

und Bauernkraft? Die Chance wird vertan, eine neue Hymne zu schaffen, die, unbelastet, mit den Idealen und Hoffnungen eines wieder vereinten Landes gefüllt werden kann. Auch der Vorschlag, Beethovens »Freude schöner Götterfunken«, diese Utopie von Menschlichkeit und Völkerverständigung, zur Hymne zu machen, wird nicht realisiert. Nein, Politiker möchten auch musikalisch ein Zeichen setzen, wer der Herr im wieder erbauten deutschen Hause ist. Es soll kein Vertun darüber geben, wer der ›Schöpfer‹ der Wiedervereinigung ist. Westdeutschland, die »alte Bundesrepublik« im Vollgefühl ihrer wirtschaftlichen Macht und ihres überlegenen politischen Systems, kann sich keine sozialistisch tönende Hymne gefallen lassen.

Ein kleines Lehrstück aus der jüngsten Vergangenheit, das zeigt, wie eng die Begriffe Musik und Politik verwoben sind und wie sehr Musik politisch gebraucht, meistens aber missbraucht werden kann. Dabei wird Musik, die »romantischste aller Künste«, vom größten Teil des Publikums doch ungern mit politischem Geschehen in Verbindung gebracht. Geliebt werden die Bilder eines schüchtern vor dem Flügel kauernden Franz Schubert, der seine lebenslustigen Freunde und ihre feschen »Maderln« mit arglosen Walzern und Deutschen unterhält, eines Johann Sebastian Bach, der in seinem riesenhaften Werk um göttliche Gnade ringt, eines Robert Schumann, der eingesponnen in Traumsphären Klavierminiaturen webt, oder eines Hans Pfitzner, der in den alltäglichsten Dingen scheitert, der angeblich völlig ahnungslos in die kulturelle Führungsriege der Nazis aufsteigt. Das Selbstverständnis vieler Komponisten ist aber ein anderes. Schumann erklärt, Politik affiziere ihn und spiegele sich in seinem Schaffen wider. Hans Werner Henze verlautet bündig: »Musik ist nolens volens politisch« … »Sicherlich haben politische Ereignisse, wenn sie mich persönlich betrafen, die Musik beeinflusst.« Giuseppe Verdi ist Parlamentarier, der polnische Pianist und Komponist Ignacy Paderewski wird nach dem Ersten Weltkrieg kurzzeitig Staatspräsident seines Vaterlandes, 1940 übernimmt er als Achtzigjähriger die Präsidentschaft des polnischen

Exilparlaments. Ausnehmend politisch engagiert (im Sinne seines Zeitalters) ist aber auch schon der englische Renaissancekomponist John Bull, der 1562 das Licht der Welt erblickt und zunächst an der Kathedrale zu Hereford die Orgel spielt. Ein exemplarischer Lebenslauf: Der elegante junge Mann, schlank gewachsen, länglichen Gesichts, großäugig, fällt mit seinem selbstbewussten Auftreten den einflussreichen Leuten am Hof von Elisabeth I. auf. Er erhält schnell die Organistenstelle an der Königlichen Kapelle und die Gunst der »Virgin Queen«. Aber Bull schlägt nicht nur die Orgel für Her Majesty, sondern dient ihr auch als Geheimagent. Die tanzbesessene Elisabeth ist eine ebenso listenreiche Politikerin wie talentierte Musikerin, und es ist wenig verwunderlich, dass manche Musiker ihres Hofes in Doppeleigenschaft als Spione für sie arbeiten. Als die Königin stirbt, wird auch Bulls Stellung unhaltbar; er muss Feindseligkeiten befürchten und flieht Hals über Kopf in die Niederlande. Die britische Gesandtschaft will dem neuen König von England weismachen, Bull habe sich vor der drohender Inhaftierung wegen »Unkeuschheit, Unzucht … und anderer arger Verbrechen« ins Ausland abgesetzt. 1628 stirbt der größte Orgelvirtuose seiner Epoche.

ZWEITES KAPITEL

Musiker und Mächtige
Ein Blick durch die Jahrhunderte

Alte Hochkulturen

Musik im Dienst der Staatspolitik, das gibt es seit den frühesten Kulturen, lange bevor es Staaten im heutigen Sinne gibt. Aus sumerischer Zeit, etwa 3000 vor Christus, sind Bildwerke bekannt, die erstmals auf die Nutzung von Musik im kultischen Bereich schließen lassen. Im Zweistromland werden damals Trommeln, Harfen und Leiern im religiösen Bereich eingesetzt. Religiöse Rituale und Herrschaftsausübung sind in diesen frühen vorderasiatischen Kulturen aufs engste verbunden. Priester bilden eine mächtigere Kaste als Könige und Fürsten. Die Virtuosen und Komponisten der Sumererzeit sind Priester und Musiker in Personalunion. Vermutlich gehört Musizieren eng zur priesterlichen Ausbildung. Denn schon die Sumerer erklären menschliche Schicksale aus kosmischen Gegebenheiten, deren Deutung Sache des Priesters ist, und in der Musik werden die kosmischen Vorgänge gespiegelt, sinnlich greifbar zu machen versucht.

Auch im alten Ägypten liegt die Musik hauptsächlich in den Händen der Priester und des Herrscherhofes. Es fällt auf, dass Bildwerke der Dynastien entweder Priester oder hochrangige Damen beim Harfenspiel zeigen. Es bildet sich mit der Zeit ein eigener Berufsmusikerstand heraus, der allerdings im kultischen oder höfischen Dienst steht. Die riesigen Bogenharfen des Neuen Reiches werden im Stehen gespielt, vermutlich als Musik im Tempel, Schlagwerk nutzt man in einigen Kulten wie der Isis-Verehrung, Trompeten im Totenkult. Es gibt Hymnen zu Ehren

Ägyptische Musikerinnen mit großer bogenförmiger Harfe und Langhalslaute.
Grabgemälde, um 1400 v. Chr.

der Pharaonen oder Götter, Fürstenlob also, sogar eine Art Nationalhymne auf Ägypten: »Heil Dir, o Atum,/ Heil Dir, o Chepre,
der du selbst entstanden bist!/ Hoch bist Du in diesem deinem
Namen ›Hügel‹,/ Du bist entstanden in diesem Deinen Namen
›Chepre‹« (Pyramidentexte Spruch 587). Erhalten sind Texte von
Liebesliedern, also ist vorstellbar, dass zu festlichen Anlässen bei
Hofe Musik leichterer Façon gespielt wurde, Tänze zur Flöte
gehören jedenfalls zur Festmusik. Mit Musik die Götter zu besänftigen, das Schicksal für das Land und seine Menschen günstig
zu stimmen, ist ein Hauptgedanke ägyptischer Musikausübung.
Eine wunderbare Stele aus dem Neuen Reich, heute im Louvre,
zeigt den thronenden Sonnengott Re, zu seinen Füßen ein knieender Harfenspieler, der durch Gewandung und Kahlrasur als
Priester kenntlich ist. Ein Relief aus Mesopotamien um 669 v.
Chr. stellt eine Musikprozession dar, die den als Sieger heim-

kehrenden König begrüßt; diese Hofkapelle besteht aus 11 Instrumentalisten und 15 Sängern.

Musik, Moral und Politik

Die Bedeutung von Musik für die Gesellschaft, ihre starke Wirkung auf die menschliche Psyche ist bereits den Menschen in vorchristlicher Zeit bewusst. Im Alten Testament besänftigt der junge David den geistig umnachteten, gewalttätigen König Saul durch sein Saitenspiel (und noch im 18. Jahrhundert wird es der Kastrat Farinelli in Spanien zum mächtigen Günstling bringen, weil nur er dank des erregenden Timbres seiner Stimme den gemütskranken König Philipp V. aufheitern kann). Im »Li-gi«, einer chinesischen Sittenlehre des 4. Jahrhunderts vor Christi Geburt, heißt es: »Töne entstehen im Menschenherzen. Die Musik bringt Zusammenklang in die gesellschaftlichen Beziehungen ... man muss die Musik untersuchen, um die Gebote zu verstehen. So wird der Weg zur Ordnung vollkommen ... Wer Musik versteht, erlangt dadurch die Geheimnisse der Sitte.« Musik also als ordnende und als sittliche Kraft. Konfuzius verfasst ein »Buch der Riten«, in dem er das musikalische Hofzeremoniell genauestens fixiert. Ordnung, Gebotstreue, beziehen sich zunächst auf den höfischen Lebensbereich, dann auf den Staat überhaupt. Ordnende Musik, das ist Musik, die Traditionen wahrt, die sich ganz ohne subjektive Äußerungen einem allgemein anerkannten Inhalt-Form-Rezept stellt.

In der griechischen Antike, mitten in der großen Blütezeit des 4. Jh. v. Chr., kommt es deshalb zum ersten bedeutenden Musikstreit der Geschichte. Der Philosoph Aristoteles befürwortet eine moderne Musik, die subjektive Erfahrungswerte in sich aufnimmt, dagegen möchte sein Gegenspieler Platon die alte Musik, die immer noch ein von kosmischen Bewegungen abhängiges Intervallmodell bevorzugt, erhalten wissen. Platon verfasst sein Buch vom »Staat« für den Fürsten (»Tyrannen«) Dionysios von Syrakus, dessen Gunst der wegen allzu freier Meinungsäußerung

Lyra spielender Jüngling. Gemälde aus einem etruskischen Grab in Tarquinia, um 470 v. Chr.

in Ungnade gefallene Philosoph wiedergewinnen will; hierzu scheint ihm seine konservative Staatstheorie am besten geeignet. Musik diene »zur Erkenntnis des Schönen und Guten«, schreibt Platon im siebten Buch. Politische Wirkung weist er ihr – anders als Aristoteles – nicht zu. Tatsächlich aber ist das altgriechische Leben vollkommen mit Hilfe von Musik geregelt. Musik hat ihre Funktion in der Alltagsarbeit wie bei den Gastmählern (Symposien), sie dient als Kriegsmusik, die mit ihrem Marschtakt das Heeresaufgebot einer Polis zugleich diszipliniert und anfeuert, ebenso als Tempelmusik, begleitet die Rituale des täglichen Lebens (Hochzeiten, Opfer, Bestattungen) und die großen Massenfeste wie die Pythischen Spiele in Delphi oder die Panathenäen in Athen. Welch wichtiger Faktor die Musik in der griechischen Gesellschaft ist, belegt das Gesetz, dass Elementarschüler noch vor dem Lesen und Schreiben Gesang und Instrumente erlernen müssen.

Musik wird einmal nach ihrem Rhythmus, zum anderen nach ihrer Tonart für bestimmte Zwecke eingesetzt: Triumphale Musik steht im dorischen Modus, bevorzugt wird ein schwungvoller Rhythmus, etwa ein Jambus oder der Anapäst, melische Sololieder elegischen Inhalts verwenden bevorzugt die lydische Tonart. Es existiert ein genauer Kanon, der Metrum und Tonart bestimmten Stimmungen zuordnet und der in vielem bis zur Neuzeit Gültigkeit hat. Aus politischen Erwägungen heraus gab es starke konservative Strömungen unter den altgriechischen Komponisten, die modernere Richtungen, wie etwa den Subjektivismus bei Alkaios oder Sappho, ablehnten. Sappho, die Lyrikerin aus Lesbos, bevorzugt die nicht allzu häufig genutzte mixolydische Tonart (wird sogar als deren Erfinderin bezeichnet), stellt sich damit außerhalb der üblichen Musiktradition und ist deshalb eine umstrittene Komponistin. Noch 460 v. Chr. warnt der Philosoph Damon: »Eine neue Art von Musik einzuführen muss man sich hüten, da hierbei das Ganze auf dem Spiel steht. Werden doch nirgends die Tonweisen verändert ohne Mitleidenschaft der wichtigsten staatlichen Gesetze.«

An jedem Fürstenhof lebt ein Berufsmusiker, ein Aoide, der ähnlich dem Skalden in der altnordischen Kultur die Pflicht hat, den Hof zu unterhalten und moralisch zu lenken. Fürstenlob und Heldenepos stehen im Mittelpunkt der fürstlichen antiken Musik. Seine Kunst ist zugleich Repräsentationskunst. Aufschluss gibt die »Odyssee« des Dichterkomponisten Homer aus dem 8. Jahrhundert v. Chr., in der Alkinoos, der Phäakenkönig, bei einem glänzenden Fest zu Ehren seines Gastfreundes Odysseus sagt: »Aber höre nun auch mein Wort, damit du es andern Helden erzählen kannst,/ und dich unserer Tugend und unserer Taten erinnerst …/ die hurtigsten Läufer sind wir und die trefflichsten Schiffer,/ Lieben nur immer den Schmaus, den Reigentanz und die Laute;/ … Auf denn und spielt vor uns, ihr besten phäakischen Tänzer,/ Dass der Fremdling davon bei seinen Freunden erzähle,/ Wann er zu Hause kommt, wie wir vor allen geübt sind/ In der Lenkung des Schiffes, im Lauf, im Tanz und Gesange./ Einer gehe geschwind und hole die klingende Harfe/ für Demodokos her, die in unserem Hause wo liegt/ … der Herold kam und brachte die klingende Harfe/ für Demodokos her. Er trat in die Mitte, und um ihn/ Standen die blühenden Jünglinge, erfahren im bildenden Tanze;/ … Odysseus/ Sah voll stiller Bewunderung die fliegende Eile der Füße./ Lieblich rauschte die Harfe; dann hub der schöne Gesang an./ Ares' Liebe besang und Aphroditens der Meister,/ Wie sich beide zuerst in Hephaistos' prächtiger Wohnung/ Heimlich vermischt.«

Schon in der Antike gibt es eine große Tradition komponierender Herrscher. Mythische Vorbilder finden sich in Homers Epen: hier musizieren die Götter, und die Helden Achilles und Odysseus sind zugleich Sänger. Alexander der Große lernt Musik bei seinem Lehrer Aristoteles; der Staatsmann Perikles (5. Jh. v. Chr.) erreicht solche Fertigkeiten, dass er 472 v. Chr. in einer Tragödie des Aischylos als Chorege mitwirken kann; ein Jahrhundert davor betätigt sich schon der athenische Reformpolitiker Solon als Dichter, prangert in seinen Liedern das aristokratische System an (lydische Tonarten, Spondeus) und kämpft für seine Idee einer

Gleichheit aller athenischen Bürger und der Abschaffung der Schuldsklaverei (Jambus oder trochäischer Tetrameter). Die römische Zeit nimmt im Wesentlichen die Traditionen der griechischen Musik auf. Berühmt-berüchtigt ist Kaiser Nero, der nach dem Brande Roms (64 n. Chr.) öffentlich als Kitharavirtuose und Schauspieler auftritt, sich auf seiner Griechenlandreise in allen musischen Zentren feiern lässt. In tyrannischen und diktatorischen Systemen finden sich bis heute Erben Neros, des Tyrannen, der die Musikausübung fest im Griff hat und als Propagandainstrument nutzt. In den Religionskämpfen der Frühen Neuzeit veranstalten etwa die Wiedertäufer, die 1533 zu Münster eine kurzlebige theokratische Herrschaft errichten, Aufmärsche, die in gewissem Umfang die Massenparaden faschistischer oder kommunistischer Regime vorwegnehmen. Der von Hitler/Goebbels organisierte Musikapparat des Dritten Reichs ist ein Beispiel für den Einsatz der Musik im Dienst der Machterhaltung, dem unbewusst Platons Erkenntnis der einzigartigen psychologischen Kraft der Musik zugrunde liegt. Aber auch demokratische und sozialistische Bewegungen bedienen sich ihrer: Der italienische Revolutionsphilosoph Giuseppe Mazzini, der leidenschaftlich für das Risorgimento kämpft, schreibt 1835 in seiner »Filosofia della musica«, das Volk brauche eine gemeinsame Musik, Musik könne auf die Seelen der Einzelnen wirken und die Massen mobilisieren. Und Stalin prägt etwa ein Jahrhundert später das Schlagwort vom Komponisten als »Ingenieur der Seele«.

Herrscherlob und Repräsentation, die wichtigsten Leitbegriffe im Themenwald Musik und Politik.

Kritik und Abhängigkeit: drei Epochen, drei Beispiele

Dass Musiker, die ja in der älteren Zeit vielfach zugleich Dichter und Schriftsteller sind, Kritik an ihrer Obrigkeit üben oder gar politisch aktiv werden, kommt in Antike, Mittelalter und in der Frühen Neuzeit, bis zum Ende des Barockzeitalters, höchst selten vor, fast nur im Rahmen milden ›Rats‹ an den Fürsten und auch nur, wenn die persönlichen Verhältnisse von Musiker und Fürst eine derartige Offenheit gestatten. Zwei sehr unterschiedliche Beispiele aus Mittelalter und Barockzeit und eines aus dem 19. Jahrhundert sollen die Möglichkeiten und Grenzen solcher Meinungsäußerungen und Aktionen deutlich machen.

Die Äbtissin, vielseitige Schriftstellerin und Predigerin *Hildegard von Bingen* gilt mit Recht als eine der großen Frauengestalten des Mittelalters. Als adlige Dame, deren Visionen und mystische Schriften als kirchentreu anerkannt werden, darf sie sich Kritik erlauben, ohne wie andere unbequeme Denker der Zeit (z.B. Pierre Abaelard und Arnold von Brescia) als Irrlehrer angeklagt und gar getötet zu werden. Als Tochter eines Ministerialen (Dienstadligen) 1098 geboren, tritt Hildegard in jungen Jahren dem Benediktinerinnenorden bei, gründet 1136 ihr Kloster auf dem Rupertsberg bei Bingen. Die Leitung des Klosters ist gleichsam politische Arbeit, noch ist die Kirche unbestritten die größte iridische Macht. Aufgrund ihrer Arbeit tritt Hildegard, die sich als Mystikerin und als Komponistin liturgischer Musik einen Namen macht, schriftlich und persönlich in Kontakt zu den Großen des Reiches. Papst Eugen III. erkennt auf Anregung des heiligen Bernhard von Clairvaux die von ihr erlebten und niedergeschriebenen Visionen 1148 an, erteilt ihr ein Mitspracherecht in geistlichen = politischen Fragen und bestätigt ihre diesbezügliche Kompetenz. Sie geht mit der hohen Geistlichkeit der Stadt Köln scharf ins Gericht. »Ihr seid Nacht, die Finsternis atmet. Ihr gleicht einem faulenden Volk, das vor lauter Wohlstand nicht mehr im Licht wandelt«, hält sie ihnen entgegen. Als Friedrich Barbarossa nach der Kaiserkrone strebt, rügt sie, die auf päpstlicher Seite steht, den Herrscher, da dieser längst nicht alle Forderungen des Papstes, die dieser als Vorbedingung für die Krönung stellt, erfüllen mag: »Leg die Habsucht ab … Hüte dich, dass der höchste Gott dich nicht niederwerfe wegen der Blindheit deiner Augen, die nicht recht sehen, wie du das Zepter führen musst, um richtig zu herrschen, damit dir Gottes Gnade nicht fehle.« Als sie später einem Exkommunizierten die Absolution erteilen lässt, bestraft sie der Mainzer Erzbischof mit dem Interdikt: Sie darf ihre Musik (im Rahmen der Liturgie) nicht mehr ausüben. Hildegard pariert sofort: »Ehe ihr den Mund derer, die das Gotteslob singen, durch Urteilsspruch schließt, müsst ihr ... darauf bedacht sein, euch ... einzig vom Eifer der Gerechtigkeit Gottes, nicht aber ... von Rachsucht lenken zu lassen ... Denn das härteste Gericht wird über die Prälaten ergehen, wenn sie nicht ... ihr Vorsteheramt mit Sorgfalt durchführen.« 1179 stirbt Hildegard von Bingen und hinterlässt ein reiches Werk von geistlichen Hymnen, Sequenzen, Antiphonen, Responsorien und sogar ein geistliches Spiel.

Der »Vater der neuen deutschen Musik« in den furchtbaren Zeiten des Dreißigjährigen Krieges, *Heinrich Schütz,* erhebt – anders als mehrere Jahrhunderte vor ihm die fromme und selbstbewusste Äbtissin Hildegard – keine direkte Einsprache. Aber unüberhörbar führt er in seinen Werken Klage über die Bedrängnis der Zeit, in der er lebt. Das »Fili mi Absalon« aus dem ersten Teil der »Symphoniae sacrae« ist eine von den Zeitgenossen Schütz' sofort verstandene Anspielung auf die Gegenwartsgesellschaft. Der machtgierige und abgeirrte Sohn des weisen Königs Salomo ist ein Symbol der kriegsverwirrten Epoche. In den »Kleinen geistlichen Konzerten« heißt es: »Der Herr schauet vom Himmel auf der Menschen Kinder, daß er sehe, ob jemand klug sei und nach Gott frage, aber sie sind alle abgewichen und allesamt untüchtig, da ist keiner, der Gutes tu, auch nicht einer.« Dass sie in ihren biblischen Anklängen ein politisch zu verstehendes Musikwerk sind, teilt Schütz in der Vorrede zum zweiten Teil der »Geistlichen Konzerte« mit: »Zwar muss ich mich schemen/ mit einem so kleinen und schlechten Wercklein vor deroselben zu erscheinen/ nun aber die Boßheit der ietzigen/ den freyen Künsten widrigen zeiten/ meinen anderweit/ sonder Ruhm/ bey diesen geringen für diessmal verbleiben müssen. Sollten aber die ietzo unter den Waffen gleich als erstickten und in den Koth getretenen Künste/ durch Gottes Güte/ zu voriger Wünsche und Werth wieder erhoben werden/ mir auch der Höchste biss dahin das Leben fristen würde/ weil so dann bey E. Hoch-Fürstl. Durchl. Mit einem reichern Pfande/ meiner Schuldigkeit nach/ einzukommen/ ich unvergessen seyn.« Inmitten der religiösen und machtpolitischen Kämpfe feiert Heinrich Schütz König Christian IV. von Dänemark als Friedensfürsten und kunstsinnigen Mäzen, der »meiner wenigen Person,/ wie auch der löblichen Profession der Music/ (als welche sonst bey diesen verkehrten martialischen Läufften großen Abbruch an dero Patronen bißher erleiden thut) mit Hochfürstlicher Hulde und Gnade ferne zu gethan zu seyn/ und beständig zuverbleiben«, denn im Friede von Lübeck 1629 versichert Dänemark, sich nicht mehr in die Glaubens-Streitereien einzumischen. 1633 reist er das erste Mal nach Kopenhagen, wird sogleich zum dänischen Hofkapellmeister ernannt. Seit 1617 ist Heinrich Schütz bereits im Dienst des Dresdner Hofes. Es steht außer Frage, dass er daher auch Aufgaben eines Diplomaten übernimmt. Schließlich binden sich das dänische und sächsische Königshaus eng aneinander durch Heirat einer Tochter des Kurfürsten mit dem dänischen Thronfolger. Seinen Kurfürsten tadelt Schütz im Gegensatz zum dänischen König, verfasst ein »Memorial … die Verbesserung der Musik betreffend«, in dem er beklagt, dass die Kultur aufgrund des Krieges völlig vernachlässigt werde. Die Hofkapellen in fast allen kriegsbeteiligten Fürstentümern reduzieren ihre Hofmusik auf das Nötigste; das Geld wird für andere Zwecke gebraucht. Betroffen sind die reisenden Musiker besonders durch die Kriegswirren; als Schütz 1628 nach Venedig reist, benötigt er zehn Wochen »wegen der zum teil in Deutschland … gesperrten Pässe«, was ihn »ein ziemliches gekostet« habe. Auf den Westfälischen Frieden 1648, das Ende des Krieges, reagiert Heinrich Schütz verhalten. Seine »Symphoniae sacrae« Teil III ist kein jubelnder Triumph des Friedens, sondern besitzt warnende und düstere Töne. Beschworen wird ein Gott, der den »Kriegen steuert«.

Unser drittes Beispiel entstammt dem 19. Jahrhundert. Ein breiteres Bewusstsein von Musik als auch eine politisch/kritische Reflexion über ihre gesellschaftliche und politische Rolle hat sich am Vorabend der Französischen Revolution artikuliert. Die folgenden Musikergenerationen leiden an inkonsequenter Grundhaltung zur Macht, dies gilt für fast alle großen Exponenten der Musikkultur des 19. Jahrhunderts, Giuseppe Verdi, Richard Wagner, Gustav Mahler und – *Johann Strauß,* den späteren »Walzerkönig«. Der junge Wiener Musiker beteiligt sich aktiv an der Revolution von 1848. Aus seiner Feder stammen unter anderem Barrikadenlieder. Außerdem spielt er regelmäßig mit seinem Orchester in den Strauß-Konzerten die »Marseillaise«. In den Monaten nach der Niederschlagung der Revolution durch die Habsburger zieht der laut Wiener Polizeibehörde »leichtsinnige, unsittliche und verschwenderische Mensch« es vor, auf ausgedehnten Konzertreisen nach Polen und Deutschland »abzutauchen«. In Österreich begegnet man ihm nicht sehr freundlich. Trotzdem hat er die Stirn, sich bald nach dem Tod seines Vaters (1849) um »die Musik am Kaiserhof« zu bemühen. Sein Gesuch wird natürlich abgelehnt. Er und sein Orchester drohen ins Aus zu geraten. Da vollzieht Strauß eine jähe Kehrtwendung. Als es zur Jahrhundertmitte in Ungarn immer noch gärt, der nationale Aufstand nur mit brutaler Härte niedergeworfen werden kann, schreibt Strauß eine »Nikolai-Quadrille« (zu Ehren des beim liberalen Europa verhassten Zaren Nikolaus!), der ein »Kaiser-Franz-Josephs-Marsch« folgt. Erzherzog Maximilian, der später als Kaiser von Mexiko ein tragisches Ende finden wird, erwärmt sich daraufhin für Straußsche Musik. Aber um sich dem Kaiser wieder zu nähern, muss sich Strauß etwas Besonderes einfallen lassen. Als er hört, der Zar treffe im Herbst 1850 mit Franz Joseph in Warschau zusammen, beschafft er sich eine Einladung. Und als der österreichische Kaiser den Festsaal betritt, da steht Strauß dirigierend vor der Kapelle und heißt ihn willkommen. Dem beim Zaren in Gunst stehenden Kapellmeister kann sich der Kaiser nicht sperren. Allmählich werden ihm immer weitere

Aufgaben für die Ballmusik im Redoutensaal in Wien übertragen. Seine Kompositionen richtet er von nun an streng nach den Bedürfnissen des Staates aus. 1853 bringt er einen »Rettungsmarsch« aus Anlass des fehlgeschlagenen Attentats auf den Kaiser zu Gehör und zitiert effektvoll die Kaiserhymne: »Gott erhalte, Gott beschütze!« Als Österreich und Preußen in der Schleswig-Holstein-Krise ein Bündnis schließen, komponiert Strauß prompt einen »Verbrüderungsmarsch«. Kaum aber stehen sich Preußen und Österreich im Krieg 1866 feindlich gegenüber, da schreibt er im schönsten Vaterlandsgefühl den Walzer »An der schönen blauen Donau«; in seinem Haus richtet er ein Lazarett ein.

1854 hat Kaiser Franz Joseph die schöne Wittelsbacherin Elisabeth Prinzessin in Bayern geheiratet. Ganz Wien weiß, wie sehr er an seiner »Sisi« hängt, ihre exzentrischen Launen toleriert und auf ihr Wort hört. Die Kaiserin hat ein Faible für alles Ungarische, setzt sich speziell für eine gleichberechtigte Stellung Ungarns innerhalb der Donaumonarchie ein, die 1867 mit dem sog. »Ausgleich« vollzogen wird (der allerdings auf dem Rücken der slawischen Völker der Donaumonarchie ausgetragen wird). Auf die österreichisch-magyarische Verständigungspolitik reagieren die Komponisten, allen voran Johann Strauß mit seiner Operette »Der Zigeunerbaron«. Johannes Brahms schreibt Ungarische Tänze, »Variationen über ein ungarisches Lied«, Joseph Joachim veröffentlicht ein ungarisches Violin-Konzert, Franz Liszt, der (zumindest seinem Selbstverständnis nach) Ungar ist, komponiert die Ungarischen Rhapsodien, das Oratorium »Die Heilige Elisabeth« und natürlich die Ungarische Krönungsmesse. Bei alledem sind Zweifel unangebracht, ob Franz Liszts oder auch Frédéric Chopins Engagement für die Nationalbewegungen ihrer Länder bloße Attitüde sind, weil Rebellisches modern ist und sich zwischen 1839 und 1849 gut verkaufen lässt. Chopins »Revolutionsetüde« ist politische Musik, genauso wie es Liszts »Ungarische Rhapsodien« sind.

Von der liturgischen, der kirchlichen Musik des Mittelalters und der frühen Barockzeit zur Nationalmusik. Gegen Ende des 19. Jahrhunderts verschleiern nationalistische Tendenzen die Vertikalen Macht und Untertan in der Nationenfrage, stärker treten nationale Eigenschaften gegeneinander, konzentrieren sich Komponist und Gesellschaft darauf, das Vaterland in Szene zu setzen und über die anderen Staaten zu erheben. In diesem Falle also wieder staatskonforme Musiker. Ansonsten bleibt ihr schwankendes Verhältnis zur Macht, vor allem unter dem Eindruck des Ersten Weltkriegs, erhalten. Unter den Diktaturen des 20. Jahrhunderts in der Sowjetunion und Deutschland gewinnt ihre Haltung noch verhängnisvolleres Gewicht.

DRITTES KAPITEL

An den Höfen der Großen
Mittelalter, Renaissance, Barock

Das heilige Reich

Den Boden für eine höfische Adelskultur bereitete im frühen
Mittelalter die Reichsbildung der Franken, die sich gleichsam an
die Stelle des zerfallenden West-Römischen Reiches setzten. Um
500 n. Chr. regiert Chlodwig ein Reich, dessen Kernbereich sich
ungefähr mit den Grenzen des heutigen Nordfrankreich und Bel-
gien deckt. Zu den ersten Schachzügen Chlodwigs gehört der
Übertritt zum Christentum – in katholischer, papsttreuer Form
wohlgemerkt, nicht zum »Irrglauben« der Arianer wie andere
germanische Herrscher. Einer Religion also, deren Ein-Gott-
Kult den absoluten Machtansprüchen des Frankenkönigs entspricht: so wie ein einziger Gott über alle Seelen herrscht, will der
König über die sterblichen Leiber seiner Untertanen gebieten.
Das Christentum dient allen weiteren Frankenherrschern als Legitimation: Karl der Große, der Vollender des Frankenreiches,
versteht es wie kaum ein anderer Herrscher, Kirche und Mission
seinen Herrschaftsinteressen dienstbar zu machen. Das von ihm
und den nachfolgenden fränkischen und deutschen Dynastien
gefestigte und verfestigte ›sacrum imperium‹ dient auch den
Herrschern der neu bekehrten Völker Europas in vielem zum
Vorbild: Harald Blauzahn von Dänemark und Olav dem Heiligen
von Norwegen, Stefan dem Heiligen von Ungarn und Boleslaw
Chrobry von Polen. Die Künste sollen helfen, das christliche
Gedankengut zu stützen. Die Pfalzkapelle Karls des Großen ist
architektonisch auf ein Gegenüber und ein Oben und Unten aus-

gerichtet: Der Platz des Kaisers ist im Westen, genau dem Altar gegenüber, auf dem erhöhten Sitz einer Empore; rund um den Thron schart sich der Hofstaat, und unten im Kirchenraum steht das »Volk«, soweit es Zugang zur Pfalzkapelle hat. Herrscher des ersten Jahrtausends lassen sich mit Vorliebe in christusähnlicher Pose porträtieren, meist als Thronende unter einem Baldachin. Die Musik der Zeit, das ist Kirchenmusik, die Hauptgattung ist der Gregorianische Choral. Von weltlicher Musik ist uns wenig bekannt, immerhin wird Karl dem Großen Interesse für die Sammlung germanischer (Helden-)Lieder zugeschrieben, doch wurden diese Initiativen von seinem Sohn Ludwig dem Frommen abgebrochen. Den Musikern der Zeit bietet der einstimmige Choral wenig Inspiration; man geht dazu über, ihn durch Einschübe oder Anhänge melodisch auszuweiten zum ›Tropus‹. Der Alleluja-Tropus weitet sich zu einer eigenen Gattung, der Sequenz. Die Sequenz wird vor allem in den Klöstern St. Gallen und in St. Martial (Limoges) gepflegt, als ihre Hauptmeister gelten Notker der Stammler (840-912) und Wipo von Burgund († nach 1046). Karl der Große lässt in seiner Aachener Pfalz nicht nur geistliche Musik erklingen, sondern ist der Volksmusik durchaus nicht abgeneigt. Flöten, Schalmeien, Harfen, Trompeten, Posaunen, Orgel und Fiedel, das ist in etwa das Instrumentarium seiner Zeit. Aber Karl der Große setzte Musik ähnlich ein wie die bildende Kunst: in seiner ›Akademie‹ in Aachen gerierte er sich inmitten seiner Hofgelehrten als König David und lauscht dem Harfenspiel seiner Töchter.

Musik an Fürstenhöfen und Adelssitzen hat zwei Hauptfunktionen: Sie dient zur Symbolisierung der Macht, und sie dient dazu, eine strenge Abgrenzung ›nach unten‹ zu ziehen. Die fürstliche und adlige Gesellschaft pflegt zunehmend Kunstmusik, nicht einfache Lieder. Jeder Augenblick scheinbar unterhaltender Musikausübung am Fürstenhof, ob als Begleitung mittelalterlicher Turniere und Hoffeste oder barocker Operndarbietungen, ist eine Präsentation seines hohen Status.

Höfische Kultur

Immer feiner werden die Sitten in den Häusern des aufstrebenden Adels, immer weiter klafft die Schere zwischen ihm und den
›Gemeinen‹. Zuerst errichten Adelsfamilien sich Häuser, die aus
mehr als einem Raum und aus mindestens zwei Stockwerken bestehen und die aus Stein, nicht aus Holz erbaut sind, feste Häuser, Wohntürme, Burgen, bei denen es aber keineswegs immer
um militärische Verteidigung, sondern schlicht um Repräsentation geht, die mit Mobiliar und Teppichen ausgestattet sind. Im
11. Jahrhundert wird eine musikalische Kunstform entwickelt, die
rein weltlich ist und doch hoch über der Volksmusik steht und
die nur im aristokratischen Raum zu finden ist. Die ›höfische‹
Kunst der Troubadoure, Trouvères und Minnesänger. Diese
Musik- und Literaturgattung entwickelt sich zu einem Zeitpunkt,
als es nötig wird, das Hofleben zu strukturieren, allgemeingültige
Richtlinien für das Leben in der Residenz einzuführen, um die
Rangordnung innerhalb der Hofgesellschaft zu klären. Auch die
Beziehungen untereinander, zum Beispiel im Geschlechter-
verhältnis. Frauen in hoher Stellung sind an einem Fürstenhof gegenüber den Männern unterrepräsentiert. Schon dadurch
entstehen erotische Spannungsfelder, denen durch ein rigides
Zeremoniell entgegengearbeitet werden soll. Die Lieder der
Troubadoure dienen nun in beiden Konfliktsituationen. Durch
Fürstenlob oder durch Aventure-Weisen auf den einen oder anderen anwesenden Ritter, durch Sirventes, die politischen oder
sozialen Inhalts sind (durchaus auch kritisch), wird die Rollenverteilung am jeweiligen Hof immer wieder neu definiert und dabei
betont, dass der Fürst stets an der Spitze der Rangordnung steht.
Und durch das Besingen der »hôhe frouwe« mit unerfüllbaren
Liebesversprechen (Hohe Minne) und den oft recht deftigen Lie-
besszenen mit Frauen geringen Standes (Niedere Minne) werden etwaige Gefühle kanalisiert; die Damen des Hofes werden
idealisiert, werden unantastbar. Moralische Sirventes sorgen
dafür, dass der Ehrenkodex bei Hofe eingehalten wird. Das ist
nicht zuletzt an Herrscherhäusern nötig, die von Frauen geführt

werden. Als Eleonore von Aquitanien für ihren Sohn Heinrich die Regentschaft übernimmt, steht sie vor dem Problem, als Frau die Ritter führen und zusammenhalten zu müssen. Sie entwickelt eine strenge Hofetikette, um ihre eigene Position zu stärken, und fördert die Troubadourkunst, letztlich um mit Hilfe der Musik den Rittern ihres Hofes immer wieder die ritterlichen Tugenden wie Treue und Gehorsam gegenüber dem Herrscher ins Bewusstsein zu rufen. Die Hohe Minne führt am Hof der Eleonore von Aquitanien zu einer Art Marienverehrung, wobei sie als Mutter des rechtmäßigen Herrschers durchaus nichts dagegen hat, mit der Gottesmutter verglichen zu werden. Musik ist ihr aber auch ein wichtiges persönliches Anliegen. Ihr Großvater, der berühmte Guillaume von Aquitanien, einer der ersten Troubadoure, weckt in ihr die Liebe zur Musik. Die schönen Künste werden ihr seelischer Beistand, als die knapp Fünfzehnjährige 1137 mit Ludwig VII. von Frankreich verheiratet wird. Im Glauben, seine Frau sei während der Kreuzzüge besser an seiner Seite auf dem Weg nach Jerusalem aufgehoben als allein am heimatlichen Hof, nimmt Ludwig seine Frau 1147 mit in den Heiligen Krieg. In Syrien angekommen, ohne den Schutzpanzer des Hofzeremoniells um sich, verliebt sich Eleonore in den stattlichen Ritter Raimund von Antiochia. Daraufhin lässt sich Ludwig VII. von ihr scheiden. Trotz ihres schlechten Rufs verheiratet sie sich ein zweites Mal vorteilhaft, diesmal mit Heinrich von der Normandie und Anjou, dem späteren König von England. Mit seinem durch Eleonore in die Ehe gebrachten Landbesitz – die Herzogtümer Guyenne und Gascogne sowie die Grafschaft Poitou – wird Heinrich II. zum mächtigsten Mann neben dem französischen König. Eine Liebesheirat war es wohl kaum, sonst würde Eleonore nicht einen Putschversuch gegen ihren Mann zugunsten ihres Lieblingssohnes Heinrich unternommen haben. Die Verschwörung scheitert, Eleonore soll lebenslänglich inhaftiert werden, doch wird sie nach dem Tod ihres Mannes 1189 von ihrem Sohn befreit und als Regentin eingesetzt.

Seit der Mitte des 12. Jahrhunderts entwickelt sich dank fran-

Der Minnesänger Frauenlob (Heinrich von Meißen) mit seinem »Orchester«.
Miniatur aus der Großen Heidelberger Liederhandschrift (Codex Manesse),
um 1320.

zösischer Anregungen in Deutschland der Minnesang, zu einem Zeitpunkt, da das Deutsche Reich unter den Staufern seine bis dato größte Ausdehnung erhält, von Friesland bis zum Königreich Sizilien, von Niederlothringen bis Mähren.

Zentralfigur des Minnesangs ist Walther von der Vogelweide. »Ze Osterrîche lernt ich singen unde sagen«, gibt der Dichterkomponist Selbstauskunft über seine frühen Jahre. Auch sein weiterer Lebensweg lässt sich nur aus seinen Liedern rekonstruieren, sonst gibt es über ihn kaum zeitgenössische Quellen: Bis zum Tod seines ersten Gönners Herzog Friedrich II. 1198 lebt Walther in Wien, dann schließt er sich dem deutschen König Philipp von Schwaben an. Es sind konfliktreiche Zeiten, in denen der Staufer Philipp, der jüngste Sohn Friedrich Barbarossas, mit seinem Konkurrenten, dem Welfen Otto IV., Sohn Heinrichs des Löwen, um die Macht im Reich ringt. Walther hat die verfahrene politische Situation in dem berühmten Spruch »Ich saz ûf eime steine« auf den Punkt gebracht: »Stîg unde wege sint in benomen:/ untriewe ist in der sâze, gewalt vert ûf der strâze:/ fride unde reht sint sêre wunt.« Der Sänger preist seinen Gönner Philipp als den tatkräftigen rechten Mann an, der das Reich bewahren und die gestörte Ordnung wieder herstellen wird: »Philippe setz ein weisen ûf, und heiz sie treten hinder sich«; »Philipp setz die Königskrone auf und heiße sie (Anm.: die übrigen Thronbewerber) zurücktreten«, fordert Walther in einem Reichston.

Doch Philipp wird 1208 ermordet. Um die Staufer ist es nun schlecht bestellt. Das gegnerische Geschlecht der Welfen gewinnt an Anhängern. Walther steht nun zumindest zeitweilig im Dienste des Welfenkönigs. Zahlreiche Zugeständnisse Ottos IV. an den übermächtigen Papst Innozenz III. machen deutlich, dass der Welfe auf dem Wege zu einem Zusammengehen mit dem Stellvertreter Gottes auf Erden gut vorangekommen ist – für den König eine Lebensfrage, denn der Papst hält nach wie vor an seinem alten Anspruch fest, die weltlichen Reiche wie Lehen zu vergeben und in Streitfällen als Schiedsrichter zu fungieren. In einem seiner berühmtesten Lieder klagt Walther den Papst an, er halte sowohl Otto IV. als auch den jungen Staufererben Friedrich II. hin, um möglichst viele Zugeständnisse, das heißt materiellen Gewinn, einzuheimsen. »ich hâns an mînen stoc gement, ir guot ist allez mîn«, »ich habe es in meinen Opferstock gestopft, ihr Gut gehört mir«, lässt Walther den Papst sagen. Doch bald wendet sich das Blatt entscheidend. Friedrich II. erhält Hilfe von Philipp II. August von Frankreich und von Waldemar II. von Dänemark; Otto IV. unterliegt 1214 in der Schlacht von Bouvines, muss den Traum des Königtums begraben und stirbt wenige Jahre später. Walther schwenkt wieder auf die staufische Seite über, zumal ihm König Otto in »geiziger« Manier anscheinend Entlohnung vorenthalten hat. Die Gefolgschaft Friedrichs II., der 1220 in Rom zum Kaiser gekrönt wird, lohnt sich jedenfalls für den Minnesänger: Er erhält ein Lehen aus Friedrichs Hand, das heißt Absicherung auf Lebenszeit. Aus dem ehemals so streitfreudigen, kritischen Mund Walthers (»ich was so volle scheltens daz mîn aten stanc«) klingt nun der Lobpsalm auf den Stauferkaiser: »der edel künec, der milte künec hât mich berâten,/ daz ich den sumer luft und in dem winter hitze hân.« Gekaufte Kunst? Friedrich II. war klug genug, sich das Fürstenlob des bedeutendsten Dichters und Komponisten seiner Zeit zu sichern. Etwa zehn Jahre dauert die Symbiose von Kaiser und Minnesänger; um 1230 stirbt Walther und wird im Würzburger Dom, der Überlieferung nach im »Lusamgärtlein«, begraben. Die meisten seiner Weisen sind zusammen mit seinem Idealportrait in der Großen Heidelberger Liederhandschrift enthalten. Sie entstand Anfang des 14. Jahrhunderts als eine aufwendig gestaltete Liederbuchsammlung und heißt nach zweien der Sammler, reichen Zürcher Stadtadligen, auch Codex Manesse.

Der »gekaufte« Sänger, das ist der Normalzustand eines Tonkünstlers am Fürstenhof. Walther bildet trotz der exzeptionellen Qualität seiner Lieder keine wirkliche Ausnahme; dass er sich mit Themen wie der angemessenen Königswahl oder der Habgier des Papstes auseinander setzt, hat im national bewegten 19. Jahrhundert zu dem Missverständnis geführt, er habe als »deutscher

Patriot« gesungen. Tatsächlich ist dem Sänger am Hof Kritik aber nur dann erlaubt, wenn sie sich gegen die Feinde des Gönners richtet oder aber wenn sie die sozial Niederen, die aufstrebenden »vilains« oder »dörper«, verspottet – und diejengen Standesgenossen, die sich wie »dörper« verhalten (Walther: »die stolzen ritter tragen dörpellîche wât«: die stolzen Ritter tragen bäurisches Gewand). Dichtung, Musik – sie arbeiten bis zum Ende des absolutistischen Zeitalters für den Staat, und erst als der Komponist nicht notwendig mehr ökonomisch vom Fürstenhof abhängt, kann Musik auch Kunst wider den Staat werden.

Burgunder und Habsburger

Die Renaissance-Herrscher und ihre Musiker sind extreme Beispiele der einander bedingenden Abhängigkeiten. Zwischen Notre-Dame-Epoche (Ende etwa 1250) und der Spätzeit der Ars nova (ab ca. 1380) sind die Hauptzentren der Musikpflege die Klöster und Kathedralen; die Notre-Dame-Epoche erhält ihren Namen von der Sängerschule der Pariser Kathedrale. Im 14. Jahrhundert spielt die weltliche Musik eine größere Rolle; die reich gewordenen Städte und die Fürstenhöfe bieten den Musikern wachsende Beschäftigungsmöglichkeiten. Gegen Ende des Mittelalters stehen die meisten namhaften Komponisten im Hofdienst. Musikalische Zentren sind während der Renaissance-Zeit immer dort, wo sich die politische Macht konzentriert. Die wichtigsten Schulen der Zeit befinden sich in den Residenzen und Großstädten wie Paris, Venedig, München und Rom. Am Anfang des 15. Jahrhunderts ist Burgund auch im Musikleben der führende Hof, gegen Ende der Epoche brilliert das England der tanzfreudigen Elisabeths I.

Durch schlaue Politik, durch Kauf, Heirat, militärischen Druck erweitern die Herzöge von Burgund – Philipp der Kühne, Jean sans peur, Philipp der Gute und Karl der Kühne – umsichtig und zäh ihr beschauliches Stammland Burgund. Auf dem Zenit seines Ruhms, um die Mitte des 15. Jahrhunderts, reicht Burgunds Größe von Holland über Brabant, Flandern, Hennegau, Luxemburg bis in die Alpen, zur Schweizer Grenze – vor allem besitzt Burgund die reichsten und mächtigsten Städte Europas: Brügge, Gent, Ypern, Brüssel, Antwerpen. Aus dem französischen Königshaus, den Valois, hervorgegangen, aber im Hundertjährigen Krieg lange Zeit mit den Engländern verbündet (Philipp der Gute wird 1429 Jeanne d'Arc an England ausliefern), baut sich Burgund eine sichere Position zwischen Frankreich und dem Heiligen Römischen Reich Deutscher Nation auf. Diese dynamische Staatsbildung ist aber nicht von Dauer – nach der Niederlage und dem Tod Karls des Kühnen vor Nancy (1477) teilen sich Frankreich und die Habsburger (die österreichischen und spanischen) nach langen Kriegen im 16. Jahrhundert den fetten Brocken der burgundischen Länder. Burgund in seiner Glanzzeit bedeutet in erster Linie: blühende Wirtschaft und blühende Kultur, beinahe eine Friedensoase im kriegsgeschüttelten Europa des Spätmittelalters. Wenige militärische Auseinandersetzungen, also wenige Kriegslasten für die Bevölkerung lassen Burgunds Handel und Gewerbe aufblühen: »Die Untertanen des Hauses Burgund lebten in großem Reichtum wegen des langen Friedens, den sie genossen hatten, und wegen der Güte des Fürsten, der über sie geherrscht und der wenig Steuern von ihnen gefordert hatte … Seine Länder waren voll von Reichtümern und befanden sich in tiefem Frieden …, Aufwand und Kleidung waren sowohl bei den Männern als auch bei den Frauen prächtig und im Überfluss, Gelage und Festmähler größer und verschwenderischer als an jedem anderen Ort«, berichtet ein Chronist. In solchen Friedenszeiten der Prachtentfaltung hat man natürlich Muße zu kultureller Erbauung. In Sachen Kunst, Kultur und Zeremoniell wird die Brüsseler Residenz zum Vorzeigehof, der Aufbau und die Organisation der Hofkapelle ist auf Jahrzehnte Muster aller europäischer Hofmusiken. Während Philipp der Kühne herrscht und in den ersten Regierungsjahren Philipp des Guten ziehen vor allem französische Musiker nach Burgund, unter ihnen Gilles Binchois, der zum Kapellmeister aufsteigt und als der erste Chansonkomponist seiner Zeit gilt. Der berühmteste Meister in burgundischem Dienst ist der aus Cambrai stammende, um 1400 geborene Guillaume Dufay. Ausgebildet als Sänger in seiner Heimat im Hennegau, geht er nach Rimini in Fürstendienst und dann nach Rom als Kapellsänger Martins V. Seinen Durchbruch als Komponist erzielt er mit einer fünfstimmigen Motette, die anlässlich der Wahl eines neuen Papstes 1431 uraufgeführt wird. Üblich ist in dieser Zeit der noch jungen mehrstimmigen Musik ein vierstimmiger Satz. Als anerkannter Tonkünstler kehrt Dufay nach Burgund zurück und komponiert hier viele Messzyklen. Nachdem Philipp der Gute seinen Machtbereich nach Norden erweitert hat, strömen niederländische Musiker an den burgundischen Hof. Hier ist Antoine de Busnois zu nennen, ein Schüler des berühmten Renaissance-Meisters Johannes Ockeghem, der als Sänger am Hof Karls des Kühnen, des Sohnes Philipps des Guten, arbeitete.

Keineswegs ist die burgundische Musik überwiegend geistlich geprägt; die großen Hoffeste der Herzöge verwirklichen ein genau ausgearbeitetes allegorisches Programm mit musikalischen und theatralischen Darbietungen. So schreibt der berühmte burgundische Historiker Jean Richard im »Lexikon des Mittelalters« über das legendäre Fasanenfest (Voeu du Faisan), das am 17. Februar 1454 im Schloss von Lille abgehalten wird und das der Propaganda für den geplanten Türkenkrieg (Kreuzzug) des burgundischen Herzogs Philipp des Guten dient: »Das Fest begann mit einem Turnier, dem sich ein Hofbankett anschloss. Nach verschiedenen szenischen Darstellungen (entremets) ritt auf einem Elefanten eine reich geschmückte Dame ein, die als Personifikation der Sainte-Eglise die Leiden der von den Sarazenen gedemütigten Kirche verkörperte. Hierauf präsentierte der Herold des Goldenen Vlieses dem Herzog einen mit einer Goldkette behängten Fasan und lud ihn zur Ablegung des Kreuzzugsgelübdes ein. Philipp der Gute verpflichtete sich vor ›Gott, der Heiligen Jungfrau, den versammelten Damen und dem Vogel‹ zum Kampf gegen den Sultan. Die gesamte männliche Entourage folgte dem Beispiel ihres Herrn.« Der zeremonielle Ablauf des Fasanenfestes, dessen aufwändige musikalische Gestaltung auf einer CD rekonstruiert worden ist, zeigt in exemplarischer Weise den Zusammenhang zwischen höfischer Selbstdarstellung und politischer Propaganda am Vorabend der Renaissance.

Betrachtet man die Biografien der Hofmusiker der Renaissancezeit, angefangen von den Musikern der burgundischen Kapelle, dann fällt auf, dass die Kapellmeister die Doppelfunktion als ausübende Musiker in der Hauptsache, eher nebensächlich als Komponisten und zum anderen als Sekretäre, Kanzlisten, Kaplane (die meisten haben eine geistliche Bildung, viele von ihnen stehen im Ruch, uneheliche Abkömmlinge großer weltlicher oder geistlicher Herren zu sein) oder gar Diplomaten erfüllten. Schon zu Renaissance-Zeiten ist der Musikerberuf ein Reiseberuf, auch davon künden die recht umtriebigen Biografien. Wo immer der Hof residierte, selbst im Feldlager, die Hofkapelle reiste mit. Aber auch ohnedies sind Musiker unstete Wanderer: Dufay zieht es von Cambrai nach Rimini, Rom, Savoyen, Florenz und wieder Cambrai. Josquin Desprez, einer der Hauptkomponisten um 1500, wirkt nacheinander in Mailand, Rom, Paris, Ferrara und Condé. Nicht verwunderlich, dass ihre fürstlichen Dienstherren sie als Kuriere, Diplomaten, Informanten benutzen – und das nicht nur zu Renaissance-Zeiten, sondern bis ins 19. Jahrhundert hinein und weiter. Der flämische Komponist Heinrich Isaac tritt als etwa Dreißigjähriger 1480 in den Dienst der Medici in Florenz, wo er als Organist und Musiklehrer dient. Nachdem die Medici auf Betreiben des Bußpredigers Savonarola aus Florenz vertrieben worden sind, geht Isaac (dem es in Florenz sehr behagt hatte) nach Deutschland und Österreich an den Hof Kaiser Maximilians I. Der Habsburger erhält durch Heirat mit Maria von Burgund, der Tochter des vor Nancy gefallenen Herzogs Karl, die burgundischen Erblande und gewinnt später (durch seine zweite Ehe mit Bianca Maria Sforza) Teile Oberitaliens. Es fällt auf, dass Isaac, trotz der Bindung an Maximilians Hof, immer wieder nach Florenz reist, schließlich auch nach Ferrara zu

Glanzvolle Musikdarbietungen am Hofe Maximilians I., dargestellt in allegorischer Überhöhung. Holzschnitte von Hans Burgkmair aus dem »Triumphzug Kaiser Maximilians I.«, 1517.

Ercole d'Este. Im Auftrag Maximilians? Oder nach wie vor im Dienst der italienischen Herzöge, denen es daran gelegen ist, sich mit Kaiser Maximilian zu arrangieren? Gesichert ist, dass Isaac ab 1512 als Diplomat für Maxmilian in Oberitalien tätig ist, er lebt wieder in seinem geliebten Florenz, wo er fünf Jahre später auch stirbt. Sein Diskantlied »Innsbruck, ich muss dich lassen« ist heute längst Volkslied geworden.

Maximilian I. ließ die Pracht seiner Hofkapelle in Holzschnitten von Hans Burgkmair darstellen: Geschmückte fremdländische Tiere ziehen reich verzierte Wagen, auf denen die Musiker mit ihren Instrumenten sitzen und musizieren; ein mit ornamental bestickter Schabracke versehenes Dromedar beispielsweise zieht einen Wagen mit einem Portativ, an dem der Hoforganist Paul Hofhaimer sitzt, während sein Gehilfe den Blasebalg bedient; die Holzschnitte befinden sich in dem Buch »Triumphzug Kaiser Maximilians I.« aus dem Jahr 1517.

Orlando di Lasso und Claudio Monteverdi

Es gibt Abbildungen der Zeit, die den Fürsten privat beim Musikgenuss zeigen, so ein Bild Maximilians, vornehm gewandet, inmitten seiner Hofkapelle, oder eine Darstellung Heinrichs VIII. von England, der versonnen Harfe spielt. Die Hofkapellen hatten dem Privatvergnügen der Fürsten ebenso zu dienen wie der Umrahmung besonderer Familienfeste, Hochzeiten, Geburten, Begräbnisse (die übrigens allesamt von politischer Tragweite sind, in fürstlichen Kreisen gibt es schlicht keine privaten Familienfeste), sowie im Kriegsfall als Feldmusik und zu staatsrepräsentativen Anlässen. Zu letzterem Zweck beliebte Kompositionen sind die raffiniert ausgeführten Staatsmotetten, möglichst artifizielle, kontrapunktische Gebilde, vier-, fünf- oder sechsstimmig. Ein wahrer Meister der Motette ist Orlando di Lasso, der über 500 Stücke dieser Gattung vertont. 1564 übernimmt der Komponist die Hofkapelle Herzog Albrechts von Bayern in München. Die Kapelle besitzt dreiundzwanzig Sänger, darunter drei Jungen

Orlando di Lasso mit der Münchener Hofkapelle Herzog Albrechts von Bayern. Miniatur von Hans Mielich, um 1565.

für die Sopranpartien (Frauen ist die Mitgliedschaft in der Hofkapelle nicht zugänglich), der Streicherapparat besteht aus erster
und zweiter Geige, zwei Viola da braccio, Viola da gamba, an
Zupfinstrumenten unterstützt ein Spinett den Lautenklang, drei
Zinken, eine Posaune, ein Pommer und Flöten komplettieren als
Bläsergruppe das Instrumentarium einer für einen Renaissance-
Hof üppig besetzten Kapelle. Da Orlando di Lasso explizit für
diese Kapelle schrieb, musste er auf das verfügbare Instrumentarium zurückgreifen.

Lassos auch vom aktiven Musikleben geprägtes Œuvre umfasst
alle populären Gattungen der Zeit, neben Motetten sind das
Madrigale, Chansons und Messen (ca. 70!). Für die Musik am
Hofe hat Lasso wie jeder Kapellmeister ebenso zu sorgen wie für
Unterhaltungs- und Staatsmusik. Seine umfassende Ausbildung,
die er als Chorknabe in seiner Hennegauer Heimatstadt Mons
begann, am Hof Ferdinando Gonzagas (Sizilien) und als Chorlei-
ter der Lateranssänger in Rom ausreifte, setzt ihn in die Lage,
alles, in jeder Gattung, jedem Stil komponieren zu können, noch
dazu perfekt in drei Sprachen, nämlich Französisch, Deutsch und
Italienisch. Den vielseitigen Künstler versuchen viele andere
Fürsten für ihre Hofkapellen zu gewinnen; den so populären
Komponisten und Sänger wünscht sich selbst Karl IX. von Frankreich in seinen Hofdienst. Herzog Albrecht V. unternimmt alles,
den berühmten Mann in München zu halten, steigert Lasso doch
sein Ansehen bei den gekrönten Häuptern Europas erheblich.
Als Kaiser Maximilian II. den Künstler adelt, hält Albrecht V. erst
recht an seinem Musicus fest. Und der nutzt die Situation ge-
schäftstüchtig, erwirkt unter anderem eine lebenslange Rente für
seine Frau, falls er vor ihr stürbe, zu einer Zeit, da Witwenrenten
unüblich sind. Am 13. Februar 1580 lehnt Orlando auch ein
Angebot des Kurfürsten August von Sachsen ab, obwohl nun
Albrechts Sohn der neue Regent ist: »Durchlauchtigster Hochge-
borener Fürst, gnädigster Churfürst und Herr. Euer churfürstl.
Gnaden gebe ich untertänigst hiermit zu erkennen, daß Derselben Schreiben ich empfangen, und alles Inhalts wohl vernom-

men ... Weil aber nach Absterben eines gnädigsten Fürsten und Herrn, hochlöblich Gedächtnis Herzog Albrecht zu Bayern, ich mich wiederumb hab von hochgedachter Seiner fürstl. Gn. geliebten Sohne, meinem Gnädigen Fürsten und Herrn Herzog Wilhelm, lassen bestellen, und zu dem ich nun anfange alt zu werden, und über das alles im Lande zu Bayern noch ein Haus, Garten und andere liegende Güter habe, auch 400 fl. jährliche Provision, die Hoch und Mehrgedachter Herzog Albrecht mir aus Gnaden verordnet, ohn was mir der jetzige regierende Herr gibt, also bitte E. Churf. Gnad. Ich untertänigst, sie wolle in Betrachtung aller dieser Umbstände mich gnädigst entschuldigt halten, daß ich erselben zu dienen nicht kann willigen...«; ein recht selbstbewusstes Antwortschreiben.

Andere Kapellmeister sind nicht auf so kostbaren Rosen gebettet wie Lasso, obschon sie ihm im Künstlerischen ebenbürtig sind. Da beschwert sich im Oktober 1604 Claudio Monteverdi bei seinem Dienstherrn Herzog Vincenzo Gonzaga, dass dessen Schatzmeister längst fällige Honorare für ihn und seine ebenfalls als Musiker am Fürstenhof beschäftigen Familienmitglieder zurückhalte: »diese untertänige Petition von mir gelangt an Euch mit keiner anderen Absicht als Eure Hoheit zu bitten, unmittelbar anzuordnen, dass ich für den Zeitraum von fünf Monaten insgesamt den Lohn erhalte, der mir zusteht ... ohne dessen Hilfe meine ganze Arbeit ruiniert und ungetan ist, seit mich das Elend tagaus, tagein überwältigt, und ich kein Gegenmittel weiß.« Vincenzo Gonzaga wird seinem Schatzmeister übrigens selbst befohlen haben, Einsparungen wie auch immer vorzunehmen, da seine teure Hofhaltung, die Vorliebe für prächtige Architektur seine Finanzen verschlingt und Mantua bereits ein ausgelaugter Stadtstaat ist. Vier Jahre später ist Monteverdi von seinem aufreibenden Dienst und den ständigen Kämpfen um sein Honorar dermaßen erschöpft, dass er um Entlassung bittet. Da erst erhöht Gonzaga sein Gehalt auf 300 angemessene Scudi zuzüglich einer Pension von 100 Scudi. Als Vincenzo stirbt und sein Sohn Francesco den Thron Mantuas besteigt, wird Monteverdi von hier auf jetzt entlassen, nach einem bangen Jahr Arbeitslosigkeit avanciert der Komponist 1613 zum »Maestro di capella della Chiesa di S. Marco« in Venedig mit 400 Dukaten jährlich. Er beweist, dass auch er gemäß den Vorstellungen seiner Dienstherren komponieren kann; bemühte er sich am Hofe der Gonzagas noch um modernsten Ausdruck, flocht in expressiver Weise auch manche dissonante Passage ein, wenn es ein Madrigaltext erforderte (das V. Madrigalbuch geht darin am weitesten), dann schreibt er im Kirchendienst wieder konservativer; seine Produktion geistlicher Werke steigt natürlich sprunghaft an. Aber auch dramatische Werke entstehen in der venezianischen Phase, das »Combattimento di Tancredi e Clorinda« nach Torquato Tasso, die Opern »Proserpina rapita«, »Il Ritorno d'Ulisse in Patria« und »L'Incoronazione di Poppea«; seine populärste Oper, die favola in musica »L'Orfeo«, wurde im Februar 1608 in Mantua uraufgeführt.

Das Projekt der Oper

Römische und griechische Geschichte. Odysseus, Orpheus, Nero. Das Rinascimento, die Wiedergeburt der Antike muss notwendigerweise in Oberitalien seine Wiege haben. Die ewige Wunde Italiens ist die Sehnsucht nach einem kulturell und gesellschaftlich einheitlichen Land, denn seit dem Mittelalter ist das Land in viele Herrschaftsgebiete zerrissen, und es soll bis 1870 dauern, ehe das eine geeinte Italien ausgerufen werden kann, übrigens aktiv mit inszeniert durch einen weltberühmten Sohn des Landes – Giuseppe Verdi. Die Renaissance soll eine kulturelle Wiedervereinigung schaffen, ganz bewusst wird an das große Römische Reich angeknüpft, sieht man sich in ungebrochener Tradition als Nachfahren der Latiner, die als Weltmacht mehr als nur Italiens Ländereien unterjochten. Und die Wiege des Römischen wiederum ist die griechische Antike. Gerne vergleichen sich moderne Fürsten, die erlauchten Gonzaga und Este wie die unadligen Medici, mit den großen Herrscher- und Heldenfiguren der altgriechischen Welt. Kein Wunder, dass diese

Themen in den frühen Opern den bevorzugten Stoff bilden. Überhaupt wurzelt die Oper im antiken Drama, das, wie man sich im Humanistenkreis der Florentiner Camerata ausmalte, von Chören, Solisten- und Instrumentalpassagen geprägt war. Die ersten Opern (Jacopo Peris »Dafne« und »Euridice«, 1597 und 1600) der Weltgeschichte sind eine Reihung von Sologesang mit Generalbassbegleitung, Chor à la Madrigal und kurzen Instrumentaleinlagen.

Mäzene oder: Wer zahlt, befiehlt

Zum Kreis der Camerata gehören neben Musikern, Dichtern und Philosophen auch Aristokraten. Einheitstheorien und ihre künstlerische Umsetzung sind eben à fonds politische Angelegenheiten. Die bedeutenden Auftraggeber der Renaissance geben ihre Kunstwünsche, wenn es sein muss, sogar als selbst entworfene Skizzen und Exposés an die Maler, die Dichter, die Musiker. Isabella d'Este malt Entwürfe zu einem »Kampf zwischen Keuschheit und Liebe«, schickt sie an Perugino zur künstlerischen Ausgestaltung mit dem Befehl: »Wenn Euch vielleicht dünkt, dass diese Figuren zu zahlreich für ein einziges Bild sind, dann könnt Ihr nach Eurem Ermessen Dinge weglassen – solange Ihr nicht das Grundprinzip verändert ... Ihr dürft nichts von Euch aus hinzufügen.« Papst Leo X., Heinrich VIII. von England, Louis XIV. von Frankreich, Friedrich II. von Preußen, alle komponierten selbst (mehr oder minder hörenswert) oder begeisterten sich für Musik, sodass sie direkten Einfluss auf viele Kompositionen nahmen.

Was sich in der folgenden Mozart-Anekdote noch recht harmlos ausnimmt, ist tatsächlich ein Recht der fürstlichen Förderer, das sie oft genug zu ihren Gunsten überstrapazieren: Nach der erfolgreichen Premiere der »Entführung aus dem Serail« empfängt Kaiser Josef II. seinen Komponisten mit den kritischen Worten: »Recht viele Noten, mein lieber Mozart«, worauf der schlagfertig pariert: »Nur so viele als nötig, Majestät.« Ein im Grunde humorvoller Disput zwischen dem großen Herrscher und dem großen

Komponisten. Anderswo – im Alltag der kleinen Höfe und im Verkehr mit kleinen Komponistinnen – geht es subtiler zu. Da muss sich die Sängerin und Komponistin Corona Schröter zur täglichen Teestunde bei der Herzogin Amalia von Sachsen-Weimar einfinden, hat zu musizieren und im Beisein der Mäzenin und speziellen Goethe-Förderin zu komponieren; dass sie da entweder nur Lieder sentimentalen Gepräges, wie sie die Herzogin favorisierte, oder Goethe-Texte vertont, versteht sich von selbst. Noch die Diktatoren des 20. Jahrhunderts lassen ihre ›Hofmusiker‹ kommen und sich die neuen Werke vorlegen, die sie höchst persönlich genehmigen: Stalin zitiert Schostakowitsch zur Audienz, Hitler entscheidet nach Sichtung des Librettos und einigen scheuen Blicken in die Partitur (könnte man doch nur Noten lesen!), dass Richard Strauss' »Schweigsame Frau« uraufgeführt werden dürfe, obwohl von ›dem Juden‹ Stefan Zweig textiert.

Die Einflussnahme auf Entstehungsgeschichten kann ausgesprochen rigide sein: als die Farnese zur Hochzeit eines ihrer Söhne, dem Herzog von Parma mit Margerita de Medici, eine Schauspielmusik zu Tassos »Aminta« von Monteverdi wünschen, schicken sie zur Überwachung des Komponisten den Zeremonienmeister, der dem Musiker kurzerhand einen musikalischen Assistenten, sprich einen Spitzel, an das Schreibpult setzt. Der Sbirre berichtet denn auch getreulich an seine graue Eminenz: »Herr Claudio komponiert nur am Morgen und am Abend, und nach dem Mittagessen will er nichts tun. Ich treibe ihn an und … nehme ihm die Kompositionen unter den Händen weg, nachdem wir sie diskutiert und durchgespielt haben, und sie sind so durcheinander und wirr, dass ich … damit mehr Arbeit habe, als wenn ich sie alle selbst komponieren würde.«

Der Organisation, aber auch der Kontrolle dienen die Hoftagebücher, in denen das tägliche Leben am Hofe, der Etat, denkwürdige Ereignisse festgehalten werden. Mit Hilfe der Tagebücher ließ sich ordnen, wann und warum welche Musik gespielt wurde, ließen sich Wiederholungen vermeiden bzw. Anregungen zu Festlichkeiten geben.

Wer sich durch die Reaktionen der gekrönten Häupter zu Uraufführungen bei Hofe liest, wird bald merken, dass hinter harmlos zu lesendem Lob oder Tadel politisches Kalkül steckt. Dass
die Liebhaberin und Kennerin italienischer Opern, Queen Victoria, angesichts einer »Masnadieri«-Aufführung in London den
Opernkomponisten Verdi in Bausch und Bogen verdammt, zielt
auf den revolutionären Charakter dieser Risorgimento-Oper. Aus
ähnlichem Grund wütet Friedrich I. von Württemberg 1820 nach
einer verpatzten »Zauberflöten«-Aufführung: »Se. Majestät wollen die dem Publikum und Allerhöchstderselben schuldigen
Ehrfurcht zuwiderlaufende Art der gestrigen Opernaufführung –
diesem Unfug für allemal gewehrt wissen.«

Der Sonnenkönig und sein Duo infernale

Vielleicht, nein, bestimmt sogar, danken wir spezieller Vorliebe
eines Herrschers eine ganz neue musikalische Gattung und we-
sentliche Fortschritte auf dem Gebiet der Tanzmusik. Sonnenkönig Louis XIV. ist bekanntlich ein begeisterter und exzellenter
Tänzer, der seine Komponisten anhält, in die neue Opernmusik
Balletteinlagen einzuflechten. Bis in die Moderne hinein gehört
seitdem ein Ballett in jede anständige französische Oper. Eine
absolutistische Idee mit jahrhundertelangen Auswirkungen also.

Louis XIV. ist der Inbegriff eines Souveräns. Seine Person
steht im Mittelpunkt des Reichs, der Gesellschaft, alles, ob im
politischen oder privaten Leben, ist auf seine Person ausgerich-
tet. »Un roi, une foi, un loi«, »ein König, ein Glaube, ein Gesetz«,
sagt er und reißt alle Regierungsgewalt an sich, lässt sich von
Ministern allenfalls beraten. Der Adel mit seinen eigenen Herr-
schaftsansprüchen soll zurückgefahren werden, also nimmt er
den adligen Herren wichtige Posten in der Verwaltung, die er mit
Bürgerlichen besetzt, und drängt die Aristokraten in Versailles
auf Pseudoämter wie ›Königlicher Handtuchhalter‹, ›Königlicher
Mantelträger‹, ›Königlicher Vorleser‹ ab. Der ehedem einflussrei-
che Klerus ist ihm ein Dorn im Auge; katholische Reformer, die

Jansenisten, bedrängt er brutal, die seit Heinrich IV. geduldeten Hugenotten werden in Scharen aus Frankreich vertrieben, Aufstände protestantischer Bauern (»Camisarden«) brutal unterdrückt. So streng er sein Reich verwaltet, so straff ist das Alltagsleben in seinem Land reglementiert. Das Steuersystem ist rigid, Kleider- und Speisevorschriften, Benimmregeln ordnen die Gesellschaft bis ins Detail. Der König hält sich, gemäß seinem geflügelten Wort »L'état c'est moi«, übrigens selbst daran: »Nie gab es einen Menschen von so … abgemessener und abgestufer Höflichkeit. Nie ging er an der geringsten Haube vorbei, ohne den Hut zu lüften«, erzählt ein Zeitgenosse: »Vor den Damen zog er den Hut ganz, je nach ihrem Rang schon aus einiger Entfernung oder erst in ihrer Nähe. Vor Würdenträgern zog er ihn halb und hielt ihn einige Augenblicke, je nach der Würde der Betreffenden länger oder kürzer.« Natürlich überwacht der Sonnenkönig Literatur und Musik seines Hofes. Der größte Literat der Zeit, der Dichter und Theaterunternehmer Molière, belässt seine Kritik bei kleinen Attacken auf menschliche Schwächen, am Absolutismus rüttelt keine seiner Figuren, vielmehr wird – in Molières Meisterwerk »Tartuffe« – nicht ungern gezeigt, wie die weise königliche Regierung den leichtgläubigen Untertan vor einem Frömmler und Schwindler rettet.

Molière bildet schon bald mit dem aus Italien zugereisten Komponisten Jean Baptiste Lully ein wahres Duo infernale im Bestreben, sich im künstlerischen Bereich in dauernde Gunst des Sonnenkönigs zu setzen. Es gibt bei Hofe das Ballet de cour, in dem Sololieder, Chöre und Tänze zu einer meist mythologischen Handlung zusammengebunden werden. Die Begründer dieses Hofballetts sind der Dichter Jean-A. Baef und der Komponist Thibaut de Courville. Die Rivalen Molières und Lullys pflegen diese Gattung mit Erfolg. Die beiden Künstler müssen dagegenhalten; sie entwickeln die Ballettkomödie. Das Comédie-ballet besteht aus derselben Folge von Soli, Chören und Tänzen, ist aber grotesken oder heiteren Sujets. »La princesse d'Elide« von 1664, das erste Stück der Zusammenarbeit, erregt höchsten königlichen Beifall. Die beiden Künstler haben wieder einmal über ihre Gegner in Versailes triumphiert, und sie vergrößern ihren Triumph mit der Tanzkomödie »Le bourgeois gentilhomme«, »Der Bürger als Edelmann«. Jean Baptiste Lully, vom Sonnenkönig nur mit seinem zweiten Vornamen angesprochen, aber ist vielseitig. Außer mit Molière arbeitet er auch mit Quinault zusammen, dem dritten Tragödiendichter neben Corneille und Racine. Auch in den Tragödien steht die Ballettmusik an erster Stelle. Nach einer Ouvertüre und dem anschließenden Fürstenlob wird die Handlung mit Rezitativen, Airs, Chören, Tänzen und Intermezzi abgerollt. Molière, dem die Tragödiendichter ein ewiger Stachel im Herz sind, ist von Lully enttäuscht, zumal der sich überehrgeizig zeigt.

Am absolutistischen Hof, wo sich tatsächlich alles auf die Person des Fürsten konzentriert, von seiner Gunst allein Karrieren abhängen, da ist das Intrigenspiel um Herrscherfreundschaft und Posten besonders scharf. Das bekommt der junge Komponist Marc-Antoine Charpentier zu spüren, der nach seinem Studium in Rom und einigen Musikerfolgen zum maître de chapelle des Dauphin wird. Er verbündet sich mit Molière und dem ärgsten Rivalen Quinaults, mit Corneille. Jetzt beginnt ein Ränkespiel ohnegleichen, dass auch politisch motiviert ist, nämlich durch die widerstreitenden Parteien um den König auf der einen Seite und den Dauphin bzw. seine Mutter auf der anderen. Lully erweist sich als der Durchsetzungsfähigere. Aufführungen von Charpentiers Opern werden teils boykottiert, weil Lully die Sänger und Sängerinnen auf seine Seite bringt. Das Orchester steht ohnehin hinter dem »Musikmeister der Königlichen Familie«. Charpentier schreibt nur drei Opern. Um Lully auszuweichen, komponiert er hauptsächlich geistliche Musik. Aber er bleibt dem Hofkomponisten unheimlich. Als Nächstes erreicht es Lully deshalb, dass seinem Kontrahenten der Eintritt in die Königliche Musikakademie verwehrt wird. Endlich verliert Charpentier seinen Posten bei Hofe. Er wird 1698 Kapellmeister der Sainte-Chapelle, doch da ist Lully schon mehr als zehn Jahre tot; gestorben durch einen Dienstunfall, da er sich mit dem Marschallstab, mit dem der den Takt auf den Boden stampfte, in den Fuß stieß und einer Blutvergiftung erlag.

Sanssouci – ein musikalisches Opfer

Ehrgeiz. Das Motiv derer, die hohe Posten in den Hofkapellen erhalten. Biografen umschreiben es gern mit ›Geschäftstüchtigkeit‹. Von allen heute wohlbekannten Meistern der Renaissance und des Barock wird es behauptet. Zum Beispiel Georg Friedrich Händel: »Musikalisches Genie, Geschäftssinn, Bildung und allgemeine Geistesgaben vereinigten sich bei ihm zu einem Manne, der mit Herzögen und Königen wie mit seinesgleichen umging.« Komponisten im Fürstendienst untermalen Feste bei Hof (»Feuerwerksmusik«) oder kommentieren politische Ereignisse: Das »Te Deum« zum Frieden von Utrecht steht neben der »Wassermusik«, die den Bootsausflug des frisch gebackenen Georg I. von England illustriert. Über Anthems und Trumpet Tunes (Fanfaren) zu allen möglichen Festen am englischen Hof, einen »Birthday song for Queen Mary« (»Crown the Altar, deck the shrine«) und zarte Anspielungen auf die Person des Herrschers, etwa in dem patriotischen Opernspektakel »King Arthur«, ist eine Generation früher schon Henry Purcell zum ersten Komponisten der Chapel Royal aufgestiegen und mit dem Beinamen »Orpheus britannicus« unsterblich geworden.

Mehrmals besucht Johann Sebastian Bach seinen Sohn Carl Philipp Emanuel in Berlin. Familienangelegenheiten führten ihn in die Residenzstadt, heißt es. Weit gefasst. Wahrscheinlicher ist, dass Carl Philipp, der Hofcembalist Friedrichs II., dem König über seinen Vater Bericht erstattete, dessen Künste als Organist und Komponist rühmt, die langsam aber stetig in Vergessenheit zu geraten drohten. Will hier der Sohn dem Vater zu Ehren verhelfen, oder soll der legendäre Vater ein interessantes Licht auf den Sohn werfen? Der Preußenkönig jedenfalls ist neugierig und lädt den greisen Komponisten ein; der »hatte bey dieser Gelegenheit die Gnade, sich vor Seiner Majestät dem Könige von Preußen in Potsdam hören zu lassen. Seine Majestät spielten ihm selbst ein Thema zu einer Fuge vor, welches er sogleich, zu Höchstderoselben besonderem Vergnügen, auf dem Pianoforte ausführete. Hierauf verlangten Seine Majestät eine Fuge mit sechs obligaten Stimmen, welchen Befehl er auch so gleich über ein selbst erwähltes Thema, zur Verwunderung des Königs und der anwesenden Tonkünstler erfüllte. Nach seiner Zurückkunft nach Leipzig brachte er ein dreystimmiges und ein sechsstimmiges ... Ricercar ... über eben das von Seiner Majestät ihm aufgegebene Thema zu Papiere und widmete es, in Kupfer gestochen, dem Könige« (Musikalische Bibliothek 1754), das »Musikalische Opfer« ist entstanden.

Carl Philipp Emanuel Bach hat wie seine Kollegen, etwa Carl Heinrich Graun, dem musikbesessenen König immer wieder immer neue Schmankerln, Kuriosa, Interessantes, Modernes aus der Musikwelt zu beschaffen. Graun reist fast regelmäßig nach Italien auf der Suche nach außergewöhnlichen Sängern für seine Opern; Carl Philipp scheint seinen Vater aus solchem Grund rekrutiert zu haben – hoffentlich nicht als Kuriosum, obwohl der Titel »Musikalisches Opfer« in seiner Doppeldeutigkeit erkennen lässt, dass Bach sich seiner Sensationsträchtigkeit unangenehm bewusst ist.

Friedrichs Kapelle ist für ihre Zeit ein mustergültiges Orchester, im Jahr der Inthronisierung Friedrichs umfasst sie neununddreißig Musiker; die Disziplin, die Qualität im Zusammenspiel ist beispielhaft. Damit, und mit dem Bau eines Opernhauses, erlebt die Musikszene in Preußen ungeahnten Auftrieb. Zweimal pro Woche werden bei Hofe Opern gegeben. »Die übrigen Tage der Woche ... werden mit Redouten, Concerten, Comödien und anderen Lustbarkeiten bey Hofe abgewechselt. Sonst aber wird alle Tage des abends von 7 bis 9 in der Kammer des Königs ein ordentliches Concert aufgeführt, in welchem Sr. Majestät selbst von ihrem Einsichtsvollen schönen Geschmack und ihrer ausnehmenden Fertigkeit auf der Flöte Proben darzulegen gewohnt sind« (Marpurg, 1754). Frankophil gibt sich der König. Voltaire ist sein Leib- und Magenphilosoph. Die von Carl Friedrich Graun 1755 komponierte Oper »Montezuma« (über den von spanischen Konquistadoren und Missionaren auf hinterhältige Weise umgebrachten letzten Aztekenherrscher, einen friedliebenden »edlen Wilden«), deren Libretto auf eine Vorlage Friedrichs des Großen zurückgeht, ist ein programmatisches Werk der Aufklärung, ganz im Geiste Fontenelles, Montesquieus und Voltaires. In Potsdam baut der roi-philosophe sein Luftschloss Sanssouci im französischen Stil, er spricht und schreibt natürlich fast ausschließlich in der Sprache des Esprit und bevorzugt auch in der Musik den eleganten Schwung der französischen Manier. Quantz, Graun, C. Ph. E. Bach willfahren mit ihren Musiken dieser Vorliebe des Königs. Galant und empfindsam klingen ihre Werke, sollen sie klingen. Natürlich stehen sie im Dienst der Macht. Die »Preußischen Sonaten« Wq 48 von 1742 gehören zur Kategorie Fürstenlob, und eine zwei Jahre später erscheinende zweite Klaviersonatenreihe (Wq 49) ist in diplomatisch bedeutungsvoller Weise der »Altezza Serenissima/ di/ Carlo Eugenio/ Duca di Wirtemberg« gewidmet und zwar ausdrücklich vom »Musico di camera/ d S.M. il Re di Prussia«. Aber Carl Ph. E. Bach ist auf Dauer mit seiner Rolle des Hofkompositeurs nicht recht zufrieden: Als er während des Siebenjährigen Krieges (1756–1763), an dem er selbst zeitweise aktiv teilnimmt – offenbar in einer Art Bürgerwehr, da es im Jahr 1759 zur Plünderung Berlins kommt –, finanzielle Einbußen erleidet und überhaupt das Vorgehen der kriegerischen Mächte verurteilt, kehrt er sich von Kompositionen für den Hof ab und wendet sich der explizit bürgerlichen Gattung des Sololieds zu.

Aus den Memoiren der Markgräfin von Bayreuth, der Schwester Friedrichs II., einige Passagen über Funktionen von Musik am Hofe ihres Vaters, des »Soldatenkönigs«: »Der Hof war glänzend wegen der vielen Fremden, die herzuströmten. Überdies sandte der König von Polen seine geschicktesten Virtuosen an die Königin, wie den berühmten Weis, der so herrlich die Laute

→ Silvius Leopold Weiss 49
nobles, Lautenist
1684–1750

spielte, dass ihm nie ein anderer gleichkam, und die nach ihm kommen, können höchstens den Ruhm ernten, seine Nachahmer genannt zu werden; dann Bufardini, der große Flötenbläser, und Quantz, welcher dasselbe Instrument spielt und ein großer Komponist war, dessen Geschmack und hohe Kunst der Flöte den Klang der schönsten weiblichen Stimme verleihen konnte. Während wir in ruhigen Freuden unserer Tage verbrachten, suchte der König von Polen seinen Sohn zu bewegen, den Vertrag zu unterzeichnen, der meine Heirat betraf.« Zur Präsentation der zukünftigen Gemahlin des Kronprinzen Friedrich findet ein Festsouper statt: »Wir losten und setzten uns dann an einen großen Tisch mit vierzig Gedecken. Der König regalierte uns mit einer Janitscharenmusik, die von mehr als fünfzig Negern ausgeführt wurde. Ihre Instrumente bestanden aus langen Trompeten, kleinen Zimbeln und gewissen Metallplatten, die sie gegeneinanderschlugen, wodurch ein fürchterliches Getöse entstand, nach Tisch nahmen wir den Kaffee bei der Königin ein.«

Musik als Repräsentationskunst und als Intermedium im politischen Spiel. Die Markgräfin von Bayreuth gibt der hohen Bedeutung der Tonkunst schon durch die räumliche Aufteilung ihrer Appartements in der Eremitage Ausdruck. Zwischen Salon und Arbeitszimmer »liegt das Musikzimmer; es ist ganz aus weißem Marmor mit grünen Feldern; an jedem Felde ist eine vergoldete und sehr schön ausgeführte Musiktrophäe angebracht: Die Bildnisse mehrerer Schönheiten, die ich gesammelt habe und die von den besten Meistern stammen, hängen über diesen Trophäen und reich in vergoldeten Rahmen in die Wand eingelassen, die Zimmerdecke ist auf weißem Grunde ausgeführt; die Reliefs stellen Orpheus dar, wie er mit der Leier die Tiere lockt. In diesem Zimmer befinden sich mein Spinett und alle anderen Musikinstrumente.«

VIERTES KAPITEL

Fürstendienst und Bürgerstolz
Mozart, Haydn, Gluck

Aufgeklärte Absolutisten?

Der Fürstenhof – er ist bereits in der ersten Hälfte des 18. Jahrhunderts nur noch scheinbar der Hort eines unwidersprochen hingenommenen Absolutismus von Gottes Gnaden. Noch erhält er sich, bringt große Herrscherpersönlichkeiten hervor: Peter den Großen und Katharina II. von Russland, Maria Theresia und Josef II. von Österreich, Friedrich den Großen von Preußen. Aber gerade in diesen Biografien angeblich absoluter Monarchen ergeben sich Brüche, die auf eine Veränderung der Gesellschaft hinweisen: Maria Theresia, die kühl kalkulierende, streng moralische Kaiserin zieht sich am liebsten in ihren intimen Familienkreis zurück, pflegt inmitten ihrer großen Kinderschar und gemeinsam mit ihrem zutiefst verehrten Gatten Stephan von Lothringen ein recht bürgerlich anmutendes Familienleben; immer öfter verlässt sie die verhasste Hofburg, um im beschaulichen Schloss Schönbrunn die Bequemlichkeiten eines ruhigen, unpolitischen Daseins zu genießen. Peter I., jener erstaunliche Zar, der sich in den Niederlanden und England inkognito, als einfacher Lehrling mit Seefahrt und moderner westlicher Technik vertraut machte (Albert Lortzing hat diese anekdotische Begebenheit in seiner Oper »Zar und Zimmermann« humorvoll dramatisiert), denkt ganz unfürstlich, wenn er Handwerk und Kaufmannschaft fördert, zahlreiche Reformen zur Hebung der Staatsfinanzen und des Ansehens Russlands in der Welt unternimmt, andererseits aber das Paradebeispiel eines Tyrannen ist, der all seine klugen Reformwerke mit Gewalt, mit hemmend-drohenden Verboten und Geboten durchzusetzen sucht und dafür auch vor der Folterung und Tötung zahlreicher widerstrebender Untertanen, schließlich gar des eigenen Sohnes nicht zurückschreckt. »Es ist gegen die christliche Religion und die Gerechtigkeit, Menschen, die alle mit der Geburt die Freiheit mitbringen, zu Sklaven zu machen«, schreibt Katharina als Herrscherin von Russland: »Freiheit, Seele aller Dinge, ohne dich ist alles tot. Ich will, dass man den Gesetzen gehorcht, aber ich will keine Sklaven … Man binde mir die Hände … um mich zu hindern, Böses zu tun, aber man lasse mir freie Hand, Gutes zu tun. Dem kann jeder vernünftig denkende Mensch zustimmen.« Dass die Voltaire-Anhängerin ihre hohen Reformideale in der Regierungspraxis allzu oft über Bord wirft, dass sie beispielsweise neben russischen auch ukrainische Bauern der Leibeigenschaft unterwirft, sie also (nach den Begriffen der Aufklärung) zu Sklaven macht, beweist doch wieder, wie entfernt diese Herrscherfiguren noch von konsequent liberalen Ansätzen sind und sicher auch, wie die verfestigten Machtverhältnisse ein aufgeklärtes Reformprojekt ad absurdum führen. Wie seine Kusine Sophie von Anhalt-Zerbst, nachmalige Zarin Katharina, ist Friedrich von Preußen überzeugter Anhänger des Philosophen Voltaire. In seiner Jugend verachtet er die Militärbegeisterung seines Vaters Friedrich Wilhelm und pflegt stattdessen die vom Soldatenkönig abgelehnten Schönen Künste, namentlich die Musik. Friedrich, in Fragen der Musik und Kunst ein moderner, selbstbewusster Potentat des Rokoko, rettet anders als Katharina auch viele seiner politischen Reformpläne in die eigene Regierungspraxis hinüber, führt Rechtsgleichheit, Religionsfreiheit und eine effiziente Verwaltung in Preußen ein, fördert Landwirtschaft und Manufakturwesen, löst aber im Unterschied zu seinem Vater, der seine schlagkräftige Armee selten zum Einsatz brachte, eine Reihe verheerender Kriege aus, durch die er den Anspruch Preußens auf eine europäische Großmachtstellung mit unbeugsamer Härte und zynischer Menschenverachtung durchsetzt, was aber der

Verehrung des »großen Friederich« durch die deutschen und europäischen Intellektuellen keinen ernsthaften Abbruch tut.

Dass im allgemeinen der Boden für entscheidende Reformen noch nicht wirklich bereitet ist, zeigt sich auch an Beispielen aus Skandinavien, wo der deutsche Arzt Struensee, der Leibarzt des dänischen Königs und wohl Liebhaber der Königin war, weitsichtige Veränderungen durchzusetzen sucht, 1772 aber von erzürnten Adelskreisen gestürzt und kurz darauf schmachvoll hingerichtet wird; die außergewöhnliche Gestalt Struensees blieb gleichwohl über die Jahrhunderte unvergessen: Michael Beer verfasste darüber gegen Mitte des 19. Jahrhunderts ein beliebtes Drama, zu dem sein Bruder Giacomo Meyerbeer die Schauspielmusik komponierte; 1983 würdigte der Historiker Stefan Winkle den einseitig als Schwerenöter verkannten großen Arzt und Aufklärungspolitiker, wohingegen der vielgelesene neue Struensee-Roman von Per Olov Enquist (2000) wieder stärker das traditionelle Bild des Libertins zeichnet. In Schweden fand König Gustav III., theaterfreudiger Schöngeist, aber auch bürgerfreundlicher Reformer, 1792 den Tod durch einen Mordanschlag adliger Verschwörer – die dramatischen Ereignisse dienten Verdi als Stoff zu einem seiner Hauptwerke, »Ein Maskenball«.

In Russland gewinnt die mittlere Klasse von Handwerkern und Kaufleuten an Einfluss, in Preußen und Österreich entsteht eine starke Beamtenschicht, die bald den Hauptteil des gebildeten Standes stellt. Es kristallisiert sich eine soziale Gruppe heraus, die der alten Bezeichnung ›Bürger‹ neuen Inhalt gibt. Das aufstrebende Bürgertum, durch eine solidere Bildung der Aristokratie oftmals überlegen, nähert sich allmählich der adligen Oberschicht an, zum Teil in Übernahme adliger Sitten und Prätentionen, teils in einer vergleichenden Selbsteinschätzung als die moralisch ›besseren‹ Menschen. Der Fürstenhof wird zum Negativum. Ein Ort, der nur die Intrige und das Laster kenne, während die bürgerliche Sphäre von Redlichkeit, Brüderlichkeit, Mitleid und Tugendhaftigkeit geprägt sei. Im ›Bürgerlichen Trauerspiel‹ werden die neuen Werte beschworen, wird dem Hof die glanzvolle Maske vom verkommenen Gesicht gerissen, der bürgerlich gestimmte Held gewinnt mit Gefühl, Liebe und Charakterstärke. Sentiment ist eine Lieblingspose des Bürgertums; Gotthold Ephraim Lessing lässt den schicksalgebeutelten Vater seiner »Miss Sara Sampson« mehr als einmal – ungebührlich für Lessings Zeit – in Tränen ausbrechen.

Mozart – ein turbulenter Abschied

Für viele Mitglieder des Bürgertums führt der Durchbruch zu einer neuen, einflussreichen Position zum Konflikt, da ihre soziale Existenz nicht ihrem bürgerlichen Bewusstsein entspricht. Ein besonderes Problem für diejenigen unter ihnen, die in ökonomischer Abhängigkeit, als Angestellte, Bedienstete von ihrem Landesherrn oder einem adligen Patron abhängen. Darunter na-

Die Familie Mozart in Salzburg im Winter 1780/81, kurz vor Wolfgang Amadeus' Entlassung aus dem erzbischöflichen Dienst. Gemälde von J. N. della Croce.

mentlich die Musiker, die zum sich formierenden Bildungsbürgertum gehören. Mit dem jungen Mozart und mit Haydn stellen
wir vor dem Hintergrund des späten Ancien Régime zwei exemp-
larische musikalische Persönlichkeiten in der Spannung zwischen
Abhängigkeit vom Dienstherrn und Streben nach Verwirklichung
freierer Lebensgestaltung vor.

Wolfgang Amadeus Mozart, der als Wunderkind an den Höfen
Europas mit Ehrungen überhäuft worden ist, beklagt – in die
Enge des heimatlichen Salzburg zurückgekehrt – die Lakaienstel-
lung, die ihm am Hofe seines Arbeitgebers, des Erzbischofs
Hieronymus Colloredo, zugemutet wird. Er beschreibt in Briefen
die vielen Demütigungen, die ihm widerfahren. »Um 12 Uhr zu
Mittage – leider für mich ein bisschen zu frühe – gehen wir schon
zu Tisch. Da speisen die beiden Herren Leib- und Seelenkam-
merdiener, Herr Kontrolleur, Herr Zetti, der Zuckerbäcker, 2
Herren Köche … und – meine Wenigkeit. Nota Bene: die 2 Herren Leibkammerdiener sitzen oben an. Ich habe doch wenigstens
die Ehre, vor den Köchen zu sitzen. Nu, ich denke halt, ich bin in
Salzburg. Bei Tische werden einfältige grobe Späße gemacht. Mir
macht keiner Späße, weil ich kein Wort rede«. Aber es sind eindeutig auch Karriere- und Honorargründe, die Mozart dazu bewegen, seine Kündigung zu provozieren. Die Zahlung der Honorare und anderer Leistungen verläuft oft genug nach Laune
des Herrschers, Graf Colloredo bildet da keine Ausnahme. Auch
hat der Fürsterzbischof, der von den Nützlichkeitserwägungen
der Aufklärung keineswegs unberührt ist, strenge Sparsamkeit
am Hofe – eben auch bei der Musikpflege! – angeordnet. Mozart
bemerkt zynisch über die Knauserei: »Der Herr Erzbischof hat
die Güte und gloriert mit seinen Leuten, raubt ihnen ihre Ver-
dienste und zahlt sie nicht davor … jetzt will ich nur abwarten, ob
ich nichts bekomme. Bekomme ich nichts, so gehe ich zum Erzbischof und sage es ihm ganz gerade. Wenn er nicht will, daß ich
etwas verdienen soll, so soll er mich bezahlen, daß ich nicht von
meinem Geld leben muss.« Im Mai 1781 kommt es zu weiteren
Schikanen gegen den Komponisten – Mobbing, im modernen

Sprachgebrauch. Ist der »Tritt im Hintern«, den der junge hitzige Kompositeur nach eigener Darstellung von einem arroganten erzbischöflichen Höfling im Verlauf eines Streites erhielt, als handgreifliche Tätlichkeit oder bloß in übertragenem Sinne zu verstehen? Es kam unvermeidlich zum Bruch mit dem Erzbischof. »Mon très cher Père! Ich bin noch ganz voll Galle«, schreibt er an seinen Vater Leopold: »Ich bin nicht mehr so unglücklich in salzburgischen Diensten zu sein … Als ich also zu ihm hineinkam, so war das erste: Erzbischof: ›Nun, wann geht er denn, Bursch?‹ Ich: ›Ich habe wollen heute Nacht gehen, allein der Platz war schon verstellt.‹ Dann gings in einem Odem fort: ich sei der liederlichste Bursch, den er kenne; kein Mensch bediene ihn so schlecht wie ich; er rate mir, heute noch weg zu gehen … Er lügte mir ins Gesicht, ich hätte 500 Gulden Besoldung, hieß mich einen Lumpen, Lausbub, einen fex … Dort ist die Tür, schau er, ich will mit einem solchen elenden Buben nichts mehr zu tun haben.‹ Endlich sagte ich: ›Und ich mit Ihnen auch nichts mehr … Morgen werden Sie es schriftlich bekommen‹« Kurze Zeit darauf lässt sich der freie, hoffnungsfrohe Meister in Wien nieder – dies wird aus einer heutigen Sicht gern als exemplarischer Schritt vom Musiker barocken Typs, der primär im Hofdienst steht, hin zum freischaffenden, zum autonomen Künstler betrachtet.

Haydn – der Weg nach London

Weniger spektakulär und turbulent sind Josef Haydns Bestrebungen, sich von seinem fürstlichen Gebieter Esterházy zu lösen.

1732 als Sohn eines Schmiedemeisters geboren, muss Josef Haydn 1749 seine Ausbildungsstelle als Kapellknabe am Wiener Stefansdom verlassen, da sein Stimmbruch den Siebzehnjährigen hierfür unbrauchbar macht. Zehn Jahre schlägt er sich als Geiger in Tanzkapellen durch, studiert Komposition bei Nicola Porpora und findet dann eine Kapellmeisterstelle an einem gräflichen Hof. Und prompt geschieht, was zu dieser Zeit so oft passiert:

Josef Haydn in der Livree der Musiker des Fürsten Esterházy.
Portrait von J. B. Grundmann (um 1768).

sein Graf gerät in finanzielle Kalamitäten, »sah sich genöthigt, seinen bisherigen großen Aufwand zu vermindern; er verabschiedet seine Virtuosen, und so verlor Haydn den Dienst als Kapellmeister«. Allerdings ist der verarmte Arbeitgeber pflichtbewusst genug, Haydn weiterzuvermitteln und zwar als Vizekapellmeister des Fürsten Anton von Esterházy. Im Anstellungskontrakt wird er »Josef Heyden, als ein haus-Officier angesehen, und gehalten werden ... er sich also ... nüchtern, und mit denen nachgesetzten Musicis nicht brutal, sondern mit glimpff, und arth, bescheiden, ruhig, ehrlich aufzuführen wissen wird, haubtsächlich ... solle er ... allezeit in Uniform ... sauber erscheinen ... in weißen strümpffen, weißer wäsche, eingepudert, und entweder in Zopf, oder Harbeütel ... wird er ... alltäglich ... vor- und nach-Mittag in der Anti-Chambre erscheinen, und sich melden lassen, allda Hochfürstl. Ordre, ob eine Musique seyn solle? abwarthen.« 400 Gulden beträgt sein Jahressalär plus einen halben Gulden Kostgeld pro Tag oder er isst am Bediensteten-Tisch mit. Er hat die üblichen Verpflichtungen, die Abendunterhaltungen zu organisieren, zu besonderen Anlässen außerordentliche Musik aufzuführen, die Kinder des Fürsten zu unterrichten und dem Fürsten selbst als Musizierpartner zu dienen. Weilen Esterházys auf ihrem Stammsitz bei Eisenstadt (damals zu Ungarn gezählt, heute zu Österreich), dem »ungarischen Versailles«, dann hat der Kapellmeister wie ein Lakai in der schmucken Bedienstetenuniform des Hauses zu erscheinen, ebenso wie Mozart in Salzburg uniformiert Dienst tun muss.

Der dem Musiker zugewiesene subalterne Platz löst die erste Revolte Haydns aus, der nicht erträgt, an der Bediententafel dem Majordomo nachgesetzt zu sein. »Wo immer es einen Kapellmeister gibt, muss er den ersten Platz einnehmen«, trotzt Haydn. Die Angelegenheit wird vor den Fürsten getragen, der lächelnd hinnehmen muss, dass Haydn seine Meinung auch vor ihm behauptet. 1766 wird er erster Kapellmeister, nun unter Fürst Nikolaus, zu dessen Hochzeit 1762 er die Oper »Alcide e Galatea« vertont hatte. Haydn hat diverse Feiertage und Familienfeste künstlerisch zu gestalten, ansonsten das Hobby des Fürsten, das Marionettentheater, mit Opern zu bedienen. Eine denkwürdige Aufführung findet 1773 zu Ehren eines Besuchs der Kaiserin Maria Theresia in Esterháza statt; die »Pressburger Zeitung« berichtet: »Ihre Majestät ließen sich nach Tische im Garten herumführen … Alsdann wurde auf einer ganz neuen Bühne eine Marionettenoperette ›Philemon und Baucis‹ … aufgeführet … die Bühne stellte ein phrygisches Dorf vor … Jupiters Bildsäule verschwand und an dessen Stelle erschien überaus prächtig das Wappen des Durchl. Erzhauses. – Der Ruhm, die Milde, die Gerechtigkeit und Tapferkeit umgaben dasselbe. – Die Fama kam blasend geflogen, und krönte das Wappen mit einem Kranz … Die ungrische Nation nahete sich in ihrem Festkleide, von der Liebe zum Vaterlande, von dem Gehorsam, Eifer und der Treue begleitet, und fiel mit Verehrung vor dem Kaiserlichen Wappen auf die Knie … Hierauf fieng der hintere Theil des neuerbauten Theaters zu sinken und wurde unsichtbar von aller Augen. Dagegen erblickten die allerhöchsten Anwesenden die prächtige Beleuchtung im Garten, und das Feuerwerk nahm seinen Anfang.«

Es geht Haydn in den ersten Jahren in Stellung darum, sich bei Esterházy in gutes Licht zu setzen. Es steht ja nicht nur sein Verbleib in fürstlichem Dienst auf dem Spiel, sondern auch sein Weiterkommen, denn selbstverständlich möchte er so schnell wie möglich zum ersten Kapellmeister aufrücken. Kaum ist er in Besitz des Postens, muss er ihn verteidigen und sein Leistungsvermögen immer wieder unter Beweis stellen. Da heißt es, das Instrument des Fürsten, das Baryton, habe ihn begeistert, und er habe innerhalb eines halben Jahre das Barytonspiel erlernt und es zu einer gewissen Kunstfertigkeit gebracht. Wahrscheinlicher, wenn auch viel nüchterner ist, dass Haydn sich über die Vorliebe für das Baryton beim Fürsten in ein gutes Licht setzen wollte, vielleicht sogar auf Wunsch des Fürsten selber das Instrument, für das er schließlich viel zu komponieren hatte, kennen lernen sollte. Nikolaus Esterházy quittiert Haydns Bemühungen denn auch mit einer sarkastischen Bemerkung, wohl wissend, welche

Schmeichelei hinter dem Eifer seines Untergebenen steckt. Ein früher Haydn-Biograf erzählt: »Haydn konnte einer Anwandlung von Eitelkeit nicht länger widerstehen. Er ließ sich öffentlich vor dem Fürsten hören, spielte in mehreren Tonarten, und glaubte unendlichen Beyfall einzuerndten. Der Fürst war jedoch gar nicht verwundert, nahm die Sache wie sie genommen werden musste und sagte bloß: ›Haydn, das müssen Sie wissen‹.«

Haydn, etwas brüskiert, legt das Baryton beiseite und besinnt sich auf sein Komponieren. Auf andere Art profitiert er von dem musikliebenden Fürsten. Ab 1766 ist nämlich ein stärkeres Interesse an seinen Werken zu verzeichnen. Offenbar machte der Fürst den Namen seines Kapellmeisters in der Residenz Wien bekannt. Jedenfalls wird der Komponist in den Blättern der Stadt schon bald als »Liebling der Nation« gefeiert. 1770 beispielsweise lässt der Fürst anlässlich einer Hochzeit im Familienkreis eine Oper Haydns in Wien aufführen, die sehr großen Erfolg hat und Haydns Ruf endgültig festigt. Dies wiederum ändert seine Beziehung zum Fürsten, der von dem Ruhm seines Bediensteten profitiert und im Ansehen der musikalisch interessierten Welt steigt. Die oft erzählte Anekdote von der Entstehung der Symphonie fis-Moll (seine fünfundvierzigste Symphonie von insgesamt knapp über hundert!) gibt ein anschauliches Beispiel dafür: Esterházy wohnt nur die Frühlings- und Sommermonate über auf seinem Landschloss; beginnt die Ball- und Redoutensaison in Wien, dann zieht die fürstliche Familie in die Residenz, die Kapellmusiker sind unterdes freigestellt. Da die Familien der Bediensteten nicht mit auf esterházyschem Besitz leben, der Fürst außerdem willkürliche Familienbesuche untersagt, warten die Musiker jeden Herbst, nach mehrmonatiger Trennung von ihren Angehörigen, auf die Abreise des Fürsten; 1772 verschiebt Esterházy den Aufbruch nach Wien. Die Musiker murren. Intervenieren bei Haydn. Und der komponiert die sogenannte Abschiedssymphonie, ein musikalisches Happening, in dessen Finale ein Instrument nach dem anderen verstummt; bei der Uraufführung erhebt sich jeder einzelne Musiker, sobald seine

Partie beendet ist, packt seine Noten und verlässt den Saal. Esterházy nimmt den Wink mit dem Zaunpfahl amüsiert auf und reist innerhalb der nächsten Tage ab.

Ungefähr ab Anfang der 80er Jahre bemüht sich Haydn um eine neue Ausdrucksweise, so verlangt er etwa von seinem Verleger »drei neue zärtliche Texte … der Inhalt kann auch traurig sein«, um sie als Lieder zu vertonen. Mehr denn je kommt es ihm darauf an, mit seiner Musik zu rühren, Gefühle wachzurufen. »Licht und Schatten« brauche er für seine Musik, sagt Haydn einmal, womit Wolfgang Amadeus Mozarts Urteil über ihn korrespondiert: »Keiner kann alles, schäkern und erschüttern, Lachen erregen und tiefe Rührung, und alles gleich gut als Haydn.« Haydn scheint sich inzwischen ein bürgerliches Selbstwertgefühl erschlossen zu haben. 1785 vollzieht er seine Ideenwandlung symbolisch mit dem Eintritt in die Freimaurerloge »Zur Wahren Eintracht«. Die Freimaurerei des 18. und 19. Jahrhunderts war sehr wohl politisch motiviert (was heute vielfach bestritten wird). Sie war gleichsam ein Utopia, ein Ort, abgeschottet durch geheime Rituale von der realen Welt, an dem ein (weitgehend) demokratisches Lebensideal gelebt werden durfte. Alle Logenmitglieder sehen sich als Brüder, Standeshierarchien und religiöse Unterschiede sind innerhalb der Logentreffen hinfällig. Komponierende Brüder verfassen Musik zu diversen Ritualen und Festivitäten der Logen. Gemäß den bürgerlichen Ideen der Freimaurer von Bescheidenheit, Einfachheit, Tugendhaftigkeit werden schlichte Kompositionen erwartet. In der Tat fängt Haydn an, volkstümlicher zu schreiben, er entschlackt seine Melodien, er wählt einfachere Formenmodelle für die Finalsätze seiner Symphonien, bevorzugt die Rondoform.

Da Nikolaus Esterházy ein eher zurückgezogenes Leben lebt, erfüllt von Musik, Jagd, diversen Liebhabereien wie seinem Marionettentheater, verlässt Haydn kaum das Schloss. Besuche in Wien, gar anderswo, sind selten. Nach vielen Jahren am abgelegenen Neusiedler See, »wovon das Schloss nicht weit entfernt ist«

und der »meinlange Moräste« wässert, fühlt sich der Komponist ab Mitte der achtziger Jahre mehr und mehr beengt. An seine Vertraute Maria Anna von Genzinger schreibt er im Mai 1790: »Lassen sich demnach Ihro Gnaden nicht abschröcken, mich zu zeiten mit dero So angenehmen Briefwechsel zu trösten, indem mir dieser zur aufmunterung in meiner Einöde, meines öfteren sehr tief geckränckten Hertzens höchst Nothwendig ist ... ich unterliege bey unserer dermahligen Regierung vielen Verdrißlichkeiten, welche ich aber hier mit stillschweigend übergehen muß ... seund Euer Gnaden ... nicht böse auf Ihren Haydn, der, so oft sich sein Fürst von estoras absentiert, nie die Erlaubnuß Erhalten kan, nur auf 24 Stund nach wienn gehen zu darfen.«

Da stirbt kurze Zeit später, unerwartet, der Fürst; dessen Sohn Paul Anton ist längst nicht so musikbesessen wie sein Vater und gönnt Haydn eine freiere Bindung zum Fürstenhof. Die Pflicht, auf Esterháza zu bleiben, wird aufgehoben. Haydn darf wohnen, wo es ihm beliebt, solange er seine jeweiligen Adressen angibt. Den Titel »Esterházyscher Kapellmeister« darf er weiterhin führen. Aber nach Wien zu gehen, reicht ihm nicht aus. Unbewusst sucht er einen stärkeren Eindruck, will Neues kennen lernen. Genau in diesem Moment tritt ein Londoner Impresario an ihn heran mit dem Angebot, in London zu konzertieren, und zwar für die stolze Summe von jährlich mindestens 5.000 Gulden. »Wie süß schmeckt doch eine gewisse Freyheit«, schreibt Haydn an die Freundin. »Ich hatte einen guten Fürsten, muste aber zu zeiten von niedrigen Seelen abhängen, ich seufzte oft um Erlösung, nun habe ich Sie einiger maßen«. Man bedenke, diese Freiheitszeilen sind vom 17. September 1791; am 13. September wurde in Frankreich die neue Verfassung verkündet; seit seinem Fluchtversuch im Juni vor den rebellierenden Massen steht König Ludwig XVI. unter Hausarrest.

Als Haydn aber nach Esterházys Tod endlich frei ist und das freiere, weltstädtische Leben in London genießen kann, zeigt sich der Mann aus Österreich allerdings rasch erschreckt von der Freimütigkeit der britischen Intellektuellen. Thomas Paine schreibt 1792 die »Rights of Man«, fordert das Ende der Monarchie. Der Staat – ob monarchistisch, konstitutionell oder demokratisch – solle nur die eine Funktion haben, die ökonomische Liberalität zu wahren, das fordern Wirtschaftsexperten wie Jeremy Bentham in seiner »Introduction to the Principles of Morals and Legislation« von 1789. Die Respektlosigkeit selbst des Adels gegenüber King Georg III., dessen schwankendes Regiment sich eigentlich nur dank seines wagemutigen, bis zur Skrupellosigkeit energischen Premiers William Pitt d. J. hält, empfindet der an den Fürstendienst gewöhnte Haydn als empörend. »Lord Clermont gab einstens ein großes Soupé«, berichtet er in einem Notizbuch Anfang des Jahres 1792: »und da man die Gesundheit des Königs trunk, befahl er der Harmonie-Musik, den bekannten Gesang ›God save the King‹ auf der Gasse unter dem ungestümsten Schneewetter zu blasen«. Haydn wird hauptsächlich vom englischen Thronfolger protegiert, ist regelmäßiger Gast im Carlton House, der Residenz des Prince of Wales, für den er einen schmissigen Marsch komponiert.

Das Lied »God save the king« lässt ihn gedanklich nicht los. Da erhält Haydn als der namhafteste österreichische Maestro (Mozart ist bereits 1791 verstorben) im Jahr 1797 einen Staatsauftrag. Seit April 1792 liegen Frankreich und Österreich miteinander im Krieg. Im Herbst und Winter 1796 verschärft sich die Situation für Österreich, als Napoleon in die Lombardei einmarschiert, um sich die österreichischen Besitzungen in Oberitalien einzuverleiben. Unmut macht sich in Österreich und auch bei den niedergedrückten Truppen bemerkbar. Um der nationalen Begeisterung neuen Elan zu geben, kommt ein Berater des Kaisers, Graf Saurau, auf die Idee, eine Vaterlandshymne komponieren zu lassen. Haydn setzt mit seinem »Gott erhalte Franz den Kaiser« eine ebenbürtige Hymne neben das britische »God save the King« und das französische Kampflied (erst später Nationalhymne) von Rouget de Lisle, die »Marseillaise«. 1797 wird der Friede von Campo Formio geschlossen.

Zwei Jahre schweigen die Waffen zwischen Frankreich und

Österreich. In dieser Ruhezeit erhält Josef Haydn eine schwedische Auszeichnung, er wird zum Mitglied der königlichen Musik-Akademie ernannt. Bekanntlich steht Schweden auf Seiten Frankreichs. 1810 wird der französische Marschall Bernadotte schwedischer Thronfolger werden und als Karl XIV. in die Geschichte eingehen. 1798 ist Bernadotte noch Gesandter in Wien, ein Hörer der Musik Haydns, die längst zu einem politischen Faktor geworden ist. 1798 ist das Jahr von Haydns Oratorium »Die Schöpfung«. Ein optimistisches, ein positives Werk. Ein Lobgesang auf die göttliche Schöpferkraft, damit indirekt eine Verurteilung der menschlichen Destruktivität, des kriegerischen Vernichtungswillens. Zu den Hörern der »Schöpfung« gehört der schwedische Botschaftsbeamte Frederik Samuel Silverstolpe. Fast im Widerspruch zu sich selbst verfasst Haydn im gleichen Jahr die Missa in Angustiis in d-Moll, die allgemein »Nelson-Messe« genannt wird – der britische Admiral bereitet der französischen Flotte bei Abukir eine katastrophale Niederlage und erhält seinem Vaterland dadurch die Hegemonie auf See. Großbritannien ist im Kampf gegen Frankreich Österreichs Verbündeter. Offiziell darf die Messe allerdings nicht nach Nelson benannt werden, da die österreichische Regierung das entspannte Verhältnis zu Frankreich vorerst erhalten, sich also jeglicher Parteinahme enthalten will.

1807 wird wieder ein Friede (von Tilsit) zwischen Frankreich und seinen Gegnern geschlossen. Als Zeichen der Verbrüderung ehren beide Seiten diverse Vertreter aus Kunst und Kultur des Vertragspartners. Haydn wird zum Mitglied der *Société académique des Enfants d'Apollon* ernannt. Wie er auf die französische Ehrung reagierte, ist nicht bekannt. Noch einmal begehrt Österreich gegen den schier allmächtigen Napoleon auf, muss sich ihm 1809 nach mehrwöchigem Bombardement Wiens aber unterwerfen. Napoleon setzt ein Zeichen und beordert eine Ehrengarde zum Haus Josef Haydns. Aber nun reagiert der Siebenundsiebzigjährige auf seine Art, spielt »täglich sein Kaiserlied, und noch am 26. Mai dreimal hintereinander mit einem Ausdruck, über

Kunst«. Die antike griechische Kunst wird darin als Nonplusultra hoher Kunst gefeiert, ihr Kennzeichen seien »eine edle Einfalt, und eine stille Größe«. Dabei steht im Mittelpunkt seines Griechenbildes Menschlichkeit und Freiheitsgefühl, »Die Menschlichkeit der Griechen hatte in ihrer Blühenden Freiheit keine blutigen Schauspiele einführen wollen«, beides entzünde sich an der Nachahmung der schönen Natur. So wird die Antike bei Winckelmann zu einer Utopie. Trotz Widerspruchs eines Gotthold Ephraim Lessing – »Laokoon« –, wirkt Winckelmanns Idee bis ins 19. Jahrhundert. In theoretischen Werken, in Johann Georg Sulzers »Allgemeiner Theorie der Schönen Künste« (1771), der als »eigentliches Geschäft« der schönen Künste die ethische Erhöhung, bewirkt durch das Schöne, sieht. Sowohl in Carl Philipp Emanuel Bachs »Versuch über die wahre Art das Clavier zu spielen« (1753), als auch in Johann Joachim Quantz' 1752 erschienenem »Versuch einer Anleitung, die Flöte traversiere zu spielen« lässt sich Winckelmanns Ideengut vorausahnen. Beide bestehen auf natürlichem, deutlichem Vortrag; lieber »mit wenigem viel, als mit vielem wenig zu sagen«, rät Quantz; Bach verwehrt sich gegen seelenlose Virtuosität. In einem Punkt stimmen sie auch mit Leopold Mozarts 1787 erschienener »Gründlicher Violinschule« überein, dass »man alles so spielen« müsse, »dass man selbst davon gerühret wird«. Das Gefühl, positives Gefühl, zu erwecken steht im Kern dieser Musiklehren. Das edle Menschentum.

Nichts anderes verlangt auch Jean-Jacques Rousseau: der Mensch könne sich veredeln, wenn er sich auf seine Natur, das meint, sein schlichtes Gefühl besönne. »Retournons à la nature«, verlangt der Philosoph. Er manifestiert seine Lehre gleich in dem Intermezzo »Le devin du village«, das er 1752 komponiert, ein pastorales Werk, liedhaft und schlicht. Rousseau steht im Mittelpunkt eines Musikdiskurses, der eigentlich ein politischer Diskurs ist, des sogenannten Buffonistenstreites: Anhänger der traditionellen französischen großen Oper gegen Freunde der italienischen Opera buffa, die am ehesten von allen Bühnengattungen den Forderungen der Moderne nach Natürlichkeit und Menschlichkeit entsprach. Oder: Aristokraten und Konservative gegen Bürgerliche und Freidenker. Mehr als dreißig Jahre vor Ausbruch der großen Revolution.

Mozart – ein Freischaffender in der Kaiserstadt

Viele Komponisten wenden sich von den großen musikalischen Formen ab, den jungen Kunstgattungen Lied und Streichquartett zu. Ganz bewusst wird Kammermusik in bürgerlichen Kreisen als Abgrenzung zur Hofmusik, namentlich der Oper, gepflegt. Wenn Rousseau, Gluck, Haydn und Mozart einfache Lieder anstelle der herkömmlichen Bravourarien in ihre Bühnenwerke setzen, ist das schon symbolische Geste. Andererseits aber absorbierte die Aristokratie die neuen Kunstströmungen. Die fürstlichen Herren gefielen sich genauso im Spiel mit bürgerlichen Verhaltensweisen – Marie-Antoinettes betont schlichtes, ländliches Lustschloß Trianon im Stil der Schäferdichtung wurde sprichwörtlich – wie die Nichtadligen, die roturiers, sich adlige Attitüden anzueignen suchten. Das ist auf den zweiten Blick betrachtet bereits ein Indiz für das allmähliche Aufweichen von Standesgrenzen namentlich vom niederen Adel zum gehobenen Bürgertum. Vor etwa 1750 wäre dergleichen verpönt gewesen, und zwar von beiden Ständen; im 17. und beginnenden 18. Jahrhundert war die hierarchische Rollenverteilung noch weithin ungebrochen. Jetzt entfaltet das Geld eine neue Dynamik. Die Handels- und Gewerbeberufe erleben ungeahnten Aufschwung, wogegen es mit der Agrarwirtschaft (trotz ihrer theoretisch hohen Wertschätzung) stetig bergab geht: die Bürger, Kaufleute und Gewerbetreibenden gewinnen durch ihre Finanzkraft an politischer Stärke. England macht sich das neue Finanzsystem, das abenteuerliche Gestalten wie den genialen Spekulanten John Law hervorbringt, am erfolgreichsten zunutze. Es wird die erste und auf lange Zeit stärkste Kapitalmacht Europas: 1694 wird die Bank of England gegründet. England baut auch als erster Staat seine Kolonien nutzbringend aus. 1757 eignet es sich die Vormacht in Indien an. Unter William Pitt d. Ä. gehört ihm die ganze Ostküste Amerikas, und England weist seine Konkurrenten in Übersee, Franzosen und Holländer, in ihre Schranken.

Was verändert das neue Weltbild speziell für Musiker? In dem Maße, wie das kaufmännische Bürgertum aufsteigt, verliert der geringe Adel, der sich größtenteils von seinem Landbesitz ernährt, aber kaum über Geldaktiva verfügt. Ein schleichender Verfall, dessen ganzes Ausmaß sich in Deutschland erst um 1800 zeigt. Kapitalmangel zwingt die Landadligen, Besitz (an Bürger) zu veräußern, Ende des 18. Jahrhunderts gehört etwa ein Zehntel ehemaligen Adelsbesitzes wohlhabenden Bürgern. Gezwungen, sich Kapital zu verschaffen, gehen viele Adlige Ehen mit reichen Bürgerlichen ein, was die Standesgrenzen weiter fließender macht. Die Dichter Achim von Arnim und Joseph von Eichendorff sind prominente ›Opfer‹ der zunehmenden Verarmung des Kleinadels. Beide haben ein sorgengebundenes Arbeitsleben als Staatsbeamte in ihrem dichterischen Werk thematisiert. Der Briefwechsel zwischen Achim von Arnim und seiner Frau Bettine gibt ein eindringliches Zeugnis über die eher bescheidene finanzielle Situation. »Unser Vermögen scheint nicht groß zu sein, also muss unser Haushalt um so besser werden«; schreibt der Dichter 1804 an einen Onkel: »Aber ohne Scherz wir haben kein Geld, unsre Bank muss alle Zahlungen suspendiren«. »Der Sturm der Zeit … hatte den Stammbaum seines alten, berühmten Geschlechts zerzaust«, schreibt Eichendorff in »Viel Lärmen um Nichts« in autobiografischer Anspielung: »Seine Eltern starben an gebrochenem Stolz, ihre Güter und seine Heimat waren längst an andere Besitzer gekommen, die er nicht einmal dem Namen nach kannte«. Hier endet bereits in Veräußerung und Heimatverlust, was sich ungefähr um 1750 in den ersten drastischen Sparmaßnahmen kleiner Höfe niederschlägt.

Auf Kultur kann am ehesten verzichtet werden, glaubt man damals wie heute. Das Erste, was an einem bankrottierenden Hof reduziert oder abgeschafft wird, ist die Hofkapelle. Besondere

Krisenzeiten für Musiker sind Regierungswechsel etwa durch den Tod eines Fürsten, den sein Nachfolger nutzt, um sich der Kapelle zu entledigen – den Fürsten Paul Anton haben entsprechende finanzielle Erwägungen nach dem Tod Nikolaus Esterházys bewogen, seine Hofmusik bis auf die Feldmusik zu reduzieren und Haydn freizugeben. Fürstenhöfe sind aber um 1750 immer noch die Hauptarbeitgeber der Komponisten und Interpreten. Städtische Anstellungen sind weniger beliebt, da sie oft geringer dotiert, arbeitsintensiver und längst nicht so anerkannt sind wie fürstliche Kapellmeistertitel. Durch die Einschränkung der Hofmusik fallen viele Arbeitsplätze fort. 1786 geschieht das beispielsweise in Kassel. Carl Friedrich Cramer berichtet in seinem »Magazin der Musik«: »Für Cassel scheint die Tonkunst, die hier so sehr blühte, mit unserem seeligen Fürsten begraben zu seyn.« Etwa im selben Zeitraum bilden sich von wohlhabenden bürgerlichen Dilettanten getragene Musikvereine. Philharmonische Gesellschaften, Konzertvereinigungen, Singekränzchen entstehen. Die neuen Beschäftigungsfelder der Musiker und Komponisten. Ab 1769 beispielsweise die Concerts des amateurs in Paris oder die Bach-Abel-Konzerte in London, seit 1781 bestehen die Gewandhaus-Konzerte in Leipzig. Die ersten öffentlichen Konzerte in Leipzig gehen auf das Jahr 1743 zurück und wurden »von 16 Personen so wohl Adel. Als auch Bürgerlichen Standes ... angelegt, wobey jede Person jährlich zur Erhaltung desselben 20 rt ... vierteljährig 1. Louis-d'or erlegen musste, die Anzahl der Musicierenden waren gleichfalls 16. Auserlesene Personen« (Dörffel, Lpz. 1884). Hier haben wir, was eingangs als Angleichung von Adel und Bürgertum auf musikalischem Gebiet bezeichnet wurde. Adlige Musikkenner pflegen die bürgerlichen musikalischen Gattungen. Beethoven schreibt Quartette im Auftrag des Fürsten Galitzin, widmet andere dem Grafen Rasumowsky, Mozart schreibt für den begabten Cellisten Friedrich Wilhelm II. die Preußischen Quartette und Haydns reiche Kammermusik entsteht für seinen Fürsten.

»Abends haben wir keine tafel, sondern Jeder bekommt 3 duckaten – da kann einer weit springen«, ironisiert Mozart am 17. März 1781 die mitunter gebräuchliche Maßnahme, die Musiker nicht im Hause zu verköstigen, sondern ihnen ein, anscheinend nicht ausreichendes, Spesengeld zu zahlen. Bis zu Beginn der neunziger Jahre des 20. Jahrhunderts hält sich hartnäckig die These vom unterdrückenden Erzbischof Hieronymus Colloredo, dessen strenges ungerechtes Regiment es auf das junge Genie geradezu abgesehen hätte, das sich wiederum aus der bedrückenden Salzburger Enge befreite, fortan als kritischer und revolutionärer Künstler frei in Wien gelebt und gearbeitet habe, dessen Opern pikante, furchtlos direkte Angriffe auf den Absolutismus seien. Offenbar widerstrebt es dem üblichen Begriff von einer höheren Artung der Genies, diese in kleinlichen Vorstellungen und rein wirtschaftlicher Berechnung verhaftet zu sehen. Für den aufstrebenden Komponisten Wolfgang Amadeus Mozart gilt – um es kurz zu machen – nur Kalkül, weshalb er einen Bruch mit dem Erzbischof provoziert, der der Nachwelt so romantisch-revolutionär erscheint. »Mein Wunsch, und meine Hoffnung ist – mir Ehre, Ruhm und Geld zu machen« (16. Mai 1781). Mit wachem Blick erkennt er, dass ein fürstlicher Hof nicht mehr allein der geeignete Ort einer Komponistenkarriere ist. Er hat auf den vielen Reisen, die sein Vater mit ihm als pianistisches Wunderkind unternahm, Amsterdam und Paris gesehen, Stätten mit einem schon da sehr reichen bürgerlichen Musikleben. Er hat Orchester kennengelernt, in Mannheim und Mailand, die weit über dem Niveau der erzbischöflichen Musici stehen. Colloredo ist einer der Fürsten, denen die Zeitläufte ungünstig sind, die nicht nur aufgrund kirchenreformatorischer Pläne und aufklärerischer Gedanken Sparsamkeit predigen und sparsam leben, das heißt, als Erstes die Musikerbezüge rationalisieren (Leopold Mozart erhält beispielsweise keinen bezahlten Urlaub für private Konzertreisen mehr wie noch und reichlich zu Zeiten des vormaligen Erzbischofs Siegmund von Schrattenbach), Musik einschränken und strenge Pflichterfüllung fordern. Für Mozart sind das bedenkliche Vorzeichen. Eine Residenzstadt wie Wien bietet da unendlich mehr Möglichkeiten: ein beginnendes bürgerliches Musikleben mit zahlungskräftigen Dilettanten und Klavierschülern neben den bestehenden aristokratischen Kreisen, Säle für Instrumental-, Kirchen für Sakral- und Theater für Opernmusik. Ein wichtiger Unterschied zu Salzburg, das über kein hinlängliches Openhaus verfügt (Mozarts frühe große Opern wurden sämtlich für ausländische Häuser geschrieben, München – »Idomeneo« – und Mailand – »Mitridate«, »Ascanio in Alba«, »Lucio Silla«). Im 18. Jahrhundert aber gilt der Lehrsatz, dass nur über Opernkompositionen »Ehre, Ruhm und Geld zu machen« sind. Selbst der unermüdliche Sinfonienkomponist Josef Haydn wird an seinen Opern gemessen und beurteilt. Noch etwas: Nur in den Großstädten Europas gab es in der zweiten Hälfte jenes Jahrhunderts einen florierenden Musikmarkt. Konzert- und Verlagswesen stecken noch in den Anfängen, erleben eigentlich erst in den zwanziger, dreißiger Jahren des 19. Jahrhunderts ein sprunghaftes Wachstum. In einer Provinzstadt wie Salzburg sind nicht einmal die spärlichen Anfänge einer Musikindustrie gegeben. Für Wolfgang Amadeus Mozart bleibt kaum eine andere Wahl als Wien. Er erhofft sich, einige Konzerte geben zu können, die ihn bekannt machen und einige Schüler einbringen, damit er sich durch Unterrichten die nötige finanzielle Sicherung verschaffen kann, um frei zu komponieren. Die Wiener Theater hätten schon Aufträge für ihn, denkt er etwas blauäugig, denn sehr rosig werden seine Wiener Jahre nicht verlaufen.

Der Beginn ist allerdings vielversprechend: Mozart erhält von dem Generalintendanten Franz Xaver von Orsini-Rosenberg den Auftrag zu einem Singspiel »Die Entführung aus dem Serail«. »Mich freuet es so, das Buch zu schreiben«, sagt Mozart am 1. August 1781: »die Umstände, die zu der Zeit, da es aufgeführt wird, dabey verknüpfet sind … erheitern meinen Geist dergestalt, dass ich mit der grösten Begierde zu meinem schreibttisch eile, und mit größter freude dabey sitzen bleibe.« Die Zeitumstände sind in der Tat sehr günstig für ein orientalisches Sujet. Von 1768-74 tobt

der russisch-türkische Krieg, in dem es um die Herrschafts-
verhältnisse auf dem Balkan geht, an dem auch Österreich politisches Interesse hat. In der Folge werden die Grenzen des
Osmanischen Reichs immer weiter zurückgedrängt; die (ehemaligen) Gebiete der Osmanen sind aber nur der geringere Teil
eines österreichisch-russischen Kräftemessens an ihrer gemein-
samen Grenzlinie. Es geht hauptsächlich um Polen, an dessen
Territorium sowohl Russland als auch Österreich interessiert
sind. Österreich hat aber den wesentlich gefährlicheren Feind
Preußen im Westen (ebenfalls mit Ansprüchen auf Polen). Katharina II. von Russland und Josef II. von Österreich suchen deshalb
einen Konsens; da die Zarin 1783 die Krim einnehmen kann, sich
den Zugang zum Schwarzen Meer erschließt, wird eine Allianz
Österreichs und Russlands gegen die Türken 1787 Realität. Auf
den Straßen Wiens herrscht eine pro-russische, anti-türkische
Haltung. Ein beliebter Name für vierbeinige Hausgenossen lautet zu dieser Zeit »Türk«.

Intendant Rosenberg drängt, damit Mozarts »Entführung«
rechtzeitig zu einem Staatsbesuch des Großfürsten Paul, Zarin
Katharinas Sohn, fertig werde. Obwohl der bekannte Schnell-
schreiber Mozart sich sofort und unaufhörlich an die Arbeit
macht, im August (im Juli hat er erst das Libretto erhalten) der
erste Akt bereits steht, schaffen Mozart und Rosenberg es nicht,
sie bis zum Herbst auf die Bühne zu bringen. Textänderungen
werden verlangt. Es gibt in dem Singspiel zwar die grotesk-bös-
artige Figur Osmin (der Osmane, eine Karikatur ›des‹ Türken),
einen grausamen, lüsternen, dabei leicht zu übertölpelnden Skla-
venaufseher, aber entscheidend ist die Figur des Selim Bassa, der
im Finale als Deus ex machina erscheint und das über das christliche Liebespaar Belmonte und Constanze bereits verhängtes Todesurteil wieder aufhebt, ihnen sogar die Freiheit schenkt. Zwar
ist Selim kein Türke von Geburt, sondern bezeichnenderweise
ein »Renegat«, ein Überläufer, dennoch passt eine solche Figur
gar nicht zum zeitgemäßen Türkenbild, schon gar nicht anlässlich
des Besuchs eines russischen Großfürsten. Pikanterweise stammt

das Libretto aus der Feder des Inspizienten der Deutschen Oper, dem Breslauer Gottlieb Stephanie, also einem ehemaligen Preußen, der die Vorstöße der Türkei gegen Österreich nicht ungern sieht und einen heldenmütigen Bassa ersinnt und zwar nach einem Drama des preußischen Autoren Christoph Friedrich Bretzner. Er lässt sein Singspiel im 16. Jahrhundert in Spanien spielen, zur Zeit des Habsburgers Philipp II. auf spanischem Thron, dessen Innenpolitik unter anderem durch Verfolgung der Mauren geprägt ist. In der Oper erinnert sich Selim Bassa, dass Belmontes Vater ihn verfolgte und dadurch außer Landes trieb, dies ist der gedankliche Auslöser bei ihm, eben nicht so zu handeln wie der christliche Unterdrücker. Schuld steht gewissermaßen also auch auf seiten des Helden Belmonte. Bretzner, der von der Verwendung seines Dramas als österreichische »Türkenoper« erfährt, protestiert in der Leipziger Zeitung angeblich wegen seines angetasteten Urheberrechts, wohl aber auch aus antiösterreichischer Haltung. »Ein gewisser Mozart in Wien hat es gewagt, mein Drama Belmont und Konstanze zu profanieren und es als Text zu einer Oper zu verwenden. Hiermit erhebe ich feierlich Protest gegen diese Verletzung meiner Rechte …«.

Der Intendant Orsini-Rosenberg, dem alle Fakten zu dem Singspiel allmählich bekannt werden, muss das Stück denn auch für den Staatsbesuch ablehnen. »Die Entführung aus dem Serail« nimmt zu wenig eindeutig Position für die christlich-spanische Seite Belmontes. Mozart und Stephanie feilen noch am Text, doch lässt sich kaum der Inhalt ändern. Die Uraufführung des Singspiels wird verschoben. Der Komponist nimmt das erstaunlich gefasst hin. Offenbar hatte er sich zu sehr von der pittoresken Seite des Librettos, den zahlreichen Möglichkeiten zu Exotismen, Kolorit, Besonderheiten einnehmen lassen und den Text weniger beachtet. Seiner Kunstauffassung nach hat der Text ohnehin keine große Bedeutung, die Sprache ist der Musik hintangesetzt. »Die Entführung aus dem Serail« wird ohne besonderen Anlass ein Jahr später uraufgeführt. Für den Besuch des Großfürsten stellt man Glucks Opern »Iphigenie auf Tauris« und

»Alceste« auf die Bühne. Die Motive von Geschwisterliebe, Treue, Beständigkeit dienen prächtig und auswechselbar jedem Staatsempfang. Großfürst Paul zeigt sich angetan und beehrt den Komponisten mit einem Besuch.

Wolfgang Amadeus Mozart hat sein ideales Debüt in Wien verpasst, sich nicht ins Augenmerk Josefs II. spielen, nichts desto trotz Wiener Publikum, darunter die Gräfin Maria Wilhelmine von Thun, gewinnnen können. Die Gräfin führt einen Konversationssalon nach französischem Muster, und als ehemalige Klavierschülerin Haydns setzt sie sich vor allem für Musiker ein. Eine wichtige Kontaktperson im Wiener Musikleben. Sie öffnet Mozart den Zugang zu anderen aristokratischen Salons, die übrigens auch der Kaiser regelmäßig besucht. Das Ziel Mozarts ist es nun, Hofkompositeur des Kaisers zu werden. »Der kayser … hat vieles heimlich mit mir gesprochen«, heißt es in einer Notiz des Komponisten. Da er sich von Josef II. ernst genommen fühlt, für sein Klavierspiel bewundert wird, was ihm sehr schmeichelt, da er seinen künstlerischen Egoismus in Wien zunächst befriedigt sieht,

Die Wiener freuen sich, dass Kaiser Josef II. die verhasste Weinsteuer aufhebt (1783). Zeitgenössischer Kupferstich von H. Löschenkohl.

hat er kein Problem mehr damit, sich an einen Fürstenhof zu binden. Seiner politischen Anschauung nach ist er Anhänger des Josefinismus, einer liberalen Monarchie. Ambivalent wird sein Verhältnis zu Josef II. erst, als sich sein Wunsch einer Hofstellung nicht erfüllt: »Keinen Monarchen in der Welt diene ich lieber als dem kayser – aber erbitten will ich keinen dienst. – Ich glaube so viel im Stand zu seyn, dass ich Jedem Hofe Ehre Machen werde. – will mich Teütschland, mein gelibtes Vatterland, worauf ich … Stolz bin, nicht aufnehmen, so muss in Gottes Namen frankreich oder England wieder um einen geschickten Teutschen Mehr reich werden.«

Berührungspunkte zwischen dem Kaiser und seinem Komponisten gibt es einige. Da ist die Musikliebe des Habsburgers, die sich zwar mehr auf Kammermusik richtet, aber eine gemeinsame ist, da sind die Unterhaltungsabende in den Salons, die Anlass zu privateren Gesprächen zwischen Regent und Untertan bieten, und schließlich die Reformpolitik Josefs II., die in Einklang mit Mozarts ethischen Ansichten steht. Kaum allein an der Macht, erlässt Josef das Toleranzpatent, das Glaubensfreiheit garantieren soll (für Juden allerdings mit Einschränkungen), Pressefreiheit wird gelobt, die Leibeigenschaft aufgehoben. Die Adelsprivilegien werden zurückgezogen, beispielsweise können Aristokraten jetzt auch für Rechtsbrüche belangt werden, wo sie zuvor diplomatischen Schutz genossen. Josef zieht immer mehr Bürgerliche in hohe Ämter des Staates, die vormals nur Adligen zugestanden haben. Er öffnet dem Bürgertum Tore zum sozialen Aufstieg, entschärft damit Standesgrenzen – einer der Gründe, weshalb ein Volksaufstand wie bald darauf in Frankreich verhindert werden konnte.

Wolfgang Amadeus Mozart schreibt seinem Regenten eine passende Oper zur Adelsfrage. Zunächst scheint es ein Wagnis, eine Oper auf die kaiserliche Bühne zu stellen, die auf ein Drama des französischen Gesellschaftskritikers Pierre-Augustin-Caron Beaumarchais zurückgreift. Dessen Trilogie »Der Barbier von Sevilla«/ »Der tolle Tag oder die Hochzeit des Figaro«/ »Ein zwei-

Szene aus »Figaros Hochzeit«: Graf Almaviva, wütend über das Sich-Sträuben der schönen Susanne, spürt den Pagen Cherubino in seinem Versteck auf (Zeitgenössischer Kupferstich).

ter Tartuffe« ist als politisches Theater zeitweise in Frankreich verboten worden, obwohl Königin Marie-Antoinette, eine Schwester Josefs II., das Stück in ihrem Trianon geben ließ, sogar höchstpersönlich die Rolle der Rosina im »Barbier« übernahm. Josef II. hatte Anfang des Jahres 1785 eine Aufführung des Theaterstücks am Kärntnertortheater verbieten lassen. Das Drama ist also brisant – allein schon durch das Verbot – und hochaktuell; in den Cerclen Wiens ist Beaumarchais ein aktuelles Thema: und da ist Mozart, der bislang vergebens auf einen Posten in Staatsdienst hofft, der zwar ein beliebter Komponist ist, doch gleichzeitig gegen mehrere ähnlich populäre Tonkünstler anzukämpfen hat, Paisiello und Salieri sind zwei dieser Rivalen. Mozart ist in Zugzwang, etwas überaus Aufsehenerregendes zu schreiben, um sich auf einen der vordersten Plätze der Künstler Wiens zu spielen. Er wendet sich an den Librettisten Lorenzo Da Ponte, der als Enfant terrible der Dichter von sich reden macht. Mit vierzehn Jahren hatte sich Emanuele Conegliano taufen lassen und seinen neuen Namen, der ihn berühmt machen sollte, angenommen, aber im antijudaistischen Denken seiner Zeit war und blieb er Jude, was ihn seinem Publikum zweifelhaft machte. Als Priester verfasste er die Schrift »Ob der Mensch im Naturzustand nicht glücklicher sei als inmitten der sozialen Einrichtungen«, die an die große Kontroverse Rousseaus und Voltaires anknüpft und für die Da Ponte in Konflikt mit der venezianischen Obrigkeit gerät. 1777 muss er wegen eines zweiten Vorfalls aus Venedig flüchten. Nach einigem Intrigenspiel bringt er es bis zum Theaterdichter in Wien. Er beherrscht die Kunst des politischen Libretto, das heißt, er versteht sich auf subtile Angriffe. Mozart fragt Da Ponte sehr direkt, ob er ihm ein Textbuch zur »Hochzeit des Figaro« schreiben würde. Da Ponte sagt spontan zu, denn er benötigt ebenso brennend wie Mozart einen großen Erfolg in Wien, und sei es ein Skandalerfolg. Gemäß Theaterpraktik obliegt es dem Librettisten, sich um Intendanz und Zensur zu kümmern. Da Ponte müsste seinen Text erst der Direktion vorlegen, Entscheidungen abwarten, dann den Komponisten ans Werk lassen. Aber Da

Ponte und Mozart schreiben die Oper heimlich fertig, dann wendet sich der Autor direkt an den Kaiser, ohne jede Zwischenbehörde. Josef II. ist natürlich wenig erbaut von dem Beaumarchais-Plan. Da Ponte überzeugt ihn aber durch einen Vergleich von Libretto und Theaterstück, dass er vieles, und zwar vieles Kritische gekürzt habe. »Ich habe dabei alles weggelassen, was gegen den Anstand und die Sitte verstößt und ungehörig sein könnte in einem Theater, in dem die höchste Majestät selbst anwesend ist«, garantiert Da Ponte (»Mein abenteuerliches Leben«). Der Kaiser gibt die Zustimmung, nachdem er noch den Komponisten zu sich gerufen und ihn Auszüge aus dem Werk hat vortragen lassen, heißt es bei Da Ponte. So einfach wird es nicht zugegangen sein. Josef II., der das Beaumarchais-Stück kennt, wird alle Passagen beanstandet haben, die sich zu deutlich gegen eine absolutistische Führung oder den Adel aussprechen. Diese Stellen hat der Librettist, wohlinformiert über Josefs Politik, gestrichen. Aus den fünf Akten des Dramas hat Da Ponte vier Opernakte geschaffen. Gestrichen wurde vieles, geändert etwa der Monolog Figaros, der bei Beaumarchais (V. Akt, III. Szene) lautet: »Weil Sie ein großer Herr sind, halten Sie sich für einen großen Geist … Adel, Reichtum, ein hoher Rang, Würden, das macht so stolz! Was haben Sie denn getan, um so viele Vorzüge zu verdienen? … im übrigen sind Sie ein ganz gewöhnlicher Mensch«. Bei Da Ponte (IV. Akt, VIII. Szene) erschöpft sich Figaros Rede in der Klage über Frauen, »Hexen, die verzaubern,/Streghe che incantano per forci penar«. Da Ponte verzichtet auf die Anklagen gegen das Rechtssystem (bei Beaumarchais ein zentraler Punkt), das Josef II. ja eben im Begriff ist, abzuändern. Dagegen wird alles belassen, was sich gegen Adelsprivilegien richtet, die der österreichische Kaiser ja abzuschaffen gedenkt. Das ius primae noctis, das Recht der ersten Nacht (angeblich hatten Untertanen bzw. Leibeigene ihrem Herrn die Braut in der Hochzeitsnacht zu überlassen), eine hartnäckige Legende, ist Symbol aller Adelsprivilegien, ihre Unsinnigkeit und Unmoral wird im Verlauf der Oper nachgewiesen. Erotische Pikanterien, sofern weitgehend harmloser Natur, bleiben erhalten: Susannas und Gräfin Almavias Gefallen an Cherubino, Cherubinos angedeuteter Beischlaf mit der Gärtnerstochter Barbarina, an der Graf Almaviva ebenfalls interessiert ist, die Anspielung auf das zukünftige Soldatenleben des rotwangigen, mädchenhaften Cherubino (»Quel vermifio donnesco color«), bekannt als Tummelplatz homosexueller Übergriffe – nebenbei: im 3. Akt erscheint der Page als Mädchen verkleidet. Entscheidend ist, dass Graf Almaviva vom ersten Akt der Oper an nur ein Spielball der übrigen Figuren ist. Sein Ziel, seine Leidenschaften, seine Reaktionen sind allen bekannt, sie nutzen sie, um das Geschehen zu lenken. Gegenpart des Grafen ist eigentlich weniger Figaro (trotz der Arie »Se vuol balare«, »Wollen Sie tanzen, Herr Graf«) als vielmehr Susanna; sie, nicht Figaro, kennt die Absichten des Grafen von Anfang an, sie ist Mittelpunkt der Intrigen, in denen der Graf, egal was er beginnt, letztlich immer übertölpelt wird. Ein deutlicher Hinweis für die zeitgenössischen Hörer der Oper auf die Situation des Adels, der angreifbar, ohnmächtig geworden ist. »Chiedi, imponi, prescrivi«, »fordere, verlange, befiehl«, sagt der Graf zu Susanna, und im Schlussbild muss er unterwürfig seine Frau bitten: »Contessa perdono!« Und gleich führt Mozarts Oper »Figaros Hochzeit« Sextett, 3. Akt) vor, wer die eigentlich Mächtigen sind: Figaro, der als hergelaufener Barbier, als Findling gilt, entpuppt sich als Sohn des Arztes Bartolo, des ehemaligen Vormunds der Gräfin, und der Marcellina, das heißt als Bürgerssohn, überdies als von Geburt an dem Freimaurertum zugedacht, denn in seinen Arm ist ein Spachtel, das Gesellenzeichen der Maurer, eintätowiert, das Zeichen, an dem Bartolo seinen Jungen wiedererkennt; der wiedervereinten, durch Susanna komplettierten bürgerlichen Familie gehört von nun an die absolute Oberhand im Ränkespiel der Opernhandlung; sprechend die Reaktion des Grafen: »Ich bin verwirrt, ich bin betäubt./ Es ist besser, hier zu verschwinden«.

Diese Seitenhiebe auf die Aristokratie nimmt Josef II. also hin. Am 1. Mai 1786 darf die Premiere sein. Nach mäßigem Anfangserfolg erhält die Oper mit jeder Aufführung mehr Zuspruch. Der Kaiser gratuliert. Die »Wiener Realzeitung« bringt eine Rezension: »›Was in unsern Zeiten nicht erlaubt ist, gesagt zu werden, wird gesungen.‹ Könnte man nach ›Figaro‹ sagen. Dieses Stück, das man in Paris verbothen, und hier als Komödie … aufzuführen nicht erlaubt hat, waren wir endlich so glücklich, als Oper vorgestellt zu sehen. Man sieht, dass wir besser daran sind als die Franzosen.« Die Oper läuft vortrefflich, da schränkt Josef II. plötzlich seine Erlaubnis ein, schreibt nach der dritten Aufführung: »Um die Dauerzeit der Opern nicht allzuweit erstrecken … finde ich nebenergehende Nachricht an das Publikum (dass kein aus mehr als einer Singstimme bestehendes Stück wiederholt werden soll) das schicksamste Mittel zu seyn.« Die Zugabe einer Arie bleibt also gestattet, die eines Ensembles nicht. Das richtet sich vor allem gegen das besagte Sextett und das Finale zu »Figaros Hochzeit«. Wahrscheinlich ist Josef zu sehr unter Druck der höfischen Adelskamarilla geraten, die bereits gegen den Reformkaiser intrigiert und aufatmet, dass er nur bis 1790 lebt und regiert, dass sein Nachfolger Leopold II., wie der Adel hofft, eine Marionette in den Händen der politisch Mächtigen ist. Mozart und Da Ponte bekommen den Hass des Adels auf Theatermanier zu spüren. Viele Interpreten (Orchester, Ballett, Gesang) werden von Adligen protegiert. Es ist fast offensichtlich, wer eigentlich dahinter steht, wenn das Bühnenpersonal gegen die Aufführung rebelliert, wie es bei der Prager Erstaufführung geschieht, »dass die Sänger aus Hass, Neid und niedriger Kabale bey der ersten Vorstellung durch vorsetzliche Fehler sich alle Mühe gegeben haben, die Oper zu stürzen« (Niemetschek: Lebensbeschreibung).

Für Mozart selbst zahlt sich die »Hochzeit des Figaro« wunschgemäß aus. Er erhält den offiziellen Titel »K.K.Kammer-Kompositeur«, verbunden mit einem Ehrensold. Dass er, der fast chronisch unter Geldmangel litt, den Erfolg des »Figaro« wiederholen will, ist nur natürlich. 1787 entsteht »Don Giovanni«. In einer Kritik zur Berliner Aufführung im Dezember 1790 wird entdeckt, dass diese Oper nicht nur von hehrem Kunstwillen und

Genie motiviert ist: »Mozart wollte bey seinem Don Juan etwas außerordentliches, unnachahmlich Großes schreiben, so viel ist gewiss, das Außerordentliche ist da, aber nicht das unnachahmlich Große! Grille, Laune, Stolz, aber nicht das Herz war Don Juans Schöpfer … Bei allem dem hat diese Oper der Direction gute Einnahme geschaft und die Gallerie, die Logen und das Parket werden in der Folge nicht leer seyn, denn ein geharnischter Geist und feuerspeiende Furien sind ein sehr starker Magnet«. Im »Don Giovanni« fährt Mozart fort, Lasterhaftigkeit und Ignoranz der Aristokratie zu kritisieren. Am ausschweifenden Don Giovanni genauso wie an der heuchlerischen Donna Anna, deren Aufgebrachtheit über Giovannis handgreiflichen Annäherungsversuch kaum echt wirkt, und der von Rachegedanken und Eifersucht zerfressenen Donna Elvira. Dennoch ist vieles in »Don Giovanni« milder gezeichnet als im »Figaro«. Die Figur des Dieners Leporello ist längst nicht so sehr Kontrast wie Figaro zu Graf Almaviva. Seine ganze Schärfe erschöpft sich bereits in den ersten Takten des ersten Auftritts. »Voglio far il gentil uomo, e non voglio più servir«, klagt Leporello: »Ich will selbst den Herrn machen, und nicht länger Diener sein«. Das Bauernmädchen Zerlina, deren Hochzeitsnacht Don Govanni anstelle ihres Bräutigams zu teilen wünscht, ist keine politische Gegenspielerin mehr wie Susanna, sondern begrenzt auf die frivole Charakterisierung. Außerdem existiert im »Don Giovanni« das Bürgertum überhaupt nicht (der Bräutigam Zerlinas, Masetto, und seine Freunde sind in traditioneller Manier als zwar aufsässige, aber tölpelhafte Bauern – »vilains« – gezeichnet). Die Abschwächung der Adelssatire ist dem Kaiser lieb, denn angesichts außenpolitischer Krisen wie dem sich zuspitzenden russisch-türkischen Krieg darf er den Adel nicht so hart wie zuvor angreifen. In Ungarn und Böhmen zeigt sich die Aristokratie missmutiger über Josefs II. Adelspolitik, separatistische Strömungen nehmen zu.

Der Kaiser ist von den ihn bedrängenden Schwierigkeiten derart mitgenommen, dass er sich von einer schweren Krankheit im Jahr 1788 nicht wieder erholt. Er stirbt 1790. Dem neuen Kaiser und König von Böhmen, Leopold II., huldigt Mozart mit der musikalisch brillanten, dramaturgisch aber recht konventionellen Oper »La clemenza di Tito«. Der gute, gerechte, alles verzeihende Herrscher. Das barocke Loblied.

War Mozart nun ein bürgerlicher Musiker, wenigstens in seinen Wiener Jahren? Es dürfte schwer fallen, Musiker wie Gluck, Haydn und Mozart, die sich ihrer Schwellenposition nur undeutlich bewusst waren, diesen Kategorien zuzuordnen. Die Einteilung in aristokratisch oder bürgerlich ist wohl eher von äußeren Bedingungen der Musik abhängig, als von ihrem Bewusstseinsstandpunkt. Das drastische Wiener Sprichwort »Wes Brot i fress, dess Lied i sing« dürfte eine nicht zu unterschätzende Differenzierung sein, eine weitere das direkte soziale und künstlerische Umfeld. Haydn hat sich niemals aus fürstlichem Dienst gelöst und könnte demnach als aristokratischer Künstler gelten. Mozart hat sich befreit, andererseits aber wieder um einen höfischen Posten beworben. Er nimmt bezahlte Aufträge vom Adel wie vom gehobenen Bürgertum an, er verkehrt in den Salons beider Klassen. Sein Werk spielt mit Neuerungen aus bürgerlichen Ideenkomplexen wie dem volkstümlichen Lied, genügt jedoch ebenso hochherrschaftlichen Bedürfnissen. Erst mit einem seiner letzten Werke, der »Zauberflöte«, scheint Mozart Wege zu beschreiten, die den bürgerlichen Ideen am nächsten kommen. In der Oper, die sowohl die alte Regentin, die Königin der Nacht, als auch den neuen Machthaber, Sarastro, negativ konnotiert, dominiert das Volk, vertreten durch die Chöre der Priester, Sklaven etc. sowie die Heldenpärchen Papageno/Papagena, Pamina/Tamino. Wohl erscheinen die bürgerlichen Vorstellungen von Familie, Heim, Ehe, Intimität karikiert, jedoch im positiven Sinn, während Sarastros subtil durchschimmernde, absolutistische Machtgier bedrohlich wirkt. Mutter Goethe, die die »Zauberflöte« einmal in Frankfurt sieht, betont, dass »alle Handwercker – Gärtner, ja gar die Sachsenhäusser – deren Ihre Jungen die Affen und Löwen machen«, zum Publikum der »Zauberflöte« gehören. In Gräffers »Denkwürdigkeiten der Lebens- und Zeitgeschichte Kaiser Josef

II.« wird eine Chiffrierliste der Opernfiguren mitgeteilt, die beispielsweise in der Königin der Nacht das Ancien Régime, in Pamina die Freiheit, Tamino das Volk und Sarastro das Gesetz vertreten sieht. Andere zeitgenössische Kritiker interpretieren die Figuren als Monarchisten und Republikaner. Aber originäres revolutionäres Gedankengut steckt weniger in der Zauberflöte, als das zeitgenössische Publikum hineinvermutet. Vielmehr bewegen sich Mozart und der Librettist Emanuel Schikaneder im Gleichklang mit den Bestrebungen Leopolds II., der eine konstitutionelle Monarchie errichten möchte, dies allerdings weniger aus Menschenliebe als aus Furcht vor einer völligen Demontage der Monarchie, wie sie im jakobinischen Frankreich der Zeit als warnendes Exempel vorgelebt wird.

FÜNFTES KAPITEL

Der vergessene Jakobiner
Johann Friedrich Reichardt

>»Ihr aber, ihr guten Menschen alle, die ihr wahre Freiheit
>ernstlich wollet, strebet nach der gegründeten Achtung
>eurer selbst, tragt euer eigen Licht in die künstlich um euch
>gewebte Finsternis und zerreisst die eiteln Fäden, mit
>denen ihr auf so mancherlei Weise und nach dem Willen
>anderer gegängelt werdet – und ihr werdet frei, die Welt
>wird euer sein.« *Johann Friedrich Reichardt*

Den Konflikt, an der Revolution irre zu werden und die Grenzen
des Absolutismus resigniert hinzunehmen, hat Johann Friedrich
Reichardt nie erlebt. Der 1752 in Königsberg geborene Komponist und Schriftsteller weiß von Beginn seiner Karriere an, dass
er mit seiner Musik aufklärerischen Idealen dienen müsse.
Während einiger Philosophievorlesungen bei Immanuel Kant
wird ihm bewusst, dass die Künste politisches Potential in sich
tragen, wider den Staat oder für ihn. Kant verdanke er, »dass ich
von meinen frühesten Jugendjahren an nie den gewöhnlichen er-
niedrigenden Weg der meisten Künstler unserer Zeit betrat, und
seinem akademischen Unterricht … dank ich das frühe Glück,
die Kunst von Anfang an aus ihrem wahren höhern Gesichts-
punkte betrachtet zu haben« (1782). »Alle schönen Künste
gehören dem Staate an«, schreibt er ein anderes Mal, fest davon
überzeugt, dass die Musik den Staat bzw. die Menschen in ihm
ändern, edlere, einfachere und damit größere Menschen bilden
könne. Als Musikschriftsteller hält er mit seiner Meinung nicht
zurück, trotz immerzu befürchteter Zensur. »Freiheit für alle«
heißt einer seiner Artikel aus dem Jahr 1796, schon durch diesen
Titel seiner freimütigen Kritik am preußischen Staat wird Reichardt auffällig. In einem anderen Aufsatz handelt er die Argu-
mente »wider und für die Pressefreiheit« ab.

Erstaunlich, diesen Mann innerhalb der Gesellschaft des 18.

Jahrhunderts zu sehen, und doch findet man seine Spuren sogar in höchstadligen Kreisen, nämlich am Hof Friedrichs II. Nach seinem Philosophiestudium in Königsberg und Leipzig, wo er sich bei dem Singspielkomponisten Adam Hiller als Komponist ausbilden ließ, erlangt Reichardt über seinen Förderer Franz Benda die Anstellung als Hofkapellmeister des Preußenkönigs, dem er von 1775 bis zu dessen Tod 1786 dient. Am Berliner Hof trifft Reichardt auf Carl Philipp Emanuel Bach, dessen Musik ihn wegen des »originellen, kühnen Gang(es) der Ideen« beeindruckt. 1776 lernen sich die Komponisten kennen. Reichardt schreibt kurz nach der ersten Begegnung: »wie lange schon und wie sehr ich es wünschte, wie ich für Begierde brannte, den großen Bach ganz kennen zu lernen. Ich habe nun das Glück gehabt … Herr Kapellmeister Bach beehret mich mit der allerfreundschaftlichsten Aufnahme … so oft ich zu H. B. komme, spielt er mir drey, vier und auch mehr Sonaten … vor. In jeder erkennt man seinen Geist … Jede Sonate hat etwas besonderes«, Bachs Musik wird für ihn zum Inbegriff idealer Musik wie ihr Schöpfer zum Ideal eines Komponisten. Die Forderung nach Rührung, Leidenschaft, Klarheit bei aller Kunstfertigkeit, wie sie die aufklärerischen Tonkünstler der Zeit einschließlich Reichardt fordern, erfülle sich am sichtbarsten im Werk Carl Philipp Emanuel Bachs. Seine Musik gilt als »äusserst angenehm, simpel, deutlich und fasslich, ohne arm zu seyn«, heißt es in einer zeitgenössischen Kritik. Natürlich fließen Bachsche Stilelemente in Reichardts Musik mit ein. Namentlich auf dem Gebiet des Liedes wird Reichardt von Bach beeinflusst, kündigt sich in dessen Liedproduktionen doch eine deutliche Hinwendung zu sangbaren, durchsichtig komponierten Melodien an, die Reichardt neben Volksweisen zu seinen eigenen »Liedern im Volkston« inspirieren. Als Liederkomponist wird Johann Friedrich Reichardt bekannt und neben Johann Gottfried Herder als Pionier der volkstümlichen Gesänge gerühmt.

Volkstümliche Lieder stehen im Gegensatz zu der Musik, die am Berliner Hof gepflegt wird. Hier ist die bei aller Rührung elegante und kultivierte Komponierweise Joachim Quantz und

C. Ph. E. Bachs gefragt. Reichardt fällt auch mit seinen Bemühungen um eine Anhebung des öffentlichen Musikwesens auf, die er mit zahlreichen Aufführungen symphonischer und chorischer Kompositionen trägt. Er kümmert sich also um die bürgerliche Musikszene der Spreestadt, macht die Berliner mit Händels Oratorien bekannt, die als popularistisch gehandelt werden. Nicht gern sieht man bei Hofe, dass Reichardt ab 1781 ein »Musikalisches Kunstmagazin« herausgibt, in das sich zu musikästhetischen Fragestellungen immer mehr Kritik am absolutistischen System hineinschleicht. Schon in einer der ersten Ausgaben zieht er gegen den Dienstbotenstatus der im Fürstendienst beschäftigten Musiker zu Felde. »Der Künstler ... strenge alle Kräfte seiner Seele an, studiere jeden einzelnen Theil der Kunst ... denn alles, auch das deutlich Erkannte, muss dem Gefühl des Künstlers unterworfen bleiben. Dies ist seine wahre Freiheit. Dies allein gibt seinen Darstellungen Wahrheit. Nur für sich muss er arbeiten, oder er arbeitet für niemanden; nur für sich und damit für Tausende« (1782). Als nach dem Tode Friedrichs II. mit Friedrich Wilhelm II. ein wesentlich reaktionärer eingestellter Herrscher in Preußen regiert, gelangt Johann Friedrich Reichardt am Hof in Bedrängnis. Seine Sympathie für die Französische Revolution ist bekannt. Und so gelangt er ins Zentrum einer Diskussion, die sich vorgeblich nur auf musikästhetischem Feld bewegt, in Wahrheit politisch motiviert ist. Am Berliner Hof breitet sich eine Vorliebe für italienische Musik aus, allerdings für die große italienische Opera seria. Reichardt, wie viele Reformkomponisten seiner Zeit durchaus empfänglich für die modernen komischen Opern Italiens, spricht sich allerdings gegen die konventionellen Tragödien aus. Er hält ihnen das Bemühen um Klarheit und Einfachheit in der deutschen Musik entgegen. Nationale Tendenzen leben ab etwa der Mitte der 18. Jahrhunderts auf, als die neuen aufklärerischen Gedanken zu Verbrüderungsideen führen. Der aufgeklärte Progressive glaubt an die moderne deutsche Musik, der Reaktionär an die Tradition der italienischen Oper. Aus diesem Grund politischer Parteinahme wird eine Reihe von Disputen über nationale Stile provoziert, in denen es letztlich darum geht, welche Geisteshaltung zu bevorzugen ist, weniger, ob nun französischer, italienischer oder deutscher Stil, französische, italienische oder deutscher Sprache die Musikentwicklung befördern.

Reichardt wird in Berlin langsam aber sicher zur persona non grata. Als 1792 seine »Vertrauten Briefe über Frankreich. Auf einer Reise ... geschrieben« erscheinen, bestätigt deren pro-re-

Johann Friedrich Reichardt. Stich von K. T. Riedel nach einem Gemälde von Anton Graff, 1794.

volutionäre Haltung das Misstrauen Friedrich Wilhelms in seinen Hofkapellmeister. Reichardt, dem sich gegen ihn entspinnenden Intrigenspiel nicht gewachsen, lässt sich zu unbedachten Äußerungen hinreißen. Beim Kartenspiel im höfischen Cercle provoziert er einmal mit dem Statement: »Alle Könige verdienen das Schicksal Ludwigs XVI.«. Daraufhin wird er vor dem Regenten verklagt, der ihn stante pede aus dem Hofdienst entfernen lässt, ohne Reichardt über das Vorgefallene zu befragen. Ersatzlos werden darüber hinaus Reichardts Pensionsansprüche gestrichen. Die Schnelligkeit des Vorgehens zeigt deutlich, dass der König nur auf einen Anlass gewartet hat, sich des unliebsamen Maestros auf vorteilhafteste Weise zu entledigen. Reichardt zieht sich auf sein Landgut in Giebichenstein (bei Halle an der Saale) zurück. Hier, im Familienkreis, verwirklicht er die Forderungen der Revolution. Er entspricht dem zeitgemäßen Bild des pater familias überhaupt nicht; der Familienton ist im Gegenteil demokratisch. Reichardts Ehefrau Juliane, eine talentierte Komponistin und Sängerin, Tochter des Komponisten Franz Benda, lebt in gleichberechtigter Stellung zu ihrem Mann. Sie ist »durch Lieder, Kompositionen und Klaviersonaten rühmlich bekannt«, schreibt ein Zeitgenosse, und ihr Ehemann unterstützt ihre Berufung auf jede Weise. Seine Töchter profitieren von den emanzipatorischen Ideen ihres Vaters, er stellt ihrer musikalischen Ausbildung keinerlei Hindernisse in den Weg. Er lässt auch seiner vierunddreißigjährigen Tochter Louise freie Hand, damit sie ab 1813 in Hamburg als Gesangslehrerin und Komponistin unabhängig leben und arbeiten kann.

Friedrich Reichardt versucht sich nach seiner Entlassung als Herausgeber einer republikanischen Zeitung, »Frankreich« betitelt. Deren eindeutige Positionierung löst in der höfischen Clique neue Empörung über den politisierenden Musiker aus. Fürstenfreund Johann Wolfgang Goethe verspottet ihn in einer seiner »Xenien«.: »An mehr als Einen// Erst habt ihr die Großen beschmaust, nun wollt ihr sie stürzen:/ Hat man Schmarotzer noch nie dankbar dem Wirte gesehen«.

Als die Revolution sich zum Terrorsystem auswächst, distanziert sich Friedrich Reichardt wie so viele deutsche Intellektuelle, die der Revolution an sich sympathisierend gegenüber stehen, von ihren Zielen. Aus der Zeitschrift »Frankreich« wird »Deutschland«, die polemische Schärfe wird ein wenig gedrosselt. Seine Beiträger entstammen trotzdem der aufklärerischen oder liberalen Szene. Zwischen die Beiträge seiner Zeitschrift setzt Reichardt Drucke neuer Kompositionen, Lieder meist zeitkritischen Inhalts. Zentraler Gedankengang der Zeitschrift »Deutschland« ist, dass der Einzelne durch moralische Verbesserung seiner selbst dazu beiträgt, die Gesellschaft zu ändern. Wer die »wahre Freiheit« wolle, der müsse Verstand und Gefühl in Einklang bringen, sich seiner Fehler bewusst sein und alle »übeln und eiteln Gewohnheiten« ablegen. Musik solle am ehesten von allen Künsten dazu dienen, das Gute im Menschen zu erwecken, ein Gespür für Schönheit, das wäre der echte Weg, sich selbst zu veredeln. »Welches der wahre, edle Endzweck der Musik sey, ist bekannt: der Mann, der mir das Herz rührt, Leidenschaften erregt und besänftigt, und der mich auch, bey dem Ohre gefälligen Gedanken, durch Beschäftigung des Verstandes vergnügt, der erfüllt ihn ganz«. Drei Männer kennen nach Reichardts Auffassung den »edlen Endzweck« der Musik: Carl Philipp Emanuel Bach, der »den Ton jeder Empfindung, jeder Leidenschaft« in seine Musik lege, Franz Benda, der »zur äussersten Wehmut zu stimmen weiß, und wie er denn wieder Trost und süsse Hoffnung in das Herz« giesse; schließlich Quantz, der »dem wildesten Zuhörer Sanftmut und Heiterkeit einflössen« könne.

Trotz ihrer im ganzen gemäßigten Ansicht stellt die Zeitschrift »Deutschland« für die preußische Zensurbehörde ein Ärgernis dar. 1797 kann sie auftrumpfen und Reichardts Zeitschrift verbieten. Er lässt sein Publikum nicht im Stich, ändert den Titel in »Lyzeum der schönen Künste«, der harmlos, unschuldig, nicht auf die in ihm aufgeführten, brisanten Themen gerichtet ist.

Scheitern auch die Zeitungsprojekte, so ist Reichardt doch ein gefragter Liederkomponist, bekannt auch als Schriftsteller. Sein

»Leben des berühmten Tonsetzers Heinrich Wilhelm Gulden« von 1779 ist einer der großen Musikerromane, in dem das Kompositionsideal des Sturm und Drang propagiert wird. Auch in diesem Roman verbirgt sich der Freiheitsglaube des Komponisten nicht, in dem er »die unglücklichen, bejammernswürdigen Seelen, die nie Anlass fanden, sich aus dem Schlamme zu erheben, die Fürstentyranney und teuflische Politik und elende Erziehung in Niedrigkeit und Finsternis niedertreten und fesseln«, verächtlich nennt. Seine Titelhelden in den bürgerlichen Konzerten resümieren: »der Hof war immer der letzte, warum er sich in einer großen Stadt bekümmerte«. Reichardt unterstützt seine Ehefrau Juliane, die einen Musiksalon unterhält, wo sich zahlreiche dichtende und komponierende Größen der Zeit einfinden. Nach Julianes Tod und seiner Wiederverheiratung hält er auch seine zweite Frau dazu an, die Salontätigkeit weiterzuführen, da er, der vom Hof nach wie vor geschnitten wird, hier sein Publikum findet und geistig wie finanziell wichtige Kontakte knüpfen kann. Da seine Ehefrau allerdings wenig empfänglich für künstlerische Genüsse ist, eher ein realistisch praktisch angelegter Frauentypus, geht die Salonnièrenarbeit allmählich auf Reichardts älteste Tochter Louise über. Romantiker und »Antiromantiker« finden sich auf dem Reichardtschen Gut ein: Friedrich Schleiermacher und sein Philosophenkollege Friedrich Schlegel, Clemens Brentano mit seiner Schwester Bettine und deren Mann Achim von Arnim, Ludwig Tieck und Jean Paul, der Musiker Karl Friedrich Zelter, der ihm von der Liedästhetik aus gesehen musikalisch nahesteht und sogar Goethe, dessen »Xenien«-Spott zu vergeben der Komponist nicht umhin konnte. Besonderer Habitué Louise Reichardts, die ihren Salon vom Einfluss des Vaters zu lösen versteht, ist Prinz Louis Ferdinand, der zeitweise täglich nach Giebichenstein fährt und die einzigartige Atmosphäre dort genießt, »wenn oft an schönen lauen und stillen Sommerabenden die alten wehmütigen deutschen Gesänge, vom Waldhorn begleitet, in dem stillen Garten erklangen« (Heinrich Steffens, »Was ich erlebte«). »Dichterparadies« wird Reichardts ländliches Refugium genannt, und es wird zu einer der Hochburgen deutscher Romantik.

Denn das wird aus dem Aufklärer und Republikaner, nachdem sich unter Napoleons Herrschaft die Wogen der Revolution wieder glätten: ein Romantiker. Von allen Kunstrichtungen um 1800 zieht es Reichardt zur Romantik, denn nur sie ist für ihn eine politische und kritische Bewegung, eine Bewegung des Widerspruchs. Johann Friedrich Reichardt ist die erste Musikerpersönlichkeit, die sich konsequent und vehement gegen den Staat stellt; die Romantik ist die erste Kunstphase mit starken oppositionellen Kräften. Reichardt bemüht sich um den neuen romantischen Ausdruck in der Musik, seine Tochter Louise ist Pionierin auf dem Gebiet des romantische Klavierliedes, und ich scheue mich an dieser Stelle keineswegs, sie neben Franz Schubert zu stellen. Reichardts Musikästhetik, die an die Veredelung des Menschen durch Musik glaubt, zweigt in der romantischen Vorstellung über die Musik, »das Land des Glaubens«, wie es in Ludwig Tiecks und Wilhelm Heinrich Wackenroders »Phantasien über die Kunst« heißt: »Wahrlich, es ist ein unschuldiges, rührendes Vergnügen, an Tönen, an reinen Tönen sich zu freuen … Wenn andre sich mit unruhiger Geschäftigkeit betäuben, und von verwirrten Gedanken, wie von einem Heer fremder Nachtvögel und böser Insekten, umschwirrt, endlich ohnmächtig zu Boden fallen; – o, so tauch' ich mein Haupt in dem heiligen, kühlenden Quell der Töne unter und die heilende Göttin flößt mir die Unschuld der Kindheit wieder ein … Wohl dem, der … sich den sanften und mächtigen Zügen der Sehnsucht ergiebt, welche den Geist ausdehnen und zu einem schönen Glauben erheben. Nur ein solcher ist der Weg zur allgemeinen, umfassenden Liebe, und nur durch solche Liebe gelangen wir in die Nähe göttlicher Seligkeit.«

Trotzdem weiß die Nachwelt über den 1814 verstorbenen, für seine Zeit so ungemein bedeutenden Musiker nur wenig. Warum? Weil er sich, was am allerwenigsten den Musikern erlaubt scheint, eine Meinung bildete, die der staatlich verordneten

widersprach? Weil er unbeugsam an seiner Freiheitsidee fest-
hielt, sich nicht letztendlich doch noch verbiegen ließ, was
innerhalb der Musikerbiografien so ziemlich einzigartig ist?
Lediglich der Komponist Ernst Rudorff unternimmt Ende des
19. Jahrhunderts einen Romanversuch, Reichardts Bedeutung als
kritischer Musiker zu idealisieren, aber eine Reichardt-Legende
ist nie gesponnen worden, so wie es den Beethoven- und den Mo-
zart-Mythos gibt. Obwohl oder weil Reichardt der politisch ein-
deutigere Mensch war. Den Monarchien des 19. und Diktaturen
des 20. Jahrhunderts blieb er ein unliebsamer Zeitgenosse. Ein
verschwiegener Komponist. Nur zu dankbar hat man einen Qua-
litätsvergleich des Dichters Johann Heinrich Voß zwischen
Reichardt und C. Ph. E. Bach dazu benutzt, den Giebichenstei-
ner in den zweiten Rang der Tonkünstler zu setzen: »Zu Lyda
habe ich nun zwey Kompositionen, die ich beyde drucken muss«,
berichtet Voß während der Redaktion eines Musenalmanachs:
»Die von Reichardt ist auch schön, und ich würde ihn beleidigen,
wenn ich sie wegließe. Aber die von Bach ist unvergleichlich, so
tief gedacht, so rührend.«

In den sechziger und siebziger Jahren des 20. Jahrhunderts
erlebt Reichardt in den sozialistisch geführten Ländern eine
minimale Renaissance. Das Bild des Menschen erschöpft sich
hier aber in seinen revolutionären Ansichten und in Reichardt
als Musikschriftsteller. Dass er Patriot war, einem vereinten
Deutschland das Wort redete, dass er sich als ein prononciert
bürgerlicher Komponist verstand, davon wissen solche Wieder-
belebungsversuche nichts.

SECHSTES KAPITEL

Schreckensoper
Die Große Revolution und ihre Musik

Salieri

Im Finale der »Hochzeit des Figaro« von Mozart bitten Figaro, Susanna und Cherubino den Grafen um Vergebung ihrer kleinen Listen. Der Graf, despotisch, weist sie ab. Er seinerseits bittet seine Frau um Verzeihung und sie korrigiert seinen Despotismus: »Più docile io sono, e dico di si«, »Gelehriger bin ich und sage ja«, mit der Betonung auf io sono. Die übrigen Protagonisten beziehen Gräfin Almavivas Verzeihung dann auch auf sich »Ah tutti contenti saremo cosi«, »Ach, dann werden wir alle zufrieden sein«. Der Graf wird damit völlig übergangen, nicht länger ernst genommen.

Ein Jahr nach der Premiere von »Le nozze di Figaro« geht in der Pariser Opéra ein Fünfakter von Antonio Salieri über die Bühne: »Tarare«, die Geschichte eines tapferen Heerführers, dessen Beliebtheit bei Volk und Soldaten ihm die Eifersucht seines Königs, des Tyrannen Atar, der aus Rache sogar Tarares Frau entführt, einträgt; schließlich erhebt sich das Volk, der Willkürherrschaft Atares überdrüssig: der Tyrann tötet sich, und das Volk ruft Tarare zu seinem neuen Herrscher aus. Durch dieses Finale hebt sich Salieris Oper von dem Gros der Bühnenstücke des absolutistischen Zeitalters ab, die zwar oft die innere Wandlung eines Herrschers zum Guten vorführen, aber selten den Tod eines Regenten, gar einen Selbstmord. Das Libretto zu »Tarare« ist von dem aufmüpfigen Dichter Beaumarchais, der seinen Text mit unzähligen komischen Spitzen gegen den Absolutismus spickte, er geht sogar so weit, eine deutliche sprachliche Grenze zwischen dem tragisch-pathetisch erzählten Schicksal Tarares und dem lächerlich dargestellten Königshof um Atar zu ziehen. Atar ist stellenweise die Karikatur eines bösartigen Tyrannen; Antonio Salieri hat das in pathetischen Arien einerseits und Parlando-Passagen aus Buffa-Tradition nachvollzogen. Er selbst nennt seinen »Tarare« eine »Oper im tragikomischen Stil«. Salieri, der immer noch allzusehr unterschätzte und als angeblicher Gift-mörder verteufelte Rivale Mozarts, hat einen Hang zu düsteren, extremen Sujets. Das stellt er bereits in seiner Oper »Les Danai-des« unter Beweis, die 1784 uraufgeführt wird und die übermäßi-gen Erfolg hat. Viele halten sie zunächst für ein Werk aus der Feder Glucks, wofür spricht, dass auch Salieri sich einer natür-lichen und zugleich hochdramatischen Tonsprache bedient, die seit Rousseaus Wirken Einzug in die Musikästhetik gehalten hat. Wo anders konnte eine solche Oper gegeben werden als in Paris im Vorfeld der großen Revolution! Nirgendwo sonst waren die Herrschaftsstrukturen bereits so labil, dass kritische Kunst ihre Chance bekommen konnte. Kein anderer Herrscher Europas hätte eine solche Uraufführung geschehen lassen. In Paris aber sitzt keine Geringere als Königin Marie-Antoinette bei der Pre-miere unter den Zuhörern.

Revolutionäres Pfeifkonzert

1789 hat sich das Blatt für Marie-Antoinette gewendet. Eines Abends – nachdem die königliche Familie in die Tuilerien, das Pariser Stadtschloss, gezwungen wurde – besucht die Königin die Comédie Italienne, um der Aufführung einer Grétry-Oper beizu-wohnen. Aus dem Parkett lassen sich Buhrufe vernehmen, einige verweigern die Respektsbezeugung, ihren Hut zu lüften. Roya-listen prügeln auf diese Oppositionellen ein. Ihre Schläge werden erwidert. Gewaltausbrüche im Theatergestühl! Da singt die So-pranistin Louise Duigazon ihre große Arie, tritt während des Sin-gens an die Rampe und wendet sich bei den Worten »wie sehr ich meine Herrin liebe« zur königlichen Loge. Jubel der Royalisten, Wutgeheul der Übrigen. Aufrührer – man wird sie bald Jakobiner, wird sie Sansculotten nennen – erstürmen die Bühne, doch die Sängerin hat sich längst über die Hinterbühne davongemacht. Jetzt wenden sich die Rebellen gegen die Königin, die aus dem Theater fliehen muss. Das Orchester macht eine Kehrtwende und stimmt das Revolutionslied »Ça ira« an – der zündende Gassenhauer beruhigt paradoxerweise die aufgebrachte Menge.

Marie-Antoinette wird ungewollt zu einer zentralen Figur der Revolution. Alle wirtschaftlichen Nöte des Landes werden der verschwenderisch lebenden Königin angelastet. Es kommt hinzu, dass sie keine Französin ist, sondern Spross der Habsburger. Sie, die Kaisertochter aus Wien, denkt nicht daran, die Rechte der Adligen anzutasten. Warum sollten Aristokraten nicht weiterhin von der Grundsteuer befreit sein, warum sollten Beamtenposten nicht weiter an Adelige vergeben werden, warum sollten sie die Taille zahlen wie der gemeine Mann und ein karrieristischer Bürgerlicher ihnen bei der Postenvergabe vorgezogen werden? Nein, anders als ihr Bruder Josef von Habsburg, der die Zeichen der Zeit erkannt hat und Reformen durchsetzt, pocht Marie-Antoinette auf die Privilegien von Herkunft und Blut.

Die Finanzmisere verliefe indes noch gemäßigt, wenn Frankreich sich nicht zu einer martialischen Außenpolitik genötigt sähe. Am 4. Juli 1776 erklären sich 13 Staaten der Neuen Welt unabhängig von England unter den Schlagworten »life and liberty«. »Leben und Freiheit«. England entsendet seit 1775 Truppen nach Amerika: der Unabhängigkeitskrieg. Für Frankreich ist dieser Krieg die einmalige Chance, Großbritannien auf den zweiten Platz in der Vormachtstellung in Europa zu verweisen. Vielleicht die einzige Möglichkeit im historischen Lauf. Andererseits weiß die französische Regierung sehr wohl, dass die Kriegskosten das Vaterland zerfressen könnten. Sich aus dieser Zwickmühle herauszulavieren ist Louis XVI., ein zaghafter, vorsichtiger Mensch, der falsche Regent. Statt diplomatisch zu paktieren, stürzt er sich ängstlich übereilig in ein Bündnis mit Amerika. Als 1783 der

Friede von Versailles geschlossen wird, haben sich Frankreichs Staatsschulden vervielfältigt. Als ob Unglück Unglück anzöge, mehren weitere Finanzkrisen und Missernten in den nächsten Jahren die wirtschaftliche Katastrophe. Jetzt muss etwas geschehen! Nach endlosen Jahrzehnten absolutistischer Selbstherrlichkeit treten im Frühjahr 1789 die Ètats Genéraux wieder zusammen, die Vertreter alle Stände, der privilegierten Oberschichten und der Bourgeosie, des sog. Dritten Standes. Während der ersten Verhandlungen wird klar, dass die Oberschichten niemals zu notwendigen Kompromissen bereit sein werden. Kurzerhand erklärt sich der Dritte Stand zur eigentlichen Nationalversammlung, zur Assemblée Nationale. Noch ist kein Gedanke an (gewaltsame) Revolution, noch ist es nur die Einsicht, dass notwendig Entscheidendes zu geschehen hat, um Frankreichs Verfall aufzuhalten. Der König befiehlt die Auflösung der Versammlung. Honoré Mirabeau ruft dem königlichen Zeremonienmeister daraufhin zu: »Sagen Sie Ihrem Herrn, dass wir auf Befehl des Volkes hier sind und nur der Gewalt der Bajonette weichen werden«. Nicht eher wolle man sich trennen, als bis dem Land eine neue Verfassung gegeben sei. Wieder reagiert Louis XVI. einsichtslos, indem er die Truppen in Paris verstärken lässt, eine Provokation für die Massen. Wer hat es zuerst gerufen, »hinaus zur Bastille, stürmt die Bastille«? In diesem winzigen Moment des Volkszorns entsteht die Revolution, ein unkontrollierbarer Selbstläufer, am allerwenigsten von der Bourgeoisie gewollt, die auch darin eine Schwächung Frankreichs sehen wird. Das politische Gefängnis, die Bastille, wird am 14. Juli 1789 genommen. Das Militär läuft über, in ganz Frankreich kommt es zu Revolten. Die Bauern verwüsten die Schlösser ihrer Herren, vernichten die feudalen Archive. Nun glaubt die Nationalversammlung, die sich Konstituante nennt, mit Reformen wie der Abschaffung der Feudalrechte, gerechten Besteuerungen und der Bildung einer Nationalgarde sei das Ziel erreicht, das aufgewiegelte Volk würde sich schnell beruhigen, doch schon bald gerät die Assemblée Nationale constituante in den Sog der Massenbewegung. Zu immer neuen Gaben an das Volk sieht sie sich veranlasst: Ende August erklärt der Marquis de La Fayette die Menschenrechte. Nachdem der berühmte ›Zug der Marktweiber‹ Anfang Oktober die königliche Familie aus dem ländlichen Refugium Versailles in die Pariser Tuilerien zurückzwingt, verspricht Mirabeau die Einziehung der Kirchengüter. Die Nationalversammlung spaltet sich in Parteien, in Feuillants, die eine konstitutionelle Monarchie befürworten (La Fayette), in Cordeliers (extreme Richtung um Georges Danton und Jean Paul Marat) und Jakobiner um Maximilien Robespierre. 1791 stirbt Mirabeau, für den König ein Garant für die Verständigung mit der Konstituante. Im Juni beschließt Louis XVI., mit seiner Familie zu fliehen, wird aber gestellt und nach Paris zurückgebracht. Daraufhin wird die neue Verfassung bestätigt, die eine konstitutionelle Monarchie mit den Forderungen nach Rechtsgleichheit und Menschenrecht vereint.

Kultur ohne Zensur

Die Kulturszene reagiert sofort auf die drastischen Vorfälle der ersten Revolutionsjahre. Eine Zensur gibt es nicht mehr, Idealbedingungen für die Künste. Bald erscheint die Zeitung »Révolutions de Paris«, eines der wichtigsten Organe der Konstituante, in deren Gefolge zahllose gemäßigte bis radikale Blätter erscheinen. Feste werden überall in den Provinzen gefeiert, in Tänzen und alten Volksliedern, deren Texte geringfügig geändert werden, bejubelt man Freiheit, Gleichheit und Brüderlichkeit. Ein Fest ist die Premiere des Dramas »Charles IX.« – endlich stellt jemand ein echtes Anti-Königs-Stück auf die Bühne; dieser jemand ist Marie-Joseph Chenier. Die politischen Lieder der Zeit, die in einer ungeheuren Flut das Land überschwemmen, singen von Hoffnung auf eine gerechte Zukunft und der Freude über die gewonnenen Freiheiten. »Ça ira« ist eines dieser Lieder betitelt: »Ça ira, das wird geh'n, das wird geh'n,/ Wir können frohlocken, die gute Zeit wird kommen«. Die ersten Kulturmonumente der Konstituante dürfen nicht fehlen. Ein neues Selbstbewusstsein des Staates benötigt neue Leitbilder, Legenden, Mythen, Ariadnefäden zu einem neuen Nationalgefühl: Mirabeaus Leichnam und die Überreste Voltaires werden 1791 ins Pantheon überführt. Auf musikalischem Gebiet überwiegen zunächst die kritischen Lieder, einige Kantaten zu tagesaktuellen Themen, Werke von kleinerem Umfang. Zu Beginn der Revolution besteht ja noch Unklarheit, ob sich die Assemblée Nationale wird halten können, ob die Situation sich doch nicht wieder zugunsten des Königs ändert. Die Komponisten halten sich wie die meisten Franzosen eher bedeckt, tendieren mal hierhin, mal dorthin. Ein kurzes Lied kann man später, sollten sich die Zeiten wieder ändern, als politische Verirrung entschuldigen. Geschickte Verseschmiede verfassen ohnehin Liedtexte, die doppelt lesbar sind, royalistisch oder revolutionär. Die Flucht des Königs nach Varennes und sein Hausarrest gelten dann aber als Symbol, dass der Absolutismus in Frankreich ausgedient hat, jedenfalls auf längere Sicht. Nun wagen es Musiker, eindeutig und symbolkräftig Stellung zu beziehen. Nicolas Dalayrac, der als ›Erfinder‹ der revolutionären ›Rettungsoper‹ gilt, Opern, bei denen der/die Gute im letzten Moment errettet wird und siegt, war vor 1789 Schützling Marie-Antoinettes und bevorzugte das komische Sujet, da seine blaublütige Mäzenin eine Vorliebe für Komödien besass. Jean Francois Lesueur, ein Name, den man sich allein deswegen merken muss, weil sein Träger Lehrer Hector Berlioz' und Charles Gounods wird, dient von 1786 bis 1787 nach einer Laufbahn als Kirchenmusiker in der Provinz als Erster Kapellmeister an Notre-Dame de Paris. Zwar macht er in Klerikerkreisen einiges Aufsehen, da er gewaltige Messpartituren schreibt, zu deren Realisation Heerscharen von Orchestermusikern eingesetzt werden, was in der altehrwürdigen, auf die traditionelle Vokalpolyphonie achtenden Kathedrale geradezu Blasphemie ist, arrangiert sich aber mit seinen Kirchenoberen. Er gibt seine Stelle auf, als ihn die Oper lockt … vermutlich hat er die Zeichen der Zeit erkannt und setzt auf das säkularisierte Pferd. Die Revolution behandelt ihn freundlich. Er erhält zahlreiche Aufträge zu musikalischen Umrahmungen von Festakten. Rodolphe Kreutzer, ein geigerisches Wunderkind, erhält die Protektion Marie-Antoinettes mit sechzehn Jahren: er wird Erster Geiger der Königlichen Kapelle. Als die Situation für Höflinge kritisch wird, geht auch Kreutzer zur Opernkomposition über. Die Revolution erhebt ihn zu Amt und Würden.

Grétry

Am 9. April 1791, kurz vor dem Fluchtversuch, wird das lyrische Drama »Guillaume Tell« in der Comédie Italienne uraufgeführt. Die Geschichte des einfachen Mannes Wilhelm Tell, der wegen einer läppischen Pflichtverletzung vom Landvogt verurteilt wird, mit der Armbrust einen Apfel vom Kopf seines kleinen Sohnes zu schießen, der, als es gelingt, dem Landvogt ungerührt erklärt, er hätte sich andernfalls an ihm gerächt, auf diese Aussage hin verhaftet wird, fliehen kann und nun tatsächlich Rache übt, den Landvogt tötet und damit das Signal zur Erhebung der (als bäuerlich-bürgerliche Republik, Heimat Rousseaus und touristisches Reiseziel bei den Zeitgenossen gleichermaßen beliebten) Schweiz gibt. Friedrich Schiller setzt diese Sage bekanntlich 1804 als Tragödie um. Trotz der Ohnmachtssituation König Louis XVI. ist diese Oper sehr extrem, wird hier doch mehr oder weniger subtil kundgemacht, dass nur die Tötung des Herrschers die Freiheit garantiere. Die Mehrheit des Premierenauditoriums beklatscht die Oper enthusiastisch. Sie wird zu einem einzigen Triumphstück, das sich während aller Revolutionsjahre in den Spielplänen hält. Ihr Schöpfer, der Lütticher André-Ernest-Modeste Grétry, Jahrgang 1741, kommt wie Lesueur aus kirchenmusikalischen Reihen. Als Chorknabe und Organist durchläuft er alle Stationen einer kirchlichen Musikkarriere. Aufgrund der engen Beziehungen zwischen Lüttich und Rom erhält Grétry 1760 die Möglichkeit, in der Papststadt zu studieren. Unterrichtet wird er vom Kapellmeister an San Giovanni in Laterano; anders aber, als das Lütticher Episkopat gewollt haben dürfte, interessiert sich Grétry für die italienische Oper. Als gewiefter Mensch sucht er sich, nachdem er sich mit kürzeren Bühnenwerken erprobt hat, für seinen großen Opernwurf einen versierten und aktuellen Textschreiber. Das führt ihn zu Voltaire, der sich von Grétrys Künstlertum überzeugt zeigt, ihm zwar kein Libretto verfasst, aber den wertvollen Rat gibt, nach Paris zu gehen. »Le Huron«, gegeben 1768 an der Pariser Comédie Italienne, ist Grétrys Durchbruchserfolg. Der Text geht auf eine Erzählung Voltaires zurück, das Sujet handelt von dem ›edlen Wilden‹, der sich in seiner Natürlichkeit, Einfachheit und Geradheit als der moralisch bessere Mensch erweist. Ein Kernpunkt vorrevolutionärer Philosophie und ein beliebter Opernstoff zum Ausklang des Ancien Régime.

Nach Ausflügen auf das von Gluck beherrschte Gebiet der Tragédie lyrique zieht sich Grétry auf das der tragikomischen, lyrischen Bühnenmusik zurück. »Richard coeur-de-Lion« von 1784 macht ihn zu einem der geehrtesten Komponisten Frankreichs. Richard Löwenherz, der gute König, dessen Befreiung aus der Gefangenschaft österreichischer Zwingherren ein Symbol für den toleranten, liberalen König ist, meint 1784 die konstitutionelle Monarchie, wird um 1800 zu einer Lieblingsfigur der Künste. 1786 lässt Thomas Linley seine »Löwenherz«-Oper in London uraufführen, und eine Generation später widmet sich Liederkomponist Franz Schubert dem mittelalterlichen Kreuzfahrer; Schubert folgt dem 1821 von Sir Walter Scott verfassten, immens erfolgreichen Roman »Ivanhoe«. Nach dem Umbruch 1789 bleibt Grétry der Star der Comédie Italienne. Seine in demselben Jahr erschienenen »Mémoirs ou essais sur la musique« wirken wie ein Rechtfertigungsbericht. Schließlich hat er vor den Revolutionären vieles richtig zu stellen oder besser: zu beschönigen, arbeitete er doch in königlichem Dienst als Zensor im Bereich Musik, das heißt er beurteilte Werke und vergab Druck- und Aufführungserlaubnis – oder auch nicht.

Ein liberaler Zensor

Die Zensur – einer der interessantesten kulturgeschichtlichen Gegenstände. Jedes für die Öffentlichkeit bestimmte Werk, sei es für Druck, Ausstellung oder Bühne, muss die geistige Inquisition passieren, die von Ort zu Ort, Land zu Land unterschiedlich strukturiert und besetzt ist. In den österreichisch observierten Städten Italiens ist das Zensuramt eine Abteilung der Polizeibehörde. Das bedeutet natürlich eine verschärfte Zensur, Oberitalien Ende des 18. Jahrhunderts, Anfang des 19. Jahrhunderts ist für die dort herrschenden Habsburger nämlich ein brodelnder Vulkan, Aufruhr ist ständig zu befürchten, da sich immer stärkere Bewegungen zur Befreiung des Landes bilden, was dann 1820/21, 1830/31 und 1848/49 in Revolten und Revolutionen eskaliert. Die Mitglieder der Zensur sind in Italien indes meist (Polizei-) Beamte mit eher dürftigen Kenntnissen in Literatur, Kunst und Musik. Daher kaum verwunderlich, dass es Rossini, Donizetti, Mayr und Verdi immer wieder gelingt, hochbrisante Politthemen in ihren Opern anklingen zu lassen. In Frankreichs Städten, wie auch in weiten Teilen Deutschlands und später im zaristischen Russland, ist die Zensur ein autonomes Amt, natürlich aber in Zusammenarbeit mit der Exekutive. Hier werden die Zensurposten, die übrigens relativ gut bezahlt sind, an Größen des Geisteslebens vergeben, denen so leicht keine noch so chiffrierte Regimekritik entgeht. In diese Posten wird berufen, wer sich deutlich regierungskonform verhalten hat, von dem man Staatstreue erwarten darf. Ob sie ihren Posten tatsächlich vertragsgenau erfüllten oder als ›Wolf im Schafspelz‹ dem einen oder anderen bedenklichen Werk dennoch in die Öffentlichkeit verhalfen, steht auf einem anderen Blatt. Joseph von Eichendorff beispielsweise, der sich als preußischer Beamter ab und zu mit Zensurfragen zu beschäftigen hatte, litt unter dem denunzierenden Charakter seiner Arbeit.

Von Grétry darf man ein ähnlich zwiespältiges Gefühl annehmen, ist er doch ein Befürworter der aufklärerischen Ideen Voltaires und der Encyclopädisten. Die Hauptredakteure der »Encyclopédie«, u. a. Denis Diderot und Jean d'Alembert, fordern den verstandesgläubigen, das heißt freien Menschen. Die Kirche verbietet die »Encyclopédie«, zumal ihre Köpfe erklärte Deisten, gar Atheisten sind. Auf Louis XVI. haben sie allerdings Einfluss, ihnen entsprechend plant der König seine Reformen. Im Umfeld der Encyclopädisten bewegen sich viele Komponisten der Zeit, Gluck genauso wie bereits Jean-Philippe Rameau. Das Sendungsbewusstsein der Aufklärer ist derart groß, dass sie nahezu systematisch hohe Stellungen in Frankreichs Staatssystem einnehmen: der Generalkontrolleur der Finanzen Louis' XVI. ist Encyclopädist, der allerdings an dem Versuch scheitert, die Steuerpflicht für alle Stände ohne Ausnahmen einzuführen. Einen liberalen Komponisten wie Grétry in den Reihen der Zensurbeamten wiederzufinden, verwundert somit schon weniger. Trotzdem bleibt die Frage, warum er den Regierungswechsel unbeschadet übersteht. Tatsächlich gehen die Aufträge an ihn nach 1789 erst einmal zurück. Als die Revolution daran denkt, das Kulturleben nach ihren Maßstäben zu reorganisieren, nimmt sie geschickt Rücksicht auf Künstler internationalen Ruhms, die am ehesten geeignet sind, das neue System zu repräsentieren. Das revolutionäre Frankreich ist der erste neuzeitliche Staat, der seine Künstler zum Zwecke positiver Selbstdarstellung vor dem Ausland und innenpolitisch zur Aufrechterhaltung kultureller Identifikation in dieser organisierten Weise einsetzt. Grétry wird im 1795 gegründeten Institut de France zum Vertreter der Abteilung Musik bestellt. Die nationalsozialistische Diktatur des 20. Jahrhunderts wird auf ihre Art den gefeierten Musiker Richard Strauss hierzu nutzen. Strauss wird Präsident der Reichsmusikkammer.

Allons enfants de la Patrie!
1795 nähert sich die Revolution durch eine neue Verfassung mit einer Regierung von fünf Direktoren (Modeepoche Directoire) ihrem Ende. Davor liegt ihre Schreckenszeit. Der Reisende Georg Forster 1793: »Die Revolution ist ein Orkan, wer kann ihn

hemmen? Ein Mensch, durch sie in Tätigkeit gesetzt, kann Dinge tun, die man in der Nachwelt nicht vor Entsetzlichkeit begreift. Aber der Gesichtspunkt der Gerechtigkeit ist hier für Sterbliche zu hoch. Was geschieht, muß geschehen. Ist der Sturm vorbei, so mögen sich die Überlebenden erholen«. Über Royalisten und gemäßigte Girondisten triumphieren allmählich die radikaleren Jakobiner. Frankreich lässt sich zur Kriegserklärung gegen Österreich hinreißen, was nur zur Verschärfung der innenpolitischen Lage beiträgt. Miltärische Misserfolge drohen Unmut beim Volk aufkommen zu lassen, weshalb die Jakobiner ihre Terrorstrategie verstärken. In diesem kritischen Moment der Revolution erscheint wie ein Deus ex Machina ein junger, komponierender Hauptmann auf der historischen Weltbühne und schafft ein Kampflied, das bald von allen Revolutionären und vom Volk gesungen wird, egal welcher Richtung. Die »Marseillaise« bietet eine neue Identifikationsfolie für das enttäuschte Volk. Heute ist strittig, ob Claude Joseph Rouget de Lisle tatsächlich Dichter und Komponist der ursprünglich »Chant de Guerre pour L'armée du Rhin« betitelten »Marseillaise« ist. Wie der Originaltitel besagt, handelt es sich eigentlich um ein Soldatenlied, es ist nicht als Revolutionshymne gedacht. Rouget de Lisle ist Feuillant, also Königstreuer, Konservativer, wird zwischenzeitlich von Jakobinern inhaftiert. Außerdem entsteht das Lied keineswegs im Feuereifer patriotischer Inspiration, ist keine flammende Eingebung eines Genies, sondern schlicht und einfach ein Auftragswerk, das vom Straßburger Bürgermeister an den Dichter de Lisle ergeht. Dessen ungeachtet aber vollbringt die »Marseillaise« das Wunder eines Verbundenheitsgefühls des französischen Volkes, 1795 wird sie zur Nationalhymne erklärt.

Unter den Tönen des Kampflieds werden am 10. August 1792 die Tuilerien gestürmt, die königliche Familie wird inhaftiert. Zwei Monate später schalten die Jakobiner unter Danton und Marat systematisch alle politisch Oppositionellen aus: die Septembermorde sind ein grausamer Höhepunkt. Dreitausend »Verdächtige« werden exekutiert. Es ergeht Befehl, alle Statuen,

Büsten, Bildnisse der französischen Könige zu zerstören, stattdessen Brutus-Bildnisse allerorten aufzustellen. Eine drohende Vorwarnung an die inhaftierte königliche Familie. Siege der französischen Armee im Herbst 1792 und die Entdeckung einer royalistischen Verschwörung Anfang des Jahres 1793 führen zu einem schleunigen Ende des Prozesses gegen Louis XVI., Bürger Capet genannt. Im Januar wird das Todesurteil bestätigt, wenige Tage später durch Guillotinierung vollstreckt. Das Revolutionstribunal wird eingesetzt, das in willkürlicher Weise, ohne Geschworene und Verteidigung, nur Anklagen ausspeit, ganz gleich, wie widersinnig und rasch die Todesurteile sind. Die mariage républicain, bei der Männer und Frauen paarweise zusammengebunden in der Seine ertränkt werden, ist Ausflugsziel müßiger Revolutionäre, genau wie das Versenken von Kähnen, in denen Mönche angekettet stehen. Der Königin wird neben Landesverrat und Verursachung des Staatsbankrotts auch Inzest mit ihrem kleinen Sohn, dem Dauphin, zur Last gelegt, ebenso wie lesbisches, ausschweifendes Liebesleben. Ein infamer Hexenprozess. Am 16. Oktober 1793 wird Marie-Antoinette enthauptet. Bald beginnen sich die Revolutionäre selbst zu zerfleischen. Es geht darum, welche Partei endgültig die Zügel des Staates in die Hand nimmt, was unbedingt nötig ist, denn nur unter einer Hand können die im Krieg stehenden Armeen geordnet, kann die wirtschaftliche Katastrophe überwunden werden: Schon ruft man zynisch, alle Bürger sollten zweimal pro Woche von Kartoffeln leben und ihre Hunde aufknüpfen. Wieder murrt das Volk, während die regierenden Gruppen einander die Schuld an innenpolitischen Krisen geben. Zuerst werden die führenden Girondisten verhaftet und guillotiniert oder der Wut des Mob überlassen. Blutende Köpfe, die auf Piken durch die stinkenden Straßen der Stadt getragen werden, zerfledderte Leichen, die bis zum Verfaulen an Laternen aufgehängt bleiben, rufen bei vielen Einwohnern nicht einmal mehr Entsetzen hervor. Daneben stehen – im völlig widersprüchlichen Extrem – Großtaten der Vernunft: die Gleichstellung unehelicher Kinder, die Einführung der allgemeinen Schulpflicht, die Abschaffung der Sklaverei. Die republikanische Verfassung, die vom Konvent beschlossen wird, ist die freiheitlichste, die es je gab – sie wird aber unmittelbar nach Beschluss wegen der angespannten Lage »bis auf weiteres« außer Kraft gesetzt! Das ›Fest der Vernunft‹ wird am 10. November in Notre-Dame gefeiert. Der symbolische Akt kündet vom Sieg über Kirche und Aberglaube. Die geistliche Hochburg Frankreichs, die einer ganzen mittelalterlichen Musikepoche ihren Namen gab, wird zum ›Tem-

Jakobinische Feste: Die Verehrung des Höchsten Wesens auf dem Marsfeld im Juli 1793. Nach einem Gemälde von P.-A. de Machy.

pel der Vernunft‹. Inzwischen versucht der ehrgeizige Anwalt Maximilien Robespierre, die alleinige Macht in seine Hände zu bekommen. Er geht vor allem gegen die Dantonisten vor. Als Georges Danton am 5. April 1794 zur Guillotine hinaufsteigt, erwidert er, indem er auf den Korb mit den abgeschlagenen Häuptern zeigt, einem Mitverurteilten, der ihn ein letztes Mal umarmen will: »Dort, mein Freund, werden unserer Häupter sich küssen.« Robespierre darf sich am Ziel seiner Wünsche wähnen. Sofort unterstreicht er den Machtwechsel mit kulturellen Symbolismen, etwa der Überführung von Rousseaus Leiche ins Pantheon kurz nach den Ermordungen der Dantonisten oder im Juni des Jahres mit dem ›Fest des Höchsten Wesens‹.

Auf dem vom Maler Jacques-Louis David entworfenen künstlichen Hügel des Marsfeldes, unter dem mit der Trikolore beflaggten und Kränzen geschmückten Freiheitsbaum steht ein Frauenchor. Weiter unten ein Orchester, das wie zufällig zusammengewürfelt erscheint. Wenige Streicher, viele Holzbläser, Hörner, leichtes Schlagwerk. Eher pastoral als martialisch. Ätherisch, dem Höchsten Wesen entsprechend. Doch genau das zeigt Wirkung. Dunkle Männerstimmen, die Hymnen grölen, Militärorchester, die Märsche trommeln, hat man zur Genüge genossen.

In einem bestialischen Alltag erschüttert und entlastet das Idyllische. Jean-François Lesueur bringt 1794 eine Oper auf die Bühne, die den zeitgenössischen Liebes- und Exotenroman »Paul et Virginie« von Bernardin de Saint-Pierre zur Vorlage hat und auf der paradiesischen, zivilisationsfernen Isle de France im Indischen Ozean spielt. Inselträume pflegt Lesueur auch in »Télémaque dans L'Ile de Calypso« von 1796. Er geht darin so weit, der als Wiege von Demokratie und Freiheit wiederentdeckten griechischen Antike zu huldigen, indem er zentrale Stellen der Oper in hypodorischem Modus, in antiken Versrhythmen setzt. Überhaupt fällt auf, dass sich Komponisten ab 1793/94, als sich die Diktatur Robespierres und seines Gefolgsmanns Saint-Just mit ihrer Verehrung abstrakter antiker Tugend und ihres zugleich deistischen Religionskonzepts abzeichnet, auf antike Sujets und da meist naturmythische Stoffe besinnen, anders als zu Beginn der Revolution, als Nicolas Dalayrac 1790 »Die patriotische Eiche« komponierte und Gossec 1792 mit dem »Opfer an die Freiheit«, »L'Offrande à la Liberté«, herauskam. Es existiert sogar ein Stück für Singstimme mit Generalbass, das den gewaltigen Titel »Die Erklärung der Menschenrechte« trägt. Jacques-Louis David, berühmt für seine heroischen Szenen und Historiendarstellungen wie das Gemälde »Der ermordete Marat« 1793, malt ein Jahre später das stille Landschaftsbild »Blick auf den Jardin du Luxembourg«.

Revolutionssymphonien

In den ersten Jahren der Revolution haben Opern (mit wenigen Ausnahmen) keinen großen Erfolg. Lesueurs Bühnenwerke laufen nur mittelmäßig, Ruhm wird ihm durch seine Kantaten und Oratorien zuteil. Die Oper als die musikalische Lieblingsgattung der absolutistischen Monarchen wird verpönt. Selbst revolutionsfreundliche Sujets können der öffentlichen Ächtung der Tragédie lyrique keinen Einhalt gebieten. Selbstredend spielt Kirchenmusik keine Rolle in einem säkularisierten Frankreich. Neben Hymnen, die zu jedem alltäglichen Anlass, bei Begräbnissen, Geburten, Hochzeiten, Eintritt ins Jugendalter gesungen werden, und Märschen, die obligatorisch jeden offiziellen Festakt musikalisch umrahmen, gilt die Vorliebe der Revolutionäre der Orchestermusik. Einerseits weil die vom Bürgertum des Ancien Régime bevorzugten Gattungen maßgeblich für den verbürgerlichten Geschmack der achtziger und neunziger Jahre des 18. Jahrhunderts werden, eben in Abkehr zur ›aristokratischen‹ Oper, andererseits erkennen die Revolutionsführer, dass eine absolute Musik mehr Raum zur Assoziation und Vorstellung lässt, die natürlich durch die Musik oder durch sprechende Titel in bestimmte Richtungen gelenkt werden, etwa durch hohen Heroismus oder militärische Instrumente, Titel wie »Kampf und Sieg« oder das musikalische Zitat von Kampfliedern wie der »Marseillaise«. François Joseph

Gossec wird die beherrschende Stimme auf dem Gebiet der Symphonie. Er organisierte ab 1773 die Concerts spirituels, schreibt vorzugsweise dreisätzige Werke mit Schwerpunkt auf den lyrischen Sätzen im Tempo Andante. Die Sinfonia concertante ist eine bürgerliche musikalische Gattung. Sie entwickelt sich aus der Opernsinfonia, also dem Vorspiel zur Oper, der Ouvertüre. Während die Ouvertüre im Laufe des 18. Jahrhunderts zu einer einsätzigen Form geführt wird, bleibt die Sinfonia concertante mehrteilig, ist in ihrer klassischen Form viersätzig. Ouvertüre und Symphonie stehen bis zur Revolution in Frankreich nebeneinander. Dann aber gewinnt die Symphonie eben als bürgerliche Musik Publikum, während die zur ›aristokratischen‹ Oper gehörende Ouvertüre aus den Werklisten der zeitgenössischen Komponisten verschwindet.

Doch regt sich eine subtile, bestimmt sogar unbewusste Form des Widerstands gegen die revolutionäre Musikpolitik. Durchs Hintertürchen findet sich die Oper, beziehungsweise finden sich Opernelemente in der Konzertmusik wieder – welcher wahrhafte Musiker könnte auch auf die Oper verzichten! Aus den klaren, oftmals durchsichtig nüchternen französischen Symphonien werden hochdramatische Werke. Vor allem spielen sie mit den Tempi, starke Kontraste von langsam und rasch geben bewegende Momente. Instrumente werden bis zur Verzerrung genutzt, beispielsweise als Karikatur im Sinne eines Opera-buffa-Parlandos in Méhuls g-Moll-Symphonie (4. Satz). Jede Form der Steigerung wird effektvoll genutzt, des Tempos wie der Dynamik. Einzelne Instrumentalgruppen werden erstmals in der Musikgeschichte mehrfach besetzt, um extreme oder monumentale Klangfarben zu erzielen, etwa die drei (!) Posaunen in François Deviennes programmatischer Symphonie »La Bataille de Gemmapp« von 1792. Das gibt der symphonischen Form entscheidende Möglichkeiten, Neuerungen auch im Bereich der Programmmusik, die geradewegs zur symphonischen Dichtung führen, die 1856 von Franz Liszt definiert wird (wobei wiederum Liszt sich der »revolutionären Wurzeln« sicher bewusst war, was einmal genau nachzuzeichnen ein interessantes Licht auf seine politische Persönlichkeit und sein Werk werfen würde).

Das Spiel mit Zeit, mit Tempo – um diesen Punkt noch einmal zu unterstreichen –, wird seit der Französischen Revolution ein wichtiges Kennzeichen jeder revolutionären Musik, man denke nur an die ausbrechenden Passagen der »Symphonie fantastique« von Hector Berlioz oder den rasanten Rhythmus in Giuseppe Verdis »Rigoletto«.

Opernhaftes nicht nur in der Orchestermusik, sondern auch in der Politik. Nie zuvor in der Neuzeit gehen Politiker derart rhetorisch, demagogisch vor wie während der Französischen Revolution. Wo ein absoluter Herrscher den Ton angibt, müssen andere Stimmen schweigen, wo es halbwegs demokratisch zugehen soll, da ist rhetorische Durchschlagskraft gefragt. Durch Rede gewinnen, durch Rede triumphieren. Dazu bedarf es einer aussagekräftigen Gestik, effektvoller Auftritte, und die beziehen Revolutionsredner aus Schauspiel und Oper. Jacques-Louis Davids Gemälde »Der Ballhausschwur« hätte ein schönes Tableau einer Grand Opéra werden können. Für das Fest auf dem Marsfeld hat der Maler das bereits beschriebene Bühnenbild mit Felsenhügel, Freiheitsbaum und Statuen von Volk und Freiheit entworfen. Musik wird gemacht, alle Versammelten singen die wohlbekannten Hymnen mit, wahrhaft eine Volksoper. Auf Stichen und Zeichnungen der Zeit finden sich aus Opernszenen geläufige Haltungen: der aufrechte Held, den Blick heroisch geradeaus; die emporgeworfenen Arme als weltumspannende Geste; der erhobene Zeigefinger, Tadel an die Gegner; die ausgestreckten Hände, Freiheit und Brüderlichkeit. Letztlich haben heutige Politiker ihr Gestenrepertoire der Französischen Revolution und den Bühnenkünsten zu danken. Theatralisch sind vor allem die letzten Auftritte der Revolutionsführer, wenn zum Beispiel Danton seine persönlichen Daten vor dem Revolutionstribunal preisgeben soll: »Mein Alter ist fünfunddreißig, mein Name befindet sich im Pantheon der Weltgeschichte, und meine Wohnung wird bald das Nichts sein«.

Konsequenterweise wird die Französische Revolution wegen dieser Theatralik selbst zum Stoff für Oper und Drama. Umberto Giordano komponiert 1896 eine Oper über den gegenrevolutionären Dichter André Chenier, es existiert eine »Robespierre-Ouvertüre«, eine Oper »La Marseillaise« von 1900, Kienzls »Kuhreigen«, Gottfried von Einems »Dantons Tod«, August von Platens Drama »Marat« (1822) und natürlich Georg Büchners »Dantons Tod«, das die Grundlage für von Einems Komposition darstellt. Büchner hat die Effekthascherei der Revolutionäre im Angesicht des Todes auf die Pike genommen. Da sagt im 4. Akt, 7. Szene, Lacroix vor der Guillotine zum Volk: »Ihr tötet *uns* an dem Tage, wo ihr den Verstand verloren habt; ihr werdet *sie* an dem töten, wo ihr ihn wiederbekommt«, worauf Büchner »einige Stimmen« antworten lässt: »Das war schon einmal da; wie langweilig!« Und Schlag auf Schlag kommt das Überbieten mit Schlusspointen, bis Danton den größten Effekt erzielt:

»Philippeau. Ich vergebe euch; ich wünsche, eure Todesstunde sei nicht bittrer als die meinige.

Hérault. Dacht' ich's doch! Er muß sich noch einmal in den Busen greifen und den Leuten da unten zeigen, daß er reine Wäsche hat.

Fabre. Lebe wohl, Danton! Ich sterbe doppelt.

Danton. Adieu, mein Freund! Die Guillotine ist der beste Arzt.

Hérault *(will Danton umarmen).* Ach, Danton, ich bringe nicht einmal einen Spaß mehr heraus. Da ist's Zeit. *(Ein Henker stößt ihn zurück.)*

Danton *(zum Henker).* Willst du grausamer sein als der Tod? Kannst du verhindern, daß unsere Köpfe sich auf dem Boden des Korbes küssen?«

Sansculottenlieder

Musik wird vor allem in dieser zweiten Phase der Revolution wichtig. In den Schulen, in denen Mädchen und Jungen gleichberechtigt unterrichtet werden, steht neben Schreiben und

Rechnen das Erlernen der »Chansons des Sansculottes« als Hauptfach im Lehrplan. Auffällig viele Revolutionslieder, vorzugsweise Spottlieder auf Institutionen des Ancien Régime, sind übrigens auf populäre Kinderliedmelodien getextet, leicht nachzusingen, leicht erlernbar, leicht zu behalten; ideales Werkzeug, sich die nächste Generation zu rekrutieren. 1793 wird das Nationale Musikinstitut gegründet, das sich um die Pflege patriotischer Hymnen und Gesänge zu kümmern hat und zwar nicht nur, indem entsprechende Aufträge an Komponisten vergeben, Feste musikalisch geschmückt werden, sondern indem die Angestellten des Musikinstituts tatsächlich auf die Strasse gehen und mit dem Volk Hymnen einüben! Meistens geschieht das vor großen, massenaufwendigen Festen, bei denen alle Anwesenden mitzusingen haben. Denselben kulturpolitischen Zwecken dient das 1795 gegründete Conservatoire in Paris. Außer über einen Direktor verfügt es über Aufsichtsbeamte. Einer von ihnen ist Martini il Tedesco, der aus Deutschland stammende Wahlfranzose Johann Schwartzendorf, der 1771 zum Kapellmeister des Théatre Feydeau wird. In den ersten Revolutionsjahren verliert sich seine Spur in Lyon, wohin der vorsichtige Mann sich zurückzieht. Sofort im Gründungsjahr des Conservatoire ist er wieder in Paris zur Stelle. Er ist uns heute unbekannt, seine ›revolutionäre Musik‹ wird als unbedeutend gewertet, aber populär geblieben ist sein Lied »Plaisir d'amour«, ein ewiger Ohrwurm.

Mit dem Jahr 1795 geht die Revolution in ihre letzte, eine scheinbar ruhige Phase, die mit dem Sturz Robespierres (27. Juli 1794 oder 9. Thermidor, nach dem revolutionären Kalender) eingeläutet wird. Das Directoire. Im September 1795 wird eine neue Verfassung erstellt, die fünf Direktoren die Regierung in die Hand legt. Die Abgeordneten werden durch Zensuswahl gewählt. Natürlich beruhigt sich die innerfranzösische Lage nicht von hier auf jetzt. Es kommt immer wieder zu terroristischen Aktionen, mal von rechts, mal von links. Der an sich aussichtslose Aufstand linker Jakobiner unter Führung eines »Volkstribunen«, des Frühsozialisten »Gracchus« Babeuf, gilt als Vorspiel kom-

Die Lüsternheit der politischen Kaste: Barras, führendes Mitglied
des Directoire, lässt Thérèse Tallien und Joséphine Beauharnais vor Napoleon
Bonaparte tanzen. Karikatur von J. Gillray, 1797.

munistischer Bewegungen des folgenden Jahrhunderts. Die Pariser Demokratin und Volkssängerin Sophie Lapierre gehört 1796 zu den Verschworenen. Ein junger Offizier von großer Durchsetzungskraft greift dem Direktorium unter die Arme, Napoleon Bonaparte. Die neue Regierung bemüht sich um Milderung der Situation. Der Place de la Révolution wird in Place de la Concorde umgetauft. Marats Leichnam wird wieder aus dem Pantheon entfernt. Die »Marseillaise« wird verboten. Mode, Hausrat, in alle Äußerungen des gesellschaftlichen Lebens kehrt wieder eine leichte Reaktion ein. Die Gewinner der Revolution, die alte und neue Bourgeoisie, wollen ihren frischen Reichtum zur Schau stellen. Frauen, die während der wilden Tribunalzeit tief dekolletiert gingen, zeigen sich nun wieder höher geschlossen, wenn auch schlank fließende, frei fallende Gewänder lange bevorzugt werden. Männer verzichten auf modischen Schnickschnack, kleiden sich ›englisch‹, das heißt schlicht, in meist grauer langer Hose, Weste und Frack zu hohen Stiefeln. Während der Mann bei einer ungepuderten Kurzhaartracht mit längeren Koteletten bleibt, die sich in den Revolutionsjahren durchsetzt, wird bei den Damen die Hochsteckfrisur wieder beliebt, nachdem geraume Zeit ein Kurzhaarschnitt modern war. Der pompöse Klassizismus wird verlassen zugunsten zartgliedrigerer Formen der Möbel, des Porzellans. Selbst in der Gartenkunst kehrt man vom Wildwuchspark à la Rousseaus freier Natur zur abgesteckten Beetkultur zurück. Ein Buch wie Joseph de Maistres »Considérations sur la France«, das die Wiedererweckung des Absolutismus fordert, ist wieder möglich. Das, was die Revolution an Erkenntnissen gewonnen hat, soll allerdings erhalten bleiben, gerade auf kulturellem Gebiet. Als Monument der Französischen Republik gilt das ›Institut national des sciences et des arts‹, das im April 1795 gegründet wird.

Die Ruhe nach dem Sturm

Die relative Ruhe des Directoire bietet Möglichkeit, auf künstlerischem Gebiet die vergangenen Jahre aufzuarbeiten. Da wird vor allem mit dem Terrorregime abgerechnet, in Werken, die uns heute wie Hymnen auf Mord, Blut, Folter erscheinen, es aber nicht sind, im Gegenteil ihren Zeigefinger auf die Entsetzlichkeit einer unvernünftigen, realen Welt legen. 1793 veröffentlicht der Marquis de Sade »Aline und Valcour«, vier Jahre später »Die neue Justine«. Auf musikalischem Gebiet entstehen die so genannten Revolutions- oder Schreckensopern, die hochtragische bis brutale Geschichten der Revolution auf die Bühne stellen und ihnen die wahren Menschheitsideale entgegenhalten. Der edle Held wird im letzten Moment vor dem Verderben gerettet. Musikalisch werden Revolutionsmusiken, etwa Märsche oder die Volkshymnen, Volksaufläufe (immer Chöre in dramatisch wichtiger Funktion) mit ihren Lautäußerungen, Guillotineszenen zitiert. »Les deux Journées ou Le Porteur d'Eau«, »Der Wasserträger«, von Luigi Cherubini gilt als Prototyp dieses Genres. Der Graf Armand und seine Gattin Costanza müssen fliehen, der Wasserverkäufer Daniele Micheli hilft ihnen. Immer kurz davor, entdeckt zu werden – das Spannungsmoment dieser Oper, die ständige das Heldentrio begleitende Furcht –, entlarven Soldaten die Flüchtigen, doch im letzten Augenblick überbringt Micheli einen Gnadenerlass. Zwar spielt die Oper Mitte des 17. Jahrhunderts zur Zeit Kardinal Mazarins, doch werden hier die Nöte eines Adligen dargestellt, dem plötzlich wieder eine positive Rolle in einer Opernhandlung zufällt. Noch ist die Revolutionszeit nicht beendet, Napoleon hat sich ein Jahr vor der Uraufführung an die Spitze des Konsulats gebracht, aber diese Phase bleibt eine Übergangsphase von Revolution zum Kaiserreich.

In der Musikgeschichtsschreibung wird nie deutlich genug herausgestellt, dass die Revolutions- und Schreckensoper eine Entwicklung der letzten Revolutionsphase ist. Und wenn Cherubinis »Wasserträger« als Typus gefeiert wird, dann auch vor allem in deutschen Historien im Hinblick auf den Fideliostoff, dem sich Beethoven etwas später zuwendet. Eine viel deutlichere Zäsur bildet aber Cherubinis »Médée«, die am 13. März 1797 im Pariser Théatre Feydeau gegeben wird. Inhalt: Aus Liebe verhilft Medea dem Helden Jason mit ihren Zauberkräften zum Goldenen Vlies. Jason nimmt sie zur Frau, hat zwei Kinder mit ihr. Doch nun verliebt er sich in die schöne Königstochter Glaukis und will sie heiraten. Medea droht Glaukis und ihrem Vater Kreon, verwünscht Jason. Als König Kreon sie aus dem Land weisen will, greift Medea zur List. Sie gibt vor, sich dem Schicksal gefügt zu haben, übersendet Glaukis als Versöhnungs- und Hochzeitsgeschenk ein köstliches Gewand. Während Medea verzweifelt mit sich ringt, ob sie ihre Söhne aus Rache töten soll, erschallen aus den Gemächern Glaukis' deren entsetzliche Sterbeschreie – das Gewand ist vergiftet! Jetzt ersticht Medea ihre Kinder. Von den Furien begleitet tritt sie dem gebrochenen Jason gegenüber, dem sie schwört, dass noch ihr Schatten ihn im Hades verfolgen werde. Dann verschwindet sie im brennenden Juno-Tempel.

Dass die Revolution ihre Söhne frisst, gehört nach 1795 zur allgemeinen Erkenntnis; es gibt da ein gelungenes Kupferblatt aus dem Jahr 1794, das Robespierre zeigt, wie er den Henker guillotiniert, nachdem er alle Franzosen köpfen ließ. Medea erscheint als Symbolfigur der ausartenden Revolution, deren Tod das Volk schließlich verlangt, als es die Grausamkeit sieht, zu der die Verzweifelte fähig ist. Der Terror ist 1797 noch lange nicht überwunden, droht grollend wie Medeas Schatten im Hades. Dass sich Cherubini eine weibliche Negativfigur erkürt, ist nicht zuletzt auf eine während des Directoires aufkeimende Abwertung der politisch aktiven Frau zurückzuführen. Tatsächlich ist von einer Gleichberechtigung der Geschlechter, die von einigen Publizistinnen der Revolutionszeit wie Olympe de Gouges gefordert wurde, schon kurz nach den Tribunaljahren keine Rede mehr. Die Uraufführung ist nicht sonderlich erfolgreich, vermutlich wird die Kritik noch als zu scharf empfunden. In Deutschland, 1800 in Berlin uraufgeführt, findet das Stück allerdings große Anerkennung. Cherubinis »Medea« wird von Ludwig van Beethoven gefeiert.

Siebtes Kapitel

Napoleon, Viktoria! Beethoven, Gloria!
Ludwig van Beethoven

Das erdrückende Vorbild

»O Beethoven! … du bist die Verkörperung des Heldentums in der ganzen modernen Kunst, du bist der größte und beste Freund der Leidenden, der Kämpfenden«, jubelt Romain Rolland in seinem Beethovenroman »Jean-Christophe«. Kaum ein anderer Komponist, nicht einmal Johann Sebastian Bach oder Richard Wagner, erlangte eine derart hohe Anerkennung durch die Nachwelt wie der 1770 in Bonn geborene Meister. Ludwig van Beethovens Leben und Werk ist früh zum Mythos erhoben worden, schon durch die Zeitgenossen seiner mittleren Schaffensjahre, bereits seit E. T. A. Hoffmanns Begeisterung für Beethovensche Instrumentalmusik 1814. Beethoven wird zum Leitbild der Romantiker. Was sich aber auf diese nicht immer inspirierend auswirken muss; für einige romantische Komponisten wird das selbsterhobene Denkmal zu übermächtig, der Vergleich mit dem Idol macht mutlos. Johannes Brahms beispielsweise sieht nach der für ihn ultimativen Oper »Fidelio« keinen Sinn darin, weitere Musikdramen zu schreiben, Robert Schumann hat anfänglich Schwierigkeiten mit großformatigen Orchesterwerken, denn gerade auf dem Gebiet der Symphonie scheint Beethoven alle künstlerischen Möglichkeiten ausgeschöpft zu haben. Franz Schubert, der seinen großen Kollegen (aus der Nähe des Zeitgenossen) zutiefst verehrt, bekennt demütig: »Der kann alles, wir aber können noch nicht alles verstehen, und es wird noch viel Wasser die Donau dahinwogen, ehe es zum allgemeinen Verständnis gekommen … Beethoven begreift niemand so recht, er müsste denn recht viel Geist und noch mehr Herz haben und entsetzlich unglücklich lieben oder sonst unglücklich sein«. »Wenn man wagt, nach Beethoven noch Sinfonien zu schreiben, so müssen die ganz anders ausschauen«, glaubt Brahms, der an anderer Stelle schreibt: »Ich werde nie eine Symphonie komponieren, du hast keinen Begriff davon, wie es unsereinem zu Mute ist, wenn er immer so einen Riesen hinter sich marschieren hört«. War es nur das hohe Menschentum, das die Nachwelt an Beethoven schätzte, das einen Franz Grillparzer begeistert ausrufen ließ: »Ein Künstler war er, aber auch ein Mensch, ein Mensch in jedem, im höchsten Sinne«? Und warum verkörpert gerade Ludwig van Beethoven dieses Menschen-Ideal? Weil er ein ganzes Leben, alle seine Leidenschaften auf seine Kunst richtete? Grillparzer: »Er entzog sich den Menschen, nachdem er ihnen alles gegeben und nichts dafür empfangen hatte.« Aber das könnte man von vielen anderen Komponisten genauso sagen: auch Franz Schubert hat gelitten, für alle Unglücklichen geschrieben, einzig seiner Kunst gelebt; Johannes Brahms' Biografie weist ähnliche Züge auf; Hugo Wolf, Georg Friedrich Händel, Heinrich Schütz, die Reihe könnte endlos werden. Von ihnen allen erhält nur Beethoven mythische Verehrung, im Extrem während des gesamten 19. Jahrhunderts bis etwa zur Zeit der Weimarer Republik. Für die romantischen Komponistengenerationen wird seine Musik sogar zum Programm der Romantik, seine Biografie ihr Manifest. »Beethovens Musik bewegt die Hebel der Furcht, des Schauers, des Entsetzens, des Schmerzes und erweckt eben jene unendliche Sehnsucht, welche das Wesen der Romantik ist. Er ist daher ein rein romantischer Komponist«, behauptet E. T. A. Hoffmann.

Die Sehnsucht, ein Begriff, mit dem die Romantiker durchaus konkrete Vorstellungen verbanden. Er steht für Aufbruchsstimmung und Befreiungssucht; Befreiung von einem Zeitalter, »das noch mit tausend Ringen am alten Jahrhundert hängt« (Robert Schumann), aus einem politischen System, das mit dem Bleigewicht der Restauration auf den Menschen liegt. ›Sehnsucht‹ wird das Hauptthema der Künste, Achim von Arnim, Joseph von Eichendorff werden die Dichter der Sehnsucht: Viele der lyrischen Texte Eichendorffs beklagen die drückende reale Situation und entwerfen Gegenbilder von Sehnsucht nach Weite.

> Es schienen so golden die Sterne,
> Am Fenster ich einsam stand
> Und hörte aus weiter Ferne
> Ein Posthorn im stillen Land.
> Das Herz mir im Leib entbrennte,
> Da hab ich mir heimlich gedacht:
> Ach, wer da mitreisen könnte
> In der prächtigen Sommernacht!
>
> Zwei junge Gesellen gingen
> Vorüber am Bergeshang,
> Ich hörte im Wandern sie singen
> Die stille Gegend entlang:
> Von schwindelnden Felsenschlüften,
> Wo die Wälder rauschen so sacht,
> Von Quellen, die von den Klüften
> Sich stürzen in die Waldesnacht.

Für die Musik gilt Beethoven als Verwirklicher der Sehnsucht, als Befreier von überkommenen Formen und Ideen; seine Musik als eine Abkehr von »jenen schönen Kunstaltern … die zuerst Beethoven schüttelte in den Fugen, dass es bebte« (Robert Schumann). Feruccio Busoni bemerkt in seinem 1907 veröffentlichten »Entwurf einer neuen Ästhetik der Tonkunst«: »Befreiungslust erfüllte einen Beethoven, den romantischen Revolutionsmenschen«. Der Mythos des Bonner Meisters nährt sich also wesentlich von seiner Schwellenposition zu einem neuen Zeitalter, in einer politischen Umbruchphase.

Beethoven bedient sich seit den mittleren Werken einer neuen

Tonsprache, die ihn von der konventionellen Musik trennt und die von Johannes Brahms folgendermaßen charakterisiert wird: »Es ist alles und durchaus Beethoven! Das schöne edle Pathos, das Großartige in Empfindung und Phantasie, das Gewaltige, auch wohl Gewaltsame im Ausdruck.« Am Beginn der mittleren Schaffensphase steht unter anderem die Sonate »Pathétique« von 1798 – ihr Beiname ist Symbol. Höhepunkt dieser Periode und zugleich seiner Karriere ist (durchaus befremdlich für uns Heutige) das Orchesterstück »Wellingtons Sieg oder Die Schlacht bei Vittoria« op. 91 von 1813, ein Stück Zeitgeschichte und mit 4000 fl. für zwei Aufführungen auch ein finanzieller Erfolg. Auf sein Auditorium wirken die neusprachigen Musiken Beethovens erschütternd und erregend. Davon zeugt Brentanos sprachmächtiges Gedicht »Nachklänge Beethovenscher Musik« (1814), das mit einem brausenden Schlussakkord Wellington den Lenker und Beethoven den Verherrlicher der Schlachten in *einem* Atemzug feiert: »Wellington, Viktoria! Beethoven, Gloria!« Frauen liegen dem Meister wegen seiner Musik zu Füßen, er selbst ist »klein … braun, voll Blatternarben, was man nennt: garstig«, alles andere als ein Liebling der Damen. »Musiktoll« klängen seine Werke, schreiben seine Kritiker. »Wellingtons Sieg« streift eine naturalistische Musikauffassung mit seinen »Kanonen- und Gewehrfeuer«-Klängen, das getreue Gemälde einer Schlacht, das einer an Revolutionsschrecken und Kriegsgreueln gewöhnten Zuhörerschaft noch Nervenkitzel zu bereiten vermag und für die symphonischen Kriegsbilder des 19. Jahrhunderts schulbildend wirkt (z. B. Liszts »Mazeppa«, Tschaikowskys »1812«, Janáčeks »Taras Bulba«).

Coriolan – Napoleon

Beethovens textgebundene oder -inspirierte Musik setzt auf Gegenwartsliteratur, die den modernen, nachrevolutionären Ton einfängt, etwa August von Kotzebue, Heinrich Joseph von Collin und Johann Wolfgang Goethe. 1807 entsteht die Schauspielmusik

Ludwig van Beethoven zur Zeit seiner Napoleonbegeisterung.
Porträt von Isidor Neugaß, um 1805.

zu Collins »Coriolan«. Der österreichische Dichter verknüpft menschliche Tugendideale mit der Symbolfigur römischen Patriziertums. Es geht um die Machtspiele »Unterdrückung«, »Beherrschung« und »Befreiungsversuch«. Die Atmosphäre schwankt zwischen Melancholie, Pathos und kalter Bestimmtheit, der eigene Sprachstil Heinrich von Collins: entsprechend setzt Beethoven seine »Coriolan«-Ouvertüre op. 62 in c-Moll. An den Stoffen aus der römischen Republik reizt die Autoren und Musiker immer wieder und ganz besonders im Zeitalter der Jakobiner und eines Bonaparte der Konflikt zwischen Senats- und Alleinherrschaft, zwischen Republik und Ein-Mann-Diktatur, der verführerische Augenblick, wenn der bejubelte Feldherr, dem vom Senat unbeschränkte Kriegsmacht übertragen wurde, sich überhebt, seine Macht ausnutzt und sich zum Tyrannen emporschwingt, legitimiert durch das Argument, im Sinne des Volkes zu handeln. Alles spielt sich zudem im »altrömischen« Ambiente ab, mitten auf dem Kapitol, in einer Welt kämpferischer, unbeugsamer Republikaner, angetan mit der Toga und den Dolch im Gewande. Vor Collin hat sich William Shakespeare, nach ihm Bertolt Brecht für das »Coriolan«-Sujet interessiert, in dessen Gefolge noch Günter Grass mit seinem heute halb vergessenen Zeitstück über den 17. Juni 1953: »Die Plebejer proben den Aufstand.« In Vertonungen liegt es zum ersten Mal 1669 mit einer Oper Francesco Cavallis vor. Im zeitlichen Umfeld von Beethovens op. 62 befinden sich zwei Umsetzungen als italienische Oper, eine davon aus der Feder Vincenzo Lavignas, des Lehrers Giuseppe Verdis.

Collins Tragödie und Beethovens kongeniale Musik sind Reaktionen auf die aktuelle Politik: 1799 spielt der französische Oberbefehlshaber Napoleon Bonaparte seinen Einfluss auf das Direktorium, die nachrevolutionäre Regierung, aus und unternimmt mit Hilfe des Militärs im November 1799 einen Staatsstreich, der ihn an die Regierungsspitze bringt. Eine neue Verfassung legitimiert eine Scheindemokratie mit den nach antikem Vorbild eingesetzten Institutionen Senat, Tribunat, Rat und Konsuln; Erster

Konsul ist natürlich Napoleon; die neue Verfassung spricht ihm eine nahezu uneingeschränkte Alleinherrschaft zu. Positive Ereignisse der Konsulatszeit bemänteln zunächst Napoleons tatsächliche Ziele: um 1800 gelingt durch die Gründung der Bank von Frankreich eine finanzielle Stabilisierung, 1804 wird der Code Civil erlassen, der persönliche Freiheit und Rechtsgleichheit garantiert. Im selben Jahr aber zwingt Napoleon den Senat, das erbliche Kaisertum zu fordern. Bald darauf wird der korsische Offizier zum Kaiser der Franzosen gekrönt. 1807 – Beethoven vollendet »Coriolan« – werden die alten Adelstitel wiedereingeführt. Es scheint, als hätte es nie die Revolution gegeben, nie die Hoffnung auf eine liberale Regierung, auf wahre Volksherrschaft. In dem gesamten von ihm annektierten Gebiet setzt Napoleon I. seine Verwandten und Familienmitglieder als Herzöge, Fürsten und Könige ein. Bis weit in deutsche Lande dringen die Grenzen seines Reiches, sein Bruder Jérôme wird zum König von Westfalen eingesetzt; bis an Österreich rückt Napoleon I. heran, die illyrischen Provinzen sind in seiner Hand. Aus anti-napoleonischen Motiven heraus schreibt Beethoven 1811 die Schauspielmusiken zu den Dramen »Die Ruinen von Athen« und »König Stephan« von August von Kotzebue. Beide Tragödien gehören noch zu den liberalistischen Werken des Dichters, der in den Jahren des Wiener Kongresses 1814/1815 von Paulus zu Saulus sich wandelnd ein glühender Verfechter der Restauration unter Fürst Metternich und ein erklärter Gegner aller liberaler Strömungen wird. 1819 wird Kotzebue von dem Studenten Karl Sand erstochen.

Eine brennende Hassattacke gegen Napoleon ist Beethovens »Wellingtons Sieg«. Seine ganze Verachtung für den selbst ernannten Absolutisten kostet er in dieser seiner Komposition aus, die einen entscheidenden Vernichtungsschlag gegen Napoleon durch den britischen Feldherrn Arthur Wellesley Wellington, die Schlacht bei Vitoria in Nordspanien (1813), musikalisch wiederholt. Beethoven widmet sein op. 91 dem Prinzgemahl von

England. In bewusstem Kontrast zu einer früheren indirekten Widmung, die er inzwischen zutiefst bereut. Gemeint ist die *Dritte Symphonie,* die berühmte »Eroica«.

Darf man den Quellen des 19. Jahrhunderts trauen, so soll der französische Gesandte am Wiener Hof, General Bernadotte, den Komponisten dazu angeregt haben, eine Symphonie auf Napoleon zu komponieren. Napoleons Ruhm befindet sich in diesen Jahren auf seinem Höhepunkt, der siegreiche Feldherr und liberale Befreier wird gefeiert, keineswegs nur in Frankreich. Im Zenit seiner Karriere ist Bonaparte darauf bedacht, sein heldenhaftes, energisches Image als kraftvoller Vollender der Revolution zu erhalten, zumal er sich bereits mit Machtplänen befasst, die es noch zu verschleiern gilt. In Jacques-Louis David, dem führenden Künstler der Revolution, Schöpfer des »Ermordeten Marat im Bade«, findet er den geeigneten Maler, um sein Idealbild darzustellen. David malt eine ganz Serie Napoleon-Potraits, den Denker und Politiker an seinem Arbeitspult, den mutigen Führer in Schlachten auf sich bäumendem Pferd. David muss übrigens 1816 nach Napoleons Untergang nach Brüssel emigrieren. Auch Davids Schüler Antoine Jean Gros steht in Diensten des französischen Konsuls. Er wird von dessen erster Frau Joséphine protegiert und malt 1804 das eindrucksvolle Gemälde »Napoleon bei den Pestkranken von Jaffa«. Ohne Scheu berührt der prachtvoll gewandete Bonaparte einen halbentblößten Kranken, tröstend, hoffnungverheißend, während seine Gefolgsleute ihn von den Kranken trennen wollen oder sich angeekelt das parfümgetränkte Taschentuch vor die Nase halten; ein säkularisiertes Jesusmotiv – tatsächlich wird Napoleon wie ein Erlöser, ein Heiland gefeiert, er selbst liebte diese Art der Darstellung.

Auch die Musik soll den neuen Helden gebührend feiern: Napoleons Gesandte werden aufgefordert, den geeigneten Komponisten für eine hymnische, heldische Musik in den eroberten Ländern zu finden. Die bedeutenden Musiker des eigenen Landes, Grétry, Méhul, Gossec, Cherubini, sind viel zu eng an die Geschehnisse der Revolution gebunden, dabei ist Napoleon ja auf dem Wege, sich von der Revolution zu entfernen, um den Pfad der Alleinherrschaft zu beschreiten. Etienne Méhul, der es wagt, seinen Konsul auf musikalischem Gebiet eines Besseren zu belehren, fällt sogar in Ungnade; Napoleon hatte nämlich leichthin geäußert, kein Pariser Komponist sei mehr in der Lage, eine echte Opera buffa zu schreiben, worauf sich Méhul hinsetzt und eine vollkommene buffa vertont, die er stolz dem Regenten vorlegt; der ist tödlich beleidigt, Méhuls Werke verschwinden auf längere Zeit von den französischen Bühnen. Einzig Lesueur gelingt es als einheimischem Komponisten, sich bei Napoleon ins rechte Licht zu setzen. Er wird Kapellmeister der Tuilerien-Kapelle und nach der Inthronisierung des Korsen kaiserlicher Kapellmeister. Dem Geschmack des Herrschers entsprechen Kompositionen wie Lesueurs Kantate »Deborah«, oder seine Oper »Ossian«. Ein ausländischer Musiker wäre ihm allerdings lieber, zumal das der Bonaparte-Verehrung eine besondere Würze geben würde. Unter den auswärtigen Komponisten kommen nur Beethoven und Paganini in Betracht. Der italienische Violinist Niccolò Paganini, der als »Teufelsgeiger« die Publikumsmassen bezaubert, wird 1807 eine »Napoleon-Sonate« schreiben. Beethoven soll dagegen die Symphonie liefern. Dass Napoleon beziehungsweise seine Berater konkret an einen in Österreich lebenden Komponisten dachten, hängt zusammen mit den Plänen Bonapartes, sich aufs engste dem Haus Habsburg zu verbinden. Diese Idee wird allerdings erst 1810 realisiert: Napoleon heiratet Marie-Luise, eine Tochter Franz' I. Beethoven gehört als Komponist eng zum Habsburger Hof, ist Klavierlehrer des Erzherzogs Rudolf, für den er in dieser Zeit das »Tripelkonzert« schreibt. Und er ist ein Napoleon-Sympathisant wie viele seiner Zeitgenossen, weshalb er in Bernadottes Vorschlag einwilligt. Ein umfangreiches Werk entsteht, mit dem Beethoven vollkommen von der herkömmlichen Symphonienform abweicht, denn als zweiter Satz steht da statt einem üblichen Andante eine »Marcia funebre«, ein Trauermarsch, der dritte Satz umgeht das vorgeschriebene gemäßigte Tempo und sprengt es in einem Allegro vivace auf. Zur

Unterstreichung heroischer Töne setzt Beethoven drei zusätzliche Hörner ein. Dazu schreibt er an seinen Verlag Breitkopf & Härtel: »Die Symphonie ist eigentlich betitelt Bonaparte; außer allen sonstigen gebräuchlichen Instrumenten sind noch besonders 3 obligate Hörner dabei – ich glaube, sie wird das musikalische Publikum interessieren.« Betrachtet man den Gebrauch der Hörner durch die Partitur hindurch, fällt auf, dass Beethoven sie als hauptsächliches Mittel dunkler Klanggrundierung nutzt. Besonders durchdringend im Verlauf der Durchführung des ersten Satzes (ab Takt 156). Innerhalb seines symphonischen Werkes ist daneben die Kreation des ersten Themas durch das Cello einzig, in allen anderen Symphonien bringen Holzbläser, Violinen, Streicherapparat geschlossen oder Orchester-Tutti das Hauptthema. Das sonor nuancierte Cello passt vollkommen zum dunklen Hörnerklang, gleichzeitig wirkt es wie eine Stimme, eine Gestalt für sich. Wenn sich ein Beethoven ein Portrait Napoleons gedacht hat, dann höchstens mit diesem Thema, denn programmatische Malerei liegt eigentlich nicht in seiner Musikauffassung. Das Thema selbst wirkt sehr energiegeladen durch das Auf und Ab des Es-Dur-Akkords und zugleich seltsam ungelöst, denn die Wiederkehr der Tonika Es wird hinausgezögert, dagegen der Vorhalt cis markiert, der das Thema in tonaler Schwebe hält. Fest und doch nicht zu fesseln. So wie Napoleon gemäß der Anschauung Beethovens mit Kraft den alten Thronen widersteht.

Eine Nachricht von wenigen Sekunden. Das ist alles, was es braucht, um ein Ideal zu zertrümmern, seine politische Hoffnung in Schutt und Asche zu legen. Beethovens Schüler Ferdinand Ries soll erzählen: »Sowohl ich als mehrere seiner näheren Freunde haben diese Symphonie schön in Partitur abgeschrieben auf seinem Tische liegen gesehen, wo ganz oben auf dem Titelblatte das Wort Bonaparte und ganz unten Luigi van Beethoven stand, aber kein Wort mehr ... Ich war der Erste, der ihm die Nachricht brachte, Bonaparte habe sich zum Kaiser erklärt, worauf er in Wut geriet und ausrief: ›Ist der auch nicht anders wie ein gewöhnlicher Mensch! Nun wird er auch alle Menschenrechte mit Füßen treten, nur seinem Ehrgeize fröhnen; er wird sich nun höher wie alle anderen stellen, ein Tyrann werden!‹ Beethoven ging an den Tisch, fasste das Titelblatt oben an, riss es ganz durch und warf es auf die Erde.« Die Symphonie wird umgetauft; wegen ihres besonderen Charakters erhält sie die Bezeichnung »Eroica«, Widmungsträger ist nun der Fürst Lobkowitz. Da der klingende Name Bonaparte fehlt, der publikumswirksam gewesen wäre, da die Symphonie außerdem die übliche Ausdehnung überschreitet, sperrt sich der Verlag zunächst dem Werk, das auch in den Konzertsälen einige Anlaufschwierigkeiten zu überwinden hat. Im Herbst 1806 wird die »Eroica« veröffentlicht.

Lebensweg

Zwischen Hoffnung auf Fürstenhäuser und Enttäuschung über sie, Protektion und Verachtung schwankt Beethovens gesamter Lebensweg. Ludwig wird irgendwann im Jahre 1770 in Bonn geboren, im Dezember desselben Jahres getauft. Sein Vater ist Hoftenorist des Kurfürsten, als Sänger in hoher Gunst, die ihm zusätzliche 50 Gulden Honorar einträgt, aber was hilft das, wenn der Fürst Künstlergagen willkürlich beschneidet, wenn die Sänger ausnahmslos zu jeder Tages- und Nachtzeit zu Diensten sein müssen, so gut wie nie beurlaubt, immer reglementiert. Johann Beethoven zerbricht in diesem bevormundeten Leben. Sein Vater Ludwig, Kapellmeister im Fürstendienst, unterhält einen kleinen Weinhandel, der dem Sohn zum Verhängnis wird. Johann wird alkoholabhängig; der Alltag im Haus in der Rheingasse wird zum unentwegten Terror für die drei Söhne, die von insgesamt sieben Kindern zu dieser Zeit am Leben sind, und für die Ehefrau Maria Magdalena Keverich, die den Gewalttätigkeiten des Mannes als Erste ausgesetzt ist und bereits mit achtunddreißig Jahren an Auszehrung stirbt. Das Kind Ludwig zeigt früh musikalisches Talent: »Seit meinem vierten Jahr begann die Musik die erste meiner jugendlichen Beschäftigungen zu werden.« Der

Vater erteilt den ersten Unterricht; manchmal wird Ludwig regelrecht ans Klavier zu seinen Lektionen geprügelt, dann wieder wird er in den adligen und großbürgerlichen Salons gehätschelt, wo der Vater ihn stolz als sechsjähriges Wunderkind vorführt, obwohl er schon sieben Jahre alt ist. Mit acht Jahren absolviert der Junge sein Debüt mit Klavierkonzerten »zum größten Vergnügen des ganzen Hofes«. Ob das halb erzwungene Zurschaustellen den Kern zu Beethovens Adelshass gelegt hat, sicher jedenfalls führte es dem Kind einprägsam die Machtverhältnisse vor: der, der dient, unterhält, der, der herrscht, wird unterhalten.

Ab 1781 erhält Ludwig eine sehr fundierte Ausbildung bei Christian Gottlob Neefe, einem der Großen seiner Zeit, ein beliebter und bekannter Liederkomponist. Er plädiert als Anhänger Carl Philipp Emanuel Bachs für Natürlichkeit und Einfachheit in der Musik. Das geht konform mit den Forderungen des französischen Philosophen Jean-Jacques Rousseau nach neuer Natürlichkeit im Gegensatz zur abgezirkelten Kunstform der höfischen Gesellschaft. Neefes Einfluss auf seinen Eleven ist groß. Beethoven ist von den Ideen seines Mentors begeistert. Doch zunächst muss er sich eine Existenz schaffen, und das kann nur auf dem herkömmlichen Weg geschehen – in Fürstendienst. Um sich als vollendeter Komponist auszuweisen, schreibt Beethoven drei Sonaten, dem Kurfüsten gewidmet. 1784 ist er zweiter Hoforganist mit einem Salär von 150 Gulden. Er nutzt die Zeit zu weiteren Studien, sammelt praktische Erfahrungen namentlich auf kammermusikalischem Gebiet. 1787 wird ihm die Erlaubnis zuteil, nach Wien zu reisen, offenbar um bei Mozart zu studieren. Der große Meister lobt den weitgereisten Bittsteller, »der wird einmal in der Welt noch von sich reden machen«, und nimmt ihn als Schüler an. Doch da erfährt Beethoven, dass seine Mutter schwer erkrankt ist; er ist zur Rückreise gezwungen. Die Mutter stirbt. Ludwig richtet nun ein Gesuch an den Fürsten, sein Gehalt aufzubessern, denn er hat für die jüngeren Geschwister Sorge zu tragen, wozu der Vater, stets betrunken, nicht in der Lage ist. Das Gesuch wird abgelehnt. »Solange ich hier bin, habe ich noch wenige vergnügte Stunden genossen; die ganze Zeit hindurch bin ich mit der Engbrüstigkeit behaftet gewesen … Dazu kömmt noch Melancholie … das Schicksal hier in Bonn ist mir nicht günstig.« Er sucht neue Wege, schreibt sich an der Universität ein, hört philosophische Vorlesungen. An der Bonner Universität breiten sich revolutionsfreundliche Strömungen aus, u. a. durch die Dichtungen des Theologen und späteren Jakobiners Eulogius Schneider. Beethoven streikt zum erste Male, als er bei Hofe vorspielen soll; das Clavecin sei schlecht, er könne darauf nicht spielen. Er verweigert sich. Es ist das Revolutionsjahr 1789.

Die Situation am kurfüstlichen Hof wird prekär. Die Köln-Bonner Gegend liegt wie ein Puffer zwischen dem verschlingenden Orkan der Revolution, die in Frankreich ausgebrochen ist und über die Grenzen in deutsche Lande zu stürmen droht, und Deutschland. Militärische und politische Fragen sind jetzt bedeutender als jeder Kunstgenuss. Tagsüber wird exerziert, abends über Pariser Karten gebeugt beraten, da ist bei Hofe kein Platz mehr für Musik. Ein trostloser Zustand für Beethoven. Und ein zwiespältiger Gefühlszustand wie für viele Musiker. Den meisten ihrer Zunft bieten nur die Hofkapellen, die Hoftheater Lohn und Brot. Freiberuflichkeit ist auf dem noch begrenzten Musikverlagsmarkt unmöglich, das Konzertwesen, das wesentlich von bürgerlichen Liebhabern getragen wird, steckt noch in den Anfangsgründen. Einzig Kirche und Hof bieten Komponisten und Interpreten ein Auskommen, was aber geschieht mit Kirche und Hof in den Wirren der Revolution? Wenn sie zerschlagen, vernichtet werden, geht dann nicht die Wirkungsstätte der Musiker verloren? Wird ein republikanisches System in der Lage sein, Ersatz zu bieten?

Es fügt sich wunderbar in dieser haltlosen Situation, dass 1792 Joseph Haydn auf der Reise von London nach Wien in Köln Rast macht, Beethovens Musik hört und sich des jungen Kollegen annimmt. Freunde raffen für ihn die Reise- und Studienkosten zusammen. Einer von ihnen, Graf Ferdinand Waldstein, stattet ihn mit Empfehlungsschreiben aus. In Wien beginnt der Unterricht bei Haydn, während daheim alles zusammenbricht: Beethovens Vater stirbt, die in der Lehre befindlichen Brüder Ludwigs werden von Freunden aufgenommen, der Kurfürst muss fliehen, der Rhein wird französisch. Von Beethoven keine Äußerung zur dramatischen Lage im Bonner Gebiet. Vielleicht ist das alles in Wien zu weit weg. Zudem gestattet sein Fürst ihm, unbezahlt in Wien bleiben zu dürfen, »bis er einberufen wird«. Beethoven erwirbt seinen Unterhalt als Pianist. Auf diese Art lernt er Baron van Swieten und Fürst Lichnowsky kennen, die zu seinen frühesten Mäzenen gehören. Im Tumult um seinen Hof scheint der Kurfürst seinen Hofmusiker stillschweigend freigegeben zu haben. Beethoven bleibt für immer in Wien. Zunächst macht er sich mit Klavier- und Kammermusiken einen Namen, die in den Salons seiner Gönner gespielt werden. Seine Klaviertrios op. 1, seine Sonaten op. 2, 7,10 und die »Pathétique«. Hohen Ruf genießt er als Improvisator am Klavier: »Im Fantasieren verleugnete Beethoven schon damals nicht seinen mehr zum unheimlich Düsteren hinneigenden Charakter, schwelgte er einmal im unermeßlichen Tonreich, dann war er auch entrissen dem Irdischen; der Geist hatte zersprengt alle beengenden Fesseln, abgeschüttelt das Joch der Knechtschaft und flog siegreich jubelnd empor in lichte Ätherräume. Jetzt brauste sein Spiel dahin gleich einem wildschäumenden Katarakte, und der Beschwörer zwang das Instrument mitunter zu einer Kraftäußerung, welcher kaum der stärkste Bau zu gehorchen imstande war; nun sank er zurück, leise Klagen aushauchend, in Wehmut zerfließend; wieder hob sich die Seele, triumphierend über vorübergehendes Erdenleid, wendete sich nach oben in andachtsvollen Klängen und fand beruhigenden Trost am unschuldsvollen Busen der heiligen Natur«. Beethoven erweist sich hier als wahrhafter Nachfahre Carl Philipp Emanuel Bachs, der in seinem Traktat »Versuch über die wahre Art, das Clavier zu spielen« verlangt, der Pianist solle nur fantasieren, was er selber gerade in sich fühle. Musikalischer Sturm und Drang; Beethovens Improvisationen sind erfüllt von subjektiver Dramatik. Er überträgt Momente des freien Fantasierens am Klavier auf seine Kompositionen. Kaum eine Sonate, die sich in den Grenzen der Gattung hält. In seinen ersten Kompositionen liebt er es, die Form aufzusprengen, indem er einfach ein drittes Hauptthema neben die üblichen zwei der Sonatenhauptsatzform setzt. In seiner ersten Symphonie op. 21 von 1799/1800 verzerrt er durch eine Adagio-Einleitung und eine relativ kurze Durchführung das Formengefüge. Ebenso typisch für seinen auf Improvisation zurückgehenden Kompositionsstil ist seine Vorliebe, lyrische Passagen fast übergangslos auf kraftvolle Eruptionen folgen zu lassen und umgekehrt. Beispielhaft der jähe energische Ausbruch nach der langsamen Einleitung zu Beginn der »Pathétique« oder der Sonate op. 31, 2, der »Sturm-Sonate«. Wie das hübsche Seitenthema der Appassionata op. 57, f-moll, plötzlich aufblüht und wieder hineinwelkt in fragmentarische Motive, die unvermittelt aufeinander folgen und erst in der Durchführung miteinander verwoben werden. Zu seinen Improvisationen und Kompositionen lässt er sich häufig durch Literatur anregen (»Sturm-Sonate« nach Shakespeares »The Tempest«); ausdrücklich spricht er von Shakespeare und Schiller, die um 1800 als zwei der deutlichsten Stimmen gegen die alte Gesellschaftsordnung, für Freiheit und Menschenrechte, gelten.

Das Jahr 1800 findet einen Komponisten, der sich als freischaffender Musiker Raum gewonnen hat, etwas, das zehn, zwanzig Jahre zuvor noch fast unmöglich war. Freilich ist er teils von Mäzenen abhängig, die zahlungskräftigsten finden sich in Adelskreisen. Fürst Lichnowsky zahlt ihm jährlich 600 fl., Erzherzog Rudolf 1500 Gulden, Fürst Lobkowitz spendiert 700 Gulden und Fürst Kinsky sichert ihm eine lebenslange Rente von 1800 fl. Dazu kommen die Einkünfte aus Konzerten, Unterrichtsstunden und Partiturverkäufen. Beethoven in Wien ist ein gemachter, vielbeschäftigter Mann: »Ich lebe nur in meinen Noten, und ist das Eine kaum da, so ist das Andere schon angefangen; so wie ich jetzt schreibe, mache ich oft drei, vier Sachen zugleich« (1801). Seine gesellschaftliche Position ist eigentümlich: er gilt als Genie, beinahe als dämonischer Künstler, der alle verzaubert; er wird

protegiert, dabei begegnet er seinen Mäzenen ziemlich respekt-
los, den Fürsten Lobkowitz nennt er nur ›Fizlypuzly‹, den Adel
heißt er »Fürstengeschmeiß«; er behandelt seine adligen Freunde laut zahlreicher Anekdoten mitunter wie Dienstboten, er
verweigert Auftritte, wenn es ihm gefällt, unterbricht willkürlich
ein Konzert, wenn in den Zuschauerreihen getuschelt wird, und
bleibt bei alledem immer unangetastet, unbespitzelt, wo doch das
Spitzel- und Agentenwesen im Dienst der Regierung während
der Napoleonischen Ära forciert betrieben wird, gerade in Österreich. Es scheint, als bewegte sich Beethoven in einem nar-
renfreien Raum; dem Gros der Bevölkerung gilt er ohnehin als
kauziges Original, als ein Misanthrop, der mit immer düster zer-
furchter Stirn, die Hände hinter dem Rücken verschränkt, den
Blick zu Boden gerichtet durch Wiens Gassen eilt, egal, wen er
anrempelt, der oft von Jähzornsanfällen heimgesucht wird und
dabei seine kostbaren Flügel in Späne zertrümmert. Jeder weiß
von seiner Begeisterung für liberale Ideen und für Napoleon
Bonaparte. Obwohl Napoleon Staatsfeind Nummer eins ist,
bleibt Beethoven unbehelligt. Selbst für einen Schützling Erzherzog Rudolfs ein Mysterium.

Bereits seit einigen Jahren leidet der Komponist an Hör-
störungen, die, wie er selbst wohl weiß, einen Grund für seine
Kauzigkeit darstellen. Entgegen der Überzeugung, sein Leiden
sei eine seit Geburt bestehende Krankheit, halte ich eher die sy-
philitische Geschlechtskrankheit für den Grund, die sich unter
anderem in Hör- und motorischen Störungen niederschlägt.
Seine Ohren »sausen und brausen Tag und Nacht fort«, im Jahr
1802 ist er bereit, »mit Freuden dem Tod entgegenzueilen«. Er
schreibt in Heiligenstadt bei Wien ein Testament, das mit den
Worten beginnt: »O ihr Menschen, die ihr mich für feindselig,
störrisch oder misanthropisch haltet … wie unrecht tut ihr mir …
Mein Herz und mein Sinn waren von Kindheit an für das zarte
Gefühl des Wohlwollens … aber bedenkt nur, dass seit sechs Jahren ein heilloser Zustand mich befallen … zu dem Überblick
eines dauernden Übels … gezwungen«. Er überwindet die Krisis

zumindest äußerlich. In dieser persönlich katastrophalen Verfassung bestürzt ihn der politische Umschwung Napoleons vom Revolutionshelden zum Absolutisten doppelt. Als der befreundete Fürst Lichnowsky ihn 1805 bittet, vor geladenen Gästen, unter denen sich französische Offiziere befinden, zu spielen, weigert sich Beethoven. Lichnowsky droht ihm, darauf reist der Komponist unverzüglich nach Hause, zertrümmert die Büste des Fürsten, tobt: »Fürst! Was Sie sind, sind Sie durch Zufall und Geburt, was ich bin, bin ich durch mich«! Er wird nie wieder mit Lichnowsky sprechen.

Im selben Jahr, 1805, schreibt er eine Oper gegen Tyrannei und Gewaltherrschaft.

Fidelio

Warum hat Beethoven nur diese eine Oper vertont? Eine oft gestellte Frage, aber die Antworten, die von mangelnden Textbüchern, liegengebliebenen Plänen, fehlendem Interesse für Bühnendramatik sprechen, befriedigen wenig. Dagegen überzeugt das Argument, dass es um 1800 in Wien kein reiches Opernleben gibt: die letzte weltbewegende Uraufführung stammt aus dem Jahr 1792, nämlich Domenico Cimarosas »Il matrimonio segreto (Die heimliche Ehe)«, die nächsten interessanten Projekte sind dann Schuberts Singspiele und Possen der zwanziger Jahre, eine epochemachende Uraufführung gelingt sage und schreibe erst wieder 1842 mit Gaetano Donizettis »Linda di Chamounix«; nach einem Höhepunkt mit Werken Wolfgang Amadeus Mozarts und Antonio Salieris bricht die österreichische Opernwelt ein, eine neue Blütezeit wird mit Aufführungen von Rossinis, Donizettis und von Webers Werken eingeläutet. Dazwischen liegen die Koalitionskriege von 1792 bis 1809, die von den europäischen Mächten gegen das revolutionäre bzw. napoleonische Frankreich geführt werden. 1805 kann der siegreiche Napoleon in Wien einziehen, die ›Dreikaiserschlacht‹ bei Austerlitz ist ein wahrer Kriegstriumph für ihn. Nicht die Zeit für Kultur, für

beschauliche Abendstunden im Theater. Es werden Ausgangs-
sperren verhängt, es existieren zeitweise Verbote, sich an öffentlichen Plätzen – dazu gehören die Theater – zu versammeln. Geld
muss eingespart werden, das bedeutet, Künstlergagen werden
gekürzt oder einfach einbehalten, neue Bühnenbilder, Requisiten, Kostüme sind zu kostspielig, ergo tabu, aber schlecht ausstaf-
fierte Aufführungen locken auch keine Besucher ins Opernhaus.
Fidelio, beziehungsweise »Leonore« wie das Werk in seiner
frühen Fassung noch heißt, erscheint in der Tat zu einem sehr unglücklichen Zeitpunkt. Wien ist besetztes Gebiet, das Interesse
der Einheimischen für Oper ist zu dieser Zeit gering, das Theater
an der Wien ist am Mittwoch, dem 20. November 1805, mit französischen Soldaten gefüllt, von denen nur ein kleiner Teil dem
fremdsprachigen Text zu folgen vermag. »Das ganze Theater war
von den Franzosen besetzt, und nur wenige Freunde Beethovens
wagten, die Oper zu hören«, erinnert sich ein Sänger. Das künstlerische Aufgebot ist außerdem schwach, und Beethoven, bei-
leibe kein guter Dirigent, leitet das Werk selbst. Louis Spohr
beschreibt ihn in seiner Autobiografie als Orchesterleiter wie
folgt: »Beethoven hatte sich angewöhnt, dem Orchester die Aus-
druckszeichen durch allerlei sonderbare Körperbewegungen
anzudeuten. So oft ein sforzando vorkam, riß er beide Arme, die
er vorher auf der Brust kreuzte, mit Vehemenz auseinander. Bei
dem piano bückte er sich nieder und um so tiefer, je schwächer er
es wollte. Trat dann ein crescendo ein, so richtete er sich nach
und nach wieder auf und sprang beim Eintritte des forte hoch in
die Höhe. Auch schrie er manchmal, um das forte noch zu verstärken, mit hinein, ohne es zu wissen … Beethoven spielte ein
neues Pianoforte von sich, vergaß aber schon beim ersten Tutti,
dass er Solospieler war, sprang auf und fing an, in seiner Weise zu
dirigieren. Bei dem ersten sforzando schleuderte er die Arme so
weit auseinander, dass er beide Leuchter vom Klavierpulte zu
Boden warf. Das Publikum lachte … Beethoven war … außer
sich … hieß zwei Chorknaben sich neben (ihn) stellen und die
Leuchter in die Hand nehmen. Der eine trat arglos näher … Als

das verhängnisvolle sforzando hereinbrach, erhielt er von Beethoven mit der ausfahrenden Rechten eine so derbe Maulschelle … Hatte das Publikum vorher schon gelacht, so brach es jetzt in einen wahrhaft bacchanalischen Jubel aus. Beethoven geriet dermassen in Wut, dass er gleich bei den ersten Akkorden des solo ein halbes Dutzend Saiten zerschlug.« »Fidelio« unter seinem Dirigat scheitert völlig und wird bald vom Spielplan genommen.

Dabei müssen wichtige Persönlichkeiten ihre Pläne mit Beethoven und Fidelio gehabt haben. Vermutlich sollte diese Oper, die auf das Stück »Léonore ou l'amour conjugal, fait historique espagnol en deux actes« von Jean Nicolas Bouilly zurückgeht, speziell für die französischen Besatzer geschrieben werden. Österreichs Regierung, die die langen diplomatischen Wege den spontanen martialischen Schachzügen vorzieht, scheint sich eine Musik als Verständigungs- und Besänftigungsgeste vorgestellt zu haben. Der Stoff ist typisch für die revolutionäre Schreckensoper, die an der Pariser Oper kultiviert wird: eine liebende Ehefrau verkleidet sich als Jüngling, um mit dieser List ihren unschuldig eingekerkerten Gatten vor dem mörderischen Zugriff eines Tyrannen zu retten, die Art und Weise, wie Beethoven an das Libretto gelangte, liegt im mysteriösen Dunkel. Klar ist, dass es ihm vom stellvertretenden Direktor des Theaters an der Wien, Joseph Sonnleithner, in die Hände gespielt wurde, der neben Friedrich Treitschke für die deutsche Nachdichtung des französischen Urtextes verantwortlich zeichnet. Sonnleithner ist Hoftheatersekretär, betraut mit kulturpolitischen Angelegenheiten Österreichs. Er ist sich über die eigentliche Funktion dieser Oper bewusst. Beethoven dürfte von diesen politischen Dimensionen seiner Opern nichts geahnt haben, er hätte sich schlicht geweigert, den verhassten Franzosen in irgendeiner Weise dienlich zu sein; man kann sich leicht vorstellen, wie er allein schon auf das Premierenpublikum des »Fidelio« reagierte. Er ist glühender Freiheitsfanatiker, aber kein vorausschauender Kenner der politischen Situation, für ihn liest sich das Libretto als Einspruch gegen jede Art der Gewaltherrschaft (vor allem der Franzosen in Wien). In seiner Oper wird die von Kriegerischem (Marsch und Arie des Pizarro und Chor der Wache im 1. Akt, »Ha welch ein Augenblick:/ Die Rache werd' ich kühlen«) und Leidvollem (Melodram, 2. Akt, »Wie kalt ist es in diesem unterirdischen Gewölbe«) widerhallenden Realität überwunden, die Utopie von Freiheit wird nach der Verwandlung im zweiten Akt als verwirklicht auf die Bühne gebracht – Chor des Volkes und der Gefangenen: »Heil sei dem Tag, Heil sei der Stunde,/ die lang ersehnt, doch unvermeint,/ Gerechtigkeit mit Huld im Bunde,/ vor unsres Grabes Tor erscheint«. Hervorzuheben, dass hier das Volk mit den Gefangenen gleichgesetzt wird, überhaupt spielt der Volkschor erst hier im Finale eine Rolle, vorher waren es die Chöre der Wachen und Gefangenen.

Als Österreich 1806 zur alten Ruhe zurückfindet, die Besatzer nach dem Friedensschluss das Feld geräumt haben, passt »Fidelio« nicht mehr zur politischen Strategie, denn Klage wider den Tyrannen könnte allzu leicht mit Rebellion gegen den Monarchen verwechselt werden, kurz, »Fidelio« wird nun zu brisant für die österreichische Regierung selber. Eine Wiederaufnahme des Werks, das Beethoven gründlichst überarbeitete, wird zielstrebig hintertrieben. Der Freund Stephan von Breuning erklärt: »Nun standen aber seine Feinde bei dem Theater auf, und da er mehrere, besonders bei der zweiten Vorstellung, beleidigte, so haben diese es dahin gebracht, das sie seitdem nicht mehr gegeben worden ist. Schon vorher hatte man ihm viele Schwierigkeiten in den Weg gelegt«. Noch 1814 schreibt Beethoven, der sich erfolglos um Aufführungen seiner Oper bemüht, sorgenvoll: »die Oper erwirbt mir die Märtirkrone«, »übrigens ist die ganze Sache mit der Oper die mühsamste von der Welt«.

Egmont

In den folgenden Jahren entstehen Symphonien, darunter die populäre Fünfte, »Das Schicksal klopft an die Pforte«, Klavierkonzerte, die »Chorfantasie« und selbstverständlich Kammermusik. Das Land hat sich nur trügerisch beruhigt, im Gegenteil, das Ereignis Napoleon bricht noch einmal gewaltig über das habsburgische Reich ein. Graf Stadion führt Österreich in den Widerstandskampf gegen die Franzosen, von den nationalen Wogen erfasst, kommt es in Tirol unter Führung Andreas Hofers zu Volkserhebungen gegen Franzosen und Bayern (Hofer wird 1810 gefasst und erschossen). Die regulären Armeen der verfeindeten Staaten treffen entscheidend zunächst in der Schlacht bei Aspern zusammen, die den Habsburgern zur Übermacht verhilft, dann bei Wagram, wo Napoleons Heer die endgültige Niederlage Österreichs besiegelt. Während der Schlachten des Jahres 1809, so nah bei Wien, wird die kaiserliche Familie evakuiert. Beethoven komponiert für ihre Abreise nach Ofen die Klaviersonate op. 81a, »Les Adieux«, die er dem Kaiser widmet.

Auf dem Höhepunkt seiner Napoleon-Antipathie verfasst er die Musik zu Goethes »Egmont«. Goethe hatte sein Drama 1787 vollendet, die historische Begebenheit von der Unterjochung der Niederlande durch Truppen Philipps II. von Spanien unter Führung des Herzogs von Alba, dem der Feldherr Graf Heinrich Egmont zum Opfer fällt. Beethoven ist nach Philipp Christoph Kayser und Johann Friedrich Reichardt der dritte Komponist, der sich mit diesem Drama auseinandersetzt. Im Frühling 1811 kann er an Goethe schreiben: »Sie werden nächstens die Musik zu Egmont von Leipzig durch Breitkopf und Hertel erhalten, diesen Herrlichen Egmont, den ich, indem ich ihn eben so warm als ich ihn gelesen, wieder durch die gedacht, gefühlt und in Musick gegeben habe – ich wünsche sehr ihr Urteil darüber zu wißen.« 1812 treffen sich der Dichterfürst und der Musikgott zum ersten Mal persönlich in Teplitz. Goethes Eindruck von Beethoven: »Zusammengefaßter, energischer, inniger habe ich noch keinen Künstler gesehen. Ich begreife recht gut wie er gegen die

Welt wunderlich stehen muss.« Beethoven relativiert seine hohe Meinung über Goethe:»Göthe behagt die Hofluft zu sehr mehr als es einem Dichter ziemt. Es ist nicht vielmehr über die Lächerlichkeiten der Virtuosen hier zu reden, wenn Dichter, die als die ersten Lehrer der Nation angesehen seyn sollten über diesen schimmer alles andere vergessen können.« Es ist wahr, dass Goethe eine ambivalente Beziehung zur Fürstenmacht besitzt; fast allen seiner Hauptfiguren legt er denselben Zwiespalt zugrunde; Goethes Egmont schwankt zwischen dem »verdrießlichen, steifen, kalten, Egmont« des öffentlichen, auf Karriere und Gesellschaft bedachten Lebens und dem Privatmenschen, der den Regungen des Herzens folgen darf, der »ruhig, offen, glücklich, geliebt« ist. Insofern ist Egmont kein ›reiner‹ Held, kein makelloser Idealist. Sein erster Auftritt zeigt ihn vor aufrührerischem Volk, das er mit schalen Worten beruhigt:»ein ordentlicher Bürger, der sich ehrlich und fleißig nährt, hat überall so viel Freiheit als er braucht«. Die Urteile, die er zu verschiedenen Fällen nach Eingebung seines Herzens spricht (2. Akt), sind letztendlich nur seiner guten Laune zu verdanken. Im Dialog mit Herzog Alba, der gesandt wurde, die Macht in den Niederlanden zu übernehmen (4. Akt), wird deutlich, dass Graf Egmont um seine adligen Privilegien fürchtet (»es sei des Königs Absicht … die schönen Rechte des Adels einzuschränken, um derentwillen der Edle allein ihm dienen … mag«), dass er also nicht uneigennützig handelt. Das Finale führt eine Apotheose vor, in der sich die personifizierte Freiheit Egmont mit einem Lorbeerkranz zuwendet, die in die Nähe der barocken Märtyrerdramen gerät, was durchaus in Goethes Absicht lag. Beethoven hat sich vermutlich hauptsächlich von diesem Schlussbild inspirieren lassen, für das ausdrücklich Musik vorgeschrieben ist. Triumphal, martialisch siegestaumelnd klingt seine »Egmont-Ouvertüre«, aber nicht ganz »rein«, denn er mischt einige Intervallreibungen, Sekunden, Misstöne in den Triumphzug, um die zweite Ebene des Charakters Egmonts herauszuheben. Einige repertierende Akkordschläge unterbrechen störend die melodische Entwicklung des Stücks – Hinweise auf Gewalt und Terror, eine Motivik, die in den Revolutions- und Schreckensopern ihren Inhalt empfangen hat. Karl Friedrich Zelter berichtet im März 1813 seinen Eindruck des Werks an Goethe: »Die Ouvertüre aus F-mol kündigt in einer Folge finstrer Akkorde eine Tragödie an, geht in ein repulicanisches Wesen über, dem das Kriegerische nicht fehlt, wird wohl- und wehmütig, träumerisch, tumultarisch und endet siegreich.«

Die Beschießung Wiens 1809, die bangen Monate des Jahres 1810 lassen Beethoven ausrufen: »Welch zerstörendes, wüstes Leben um mich her! Nichts als Trommeln, Kanonen, Menschenelend in aller Art!« Kein Wunder, dass sein »Egmont« kein hymnisch ungebrochener Siegesschrei ist. Krankheiten verschlechtern sein Befinden: »Hätte ich nicht irgendwo gelesen, der Mensch dürfe nicht freiwillig scheiden von seinem Leben, so lange ich noch eine gute Tat verrichten kann, längst wär ich nicht mehr – und zwar durch mich selbst« (Mai 1810). Er sondert sich noch mehr als zuvor von seiner Umwelt ab. Das Jahr 1811 vergeht ohne nennenswerte Kompositionen. Dann zu seinen nächsten bedeutenden Werken: die 7. und die 7./8. Symphonie entstehen. Der Triumph. »Wellingtons Sieg«. Auf den Wiener Kongress, auf dem die Neuordnung Europas geregelt werden soll, reagiert Beethoven mit der monumentalen Kantate »Der glorreiche Augenblick – Europe steht«. Aus heutiger Sicht sind viele damals getroffene Grenzverschiebungen unrechtmäßige Willkürakte gewesen (Zergliederung Polens, Italiens, Sachsens; Schwedens Einverleibung Norwegens), für Beethoven zählte nur der Sieg über Napoleon, die Zurücksetzung Frankreichs und die Hoffnung, die nun vereinbarten Grenzen böten endlich Sicherheiten und freie Entfaltung ihrer Bewohner. Beethoven, der den Krieg verflucht, hofft auf politische Entspannung und Ruhe. Denn Freiheit, die er meint, glaubt er innerhalb der Grenzen der Monarchie erlangen zu können, einen totalen Umsturz propagiert er nicht. Dass eine Revolution die Hierarchien dauerhaft umstürzen könne, glaubt er seit Napoleons Dikatur ohnehin nicht mehr.

Im Jahr 1819 beginnt er noch einmal ein riesiges Werk, die »Missa solemnis«, die er 1823 vollenden kann. Im selben Jahr erhält er Besuch des »Freischütz«-Komponisten Carl Maria von Weber, dessen Schüler ein Portrait des alternden Beethoven und seiner Lebensgewohnheiten gibt: »Alles war in der entsetzlichsten Unordnung – Noten, Geld, Kleider lagen auf dem Fußboden, das Bett war ungemacht, zerbrochene Kaffeetassen standen auf dem Tisch, das offene Pianoforte, indem kaum eine Saite mehr ganz war, dick verstaubt, und er selbst in einen alten schäbigen Morgenrock gehüllt ... das Haar dick, grau, in die Höhe stehend, hie und da ganz weiß, Stirne und Schädel wunderbar breit gewölbt und hoch, wie ein Tempel, die Nase viereckig wie die eines Löwen, der Mund edel geformt und weich, das Kinn breit ... Über das breite, blatternarbige Gesicht war dunkle Röthe verbreitet, unter den finster zusammengezogenen, buschigen Brauen blickten kleine, leuchtende Augen mild ... die cyklopisch eckige Gestalt ... war in einen schäbigen, an den Ärmeln zerrissenen Hausrock gekleidet«. Sein Ohrenleiden hat ihn völlig ertauben lassen, er verständigt sich mit Hilfe eines kleinen Notizheftes. Er gebraucht das Konversationsbüchlein oft, denn viele Besucher stellen sich in der Wohnung des berühmten Mannes ein, der bereits jetzt eine Legende ist. Sein wunderbarstes Werk wird er noch schreiben, die 9. *Symphonie* mit dem bekannten Schlusschor nach Schillers »Ode an die Freude«. Rund zehn Jahre hat er Pläne dazu in sich getragen. 1825 wird die *Neunte,* die ideales Menschentum, entwachsen aller gesellschaftspolitischen Niedrigkeiten, besingt, aufgeführt, zwei Jahre danach ist der Komponist tot.

ACHTES KAPITEL

Idyllisches Biedermeier?
Schubert, Mendelssohn, Silcher, Lortzing

Schubertiade

»Auf Flügeln des Gesanges,/ Herzliebchen, trag ich dich fort,/ Fort nach den Fluren des Ganges,/ Dort weiß ich den schönsten Ort.« oder »Am Brunnen vor dem Tore/ da steht ein Lindenbaum:/ Ich träumt in seinem Schatten/ so manchen schönen Traum«. Doch dann folgen Konjunktive, wird alles zum ausgeträumten seligen Traum und Ernüchterung über die Welt, wie sie wirklich ist, schlägt auf: »Die kalten Winde bliesen/ Mir grad ins Angesicht,/ Der Hut flog mir vom Kopfe,/ Ich wendete mich nicht«. Die Brüche sind da. Nichts in den romantischen Klavierliedern Mendelssohns, Schuberts oder anderer bleibt, wie es in der ersten Strophe idyllisch gemalt wird, alles wird gewendet, Masken von Schönheit, Traum, Liebe werden heruntergerissen, und das Dahinter ist die hässliche, gemeine Realität. »Frühlingstraum« heißt ein Lied Franz Schuberts aus der Liederreihe »Winterreise«. Eindrucksvoll werden die Bilder vom Frühlingstraum und der kalten Wintergegenwart miteinander konfrontiert; in einem Kreislauf wechseln Traumbeschreibung, Jetzt und Frühlingshoffnung miteinander ab. Wilhelm Müller, der alle Texte zur »Winterreise« verfasst, dichtet:

> Ich träumte von bunten Blumen,
> so wie sie wohl blühen im Mai,
> ich träumte von grünen Wiesen,
> von lustigem Vogelgeschrei.

Und als die Hähne krähten,
da ward mein Auge wach,
da war es kalt und finster,
es schrien die Raben vom Dach.

Doch an die Fensterscheiben,
wer malte die Blätter da?
Ihr lacht wohl über den Träumer,
der Blumen im Winter sah?

Ich träumte von Lieb' um Liebe,
von einer schönen Maid,
von Herzen und von Küssen,
von Wonne und Seligkeit.

Und als die Hähne krähten,
da ward mein Herze wach;
nun sitz ich hier alleine
und denke dem Traume nach.

Die Augen schließ ich wieder,
noch schlägt das Herz so warm,
wann grünt ihr Blätter am Fenster?
Wann halt ich mein Liebchen im Arm?

»Etwas bewegt« schreibt Schubert das Tempo für die erste und vierte Strophe vor, »schnell« sollen die Gegenwarts-Strophen, langsam dritte und letzte Strophe vorgetragen werden. Auch im Tempo gibt es diese bogenförmige Konstruktion von piano zu mezzoforte und schließlich zu pianissimo. Melodisch gesehen sind die Traumbeschreibungen sanglich durch Punktierungen und Verzierungen munter, sorglos vertont, A-Dur ist die zugrunde liegende Harmonie, die durch eine schlichte Begleitung (im 6/8-Takt sind je drei Achtel zum Legato zusammengebunden in der Akkordfolge T, Tp, Sp, D7, T) unterlegt ist. Zweite und vierte Strophe zeichnen sich durch Themen deklamatorischen Stils aus, große Intervallsprünge machen die Melodie spröde, Sekundreibungen zum Geschrei der Raben, Alterationen und Oktavsprünge malen das Krähen der Hähne; die Klavierbegleitung wird akkordisch, bei der Wiederholung der letzten beiden Textzeilen eine drohende Oktav-Zweiunddreißigstel in der Klavierunterstimme, moduliert wird zu a-Moll, der Klang wird scharf und schwankend durch Vermischung der Tonarten, durch Alterationen; zur Sangbarkeit findet die Melodie zurück, doch ist sie in der dritten und sechsten Strophe im Gegensatz zu den Traumzeilen durch eine abwärts geführte Linie charakterisiert. Sorglosigkeit ist verloren. Ein Wechsel in den 2/4-Takt verstärkt die Wirkung eines resignativen Klangeindrucks. Schweres Portato in der Klavierstimme. Akkorde in der Unterstimme, während die Oberstimme den verzweifelten Versuch unternimmt, die Dreierbegleitung des Anfangs wiederzufinden, es aber bei einem hinkenden Ablauf von Sechzehntelpause, Sechzehntel und Achtel bleibt. Die Klavierbegleitung macht am deutlichsten bewusst: hier ist Schlimmes geschehen, Traum unwiderbringlich verloren. Übrigens bleibt die Tonart hier unklar. A-Dur oder a-Moll, Fragezeichen wie in den Gedichtzeilen. Am Schluss des Liedes, in dem zweieinhalbtaktigen Nachspiel, geht Schubert allerdings weiter als Müller, der die Hoffnung aufrecht erhält; Schubert klärt a-Moll als neue Tonika. Er verziert den Schlussakkord zwar mit einem Arpeggio, dem traditionellen Motiv der Sehnsucht, doch das ist bloßer Zynismus, a-Moll wird dadurch nicht mehr aufgehoben. Ob »Winterreise« oder »Schöne Müllerin«, gleich welches Liederheft Schuberts auf welcher Seite aufgeschlagen wird, immer gibt es da eine Bruchstelle in der Musik, eine Zäsur weg vom Schönen und Guten, von Idylle und Poesie.

Stellt man sich so Schubert und seine Musik vor? In der Rezeptionsgeschichte hat man sich sehr schnell darauf beschränkt, einen unter seiner Einsamkeit leidenden Schubert zu verklären. Das Schmerzliche seiner Lieder kann niemand hinweginterpretieren, also wird es in Liebesleid aufgelöst. Ein Schubert im

Dreimäderlhaus, den die Angebetete wegen seines besten Freundes im Stich lässt und der daraufhin sein Lied »Der Leiermann«, voll von düsterer Todessymbolik, anstimmt. Und heute? Lässt sich das Bild vom in alltäglichen Dingen völlig unbeholfenen, schüchternen, lebensunfähigen Schubert, der nur in seiner Musik wie in einem Traumschloss lebt, ahnungslos gegenüber dem Geschehen um ihn her, irgendwann umstoßen? Die Welle der Empörung schlägt hoch, als ein Filmemacher es in den Achtzigern wagt, den sich selbst zerfleischenden, syphilitischen Schubert zu zeigen und ein wenig den Mantel des Mythos zu lüften. »Mit meinen heißen Tränen...«

Sammeln wir Punkte für eine Variation seines Persönlichkeitsbildes. Da ist beispielsweise einer seiner Textlieferanten, der bereits genannte Wilhelm Müller. Zweitrangiger Poet mit Hang zum Volkstümlichen? Wenn man so will, aber eben auch ein Liberaler, ein Philhellene, der sich mit Begeisterung (literarisch!) in den griechischen Freiheitskampf stürzt und die »Lieder der Griechen« schreibt, damals höchst aktuelle Zeugnisse des Freiheitsverlangens und des Schmerzes über die geraubte Freiheit. Er ist

Otto von Wittelsbach, der neue König der Hellenen, zieht 1833 an der Spitze des griechischen Freiheitsheeres in Nauplia ein. Gemälde von Peter Heß.

nicht der einzig widerborstige Autor, den Schubert zu Liedvertonungen heranzieht, da stehen Schiller-, neben Goethe-, Klopstock-, Grillparzer- und Heine-Texten, alles Schriftsteller, die mit Anklagen an ihre Zeit nicht gespart haben. Und dann existiert ein Vierstropher aus seiner Feder, in dem er sich konkret zur gesellschaftlichen Situation seiner Epoche ausspricht: »In einer dieser trüben Stunden«, beginnt er einen Brief an seinen Freund Franz von Schober, »wo mir besonders das Thatenlose unbedeutende Leben, welches unsere Zeit bezeichnet, sehr schmerzlich fühlte, entwischte mir folgendes Gedicht ... Klage an das Volk!/ O Jugend unsrer Zeit, du bist dahin!/ Die Kraft zahllosen Volks, sie ist vergeudet,/ Nicht einer von der Meng' sich unterscheidet,/ Und nichtsbedeutend all' vorüberzieh'n.// Zu großer Schmerz, der mächtig mich verzehrt,/ Und nur als Letztes jener Kraft mir bleibt;/ Dann thatlos mich auch diese Zeit zerstäubt,/ Die jedem Großen zu vollbringen wehrt.// Im siechen Alter schleicht das Volk einher,/ Die Thaten einer Jugend wähnt es Träume,/ Ja spottet thöricht jener gold'nen Reime,/ Nichtsahnend ihren kräft'gen Inhalt mehr,/ Nur Dir, O heil'ge Kunst, ist's noch gegönnt/ Im Bild die Zeit der Kraft u. That zu schildern,/ Um weniges den großen Schmerz zu mildern,/ Der nimer mir dem Schicksal sie versöhnt.«

Tatsächlich, die zwanziger Jahre des 19. Jahrhunderts sind eine Zeit des Stillstands. In Frankreich hat man sich nach Napoleons endgültiger Niederlage in der Schlacht bei Waterloo im Juni 1815 unter den Bourbonen-Königen wieder eingerichtet; es fällt allerdings auch leicht, wieder auf einen Roi Louis zu hören, bleiben doch grundlegende Leistungen der Napoleon-Ära erhalten: der Code civil, die bürgerlichen Freiheiten sind unangetastet. Kurz nach der Restauration der Bourbonen kommt es zwar zum Zusammenstoß zwischen Bonapartisten, ehemaligen Revolutionären und den Anhängern des Königs, doch nach der Ermordung des Herzogs von Berry 1820 wird jeder Widerstand niedergeschlagen und stumm gehalten. Die verklärte Erinnerung an die große soldatische Zeit Bonapartes bleibt wach, etwa in den populären Chansons und antibourbonischen Spottgesängen des volkstümlichen Liedermachers Jean-Pierre de Béranger. Ansonsten: Ruhe in Frankreich. Stillhalten auch in den Ländern der Belle Alliance. Zurück zur vorrevolutionären Zeit ist die Devise der Tory-Regierung in England, Friedrich Wilhelms III. von Preußen und Fürst von Metternichs für Österreich. Unter dem starken öffentlichen Druck, Zensur, Spitzelsystem, Strafverschärfung, reagieren viele Menschen mit Rückzug ins Privatleben. In Metternichs Österreich vor 1830 schweigt der Kaffeehausklatsch. Da besinnen sich die Männer auf ihre Familienrolle und sitzen mit Meerschaumpfeife und samtenem Hausmantel bewaffnet im heimischen Ohrensessel. Auseinandersetzungen nicht nur politischer Art werden gescheut, Krieg, Zwist, Streit, Disput, davon hat man genug. Milde und Gnade werden als Größen neu entdeckt. Zum Beispiel gibt es ab 1820 zahlreiche pietistische Erweckungsbewegungen. Der Heiland wird über den allmächtigen Gottvater gestellt, tätige Nachfolge Christi, Liebesdienste am Nächsten. Religion als Übung in Mitleid und Gefühlsleben. Die Medizin entdeckt ihre mildere Seite, die Homöopathie; Samuel Hahnemann schreibt 1810 ein »Organon der rationellen Heilkunde«. Güte, diese Idee schlägt sich im Erziehungssystem nieder. Endlich setzt sich Johann Heinrich Pestalozzis Pädagogik durch, die Kinder mit Harmonie und Humanität großziehen will. Robert Owen gründet die erste Pestalozzi-Schule in Schottland.

Seine private Sphäre gestaltet nun jedermann anheimelnd: mit freundlichen, meist hellen Farben, mit dezentem floralem Muster versehenen Tapeten, Miniaturen, mit Vorliebe Familienporträts in vergoldeten Rahmen über dem Wohnzimmersofa. Warme Holzarten, zu feingliedrigen Möbeln verarbeitet. Der Kaffee wird aus dünnen Porzellantassen genossen, die mit zarten Blumenmalereien versehen sind. Spielerisches in der Literatur: Wilhelm Hauff hat ungeahnten Erfolg mit seinen Märchen, die Brüder Grimm nicht zu vergessen mit ihren Märchen- und Sagensammlungen. Novalis' Verse, Tiecks und Brentanos Geschichten, oftmals zerbrechliche Fantasiegewebe, Gefühlsüberschwang in den Poesien Alphonse de Lamartines. Aber nichts ist sprechender für diese Zeit um 1820 als die Hutmode der Damen: der Schutenhut wird modern, mit weit vorstehender, das ganze Gesicht umrahmender Krempe, unter dem Kinn mit großer Schleife zusammengebunden, sodass das Sichtfeld extrem beschränkt ist. Nichts mehr sehen und hören wollen oder können, freiwillige Begrenzung auf sich selbst.

Das ist die Schubert umgebende Atmosphäre, an deren Enge der Komponist so bitter Anstoß nimmt. Er schart einen Freundeskreis um sich, in dem kindliche Unbändigkeiten ausgelebt werden, in dem man über die Stränge schlägt, die Nächte beim Heurigen in Grinzing durchzecht, Affären unterhält, lebende Bilder mit vorzugsweise moralisch antastbaren Themen stellt. Bekannt ist ein Aquarell Leopold Kuppelwiesers, das eine dieser Schubertiaden zeigt, bei der Schober, Kuppelwieser selbst und andere den Sündenfall stellen. Moritz von Schwind schreibt wenige Wochen nach Schuberts Tod über die Freundeszeit an Franz von Schober: »Schubert ist tot und mit ihm das Heiterste und Schönste, das wir hatten, und ich meine, ich müsste nach Italien gehen und dort mich erst durch und durch erfrischen« (24.12.1828). Franz Schubert war offensichtlich das Zentrum des Freundeskreises, der nach seinem tragisch frühen Tod allmählich auseinanderbricht. Kein zurückhaltender, selbst bei den Freunden nur geduldeter Träumer und schüchternes Mauerblümchen; die Freunde jedenfalls kennen einen spottlustigen, humorvollen, extrovertierten Komponisten. »Übrigens gehe ich fleißig nach Grinzing, wo sich mehr als eine saure Woche vergessen läßt«, berichtet der Maler von Schwind einmal Schubert (Juli 1825) und: »Ich habe etwas anderes schreiben wollen, aber ich höre Dich ordentlich spotten«.

Rückzug ist dieser Freundesclub ganz und gar nicht. Allein die Tatsache, dass sich hier mehrere Menschen zusammenfinden, ist im Metternichschen Österreich eine Straftat. Es herrscht nämlich absolutes Versammlungsverbot. Mehr als einmal marschieren Polizisten auf, um eine Schubertiade zu sprengen. Es ist

Franz Schubert und seine Freunde Johann Baptist Jenger und Anselm Hüttenbrenner. Aquarell von Josef Teltscher.

keinesfalls Spekulation anzunehmen, dass Franz Schubert und einige seiner Freunde observiert werden. Vielleicht auch deshalb Schuberts große Zurückhaltung in politischen Äußerungen und öffentlichen Stellungnahmen, aus Angst vor Repressalien. Die Furcht ist nicht ganz unbegründet, wird Schubert doch einmal verhaftet, als er sich gegen die Festnahme seines Freundes Johann Michael Senn wehrt. 1820 wird der Dichter aus Wien ausgewiesen, woraufhin er nach Tirol übersiedelt und als kleiner Beamter seinem Erwerb nachgeht. Schubert vertont 1822 Senns »Schwanengesang«. Der Komponist bleibt lediglich zwei Tage inhaftiert. Ihm kann nichts nachgewiesen werden. Senn jedoch gilt als revolutionärer Aktivist und Atheist. Ein weiterer Bekannter Schuberts ist August Heinrich Hoffmann von Fallersleben, ein ebenfalls wegen aufrührerischer Schriften verbannter Dichter. Der Freundeskreis um Schubert zerbricht erst, als sich einige seiner Mitglieder Stellungen in der Gesellschaft, in der Politik er-

worben haben und zu ihren liberalen Tönen der Schubertiaden-
zeit nicht länger stehen wollen oder können.

Akademische Liedertafel und musikalischer Salon

»Biedermeierlich« ist im Umfeld von Schubert wenig, obwohl gerade seinem Bild der fade Geruch von Kaffeekränzchen, Mar-
morkuchen, Intimität, guter Stube anhaftet. Biedermeier, das
meint völligen Rückzug ins Harmlose, Niedliche, mitunter Bur-
leske; fälschlicherweise hat man die Bilder Carl Spitzwegs mit
ironischen Genreszenen aus dem Alltagsleben als typisch biedermeierlich gelesen oder die grotesken und satirischen Märchen-
novellen Wilhelm Hauffs wie »Das kalte Herz« und »Phantasien
im Bremer Rathskeller«. Und musikalisch? Da ist Biedermeier
Hausmusik mit dem Sohn an der Geige, der Tochter singend, der
Mutter klavierspielend und dem Vater, Tobak rauchender Zuhörer im behaglichen Lehnsessel. Da ist Biedermeier auch die
Liedertafel der Männer- oder Frauengesangsvereine, in denen
Dilettanten sich zu »Wer hat dich, du schöner Wald« und »Ännchen von Tharau« zusammenfinden.

In der Akademischen Liedertafel, die 1829 gegründet wird
und für die der Komponist des »Ännchen von Tharau« schreibt,
sind der Großteil der teilnehmenden Studenten Burschenschaftler. Die Deutsche Burschenschaft, 1815 gegründet gegen das
reaktionäre Regime Metternichs, wurde 1819 in den Karlsbader
Beschlüssen verboten. Da außerdem Versammlungsverbot besteht, verstößt die akademische Liedertafel gleich gegen zwei
Verbote. Die Liedertafeln werden allerdings weitgehend geduldet, ihres scheinbar harmlosen Zwecks halber, aber doch ständig
und scharf kontrolliert. Ein Lied wie »Wir sind ein festgeschlosse-
ner Bund« aus der Feder Friedrich Silchers wird da doppeldeutig
auch zum Hohelied auf Burschenschaften. Beliebtes Repertoire
jedenfalls sind Lieder mit Vaterlandsmotivik gemäß der deutsch-
nationalen Orientierung der Studentengruppen. Auf spezielle ta-
gespolitische Ereignisse reagiert Silcher prompt, etwa bearbeitet

er im Revolutionsjahr Haydns Kaiserhymne, unterlegt mit Hoffmann von Fallerslebens Text zum »Deutschlandlied«, und lässt sie als vierstimmigen Chor aufführen. Liedertafel übt sich in politischer Demonstration. 1839 gründet der rührige Komponist aus dem Schwabenland einen Oratorienverein, der bald »seine innere Einrichtung so weit beendigt« hat, »dass er bereits einigen künstlerischen Genuss versprechen« kann. Daneben ist er aber doch eine Reaktion auf neuerliche Versammlungsverbote und Attacken auf liberale Intellektuelle. In der Organisation des Oratorienvereins etwa wirkt die Ehefrau des aus dem Staatsdienst geworfenen Dichters Ludwig Uhland mit. Silcher stellt Liedprogramme zusammen, die immer Patriotisches oder Kritisches, mit Vorliebe Heine-Lieder, bringen (Silcher schuf mit der Vertonung der Heineschen Lorelei gleichsam den Welthit par excellence). Doch er reagiert nicht nur musikalisch, sondern spendet beispielsweise den Betrag eines Wohltätigkeitskonzert den griechischen Freiheitskämpfern, eine stolze Summe von 145 Gulden. In einer zeitgenössischen Reimerei heißt es: »Silcher war ein Musikus/ Extraordinarius … Silcher war indes dabei/ Außerdem noch mancherlei … Silcher war ein Demokrate/ Und dies in sehr hohem Grade;/ Lieder schrieb er für das Volk … Sein ›gedämpfter‹ Trommelklang/ Ist ein Speis vom ersten Rang«.

Auch von dem Liedertafelkreis um Felix Mendelssohn Bartholdy heißt es, er sei nicht allein musikalische Runde gewesen, sondern diente der politischen Meinungsbildung und der Demonstration. Für die geselligen Singeabende komponiert Mendelssohn unter anderem Lieder, deren zugrunde gelegten Texte er oft abändert, meist in der Absicht, Textinhalte zu verschärfen. Beispielweise komponiert er zu Joseph von Eichendorffs »Nachtlied« (»Vergangen ist der lichte Tag«) lediglich die ersten beiden und die fünfte, letzte Strophe des Gedichts, um dem Kontrast von Verlust zur Hoffnung stärkeren, plötzlicheren Ausdruck zu verleihen. Wie es in Eichendorffs Text keine Lösung gibt, das heißt, keine Überwindung der »falschen Welt«, nur einen Trost bei Gott, verändert auch Mendelssohn seinen musikalischen Aus-

Friedrich Silchers Vertonung der »Lorelei« (1838) nach Heinrich Heine (1823) mit Holzschnitt von Ludwig Richter (1844). Aus dem Liederbuch »Alte und neue Studenten-Lieder« (1844).

druck nicht etwa zur Idylle mit der Schlussstrophe, vielmehr behält er während des gesamten Liedes einen synkopischen Rhythmus bei, der Unruhe und den unsicheren Standort des lyrischen Ichs zeichnen soll.

Vergangen ist der lichte Tag.
Von ferne kommt der Glocken Schlag;
So reist die Zeit die ganze Nacht,
Nimmt manchen mit, der's nicht gedacht.

Wo ist nun hin die bunte Lust,
Des Freundes Trost und treue Brust,
Des Weibes süßer Augenschein?
Will keiner mit mir munter sein?

Da's nun so stille auf der Welt,
Ziehn Wolken einsam übers Feld,
Und Feld und Baum besprechen sich, –
O Menschenkind! Was schauert dich?

Wie weit die falsche Welt auch sei,
Bleibt mir doch einer nur getreu,
Der mit mir weint, der mit mir wacht,
Wenn ich nur recht an ihn gedacht.

Frisch auf denn. Liebe Nachtigall,
Du Wasserfall mit hellem Schall!
Gott loben wollen wir vereint,
Bis daß der lichte Morgen scheint!

Bewusste Haltung Mendelssohns ist die Veränderung der Zeile
»Deutsch Panier, das rauschend wallt« im Gedicht »Jägers Abschied« (»Wer hat dich, du schöner Wald«) zu »Grün Panier, das
rauschen wallt«. Einmal, weil der frankophil eingestellte Komponist den sich in dieser Zeile aussprechenden Chauvinismus aus
Tagen der Befreiungskriege nicht teilen mag. Andererseits da er
dem Wort »deutsch« gegenüber ambivalent empfindet aufgrund
seiner ehemaligen jüdischen Religionszugehörigkeit, unpolitisch
ist das eben nicht, von Mendelssohns direkter Nachwelt aber
leider in diesem Sinne rezipiert worden; Mendelssohn wird zu

einem Naturliederkomponist, zum Biedermeiermusiker reduziert.

Ein weltfremder Komponist ist Felix Mendelssohn Bartholdy schon deshalb nicht, weil er in den großen Salons der europäischen Metropolen verkehrt, die das politische Leben ihrer Zeit entscheidend mitprägen. Nicht umsonst trägt George Sand, eine der bedeutendsten Salonnièren überhaupt, den sprechenden Beinamen »Muse der Republik«, beteiligt sie sich doch aktiv an den Vorgängen, die zur Erhebung 1848 in Frankreich und zur Zweiten Republik führen. Johanna Kinkel, ein andere Salonleiterin aus dem Umfeld Mendelssohns, ist Mitglied des Maikäferbunds und aktive Demokratin (ausführlich im Kapitel »Zwischen Emanzipation und Restauration«).

Zu den größten Salonnièren Anfang des 19. Jahrhunderts gehört Mendelssohns eigene Schwester Fanny Hensel. Wie ihr berühmter Bruder ist sie eine Meisterin der Klavierminiatur, des »Liedes ohne Worte«, dass seit jeher im besonderen Ruch von biedermeierlicher Idylle steht. Fanny Hensels Frauen- und Künstlerinnenschichsal ist bekannt: bis zu ihrem vierundzwanzigsten Lebensjahr untersteht sie ganz dem väterlichen Willen, erst 1829 setzt sie sich erstmals gegen den Familieneinfluss durch, als sie den Maler Wilhelm Hensel heiratet, der ihr Künstlertum akzeptiert. Trotzdem hat sich der Zwiespalt, in dem sich die Komponistin auswegslos befindet, tief in sie eingegraben. Auf der einen Seite steht ihre geniale Natur, die sie befähigt, mehrere Sprachen fließend zu sprechen, darunter Latein und Altgriechisch, und ihr ein dem Bruder ebenbürtiges Kompositiontalent geschenkt hat, andererseits hat sie ihre Ehefrau- und Mutterpflichten ernst zu nehmen, und diesem »eigentlichen Beruf … einzigen Beruf eines Mädchens …, Hausfrau« alles andere aufzuopfern. Das »Gebrochene« wird bei Fanny Hensel in seltener Konsequenz zum Stilmerkmal. Zerrissen die meisten ihrer Kompositionen: kaum eine der einfallsreichen, schönen Melodien ihrer Klavierstücke wird ganz ausgeschöpft. Immer öfter wird die Melodielinie jäh abgebrochen, nachdem sie zuvor pathetisch gesteigert wurde. Im Klavierstück »Abschied von Rom« entspinnt sich die Melodie erst im zweiten Anlauf, dann wird sie nie zur Tonika a-Moll als deutlichem Endpunkt zurückgeleitet, sondern perpetuum ähnlich über den Leitton gis weitergeführt und abgebrochen. Im Notturno g-Moll von 1838 wird durch die Sequenzierung eines Themenmotivs die Melodielinie, die sich anfänglich im runden Bogen herkömmlich gefällig entspinnt, stark zäsiert, zerstückelt. In ihren Sololiedern, die zu den reichsten Schätzen dieser Gattung gehören, begegnen dem Zuhörer ähnliche Überraschungen, wider alle Hörerwartungen.

Der gemütvolle Achtundvierziger

»Auch ich war ein Jüngling im lockigen Haar«, »Vater, Mutter, Brüder, Schwestern«, »Züchtig Bräutlein, darfst erscheinen«, »Auf, ihr Zecher, seht, der Becher«, alles bekannte Romanzen oder Chöre, die das Ideal ›Biedermeier‹ voll und ganz zu erfüllen scheinen. Als Einzelstücke, Wunschkonzertnummern werden diese Nummern aus Albert Lortzings Opern immer wieder im Konzertsaal vorgetragen und festigen das Vorurteil vom Biedermeierkomponisten mit reizvollen, aber im Grunde nichtssagenden Romanzen und musikalischen Schwänken. Eigentümlich nur, dass der anscheinend harmlose Komponist schwer von der Zensur gebeutelt wird. Seine Oper »Regina«, die soziale Not des Proletariats und erstmals einen Streik zum Thema hat, kann er 1848 weder in Österreich noch Preußen unterbringen. »Mit meiner neuesten Oper habe ich Pech. Der liberalen Tendenz wegen kann sie natürlich hier nicht zur Aufführung kommen. Selbst Breslau nahm Anstand«, schreibt der Komponist und Freimaurer. »Seit den Oktobertagen kam mir keine Theater-Chronik mehr zu Gesicht. Das harmlose Blatt ist entweder ganz verboten oder liegt auf der Censur.« Mit Sicherheit bemüht er sich, Gefälliges, Publikumswirksames in seine Bühnenwerke einzubauen, schließlich muss er von den eingespielten Tantiemen und Honoraren eine vielköpfige Familie ernähren. Am 28. September 1844 gibt er seiner Not Ausdruck, der eine neue Oper Abhilfe schaffen soll: »Ich arbeite jetzt fleißig und hoffe, daß meine ›Undine‹ noch zu Ende des Jahres verzapft werden kann … Es ist Zeit, lieber Bruder, daß ich wieder Geld verdiene, denn wenn die wenigen Honorare, welche ich noch ausstehen habe, eingelaufen und verzapft sind, bin ich auf meine 83 Tlr. 10 Ngr. monatlich angewiesen und damit läßt sich nichts Bedeutsames unternehmen. Ich baue auf Gott und meine ›Undine‹.« Die Figur Veit, Hugos Schildknappe, eine Buffo-Gestalt mit Vorliebe für Weinseligkeit, entspricht dem Publikumsgeschmack. Sie ist eine der Figuren, die Lortzing zum ›Undine‹-Stoff hinzufügte, der sich sonst enger an die literarische Vorgabe von Friedrich de la Motte Fouqués anschließt. »Mein neuestes Opus ist die ›Undine‹ nach Fouqué, von mir äußerst schlau bearbeitet, große lyrische, romantische Oper mit allerlei Kanaillerien«, berichtet er im März 1844. Kanaillerien sind einige enthalten, Bösartigkeiten gegenüber den Monarchien seiner Zeit. Da lässt er die eifersüchtige Bertalda, der Ritter Hugo Liebe versprach, ehe er Undine kennen lernte und heiratete, ausrufen: »Fort mit Scepter, fort mit Kronen, schmückt ihr auch das Leben gleich!/ nur wo Lieb’ und Treue wohnen, ist das wahre Königreich.« Die Einforderung des Bürgertums, die im Vorfeld der Revolutionen 1848/49 neue Brisanz gewinnt. Überhaupt ist das Ausgangsthema sowohl des Romans als auch der Oper der soziale Unterschied zwischen Ritter Hugo und Undine, dem von armen Fischern aufgezogenen Findling. In Lortzings Oper mokiert sich Veit: »Wer hätte sich das träumen lasse! Mein Herr, der mehr verliebte Abenteuer bestanden, als irgend ein turnierfähriger Ritter im deutschen Reiche, führt eine Fischerdirne als Ehegespons heim! Na, na, wenn das gut thut!« Und ganz und gar werden Klassen durcheinander geworfen, wenn Bertalda, die Herzogstochter, sich als leibliches Kind der Fischer entpuppt. Hugo wendet sich nun wieder Bertalda liebevoll zu, verstößt Undine (»Nichts hab’ ich mehr mit Kobolden gemein«). Da steigen ihre Verwandten, Meeresfürst »Kühleborn und Wassergeister in meergrünen mit Schilf gezierten Gewändern … aus den Fluten. Alle gruppieren sich teilnehmend um Undine«. Die Naturwesen als die wahrhaft Mitleidenden, die Natur als das Gute, zumindest sittlich höhere Instanz, der das Böse, die menschliche Machtgier, gegenübersteht. Opergewordene Rousseausche Philosophie. Im Finale der Oper erscheint Undine dann als rächende Natur. Die Nixe zieht Hugo mit sich ins Wasser. Lortzing plante, Hugos Tod zum Schlussbild der Oper zu machen. Damit bliebe überhaupt kein mächtiger Mensch mehr auf der Bühne. Aber dagegen erheben die Theaterleiter Einspruch.»Mühldorfer ist über meine ›Undine‹ sehr entzückt … Nur eine Ausstellung hat er zu machen: dass Hugo stirbt und sich am Schluss als Leiche präsentiert. Er wünscht, dass Kühleborn seinen Spruch ändere und um Undines willen … ihren Geliebten ins Leben zurückrufe. Er meint, der Eindruck sei wohltuender … Er hat – aus theatralischem Gesichtspunkt betrachtet – recht, wenngleich gegen die poetische Gerechtigkeit arg verstoßen wird.«

Lortzing (der mehr Würdigung verdient hätte, als ihm zuteil wird) wird 1801 in Berlin geboren und arbeitet wie seine Eltern zuerst als Schauspieler. Ganz vom Theater her gedacht ist sein erstes Bühnenwerk, das Singspiel »Ali Pascha von Janina«, das am 1. Februar 1828 in Münster aufgeführt wird. Musik zu Schau- und Singspielen wird in der nächsten Zukunft sein täglich Brot, denn ein genialer Schauspieler wird er nicht gewesen sein. Christian Dieterich Grabbe kritisiert seine diesbezüglichen Fähigkeiten.»sein Organ ist schwach, seine Gebärden sind bedeutungslos, feine Mimik besitzt er gar nicht. Sein Durchbruch als Komponist gelingt ihm 1837 mit »Zar und Zimmermann«, einer Oper, die mit der Gestalt eines volkstümlichen Herrschers liebäugelt. Der Zar, der sich als einfacher Werftarbeiter verdingt, um Schiffsbau zu studieren. Für Lortzing ist der volksnahe Monarch ein Fürstenideal. Gleich erklingen manche Passagen des Zaren schlicht und sentimental, etwa in der Romanze »Sonst spielt ich mit Zepter, mit Krone und Stern«. Lortzings Hauptgebiet sind Komische Opern wie »Zar und Zimmermann«, die er mit kritischen Spitzen spicken kann. Die Komische Oper »Der

Wildschütz« erhöht seinen Ruf als Komponist, sodass er endlich eine Anstellung als Kapellmeister erhält. In Leipzig. Hier befreundet er sich mit dem Dichter Robert Blum, der als Demokrat auf die Barrikaden von 1849 steigt und dafür später standrechtlich in Wien erschossen wird. Lortzing, der ebenfalls eine patriotische und liberale Gesinnung besitzt, vertont Texte Blums: »Wenn Brüder sich die Deutschen alle nennen,/ Und keine Schranken deutsche Auen trennen,/ Dann wölbt dein Ehrentempel sich zum Dom«. Mit Liedern und Chören beteiligt sich Lortzing aktiv an dem Geschehen des Jahres 1849. In seiner »Regina« rufen seine Arbeiter zum Aufruhr auf: »Zu Ende sei die Knechtschaft und die Tyrannei!/ Wir werden Recht uns bald verschaffen!/ Wenn nicht mit Worten, dann mit Waffen!«

Mit dem Ende der Revolution steht Lortzing mit leeren Händen da, Engagements findet der politisch Verdächtige nur noch in kleinen Theatern: »Der deutsche Komponist Albert Lortzing muss alle 8–10 Tage seine Familie verlassen! Ihre geringe Barschaft reicht kaum so weit, bis er wieder etwas verdient hat. Er selbst hat kaum so viel, um den Dampfwagen bezahlen zu können.« Als Lortzing 1851 stirbt, hinterlässt er seiner Familie nichts als Schulden.

Biedermeieridylle? Die Beispiele von Komponisten, die als harmlos gehandelt werden, deren Werke oder Persönlichkeit aber eine andere Sprache sprechen, ließen sich fortführen: Heinrich Marschner (»Der Vampir,« »Hans Heiling«), Konradin Kreuzer (»Das Nachtlager von Granada«), der Liederkomponist Robert Franz, der Balladenmeister Carl Loewe, Friedrich von Flotow (»Martha«). Mir scheint oft, es würden Komponisten ersten Ranges Anfang des 19. Jahrhunderts als Romantiker, Meister der zweiten Garde als Biedermeierkomponisten eingestuft, das in unerklärlicher vager Definition Musikwissenschaftler Epochenbegriffe mit Qualitätsurteilen vermengen. Franz Schubert ist Romantiker; Robert Schumann, Albert Lortzing, Felix Mendelssohn sind Komponisten des Vormärz.

NEUNTES KAPITEL

Zwischen Emanzipation und Resignation
Die Zeit nach 1848

Wagner und Schumann
Während Robert Schumann die politischen Geschehnisse des Jahres 1849 mit kaum einem Wort erwähnt – für ihn ist es eine schöpferisch »fruchtbare Zeit« –, gehen andere Musiker für ihre liberale Gesinnung ins Exil. Richard Wagner, der neben Michail Bakunin als Drahtzieher des Dresdner Aufstandes gilt, flieht im

Mairevolution in Dresden 1849. Bei den Barrikadenkämpfen, an denen sich auch Richard Wagner beteiligt, geht die Alte Oper in Flammen auf. Nach einem zeitgenössischen Stich.

Mai des Revolutionsjahres in die Schweiz, dem Zufluchtsort so vieler deutscher Emigranten des 19. Jahrhunderts. »Ich will zerbrechen die Gewalt der Mächtigen, des Gesetzes und des Eigentums«, hatte Wagner vollmundig in seiner Streitschrift »Die Revolution« gelobt: »Der eigene Wille sei Herr des Menschen, die eigene Lust sein einzig Gesetz, die eigene Kraft sein ganzes Eigentum, denn das Heilige ist allein der freie Mensch, und nichts Höheres ist denn er.« Das Scheitern der Revolution trifft ihn persönlich – finanziell wie in seiner Künstlerexistenz – mit voller Härte, denn schließlich geht er seines Postens als Königlich sächsischer Hofkapellmeister verlustig, und die Dresdner Bühne ist ihm ein geeigneter Ort, die eigenen Werke aufführen zu können. Nach dieser bitteren Erfahrung schwenkt Wagner allerdings rasch von der extremen Linie ab, gibt sich ahnungslos, unschuldig in die Sache hineingetrieben. »Meine Bekanntschaft mit Bakunin hat nur ein rein menschliches und künstlerisches Interesse«, schreibt er von der ersten Station seiner Flucht, Weimar, an seine erste Frau Minna Planer. Seine Werke nach 1850 lassen sich bis zu einem gewissen Grade im Sinne national-konservativer Kräfte interpretieren (was auch geschah, denken wir an das staatstreue Lohengrin-Bild des wilhelminischen Bourgeois Hessling in Heinrich Manns »Untertan«), ohne dass Wagner allerdings in vordergründiger Weise das Bestehende feierte. Im »Lohengrin«, selbst in »Tristan und Isolde«, auch im »Ring des Nibelungen« und »Parsifal« geht es um die Bedrohung alter Ordnungen, die schlussendlich immer wiederhergestellt oder neubelebt werden – diejenigen Personen und Kräfte, die (in ganz unterschiedlicher Weise und auf verschiedenen Handlungsebenen) revolutionär Neues verkörpern, die die hergebrachten sittlichen Normen verletzen, werden entweder als böse und hinterhältig diffamiert (Ortrud, Alberich) oder aber als gebrochene Gestalten, als tragisch Scheiternde (Lohengrin, Tristan und Isolde, Siegmund, Brünnhilde, Wotan, Siegfried, vielleicht auch Sachs …) exemplifiziert. Im »Lohengrin« (UA 1850, Textarbeit von R.W. bereits ab 1845) trachten Friedrich von Telramund und seine Frau Ortrud auf verbrecherische Weise nach der Herzogskrone von Brabant; den rechtmäßigen Herrscher, den unmündigen Gottfried, hat Ortrud in einen Schwan verwandelt; das Verschwinden des Kindes will das schurkische Paar der nun regierenden Herzogsschwester, der lieblichen, aber hilflosen Elsa, anlasten; der Plan schlägt fehl, da ein plötzlich erscheinender rätselhafter Ritter im gerichtlichen Zweikampf gegen Telramund antritt und ihn besiegt; als Elsa (gegen das Frageverbot ihres Gemahls) in das Geheimnis Lohengrins, dem sie sich angetraut hat, dringen will, muss der Held zurück in die Gralsburg, aus der er stammt; zuvor verwandelt er mittels eines Gebets den Schwan, der seinen Nachen zur Burg zieht, zurück in den Herzog Gottfried. Die Repräsentanten der »niederen« Triebe und Machtgelüste, Telramund und Ortrud, werden durch Gottesurteil besiegt und müssen »zum Abgrund zurück«; aber auch der strahlende Sendbote der heilsbringenden, mythisch überhöhten Gralswelt, Lohengrin, kann nicht in die »normale« Welt eingehen, sondern scheitert an ihr. Im »Parsifal« (UA 1882), der neben der zentralen Quelle, Wolframs »Parzival«, ein vielschichtiges Geflecht von Überlieferungen verarbeitet (u. a. andere mittelalterliche Sagenmotive, thüringische Lokalsagen, den Faust-Mythos, die maßgeblich durch Brentano und Heine geprägte Gestalt der Lorelei), ist es der mächtige, diabolische Zauberer Klingsor, der mit Hilfe Kundrys und der Blumenmädchen versucht, die Gralsritter von ihrem Weg der Reinheit abzubringen; im Falle des Gralskönigs Amfortas gelingt es ihm sogar; Amfortas wurde von Klingsor verwundet und leidet nun unter der Wunde, die nie heilen will; nur ein reiner, mitleidiger Tor könne das Wunder der Heilung bewirken; dem halben Knaben Parsifal gelingt das nach langen Wirrungen, Irrungen auch. Er ist von der erotischen Magie Kundrys nicht zerstört worden, hat durch ihren Kuss vielmehr Erkenntnis und Fähigkeit zum Mitleid gewonnen. Klingsor wird besiegt, Kundry empfängt die Taufe, der Karfreitagszauber heilt alle Wunden, das Gralsreich besteht wieder, ungefährdet.

Auffallenderweise vollziehen viele national denkende Musiker den Kurswechsel vom Revolutionär zum Staatstreuen, wie er sich bei Wagner, wenn auch in alles andere als geradliniger Weise, feststellen lässt. Schumann, wie Wagner von der deutschen Nation überzeugt, geht diesen Richtungswechsel ja auch. In seiner Oper »Genoveva« von 1850 droht Fürst Siegfrieds Reich zu zerfallen, als es den Intriganten Golo und Margarethe gelingt, Genoveva als vermeintlich untreue Gattin des Fürsten im Wald aussetzen zu lassen; doch mit Gottes Hilfe wird Genoveva ins heimatliche Schloss zurückgebracht und an ihre alte Stelle gesetzt. Die Musik Schumanns konnotiert den düsteren Golo als bruchlos böse wie die unschuldige Genoveva als konsequent gut, und zwar in den typischen musikalischen Topoi; in Schumanns »Genoveva« gibt es keine Brüche. Mit Schumanns Entfernung vom Liberalismus verstärken sich seine nationalistischen Tendenzen. Späte Werke wie die 3. Symphonie, die sog. »Rheinische«, entspringen nicht nur seiner tiefempfundenen Liebe zur Rheinlandschaft, nicht nur dem Kalkül, sich an der neuen Wirkungsstätte Düsseldorf populär zu machen, sondern ganz gewiss seiner betont deutschen Haltung. Der Kritiker Schumann thematisiert das Nationale meist in dem Vergleich italienischer/deutscher Musik. »Italienisch und Deutsch« ist ein Bonmot Eusebius' überschrieben: »Seht den flatternden lieblichen Schmetterling, aber nehmt ihm seinen Farbenstaub und seht, wie erbärmlich er herumfliegt und wenig beachtet wird, während von Riesengeschöpfen noch nach Jahrhunderten sich Skelette vorfinden, die sich mit Staunen die Nachkommen zeigen«; übrigens entbehrt der Diskurs italienisch/deutsch zur Jahrhundertmitte ja nicht der Brisanz, denn die deutsche Nationalbewegung beansprucht Länder, die die Vorkämpfer des Risorgimento ihrerseits für Italien reklamieren; die antideutschen Gefühle der Italiener, ihre verbreitete Ablehnung der tedeschi und tedescotti, richten sich allerdings vornehmlich gegen die österreichische Herrschaft, die das zerteilte Land als Vasallen behandelt.

Andere Komponisten behalten konsequent ihre liberale Haltung bei, Halévy und ebenso Meyerbeer, dessen »L'Etoile du Nord«, »Der Nordstern«, im Februar 1854 in der Opéra comique uraufgeführt wird. Ein russisches Bauernmädchen zieht als Soldat verkleidet im Heer des Zaren mit, rettet dem Herrscher das Leben, wird entlarvt und vom verliebten Zaren geheiratet. Ein Mädchen aus dem Volk, das den Zarenthron besteigt, das sich tapferer als die Männer erweist, mutig genug, den Zaren zu retten. Da wird an Klassengrenzen ebenso gerüttelt wie an Geschlechterhierarchien. Die fünfaktige Oper »Le Juif errant« (UA 1852) von Jacques Fromental Halévy stellt mit dem Mädchen Irene, das nach tragischem Schicksal, aus der es der Ewige Jude, Ahasver, errettet, zur byzantinischen Kaiserin wird, eine Jüdin auf den Kaiserthron – für das Publikum in der latent antisemitischen Atmosphäre des Frankreichs um 1850 eine schockierende Vorstellung.

Johanna Kinkel – Komponistin zwischen Salon und Exil

Zu den Musikern, die an ihren liberalen und demokratischen Ideen immer festhielten, gehört die Komponistin und Klavierpädagogin Johanna Kinkel. Recht abenteuerlich flieht sie mit ihrem Ehemann, dem Bonner Dichter, Kunsthistoriker und revolutionären Politiker Gottfried Kinkel, nach der Niederschlagung der Revolution von 1848/49 ins englische Exil: Ihrem Mann, der als Freischärler 1849 am pfälzischen Revolutionskrieg teilgenommen hat und in Karlsruhe inhaftiert wird, droht die Todesstrafe. Johanna Kinkel reist ihm nach, erwirkt eine Kontaktaufnahme mit Gottfried und interveniert bei Prinzessin Augusta von Preußen zugunsten ihres Mannes. Sie mobilisiert die Freunde Kinkels, darunter Ernst Moritz Arndt und Bettine von Arnim, die König Friedrich Wilhelm IV. zu einer Begnadigung zu veranlassen suchen. Resultat aller Bemühungen ist zunächst einmal, dass das Urteil vom Tod durch Erschießen in lebenslange Kerkerhaft abgemildert wird. Nach einem weiteren Prozess in Köln wird der Demokrat in die Spandauer Zitadelle bei Berlin verbracht. Mittlerweile hat Johanna gemeinsam mit den jungen Demokraten Karl Schurz (er wird 1852 nach Amerika emigrieren und dort u. a. als Gegner der Sklaverei und der Ausrottung der Indianer eine führende politische Rolle spielen) und Moritz Wiggers einen Plan ersonnen, Kinkel aus Spandau zu befreien. Auf die simpelste Art, mit Seil und Leiter, wird Kinkel aus seiner Zelle geholt. Bei einer Berliner Kontaktperson wechselt er die Kleidung, ändert sein Aussehen, um noch in derselben Nacht nach Rostock zu fliehen, wo er so lange ›schwarz‹ lebt, bis es ihm gelingt, im November 1850 auf einem Frachtschiff nach Edinburgh überzusetzen. Von hier aus teilt er Johanna die gelungene Flucht mit. Die Mutter von vier Kindern ordnet alle Angelegenheiten, packt das Nötigste ein und macht sich im Januar 1851 auf den Weg nach London, wo Gottfried sie »unter heißen Tränen« begrüßt. Exil.

Am 10. Juli 1810 wird Johanna Mockel in Bonn geboren, mitten hinein in eine Zeit der napoleonischen Herrschaft über die Rheinprovinzen. Der Vater ist Lehrer am Königlichen Gymnasium der Stadt, ein gütiger, freundlicher Mensch ohne weitere geistige, geschweige denn kulturelle oder gar politische Ambitionen. »Zu Hause bleiben, musizieren, lesen, wäre nun mein Trost, aber ich soll doch auch in den Mußestunden mit den Meinen verkehren, und da findet sich nicht ein einziger geistiger Anknüpfungspunkt; das ist ein wirkliches Unglück zu nennen, wenn man sich doch sonst schätzt und liebt«, beichtet Johanna einmal einer Freundin. Leicht hat sie es nicht, ihren Eltern klarzumachen, dass sie sich leidenschaftlich für Musik und Literatur interessiert. Sie wünscht sich Gesangs-, Klavier- und Theorieunterricht, die Eltern bewilligen ihr allerdings nur die Klavierstunden, nicht mehr also, als ein junges Mädchen benötigt, dessen Zukunft als Ehefrau und Mutter gesehen wird. Johanna schafft sich mit ihrer energischen Wesensart dennoch einen Raum für musikalische Betätigung, indem sie in dem Musikverein, den ihr Klavierlehrer Franz Anton Ries gegründet hat, eine wichtige Funktion einnimmt. Dennoch wird selbst eine tatkräftige und selbstbewusste Frau wie Johanna Mockel im 19. Jahrhundert nicht als autonome

Persönlichkeit anerkannt. Sie hat den Anordnungen ihres Vaters zu folgen, der sich glücklich schätzt, als Johanna im September 1832 den Buch- und Musikalienhändler Mathieux heiratet. Doch schon in den Flitterwochen muss sie erkennen, dass »der Bräutigam ... mit bewusster Verstellung, als er um meine Hand warb, eine Rolle gespielt« hatte, »die er unmittelbar nach der Hochzeit fallen ließ, wo er mir und meinen Eltern unverhohlen den Plan aussprach, den er dabei verfolgt hatte. Nur dieser Täuschung hatte er die Einwilligung verdankt«. Mathieux will sich, gemäß dem Ehekodex seiner Zeit, eine brave, gehorsame Ehefrau heranziehen, wobei er nicht vor körperlichen Bestrafungen und psychischem Druck zurückschreckt. Angeblich, so rechtfertigt er später sein Verhalten, habe Johanna den ganzen Tag nur am Klavier gesessen und die Hausarbeit völlig vernachlässigt. Nach einem halben Jahr hat er seine Frau gebrochen – aber glücklicherweise nicht verbogen; Johanna lässt sich von ihrem Arzt attestieren: »Frau Johanna Matthieux geb. Mockel habe ich in Bonn während des Frühlings und Sommers im Jahre eintausend acht hundert drei und dreißig behandelt, sie litt an einer Nervenzerrüttung mit Abzehrungsfieber, veranlaßt durch Mißhandlungen vermittelst ausgesuchter Quälereien, die sie von ihrem Manne während sechs Monaten ihrer Verheiratung fast ununterbrochen zu erdulden hatte. Derselbe hat mehrere Tatsachen, wodurch die Gesundheit seiner Frau und ihrer Mutter zerrüttet worden ist, in meiner Gegenwart eingestanden; wie er nämlich durch Gesundheit verderbliche Eingriffe auf ihr Gemüt, ihr alle Ruhe bei Tag und Nacht geraubt hat ... Da er von seiner Behandlungsart nicht im mindesten abgehen wollte, sondern erklärte, seine Maßregeln zukünftig noch zu schärfen, so habe ich der Frau Mathieux's Eltern ... erklärt, daß dieselbe unfehlbar sterben würde, wenn sie den Mißhandlungen ihres Mannes länger ausgesetzt bleibe«. Als Mathieux in einem Jähzornsanfall all ihre Noten aus dem Fenster wirft, steht Johanna vom Klavier auf, verlässt aufrecht, schweigend das Haus, um bis nach Hause zu ihren Eltern zu laufen.

Trotz des Ehedesasters lässt sich Johanna von nichts und niemandem mehr von ihrem musikalischen Weg abbringen. Dank eines Empfehlungsschreibens von Felix Mendelssohn über dessen Schwester Rebecca Dirichlet findet sie Zugang zu den Berliner Salons, verkehrt im Mendelssohnschen Haus, in den Salons Emilie von Hennigs und Bettine von Arnims. Mit Hilfe dieser großen Salonnièren kann sie sich einen Schülerkreis schaffen, der ihr finanzielle Absicherung bietet. Sie weiß in dieser aufregenden Berliner Phase noch nicht, ob ihr Hauptberuf die Musik oder die Poesie sein wird. In ihr manfestiert sich die typische romantische Doppelbegabung. Emanuel Geibel berichtet, Johanna sei »so reich mit Talenten begabt, daß sie in keinem Fach Genie ist«, und er soll in gewissem Maße recht behalten, denn weder unter ihren Dichtungen noch ihren Kompositionen ist ein Stück, das die Zeiten überdauert hat, was bestimmt nicht nur an dem Fakt liegt, dass sie eine Frau ist. Für Arnims Salon schreibt sie Theaterstücke, die am Ort aufgeführt werden. Sie komponiert Sololieder – auch diese wohl in erster Linie für den Salongebrauch bestimmt – auf Goethe-, Heine- und Geibeltexte. Mehrere dieser Arbeiten gelangen zur Veröffentlichung. Diese große Epoche der musikalischen Salons verlangt nach immer neuen Kammermusiken, am liebsten klavierbegleitete Sololieder, der Liedermarkt boomt, die Verleger buhlen um unbekannte, vielversprechende Talente.

1839 geht Johanna nach Bonn zurück, hauptsächlich um endlich die Scheidung von ihrem Mann durchzusetzen. Nach Arnimschen Vorbild gründet sie in Bonn ein »Musikalisches Kränzchen«, in dem sie vornehmlich Musik des Barock und der Klassik zur Aufführung bringt und das dank der Energie seiner Leiterin weit über Bonns Grenzen hinaus bekannt wird. Viele seiner ständigen Habitués sind beispielsweise aus dem Münsterland, temporärer Gast im Kreis Johannas ist etwa Levin Schücking, der mehrjährige Geliebte der Münsteraner Dichterin Annette Freiin von Droste-Hülshoff. An dieser Stelle sieht man übrigens wieder einmal, wie eng die verschiedenen musikalischen Salons im Deutschland des 19. Jahrhunderts verbunden waren. Über Johannas Kränzchen besteht eine Kontaktlinie zwischen Berlin und Münster. Zu den ständigen Gästen des ›Musikalischen Kränzchens‹ gehören die Dichter Karl Simrock und Wolfgang Müller von Königswinter, welcher letztere später auch im Kreis der Schumanns in Düsseldorf sowie als Freund des Komponisten Norbert Burgmüller begegnet. Mit diesen engen Freunden begründet die Komponistin noch einen literarischen Cercle, den »Maikäferbund«.

Heinrich Heine ist von jeher einer ihrer Lieblingsautoren. Mit wachem Geist verfolgt sie die Geschehnisse in den dreißiger Jahren, Heines Übersiedlung nach Paris 1831, nachdem er zu oft und zu vehement, meinen die deutschen Regierungen, Kritik geübt hat. 1835 werden alle Schriften des ›Jungen Deutschland‹ verboten. Selbstverständlich vertont Johanna Heines Texte. Durch ihre Salonarbeit gerät sie um 1840 in den Bann weiterer Freiheitsdichter: Ferdinand Freiligrath und Emanuel Geibel. Außerdem verkehrt der dichtende Theologe Gottfried Kinkel, ein überzeugter Demokrat, in ihrem Cercle. Bald schon schwärmt Johanna für die Freiheitslieder Kinkels. »Die Deinen Lippen entsprossen,/ Die glühenden Melodeien,/ Sie sind wie Lava geflossen/ Mir tief in das Herz hinein«, bekennt sie ihm in einem kurzen Dreistropher: »Stimm' an eine sanftere Weise/ Und rühre die Harfe dazu,/ Und wiege leise, leise/ Mein armes Herz zur Ruh!« Sie selbst wird zur überzeugten Liberalen. Jetzt vertont sie Lieder des Aufbruchs, kritische Lieder, pathetische Gesänge auf Freiheit, Rhein und Vaterland! Freiligrath, Geibel, Heine, Kinkel! Mit dem Theologen verbindet sie neben der politischen Gleichgestimmtheit bald Liebe. Kinkel ist Lehrer an einer Mädchenschule in Bonn und Protestant. Dass er mit einer geschiedenen Katholikin anbandelt, ihretwegen eine bereits geschlossene Verlobung löst, wird seinen Arbeitgebern zu viel. Seine Lehrerstelle wird ihm gekündigt. Er schlägt sich als Kunsthistoriker durch, Empfehlungen erhält er zur Genüge – in den Maikäferbund treten sogar Mitglieder der königlichen Familie ein und

Geisteswissenschaftler vom Rang eines Jacob Burckhardt. 1843 wird Hochzeit gehalten. »Nach der Trauung fuhren wir nach Rolandseck zu einem fröhlichen Mahle. Geibel improvisierte ganz prächtig und erhöhte dadurch mehr und mehr die Stimmung der Gäste … dann reisten wir die Mosel aufwärts bis Trier, dann nochmals rheinaufwärts bis St. Goar, wo wir mit Freiligrath und Geibel ein paar kostbare Tage verschwärmten«, erinnert sich Johanna Kinkel. Gottfried Kinkel gibt eine radikal-liberale Zeitung, die »Neue Bonner Zeitung«, heraus, an der Johanna von Anfang an mitarbeitet. Als ihr Mann 1849 aktiver Freischärler wird, leitet sie die Zeitung an seiner Stelle.

Ihre politischen und emanzipatorischen Ambitionen tragen ihr so manche Schwierigkeiten ein. Wohlhabende Mütter verweigern das Studiengeld, als sie hören, dass Johanna sie für den Unterricht ihrer Töchter die volle Summe bezahlen lässt, von armen Familien allerdings nur die Hälfte des festgesetzten Honorars nimmt. Schließlich bleiben die meisten ihre gutbürgerlichen Schülerinnen ihrem Unterricht fern. »Diese Verschwörung kleinstädtischer Weiber zum Ruin des einzelnen hat etwas wahrhaft Mittelalterliches«, empört sie sich: »Hatte im 16. Jahrhundert eine Frau durch irgendeine Eigenschaft, die sie vor der Masse auszeichnet, den Haß derselben auf sich geladen, so bezeichnete man sie als Hexe und sie starb auf dem Scheiterhaufen. Im gesegneten 19. Jahrhundert hat sich die Szene dahin geändert, daß man eine solche Frau den Bajonetten fanatisierter Soldaten, ihr Haus der Demolierung und ihre Kinder dem Elend preisgibt.« Die Angriffe gehen sogar noch weiter. Ein Zeitzeuge berichtet 1883: »Nachdem man ihr als Frau eines Demokraten fast den ganzen Klavierunterricht entzogen hatte, ging man sogar so weit, daß man, um ihr auch die ihr allein noch übriggebliebenen englischen Schülerinnen abwendig zu machen, in ein englisches Blatt einen lügenhaften Bericht einsandte, nach welchem Kinkel und Johanna an der Vorbereitung einer gewaltsamen Umwälzung beteiligt sein sollten.« Glücklicherweise reagiert kein Engländer auf derartige kleinkrämerische Töne aus deutschen Kleinstädten.

Lange steht nämlich fest: für den Fall einer Flucht würden Kinkels nach England gehen, da ihnen die Schülerinnen Johannas hier den Weg ebnen könnten; Johanna Kinkel spricht nahezu perfekt englisch, die Sprachbarriere wäre überbrückbar. 1851 wird der Fluchtpunkt London Realität.

»So schwamm ich denn auf den Meereswogen, allein, flüchtig und tiefbetrübt ... Eines Tages hatte ich freiwillig das Vaterland verlassen wollen, in dem das Ideal, das ich geträumt hatte, sich nicht verwirklichte; aber jetzt, als ich die deutsche Küste hinter mir versinken sah und nur die grüne Welle und der bleigraue Himmel sich noch meinen Blicken darboten, da fühlte ich, daß es hart ist, aus der Heimat in das Exil fliehen zu müssen,« schildert die Schriftstellerin Malwida von Meysenbug in ihren »Memoiren einer Idealistin«. London, grau-dunkle Stadt von riesiger Dimension, mit Menschen, zerfressen von »fieberhafter Hast«. Als erste Tat in England wendet sich von Meysenbug an das Ehepaar Kinkel, das in einem kleinen Vorstadt-Cottage lebt und ihr sogleich gastfreundliche Starthilfe leistet. »Die Aufnahme, die ich bei Kinkels gefunden hatte, war so liebevoll als möglich gewesen und hatte mir innig wohlgetan, aber rechnen durfte ich doch nicht auf sie, denn sie mußten ... selbst den schweren Kampf um das Dasein in diesem stürmischen Ozean von Leben, der London heißt, kämpfen, und sie hatten bei aller Freundschaft nicht einmal Zeit für mich, da die Zeit in London alles ist, das große Kapital, das ein jeder so hoch als möglich zu verzinsen strebt.« Johanna selbst schreibt am 25. September 1851: »Mein Haus ist fast zum Komissionsbureau arbeitssuchender Flüchtlinge geworden, und ich bin so sehr mit fremden Angelegenheiten beschäftigt, daß die eigenen dabei ganz unberücksichtigt bleiben«. Von Meysenbug erahnt sofort, dass Johanna Kinkel sich mit Stundengeben, mit dem Haushalt, der Sorge um Kinder und Ehemann aufreibt, zudem durch ständige Krankheiten ermüdet ist, sich kaum mehr um ihre literarischen und musikalischen Talente kümmern kann. Zu Anfang ihres Exils lastet der Familienunterhalt fast gänzlich auf ihren Schultern, da Gottfried der englischen Sprache nicht mächtig ist. Sie muss wahllos Schülerinnen annehmen, trotz der kleinen Kinder mitunter weite Strecken von einer Unterrichtsstunde zur nächsten zurücklegen. Der glückliche Umstand kommt ihnen zu Hilfe, dass deutsche Kunst und Musik im viktorianischen England sehr in Mode sind, einmal forciert durch den aus Deutschland stammenden Prinzregenten Albert von Sachsen-Coburg, zum anderen auch durch Persönlichkeiten wie Felix Mendelssohn Bartholdy, der England mehrere Male besuchte und ihm ›Nationalmusiken‹ schrieb wie die Ouvertüre zu Shakespeares »Sommernachtstraum« oder die »Hebriden«-Ouvertüre in h-Moll. Als zum Berliner Mendelssohn-Kreis zugehörig, hat es Johanna Kinkel im England der deutschen Musik leichter als andere Tonkünstler. Dann macht auch die Runde, dass Johanna bei Franz Anton Ries studiert hatte, zu dessen Schülern vormals der junge Beethoven gehörte. Die Beethoven-Rezeption lebt eben in England auf. Besonders begeistern sich die Briten für deutsche Sololieder, schwärmen für Schubert und Mendelssohn als Liederkomponisten. Und auch dieser Umstand kommt Johanna Kinkel zugute, deren Lieder ganz im romantischen Duktus Mendelssohns stehen. Das Haus der Familie Kinkel wird bald zum Zentrum deutscher Musikpflege, da Johanna ihre Bonner Salonarbeit hier weiterführt. Über ihre englischen Schülerinnen kann sie viele Kontakte zu Einheimischen knüpfen, die das Ehepaar zu Gunsten anderer deutscher Emigranten nutzt. »Die Arbeitsamen unter den Flüchtlingen, die sich uns anvertrauen, genießen zum Teil mit von den Früchten unseres guten Namens, da wir ihnen Arbeit und Empfehlung zu verschaffen wissen. Schon manche hat Kinkel zu placieren gewußt, und das Geld, das uns die Partei zur ersten Einrichtung vorschoß, rouliert jetzt von neuem, teilweise als Unterstützung, teils als Vorschuß in den Händen anderer Emigranten«. Nachdem Gottfried die notwendigen Sprachkenntnisse erworben hat, hält er Vorträge über Kunstgeschichte. Damit ist Johanna zum Teil entlastet, kann eine Auswahl Schüler bei sich zu Hause unterrichten, aber ihre produktiven Kräfte schwinden mehr und mehr. Sie gibt 1852 eine Gesangsmethode für Kinder heraus, »Songs for little Children«. Daneben veröffentlicht sie »Acht Briefe an eine Freundin über Klavier-Unterricht«, die zum Teil ebenfalls Lehrmethoden vermitteln, zum Teil sehr kritische, emanzipatorisch angedachte Auseinandersetzungen mit Mädchenbildung und Klavierunterricht für Mädchen sind. Wirklich schöpferische Arbeit vermag sie nur während der Sommerfrische am Meer zu leisten. Ähnlich wie der Wiener Hofopterndirektor Gustav Mahler, der nur während der Sommerfrische sein immenses symphonisches Werk schafft. Ein Exilroman, »Hans Ibeles«, entsteht, wird bald schon veröffentlicht; in Johanna Kinkels Nachlass finden sich einige musikwissenschaftliche Studien, alles Sommerarbeiten.

Ab 1854 mehren sich bei Johanna Anfälle von Herzkrämpfen. Manchmal ist sie tage-, wochenlang ans Bett gefesselt. Manchmal wird ihr »eng und weh in den Mauern« von Haushalts-, Unterhalts- und Mutterpflichten, die sie »nun schon so lange, lange gefangen halten«. Erst aus dem Jahr 1857 datiert ein hoffnungsfroher Brief: »Vor Beginn der Saison hatte ich die Zeit, etwas eifriger als bisher meine Studien in Musikgeschichte wieder aufzunehmen. Ich arbeite zuweilen auf dem British Museum, wo mir die erforderlichen Bücher zu Gebote stehen. Ich habe ein Engagement, über Musik Vorträge zu halten, und es scheint, daß mir dies gelingt. Das macht mir Freude, weniger deshalb, weil es ein besseres Geschäft als Stundengeben ist, sondern weil ich in mir die Fähigkeit entdeckt habe, im späteren Alter noch ein ganz neue Lebenstätigkeit zu ergreifen. Ich bin überhaupt in die mir gemäßere Sphäre meiner früheren Bestrebungen nach und nach zurückgekehrt. So lange die Kinder klein waren, schien es mir eine Pflicht, alle Neigungen meines Geistes zu töten, die mich von den nächsten Sorgen ablenken möchten. Was unter der Schneedecke gelegen, will nun plötzlich hervorkeimen«. Doch viel Zeit bleibt ihr nicht. Ein Jahr nach dem optimistischen Brief ist die Komponistin tot. Es kamen Selbstmordgerüchte auf. Offenbar hatte sie während eines Herzkrampfes die Fenster des oberen Stockwerks ihres Cottage geöffnet, um Luft zu schöpfen, sich zu weit hinausgelehnt und war so unglücklich gefallen, dass sich mehrere Rippen in ihr Herz bohrten und sie augenblicklich starb.

Komponistinnen – Frauen zwischen Tonkunst und Emanzipation

Einbrüche in ihre Produktivität durch äußere Einflüsse müssen Komponistinnen häufig hinnehmen. Es ist Teil ihres Schaffens, bedingt durch ihre Mehrfachbelastungen als Ehe-, Hausfrau, Mutter und Künstlerin. So klagt Clara Wieck bereits kurze Zeit nach ihrer Trauung mit Robert Schumann: »Mein Klavierspiel kommt wieder ganz hintenan, was immer der Fall ist, wenn Robert komponiert. Nicht ein Stündchen vom ganzen Tag findet sich für mich! Wenn ich nur nicht gar so sehr zurückkomme!« Amalie Joachim, Frau des berühmten Violinisten und Brahms-Freundes Joseph Joachim, eine engagierte Sängerin, meint: »Es ist außerordentlich schwierig, zugleich eine gute Künstlerin und eine perfekte Familienmutter zu sein«. Die Komponistin, Pianistin und Intendantenehefrau Ingeborg von Bronsart, mehr-fache Mutter, schildert ihre ambivalente Situation: »Nach meiner Überzeugung dürfte im allgemeinen eine ernstlich strebende, talentvolle, schaffende Künstlerin im Interesse ihrer Kunst nicht heiraten, da in den meisten Fällen die Pflichten der Hausfrau und Mutter einer künstlerischen Entwicklung schwer zu über-steigende Hindernisse in den Weg legen. Dennoch darf auch andererseits anerkannt werden, daß im Gefühlsleben der Gattin und Mutter Saiten erklingen, die für das Schaffen von hoher Be-deutung sein können«.

Probleme eines sich derart abgerungenen Schaffens liegen hauptsächlich in seiner Beurteilung durch die Öffentlichkeit. Ist nämlich die familiäre Situation der Künstlerin bekannt, so wird ihr Werk von vorneherein abgewertet, denn was da zwischen Kin-dergeschrei, Kasserollen und Ehebett komponiert würde, könne kaum qualitätvoll sein. Tatsächlich wirkt sich das Zeitproblem der Künstlerinnen gerade dahin aus, dass sie sich eher um kleine Formen, etwa Lieder, Klavierminiaturen oder Kammermusik für kleine Ensembles (Trios) bemühen als um großformatige Werke wie Oper und Orchesterstück. Mir ist bei der Durchsicht so mancher Komponistinnenbiografie aufgefallen, dass die ungebundenen Künstlerinnen oder solche, die überaus tolerante, selbst künstlerisch engagierte Ehemänner besitzen, viel häufiger zu den ›großen‹ Formen finden als die Übrigen. Also schon in dieser grundsätzlichen Wahl des Ausdrucksmittels werden Komponistinnen begrenzt, sind abhängig von ihren persönlichen Lebensumständen. Dass es Frauen im Musikbetrieb des 19. Jahrhunderts somit schwieriger haben, sich zu etablieren, muss nicht betont werden. In gewissen Sparten der Musikszene, etwa als Dirigentinnen oder als Opernkomponistinnen gelten sie immer noch als exotische Erscheinungen. Die wie Pilze aus dem Boden schießenden Frauenorchester der Zeit um 1900, denen Jean Anouilh mit seiner Komödie »Das Orchester« ein heiteres Denkmal setzte, sind mehr einer Lust am Exotismus und dem Anblick attraktiver Weiblichkeit zu verdanken als an echt künstlerischem Interesse an weiblicher musikalischer Arbeit; demgemäß finden sich die Frauenorchester auch nicht im ›ernsthaften‹ Konzertbetrieb, sondern als Kaffeehaus- oder Kurorchester: der neue »Walzerkönig« André Rieu feiert derzeit mit seinem niedlich nostalgisch im Stil der Belle Époque durchgestylten Show- und Damenorchester rauschende Erfolge. Komponierende Frauen blieben im Musikleben dieser Zeit immer etwas Fremdes, immer wie im Exil. Im Zuge der 48er Revolution wächst das Interesse der Musikerinnen an ihrer Emanzipation. Die Forderung, in gleichem Maße am Musikleben teilhaben zu dürfen wie der Mann, wird zum Kulturpolitikum der zweiten Hälfte des 19. Jahrhunderts. Erst nach und nach, forciert durch staunenswerte Individualleistungen wie die Kompositionen einer Fanny Hensel-Mendelssohn, der Virtuosität einer Clara Schumann, der Meisterschaft einer Louise Farrenc, erwächst in den Frauen das

Bewusstsein einer eigenen Musiktradition. Historische Nach-
forschungen befördern eine stattliche Reihe vergessener Komponistinnen ans Licht, angefangen von der geistreichen Lyrikerin
Sappho, über die Monteverdi-Zeitgenossin Barbara Strozzi, die
Klassikerin Maria Theresa Paradies, die Ravel-Zeitgenossin
Cécile de Chaminade bis zur Gegenwart. Diese Vorbilder legiti-
mieren die Emanzipationsideen der Künstlerinnen. Unumstrit-
tenen Anklang finden sie natürlich weder im viktoranischen
England noch im zweiten französischen Kaiserreich, schon gar
nicht im Bismarckschen Deutschland. In Deutschland wird die
Frauenemanzipation seit 1850 aus Furcht generell vor allen freiheitlichen Tendenzen unterdrückt. Ende des 19. Jahrhunderts,
auf dem Höhepunkt des Imperialismus, werden Frauen verstärkt in die Nur-Mutterrolle zurückgedrängt, denn Aufrüstung
und außenpolitische Krisen machen es notwendig, für künftige
Soldatengenerationen Sorge zu tragen, was ja 1914 tatsächlich
grausame Realität werden wird. Symptomatische Beispiele für
diese Zeit vor dem Ersten Weltkrieg sind Otto Weiningers miss-
ratene Kampfschrift gegen Frauen und Semiten, »Geschlecht
und Charakter«, sowie Gustav Mahlers Verbot gegenüber seiner
musikschaffenden Frau Alma, jemals wieder zu komponieren:
»Ist es Dir möglich, von nun an meine Musik als die Deine anzu-
sehen? … Wie stellst Du Dir so ein componierendes Ehepaar
vor? Hast Du eine Ahnung wie lächerlich und später herabzie-
hend vor uns selbst, so ein eigenthümliches Rivalitätsverhältnis
werden muß? Wie ist es, wenn du gerade in ›Stimmung‹ bist, und
aber für mich das Haus, oder was ich gerade brauche, besorgen,
wenn Du mir, wie Du schreibst, die Kleinigkeiten des Leben ab-
nehmen sollst … daß Du so werden mußt, ›wie ich es brauche‹
wenn wir glücklich werden sollen, mein Eheweib und nicht mein
College – das ist sicher! Bedeutet dies für Dich einen Abbruch
deines Lebens und glaubst Du auf einen unentbehrlichen Höhepunkt des Seins verzichten zu müssen, wenn Du Deine Musik
ganz aufgibst, um die Meine zu besitzen, und auch zu sein?«
(19. 12. 1901)

Was sich um 1850 zunächst fast nur in ihren Werken niederschlägt, nämlich eine ausgeprägt liberale Haltung – etwa bei der Münchner Liederkomponistin Josephine Lang, die sich u. a. Ludwig Uhland, dem sie 1862 eine »Elegie« als Nekrolog komponiert, zum Vorbild nimmt – äußert sich nach der Jahrhundertmitte in vehementen schriftlichen Stellungnahmen zur Rolle der Komponistin in der Gesellschaft. Johanna Kinkels »Acht Briefe … über Klavier-Unterricht« gehören in diese Reihe. Zur Jahrhundertwende 1900 treten Komponistinnen aktiv in den Emanzipationskampf ein. Die Engländerin Ehtel Smyth ist bekennende Suffragette, also militante Frauenrechtlerin, die für das Frauenwahlrecht eintritt. Bei einer ihrer Aktionen wird Smyth verhaftet und gemeinsam mit vielen anderen ›Blaustrümpfen‹, darunter eine der prominentesten Personen der Bewegung, Emmeline Pankhurst, im Gefängnis von Holloway eingesperrt. Hier erkennt sie, »dass diese Frauen größer, wundervoller waren als ich mir jemals hatte träumen lassen … Zum ersten und letzten Mal in meinem Leben fühlte ich mich in wirklich guter Gesellschaft … Man stelle sich nur vor! Mehr als hundert zusammengepferchte Frauen, alte und junge, reiche und arme, starke und schwache«. In späteren Jahren wird sie einmal mit der Gefängniszeit abrechnen und eine große Symphonie für Soli, Chor und Orchester, »The Prison« schreiben. In der ersten Zeit ihrer Begeisterung für die Frauenrechtsbewegung entsteht der »March of the woman«, der zur Sufragetten-Hymne wird.

Die Frauenfrage ist übrigens der einzige wichtige Punkt, in dem Ethel Smyth von der Regierungsmeinung abweicht. Ansonsten erfreut sie sich der Protektion gekrönter Häupter, wird beispielsweise von Eugénie, der ehemaligen französischen Kaiserin, gefördert, die »sich immer besonders für Frauen interessierte, die sich bemühten, Vorurteile gegenüber dem weiblichen Geschlecht zu überwinden« (»Ein stürmischer Winter«). Selbst bei ihrer Queen steht Smyth in gutem Ansehen, u. a. begünstigt durch ihre Bekanntschaft mit der Frau des königlichen Privatsekretärs, Sir Henry Ponsonby, und anderen bei Hofe wohlgelittenen Persönlichkeiten. Die Bekanntschaften befördern die Uraufführung von Smyths D-Dur-Messe von 1891. Ein anderes Mal wird ihrem Werk die englische Nationalität zum Verhängnis, als in Berlin im Jahr 1902 ihre Oper »Der Wald« aufgeführt wird. Gerade sind nämlich Deutschland und Großbritannien mit ihren rivalisierenden Kolonialinteressen in Afrika in Konflikt geraten. Deutschland schaltet sich politisch in den 1899 bis 1902 tobenden Burenkrieg ein, bei dem es um das wegen seiner reichen Goldminen begehrte, von niederländischen Einwanderern, den Buren, kolonisierte südafrikanische Land Transvaal (mit den Städten Pretoria und Johannesburg) geht. Großbritannien nimmt Deutschland übel, dass es die Sache der Buren unterstützt. 1901 legt Smyth ihre Oper dem Intendanten des Dresdner Hauses vor und kassiert prompt eine Absage. In Berlin ergeht es ihr besser, denn in der dortigen Direktion sitzt eine wichtige Persönlichkeit mit englischer Verwandschaft, der anhand von Ethels Musik einmal demonstrieren möchte, »zu welchen Leistungen eine Frau, eine englische Frau, fähig war«. Doch die Aufführung verschiebt sich, da das Opernhaus sie erst nach der Eröffnung des Reichstags Anfang Januar 1902 geben möchte, um die Stellung der Regierung zur England-Krise abzuwarten und gegebenenfalls das Werk ganz zurückzuziehen. Doch die politische Krisensituation entspannt sich, und es fügt sich positiver als erwartet, die Proben laufen an. Nun rebelliert das Ensemble gegen die Oper. Es bedarf aller diplomatischer Kräfte der Intendanz, die Sänger und Sängerinnen bei der Stange zu halten. »Der Wald« fällt durch, obwohl Stardirigent Karl Muck die Leitung hat und Orchester, Chor und Solisten ihr Bestes geben. Wohlgezielte Pfeifkonzerte und Buhrufe aus dem deutschen Publikum. Organisiert von bezahlten Claqueuren, wie die Komponistin später befindet. Ein bisschen wie beim größten Theaterskandal der Operngeschichte, dem Pariser Tannhäuser-Debakel vom 13. März 1861. Die Presse verreißt den »Wald« natürlich völlig. Erst bei der vierten Aufführung im Mai 1902 spendet das Publikum frenetisch Beifall.

Schwierigkeiten, ihre Werke herauszubringen, begegnen ihr

als Frau oft genug. Dennoch schafft sie sich einen Platz in der Musikgeschichte, wird zur ›Dame‹ erhoben, in ganz England gefeiert. »Ich möchte, dass Frauen sich großen und schwierigen Aufgaben zuwenden«, verlangt Smyth: »Sie sollen nicht dauernd an der Küste herumlungern, aus Angst davor, in See zu stechen«.

Zehntes Kapitel

Davidsbündler
Robert Schumann

Träumerei

Bei Musik von Schumann darf man sich ruhig entspannen. Da ist alles ganz friedlich oder besinnlich, mal melancholisch, mal ausbündig heiter, hier grotesk und dort hehr, romantisch eben, harmlos. Robert Schumanns Musik ist unpolitisch.

Das sind, in Zusammenfassung, die wiederkehrenden Einschätzungen bei der großen Schar der Musikhörer. Dieses Image rührt von einem reduzierten Schumann-Bild aus Tagen bürgerlicher Weltflucht her.

Die Rezeption von Schumanns Werken beginnt erst nach dem tragischen Tod des Komponisten im Jahr 1856. Nach zwei Jahren, die er nach einem Selbstmordversuch – dem Sprung von der Düsseldorfer Rheinbrücke – als Geisteskranker in der Heilanstalt Endenich bei Bonn verbracht hatte, stirbt er an Entkräftung; er hat sich buchstäblich zu Tode gehungert, zeitweise nur durch die rektale Zwangsernährung mit Kraftbrühe am Leben gehalten, oft von einigen Löffeln Gelee und wenigen Schlucken Rotwein zehrend. Als Robert Schumann, dessen geistiger Verfall organische Ursache trägt, nämlich eine fortschreitende Zerstörung seines Gehirns aufgrund einer syphilitischen Erkrankung, in die Anstalt gebracht wird, nimmt seine Ehefrau, die Pianistin Clara, die Verwaltung seiner Werke fest in ihre Hände. Kurz nachdem sie ihr und Roberts letztes gemeinsames Kind, das achte, Felix, geboren hat, geht sie wieder auf Tournee. Sie widmet ihre Konzerte dem Werk ihres Ehemanns, stellt ihn in ihrem Repertoire

Robert Schumann, der neue Düsseldorfer Musikdirektor. Fotografie, 1850.

gleichrangig neben Beethoven, Mozart und Brahms. Da sie als die beste Pianistin ihrer Zeit gilt, in einer Reihe mit Franz Liszt, Friedrich Kalkbrenner und Frédéric Chopin genannt wird, hat ihre Stimme Gewicht. Durch sie entdeckt die Welt den Komponisten Schumann, der zu Lebzeiten niemals die Anerkennung seiner Leistungen über den Kreis der Kenner hinaus erreicht hatte.

Aber was ist das für ein Publikum, was für eine Zeit, die sich nun seiner Musik bemächtigt? Ein Bildungsbürgertum, das vor der Jahrhundertmitte noch von großen emanzipatorischen Hoffnungen erfüllt war, das daran glaubte, seinen Traum vom Mitspracherecht der Bürgerlichen verwirklichen zu können. Für Freiheit und Gleichheit ist es aufgestanden und hat gekämpft. In den Jahren zwischen etwa 1840 und 1849 hat es den Anschein, als siege in ganz Europa das Bürgertum, als beginne eine liberale Ära. In Frankreich stellt sich aber nach 1840 heraus, dass die 1830 durch die Julirevolution ans Ruder gekommene Regierung des »Bürgerkönigs« Louis Philippe einseitig die Interessen des kapitalbesitzenden Bürgertums vertritt. Diese Tatsache und eine Wirtschaftskrise 1846 lösen 1848 die Februarrevolution aus, die Louis Philippe zur Abdankung zwingt und die Zweite Republik ausruft. Großbritanniens Königshaus hat die drohenden Zeichen einer Revolution früh erkannt und reagiert im Namen der erst 1837 inthronisierten Queen Victoria mit Reformen, die den Forderungen der Liberalen entgegenkommen. In Italien gewinnt die revolutionär-patriotische Bewegung um Giuseppe Mazzini die Oberhand. Hier steht neben der Revolution des ›Unten‹ gegen ›Oben‹ der nationale Kampf um die Befreiung des zerrissenen Vaterlandes von päpstlichem, bourbonischem und österreichischem Joch. Ab dem Anfang der 40er Jahre lösen sich hier Herrschaftstrukturen auf, zumal als 1846 ein liberaler Papst, Pius IX., gewählt wird. 1848/49 haben die revolutionären Patrioten die Oberhand. In Deutschland wächst mit der literarisch-politischen Vormärz-Bewegung der Druck auf die Regierungen; obschon viele Freidenker ins Exil gezwungen werden (Ludwig Börne,

Heinrich Heine, Georg Büchner), scheinen die Liberalen das politische Kräftemessen doch zu ihren Gunsten entscheiden zu können. Revolution.

Und dann die Enttäuschungen. Im revolutionären Paris sind schwere Konflikte zwischen dem besitzenden Bürgertum und den unteren Klassen ausgebrochen; dies ermöglicht dem Prinzpräsidenten Louis Napoleon, einen Staatsstreich durchzuführen, der ihn 1852 zum ›Kaiser der Franzosen durch die Gnade Gottes und den Willen der Nation‹ macht. In Großbritannien bleibt die Monarchie weiterhin unangetastet, trotz der Sozialreformen gewinnen allmählich die Konservativen wieder ungebrochene Macht. Nachdem die Revolution in Deutschland und Österreich mit der Schaffung einer gewählten Nationalversammlung (Frankfurter Paulskirche) den ersten Schritt zu einer liberalen, wenn nicht gar demokratischen Staats- und Verfassungsentwicklung vollzogen hat, wird die revolutionäre Bewegung 1849 mit militärischer Gewalt niedergeworfen und ein verschärfter reaktionärer Weg eingeschlagen. Der Befreiungskampf der Italiener wird ebenfalls blutig unterdrückt. Gegenrevolution.

Das Bildungsbürgertum geht dabei des politischen Einflusses verlustig, es wird gänzlich ausgeschaltet. Die Enttäuschung über die gescheiterten Träume von Republik und Freiheit forcieren eine tragische anti-politische Haltung, die sich in Deutschland nach 1871 noch verstärkt, als nämlich nach dem gewonnenen Krieg gegen Frankreich ein vereintes Deutsches Reich ausgerufen wird, an dessen Entstehung und politischer Prägung das Bürgertum keinen aktiven Anteil haben durfte. Die vereinte Nation wurde ihm von oben ›verordnet‹ – wir kennen eine ähnliche Situation aus jüngster deutscher Vergangenheit. Die Folge ist kritiklose Begeisterung für Kaiser, Reich und Militär bei großen Teilen des Bürgertums (ein Hurrapatriotismus ohne liberale oder demokratische Inhalte), eng damit verbunden die Abkehr der bürgerlichen Schichten vom aktiven politischen Leben, bis hin zum Ersten Weltkrieg. Viele Künstler des Fin de Siècle, der Generation nach 1870, folgen der Devise »L'art pour l'art«, malen das Bild vom autonomen Dichter und Denker in seiner Nische, seinem Elfenbeinturm fernab aller Welten und Zeiten.

Die Menschen ziehen sich aus dem öffentlichen Leben zurück in ihre Privatsphäre. Das Heim, das traute Heim, wird Zentrum des Lebens. Gleichzeitig wird aber gerade dieser intime Raum preisgegeben, wird das bürgerliche Wohnzimmer zum Repräsentationsrahmen für gesellschaftliche Anlässe. Aber wohlgemerkt: in den bürgerlichen Salon gelangt nur eine gefilterte Menge äußerlichen Lebens. Da werden kaum noch politische Cercle gehalten wie einstmals von der geistvollen Rahel Varnhagen, sondern literarische oder musikalische Teestunden, harmlos den Künsten geweiht. Am liebsten der romantischen Kunst, obwohl sie längst passé ist und realistische, zuweilen schon naturalistische Töne angeschlagen werden. Mit seiner politischen Anteilnahme legt das Bürgertum auch jegliche Anteilnahme an der Gegenwart ab. Wert besitzt nur noch die Vergangenheit, jene Vergangenheit, in der die freiheitlichen Ideen noch lebten und hoffen ließen, die ›gute, alte Zeit‹, die Romantik. Die Vergangenheit erscheint aber im verklärten Licht. Für die Menschen der zweiten Jahrhunderthälfte ist Romantik nicht mehr politische Größe wie für die Romantiker selbst, die in doppeldeutigen, vielschichtigen Texten, Bildern und Musikstücken mit ihrer bitteren, drückenden Gegenwart abrechneten. Romantik meint nur noch das Gefühlsbetonte, das wundervoll Schöne und demonstrativ zur Schau getragene Leidenschaft und Tragik. In den Bürgerstuben erklingen Schumanns »Kinderszenen«, »Romanzen«, die Lieder, Schuberts Walzer, Brahms' Ungarische Tänze, Mendelssohns Lieder, »Auf Flügeln des Gesanges«. Stimmungsmusiken.

Es gibt eine entlarvende Szene in Heinrich Manns Roman »Der Untertan«, in der Diederich Heßling, der Prototyp eines nationalkonservativen Spießbürgers, das Mädchen Agnes Göppel, das er verführt hat und das er nun ehelichen soll, mit höhnischen Worten ablehnt: »Mein moralisches Empfinden verbietet mir, ein Mädchen zu heiraten, das mir seine Reinheit nicht mit in die Ehe bringt«. Hierdurch gerät er über sich selbst in Rührung, übergibt sich dem Liebesleid und spielt Klavier: »Hinter sich hörte er den Vater nun wirklich schluchzen – und Diederich konnte nicht hindern, dass er selbst gerührt ward: Durch die edel männliche Gesinnung, die er ausgesprochen hatte, durch Agnes' und ihres Vaters Unglück, das zu heilen ihm die Pflicht verbot, durch die schmerzliche Erinnerung an seine Liebe und all diese Tragik des Schicksals … nun war es aus – und da ließ Diederich sich vornüber fallen und weinte heftig in seinen halbgepackten Koffer hinein. Am Abend spielte er Schubert. Damit war dem Gemüt Genüge getan …«.

Das reduzierte Romantik- und besonders das Schumann-Bild jener Zeit hat sich – nochmals verstärkt durch die Nazi-Zeit, die eine entpolitisierte Romantikauffassung verbreitet – bis heute erhalten, was erschreckt. In nur wenigen Biografien wird der gesellschaftliche und ideologische Kontext des Musikers aufgearbeitet. Beachtliche Fachaufsätze zum Thema aus den letzten beiden Jahrzehnten blieben ohne nachhaltige Wirkung. Landläufig hält sich die Theorie vom unpolitischen Schumann vielleicht auch, weil in seinem Fall die anrührende, legendenähnliche Biografie das Werk überlappt, den Zugriff verstellt. Vor allem zwei Ereignisse werden poetisch umsponnen: das grauenvolle Ende des Genies, dessen Wahnsinn und Sterben sich über zwei ganze Jahre hinzieht; die Zeit seiner Liebe zur noch jugendlichen Pianistin Clara Wieck, die erst nach mehrjährigem erbitterten Kampf mit dem Vater die Ehefrau des Komponisten werden kann. Bei Schumann löst die Liebeserfüllung einen ungeahnten schöpferischen Strom aus, einen ›Liederfrühling‹, in dem die beim späteren Publikum so beliebten Heine-, Rückert- und Eichendorff-Vertonungen entstehen.

Die Zauberwelt Schumanns liebe er, sagt Operettenkomponist Imre Kalman. »Ich singe jetzt viel … Schumannsche Lieder … Heinesche Gedichte … die ganze Musik darin ist märchenhaft, zauberhaft, voll von unendlicher Schwärmerei«, schreibt der Dichter Detlev von Liliencron 1871. »Verhaltene Empfindung, wahre Lyrik und eine tiefe Melancholie liegt in seinen Gesängen«, sinnt Gustav Mahler, während Friedrich Nietzsche negativiert: »Schumann mit seinem Geschmack, der im Grunde ein kleiner Geschmack war (nämlich ein gefährlicher, unter Deutschen doppelt gefährlicher Hang zur stillen Lyrik und Trunkenboldigkeit des Gefühls)«. Selten aber erkennt jemand die Brüchigkeit, die Komplexität der Schumannschen Musik so klarsichtig wie Theodor Storm in seinem Prosatext »Halligfahrt«: »Dann führte der Musikdirektor seine jungen Scharen vor. Es waren frische, anmutige Stimmen darunter, und sie sangen ihre Tee- und Kaffeeliedchen … sie sangen aber auch von den Liedern des neuen großen Komponisten, durch welchen Eichendorff's wunderbare Lyrik zuerst in der Musik ihren Ausdruck erhalten hat. Ahnunglos schwebten die jungen Stimmen über dem Abgrund dieser Lieder«.

Jugend

Die Atmosphäre des Elternhauses prägt den Umgang mit der Gesellschaft, die Ich-Beziehung zu ihr. Der Vater, August Schumann, besitzt ein Verlagshaus in Zwickau. Er setzt auf kleinformatige Buchausgaben eher unterhaltender Literatur. Die Romane Sir Walter Scotts, die er selbst übersetzt, bilden einen Grundpfeiler seiner verlegerischen Arbeit. Aber seine Existenz erschöpft sich nicht in Verlagstätigkeit und Buchhandel, vielmehr ist er Mitherausgeber des »Erzgebirgischen Boten«, ein wöchentlich erscheinendes, kritisches Blatt. Er entstammt einer Pfarrersfamilie, hat sich selbst, da das Geld für ein Studium fehlte, als Kaufmannsgehilfe und Buchhändler emporgearbeitet, aus einer kleinen Leihbibliothek dank unermüdlichen Fleißes und einiger gewitzter Anlagegeschäfte einen Buchhandel aufgebaut, die Basis seiner verlegerischen Unternehmungen. Das ist eine häufige soziale Konstellation gebildeter Liberaler des 19. Jahrhunderts: mit dem Hintergund akademischer Familie, einem kurzzeitigen sozialen Abstieg und einer ungeheuren Eigenleistung hinauf zur gehobenen Bürgerklasse. Wer sich selbst einen gewissen gesellschaftlichen Status erarbeitet hat, der legt auch Wert auf politische Emanzipation, der fordert Mitspracherechte ein.

Meist bieten Schumann-Biografien die lapidare Bemerkung, August Schumann sei als Übersetzer von Scott und George Byron hervorgetreten, folgern aber nicht weiter, welche Dimension diese Tatsache besitzt. Übersetzer von Byron – der 1788 geborene englische Lord tritt im zweiten Jahrzehnt des Jahrhunderts mit wilddüsteren Dramen und Erzählungen hervor, in denen meist ein faustisch beseelter Held in eine Extremsituation gerät. Eine treffende Metapher für den Aufbruchswillen der romantischen Menschen aus einer beengend gewordenen Gesellschaftsordnung. Lord Byron beteiligt sich wie viele Philhellenen und Abenteurer am griechischen Freiheitskampf, der von dem General Alexander Ypsilanti angeführt wird und mit der Autonomieerklärung Griechenlands gegenüber dem Osmanischen Reich 1822 zum offenen Krieg wird. Byron kehrt aus diesem Kampf nicht zurück. Vor seinem Tod 1824 schreibt er eine Anzahl flammender, Freiheit beschwörender Verse. Nach seinem frühen Ende wird sein Name in ganz Europa ein Synonym für das Geniale schlechthin und für Freiheit und Freiheitskampf. Wer Byron übersetzt, Byrons Texte bearbeitet, weiß um diese Brisanz. Kein Wunder, dass Komponisten wie Gaetano Donizetti oder Giuseppe Verdi gerade dann auf enorme Zensurprobleme stoßen, wenn ihre Opern auf einer Byron-Bearbeitung fußen. Allein der Name des Dichters lässt Polizeibehörden aufhorchen. Und der große schottische Erzähler Walter Scott, der heute nur noch als Lieferant leichter Ritterromane à la »Ivanhoe« gehandelt wird, ist ein äußerst kritischer Dichter, der immer wieder die Tragödie eines Individuums ins Zentrum seiner Texte stellt, das zwischen den Intrigen der Herrschenden als Spielball verfeindeter Mächte zerbricht.

Byron und Scott gehören natürlich zur Lektüre des jungen Robert Schumann. Sein Vater wählt ihm den Lesestoff aus und leitet ihn zu journalistischer und redaktioneller Tätigkeit an. Der Gymnasiast wird zur Mitarbeit im väterlichen Verlagshaus herangezogen. Korrekturen lesen. Ständig hat er die aktuellste Literatur vor Augen. 1828 wird er notieren: »Immer das Neueste in der Literatur, Heines Reisebilder, Menzels Deutsche Geschichte, besonders viel Lektüre von Jean Paul«. Das spricht für eine den liberalen Strömungen der Zeit aufgeschlossene Natur.

1829 und 1830, entscheidende, prägende Jahre für Robert Schumann. Der mittlerweile Neunzehnjährige hat ein Jurastudium in Heidelberg aufgenommen. Hier gerät er in den Musikkreis des Jura-Professors Anton Friedrich Justus Thibaut, der sich um die Musik der Spätrenaissance und Barockzeit bemüht und außerdem einen Traktat »Über Reinheit der Tonkunst« verfasst hat. Darin stellt er einen Qualitätsverlust der Musik für das Spätbarock fest, erhebt die Musik etwa eines Georg Friedrich Händel zum Maßstab für »reine«, das heißt wertvolle, nämlich klassische Musik. Der unbegleitete Gesang gilt ihm als höchste musikalische Ausdrucksform. Eine stark historisierende Musikauffassung, wie sie bald Mode wird, und eine konservative dazu. Sie ruft teils Schumanns Widerstand hervor, denn die »wahrhaft pedantische Ansicht über Musik … schmerzt«. In anderem stimmt der Student dem »herrlichen, göttlichen« Thibaut zu, wenn dieser von der hohen ethischen, nationalen Bedeutung der Musik spricht. Der ›späte‹ Schumann scheint sich wieder zum Konservatismus seines Heidelberger Lehrers hinzuneigen, tatsächlich schwankt er stets zwischen einem liberalen, modernen Weg und einer fast schon reaktionären Grundhaltung.

Davidsbündler

Vom konservativen Thibaut kommt Schumann 1830 nach Leipzig zu dem sehr fortschrittlichen, eigenwilligen Klavierpädagogen Friedrich Wieck. Wieck besitzt einen ähnlichen sozialen Hintergrund wie August Schumann: ein ehemaliger Theologiestudent, der sich von unten bis zu einem Klavierfabrikanten und einem der prominentesten Pädagogen Deutschlands emporarbeitete. Für Robert Schumann wird er folgerichtig eine Art Ersatzvater, da August Schumann bereits 1826 stirbt. Der junge Mann hat 1830 beschlossen, sich der Musik zu widmen und erklärt schwärmerisch seinem künftigen Lehrer: »Ich bleibe bei der Kunst, ich will bei ihr blieben … Ich nehme ohne Tränen von einer Wissenschaft Abschied, die ich nicht lieben, kaum achten kann … Ich vertraue Ihnen ganz und gebe mich Ihnen ganz. Verehrtester! Nehmen Sie meine Hand und führen Sie mich – ich folge, wohin Sie wollen und will nie die Binde vom Auge rücken«. Friedrich Wieck zieht den durch Thibaut zum Konservatismus abgedrifteten Schumann wieder ins liberale Bürgerlager. Zu dieser Zeit ergreift (mitnichten allein von der Lektüre Jean Pauls ausgehend) eine Idee Besitz von Robert Schumann: der Kampf gegen die Philister. Gegen die (musikalischen) Spießbürger. Schumann erfindet eine halbfiktive Vereinigung Gleichgesinnter, den ›Davidsbund‹, in dem Friedrich Wieck als ›Meister Raro‹ eine zentrale Rolle spielt. Nach wenigen Monaten bei Wieck erweckt Schumann die ›Davidsbündler‹ zum Leben. »Von heute an will ich meinen Freunden schönere passendere Namen geben. Ich tauf' euch daher folgendermaßen: Wieck zum Meister Raro – Clara zur Cilia – Christel zur Charitas … Dorn zum Musikdirektor … Renz zum Studiosus Varinas – Rascher zum Student Fust … Felchsig zum Jüngling Echomein … Tretet nun näher und betragt Euch schön romantisch«. Schumann fasst in der Davidsbündlerschaft zunächst alle ihn verstehenden Freunde zusammen, dann Komponisten, die er bewundert, zum Beispiel die im fernen Paris lebenden Tonkünstler Frédéric Chopin und Hector Berlioz, aber auch die längst verstorbenen Meister Mozart und Beethoven. Felix Mendelssohn figuriert unter dem Namen Meritis in dem Kreis. Schumanns temporäre Verlobte Ernestine von Fricken heißt hier Estrella. Darüber hinaus reichert Schumann den Bund mit imaginären Personen an, Eusebius und Florestan beispielsweise sind zwei Pseudonyme Schumanns, auf die er seine widersprüchlichen Eigenschaften und Stimmungen aufspaltet. So wird Eusebius der besonnene Teil Schumanns, während Florestan (in Anklang an den eingekerkerten Freiheitskämpfer, den männlichen Haupthelden in Beethovens »Fidelio«) den wilderen, rebellischen, im ganzen aber genialeren Part übernimmt.

Ist dieser ›Davidsbund‹ nur ein argloses Hirngespinst, ein studentisches Rollenspiel der Freunde um Schumann, das sie in ihren Kaffee- und Bierlaunen abends am Stammtisch im ›Kaffeebaum‹ spielen? Ist es nur Reflex der literarischen Stilisierungen und Moden der Zeit, die es so sehr liebt, mit vertauschten Identitäten, Doppelgängern, geheimnisvollen Bünden, erdachten Traumwelten, verwirrendem Rollenspiel der Liebes- und Freundschaftsbeziehungen umzugehen: Goethe, Kleist, Jean Paul, E. T. A. Hoffmann, Hölderlin, Eichendorff, Mörike …?

Der junge Komponist rückt den Bund mit seinen spezifischen Namensgebungen in die Nähe der Burschenschaften, mit Meister Raro als ihrem führenden, begeisternden Lehrmeister. 1815 wird die Deutsche Burschenschaft gegründet, eine studentische Bewegung gegen die reaktionären Regierungsformen der nachnapoleonischen Zeit, die liberale Forderungen erhebt und sich zugleich an Träumen von der Größe und Herrlichkeit des alten Reiches erbaut. 1819 werden die Burschenschaften, die alles Philiströse, das meint in ihrem Jargon ›Bürgerliche‹, ablehnen, verboten. Die Universitäten werden in den folgenden Jahrzehnten auf das schärfste kontrolliert. Zahlreiche Burschenschaften bestehen nun als Geheimbünde mit unterschiedlichen politischen Prägungen weiter. Die meisten verfolgen allerdings (avant la lettre) national-liberale Ideen, das heißt, plädieren für ein geeintes Vaterland unter republikanischer oder konstitutionell-monarchischer Führung. Oft wird eine antisemitische Haltung artikuliert. Viele ehemalige Burschenschaftler werden zur Zeit der 48er Revolution wieder öffentlich aktiv. Während seiner Studienzeit in Heidelberg ist Schumann mit der Welt der Burschenschaftler vertraut geworden. Dass sein ›Davidsbund‹ über die Burschenschaften hinaus Geheimbünde wie die Freimaurer, Illuminaten, Rosenkreuzer, gar die italienischen Carbonari zum Vorbild haben sollte, halte ich für eine zu gewagte These. In diese

Richtung hat sich Schumann niemals ausgesprochen und auch keine Hinweise etwa bei der Benennung der Figuren gegeben.

Als stichhaltig erscheint mir Edlers Hinweis, der ›Davidsbund‹ leite sich von literarisch-politischen Gruppierungen ab, die ihr Vorbild im ›Jungen Europa‹ haben. Immerhin soll Heinrich Heine, der vielleicht größte Kopf des ›Jungen Deutschland‹, gleichsam einer Filiale des ›Jungen Europa‹, in Zukunft zu Schumanns Lieblingsdichtern gehören. Gleich dem ›Jungen Europa‹ organisiert der ›Davidsbund‹ eine Zeitschrift. Im ›Kaffeebaum‹ soll die Idee zu einer »Neuen Zeitschrift für Musik« entstanden sein, nachdem die »Allgemeine Musikalische Zeitung« sich von Schumann, der hier Kritiken und Beiträge veröffentlicht, getrennt hat, da ihnen der junge Schreiber zu rebellisch, zu modern erscheint. Auf diese Art wird der ›Davidsbund‹ ein Stück aus seiner fantastischen, fiktionalen Sphäre herausgehoben, denn nun besitzt er ein Sprachrohr für seine Ideen, gewinnt realistischere Züge. Auch wenn Robert Schumann einmal äußert: »Der Davidsbund ist nur ein geistiger romantischer«, nimmt er dem Kreis keineswegs die politische Schärfe. Romantisch wird von den Künstlern dieser Zeit stets mit politisch gleichgesetzt, Victor Hugo verbindet in der Vorrede zu seinem Drama »Cromwell« beide Begriffe aufs engste. Und im typisch romantischen Spachgebrauch beruft Friedrich Wieck alias Meister Raro Morgenrot und Licht als Synonyme für Auf-/Ausbruch aus den festgefügten Verhältnissen: »Jünglinge, ihr habt einen langen, schweren Gang vor euch. Es schwebt eine seltsame Röte am Himmel, ob Abend- oder Morgenröte weiß ich nicht. Schafft fürs Licht!« Schumann lässt 1835 sein Ich ›Florestan‹ unverblümt ausrufen: »Versammelte Davidsbündler, d. i. Jünglinge und Männer, die ihr totschlagen sollet die Philister, musikalische und sonstige.« »Musikalische und sonstige«, also Reaktionäre überhaupt. Nicht zuletzt ein Indiz für die gesellschaftskritische Intention der ›Davidsbündler‹ und ihrer Zeitschrift mit Beiträgern wie Richard Wagner, der schließlich 1849 auf den Barrikaden Dresdens stehen wird und alle Throne zerschmettert sehen möchte, oder Ludwig Rellstab, dessen freidenkerische Musikkritiken ihm sogar eine Gefängnisstrafe eintragen. Als dem Herausgeber der Zeitschrift steht es in Schumann Verantwortung, welche Artikel aus wessen Feder angenommen werden – Schumann unterstützt die Aufmüpfigen, die das überkommene Regelwerk missachten.

In Frankreich waren zwei Grenadier'

Robert Schumanns Musik, das sind nicht leer-stimmungshafte Mondschein-, Liebes- und Verlusttöne, sondern sie ist eine Musik, die auf ihre Umwelt reagiert. Schumann bekennt 1838 gegenüber Clara Wieck: »Nun aber kann ich auch sehr ernst sein … es affiziert mich alles, was in der Welt vorgeht, Politik, Literatur, Menschen, über alles denke ich nach meiner Weise nach, was sich dann durch die Musik Luft machen … will«. Auf diese Art entstehen Kompositionen wie die Heine-Ballade »Die beiden Grenadiere« op. 49,1 aus Schumanns früher Liederzeit 1840. Geschlagen aus russischer Gefangenschaft heimkehrend erfahren die beiden Grenadiere, dass Napoleon gefangen ist; während der eine sich um seine Familie sorgt und zu ihr zurückkehren will, beschwört der andere seine bedingungslose Treue zum Kaiser (elementarer Ausduck seines nationalen Gefühls) über das Grab hinaus: »Gewähr' mir, Bruder, eine Bitt':/ Wenn ich jetzt sterben werde,/ So nimm meine Leiche nach Frankreich mit,/ Begrab' mich in Frankreichs Erde …// So will ich liegen und horchen still,/ Wie eine Schildwach' im Grabe,/ Bis einst ich höre Kanonengebrüll/ Und wiehernder Rosse Getrabe.// Dann reitet mein Kaiser wohl über mein Grab,/ Viel Schwerter klirren und blitzen,/ Dann steig ich gewaffnet hervor aus dem Grab/ Den Kaiser, den Kaiser zu schützen!« Schumann operiert in diesem Lied mit zwei verschiedenen Räumen, einem weiten Raum, der durch große Intervallsprünge, vor allem einem markanten Quartsprung aufwärts, durch melodischere Bewegung, eine aktivere Klavierbegleitung ausgedrückt wird, und einem begrenzten Raum mit statischen Akkordfortschreitungen der Begleitung und geringem

Ambitus in Tonrepetitionen der Singstimme. »... die traurige Mär':/ Daß Frankreich verloren gegangen/ Besiegt und geschlagen das Große Heer«, diese Textstelle steht im engen Raum entsprechend der resignativen (Takt 11-17) Haltung des sich nach Hause sehnenden Grenadiers, »Das Lied ist aus« (Takt 29-35). Der weite Raum gehört der patriotischen Utopie des anderen Soldaten. Der Quartsprung steht ab Takt 53 in jeder Zeile der Strophe und wird endlich, in Takt 61 (»So will ich liegen«) weitergeführt, und zwar in die Melodie der Marseillaise. So weit folgt Schumann der Intention Heines, der seit seiner Düsseldorfer Jugend von Napoleon als dem großen Hoffnungsträger für ihn als Citoyen wie als Juden fasziniert war und die Hoffnung auf einen zweiten Napoleon vermitteln will. Nun aber knüpft Schumann in einem kurzen, viertaktigen Nachspiel an die Motivik des begrenzten Raumes an, verstärkt durch die Tempoangabe Adagio. Er wendet die utopische Stimmung ins Resignative, Gebrochene; zumindest stellt er die Hoffnung auf eine große, freiheitliche Zeit wie unter Napoleon in Frage. 1840, als Schumann »Die beiden Grenadiere« vertont, werden Napoleons sterbliche Überreste feierlich in den Invalidendom überführt. Louis Napoleon, ein Neffe Napoleons, der als Liberaler gilt und großes Vertrauen beim Volk genießt (Heines zweiter Napoleon), unternimmt im selben Jahr einen Putschversuch, nachdem ein erster 1836 gescheitert war.

Dass Robert Schumann, der nicht wie Heine im Brennpunkt Paris lebt, einer neuen Freiheit skeptisch gegenübersteht, erklärt sich durch die tagtägliche Verschärfung der Reaktion, vor allem in den Königreichen Preußen, Sachsen und Hannover. Das Lied »Die beiden Grenadiere« ist im Jahr 1840 ein Wagnis. Es kriselt in diesem Jahr bedenklich zwischen Frankreich und Deutschland, nachdem Frankreich vehement den Rhein als natürliche Grenze beider Nationen gefordert hat, das heißt alle linksrheinischen Gebiete für sich beansprucht, was sofort die erbitterten deutschen Patrioten auf den Plan ruft: Nationalistische, antifranzösische Trutzlieder wie »Die Wacht am Rhein« von Max Schneckenburger entstehen. Schumann bindet in dieser Situation seine Freiheitsgedanken ausgerechnet an einen französischen Soldaten (aus den Napoleonischen Kriegen) und an die Marseillaise!

Freilich gibt es auch Vertonungen – und zwar sehr viele –, in denen Robert Schumann das Hohelied des deutschen Rheines singt, ganz vaterländisch gesonnen. Entgegen der Meinung vieler älterer Biografen sind Lieder wie »Sonntags am Rhein« op. 36,1 nicht einfach nur »gemächliche, schlichte Wanderlieder mit heimatfrohen Zügen« (Wörner, 1949), sondern allein schon durch ihre Zeitgebundenheit von politischer Aussagekraft. Wie so oft versteckt sich Schumanns Intention im Detail. Während die ersten Strophen zu »Sonntags am Rhein« nach einem Text seines Dichterfreundes Robert Reinick in piano stehen, schreibt Schumann bei dem ersten Erscheinen des Wortes »Vaterland« (Takt 41/42) eine Lautstärkensteigerung zum mezzoforte vor und weiter zum forte. Text: »Das fromme, treue Vaterland/ in seiner vollen Pracht,/ mit Lust und Liedern allerhand/ vom lieben Gott bedacht.«

Relativ häufig vertont Robert Schumann Gedichte, die allgemein eine als drückend und bitter empfundene Gegenwart beklagen und ihr die »gute, alte Zeit« oder auch Traumwelten als Fluchtpunkte entgegenstellen. Da ist beispielsweise der wunderbare Liederkreis op. 39, für den Schumann Eichendorff-Gedichte heranzieht, die entweder tiefe Einsamkeitsgefühle oder Sehnsüchte beschreiben. Joseph Freiherr von Eichendorffs Poeme stellen immer wieder ein lyrisches Ich mitten in eine kalte, abweisende Gegenwartswelt, die ihm fremd ist. Bezeichnenderweise heißt das Eröffnungslied zu op. 39 »In der Fremde«; darin lautete es: »Aus der Heimat hinter den Blitzen rot/ da kommen die Wolken her,/ aber Vater und Mutter sind lange tot,/ es kennt mich dort keiner mehr«. Einsamkeit, Fremdheit sind Motive auch des dritten, des siebten, achten und elften Liedes. Dazwischen gestreut Lieder, die mit Sehnsuchtsmetaphern durchzogen sind (sowohl im Eichendorff-Text – »in die Luft schwingen«, »Vöglein … zöge über das Meer«, Wälderrauschen,

Sternefunkeln, Frühling –, als auch in der Schumannschen Musik – Spitzentöne, Verzierungen, melodische Ausbrüche, Arpeggien. Eichendorff, ein Dichter der Spätromantik und sich seiner Schwellenposition durchaus bewusst, benutzt die traditionellen romantischen Topoi von Sehnsucht, Hoffnung und Liebe teilweise als Requisiten eines längst Vergangenen. Dadurch nimmt er ihnen ihren unmittelbaren Wahrheitsgehalt, d. h. er stellt selbst diese positiven Gefühle in Frage. Typisch und oft bei ihm die Nutzung des Konjunktivs; »Es war, als hätt der Himmel/ die Erde still geküßt«, beginnt eines seiner bekanntesten Gedichte, »Mondnacht«. Wunschwelt und Realität prallen hart aufeinander, die Wunschwelt verliert dabei immer, wie in dem Gedicht »In der Fremde«, das Schumann als op. 39, 8 vertont: »Die Mondesschimmer fliegen,/ Als säh ich unter mir/ Das Schloss im Tale liegen,/ Und ist doch weit von hier!// Als müßte in dem Garten/ Voll Rosen weiß und rot,/ Meine Liebste auf mich warten,/ Und ist doch lange tot.« Schumann wiederholt die letzte Textzeile zweimal und setzt beim letzten Mal den Spitzenton auf das Bindewort »und«, wodurch das nachfolgende »ist« stärker betont wird. »Ist«. Die Gegenwart. Bei Schumann erhält sie ein weitaus tragischeres Gesicht als bei Eichendorff. Möglich, dass Schumanns überempfindliche Persönlichkeit ihn mehr an der Alltagswelt leiden lässt als Eichendorff. Schon der junge Komponist legt eine seltsame Neigung an den Tag, sich einzuspinnen in seine eigene Fantasiewelt, abzuschotten nach außen. »Gestern und vorgestern habe ich mich recht in mich eingewickelt, daß kaum die Flügelspitzen heraussahen – hätte mich eine Hand berührt, husch! Wäre ich in die Höhe aufgeschwirrt und auf und davon, damit mich niemand störe in meinem Sein, Denken und Lieben.«

Wortgebundene Musik erleichtert dem Interpreten oftmals seine Arbeit, wie ist es aber mit Schumanns Instrumentalmusik, bietet sie Ansätze, Intentionen ihres Schöpfers auszumachen? Da sind zunächst die »Davidsbündlertänze« op. 6. Seiner Geheimbund-Idee hat Schumann in diesen Klavier-Miniaturen künstlerischen Raum gegeben. Es ist ein Spiel mit Fiktion und Realität: als

Verfasser der einzelnen Stücke werden F oder E, also Florestan oder Eusebius, angegeben; jedes Stück ist einem Davidsbündler zugedacht, gewissermaßen als dessen Charakteristik, so atmet die Miniatur »Chopin« ganz den Chopinschen Etüdenduktus. Da wird der ›Davidsbund‹ noch einmal im Kunstwerk erschaffen, auf diese Weise existiert er in der realen und in der fiktiven Welt. Wie ein Manifest hat Schumann seine Tänze op. 6 geschrieben, ein Sich-Versichern, dass Florestan, Eusebius, Chiara, Estrella, Chopin tatsächlich einer geistigen Gemeinschaft zugehören. Der Ton der »Davidsbündlertänze« ist neu: gefühlsbetonte, gefühlsinspirierte Stücke, an keine Form gebunden, keinem äußeren Zwang, keinem Konzept unterworfen. »In den Tänzen sind viele Hochzeitsgedanken – sie sind in der schönsten Erregung entstanden, wie ich mich nur je besinnen kann«, berichtet Schumann 1837 seiner Clara: »Ein ganzer Polterabend ist die Geschichte und Du kannst Dir nun Anfang und Schluss ausmalen. War ich je glücklich am Klavier, so war es, als ich sie komponierte«. Und gerade das ist künstlerisch wie gesellschaftlich von Bedeutung: Mit dem gefühlsbetonten Formlosen wenden sich die Romantiker vehement gegen die Ästhetik der Klassik, die Ästhetik einer noch absolutistisch regierten Gesellschaft, die auf strengsten formalen Prinzipien beruht. Die romantischen Künstler haben die Aufgabe, »ein Zeitalter loszuketten, das noch mit tausend Ringen am alten Jahrhundert hängt«, legt Schumann seinem Alter Ego Florestan in den Mund.

Brüche

1841 wird dem Komponisten »das Klavier zu enge«. Er bemüht sich um die symphonische Gattung. Ende Januar 1841 meldet Clara in dem gemeinsam aufgeführten Ehetagebuch: »Wider die Abrede ist es, dass ich diese Woche das Buch führe, doch wenn ein Mann eine Symphonie komponiert, da kann man wohl nicht verlangen, daß er sich mit anderen Dingen abgibt – muss sich doch sogar die Frau hintenangesetzt sehen! Die Symphonie ist bald fertig; ich habe zwar noch gar nichts davon gehört, freue mich aber unendlich, dass sich Robert endlich auf das Feld begeben, wo er mit seiner großen Phantasie hingehört«. Innerhalb von drei Wochen liegt das Werk fertig vor. Clara berichtet nun, den ersten Anstoß zu der Komposition sei ein Frühlingsgedicht Carl Vilhelm Böttigers gewesen, der -!- zu den Davidsbündlern zählt. Ganz folgerichtig nennt Schumann sein op. 38 in B-Dur »Frühlingssymphonie«, nicht nur wegen des inspirierenden Textes, sondern im Bewusstsein des literarischen Topos »Frühling«. Frühling, Aufbruch, etwas Neues, die Abkehr vom Alten, das »Losketten von alten Jahrhunderten«. Bezeichnend ist, dass Schumann seinem Dirigenten Karl Taubert einprägt, dem Orchester »beim Spiel etwas Frühlingssehnsucht einzuwehen; die hatte ich hauptsächlich dabei, als ich sie schrieb im Januar 1841. Gleich den ersten Trompeteneinsatz möcht' ich, dass er wie aus der Höhe klänge, wie ein Rufen zum Erwachen.« Wie in seinen bisherigen Klavierwerken und Liedern sucht Schumann die traditionellen Formen aufzusprengen. In seiner ersten Symphonie geschieht das noch recht zaghaft mit Erweiterungen von erstem und zweiten Thema im Sonatenhauptsatz, in den er übrigens eine Art drittes Thema einbaut, eigentlich nur ein chromatisches Aufwärtsschreiten der Holzbläser (Oboen, Fagotte), aber betont im fortissimo präsentiert; des weiteren lässt er eine zweite Überleitung völlig fallen, doch geht sie sofort in die Schlussgruppe des ersten Satzes über. Auch in der Durchführung arbeitet er nicht nur mit dem Themenmaterial des Hauptsatzes wie allgemein üblich, sondern fügt neue Motive ein, die Themencharakter haben. Schließlich setzt er an die erste Durchführung eine zweite, ehe er einen völlig konventionellen Schluss entwickelt.

Das Komponistenleben, das sich derart hoffnungsfroh anlässt, erfährt im Jahr 1844 einen Einbruch. Da sich die Schumanns in finanziellen Schwierigkeiten befinden (es gilt mittlerweile, eine mehrköpfige Familie zu ernähren), unternehmen sie eine Konzertreise nach Russland, d. h. Clara, die ja als einstiges pianistisches Wunderkind immer noch über ihr Publikum verfügt, produziert sich als Virtuosin, während Schumann der Part des Begleiters zufällt. Für Schumann ist es eine ungeheure Kränkung, nur der Ehemann der brillanten Clara Wieck zu sein. Bereits im Vorfeld der Reise kommt es zu Spannungen in der Künstlerehe, da natürlich jeder der beiden sich künstlerisch verwirklichen will. »Soll ich denn mein Talent vernachlässigen, um Dir als Begleiter auf der Reise zu dienen?«, klagt Schumann: »Und Du sollst deshalb Dein Talent ungenützt lassen, weil ich nun einmal an Zeitung und Klavier gefesselt bin?« Prompt wird Robert während der Reise krank, ein grippaler Infekt, der an sich schnell wieder verfliegt. Aber von nun an wird er immer häufiger mit Krankheit auf Unliebsamkeiten reagieren.

Als verhängnisvoll empfindet Schumann eine Kompositionsblockade. Statt Töne schreibt er nun Texte. »Einstweilen noch einen poetischen Gruß aus Moskau, den ich mir Ihnen persönlich zu übergeben nicht getraue. Es ist versteckte Musik, da zum componieren keine Ruhe und Zeit war«, teilt er seinem Schwiegervater Friedrich Wieck mit. Ich vermute stark, dass sich während der Auslandsreise erste Anzeichen seiner Syphiliserkrankung bemerkbar machen. Noch als er aus Russland zurückgekehrt und von Leipzig nach Dresden übersiedelt ist, bleiben die Symptome auffällig, hält Schumanns depressive Stimmung an. Verzweifelt versucht er, in Wien oder Berlin als Komponist Fuß zu fassen, doch seine Musik ist zu wenig populär. Erst 1850 erhält er eine adäquate Anstellung in Düsseldorf als städtischer Musikdirektor.

Um 1844 muss ein Bruch sein Weltbild verändert haben, er wendet sich beispielsweise von Heinrich Heine ab und der ungebrocheneren Romantik eines Ludwig Tieck und Ludwig Uhland, aber auch dem »Antiromantiker« Friedrich Hebbel zu. Als er Byrons Drama »Manfred« vertont, macht er aus dem unbelehrbaren Rebellen des Byronschen Originals (Manfred, der mit Hilfe dunkler Mächte versucht, der unerfüllbaren Liebe zu seiner Schwester Herr zu werden, verzichtet noch im Sterben auf die Hilfe eines Priesters) einen Menschen, der seinen Frieden mit dem Schicksal macht, indem er sich der Kirche fügt;

Glockenklänge verkünden in Schumanns Interpretation die Zähmung des Aufbegehrers. In Schumanns Oper »Genoveva« von 1848 werden die Intriganten Golo und Margarethe in ihre Schranken verwiesen. Der Held Siegfried und die demütige Genoveva, Vertreter des legitimen Herrschertums, bleiben in ihrer Stellung unberührt. Vielleicht fällt die Oper bei der Uraufführung 1850 durch, weil das Publikum sich eine kritischere, schärfere Oper erwartet hat, so kurz nach der Revolution. Übrigens ist auch dies symptomatisch für Robert Schumann: er komponiert während der Unruhen 1849 wohl Märsche und Freiheitslieder nach Texten Freiligraths, bleibt andererseits aber nicht in Dresden, wie etwa Richard Wagner, der aktiv auf den Barrikaden für seine demokratischen Ideen kämpft, sondern flieht mit seiner Familie nach Kreischa, wobei er zu allem Überfluss die Sorge, Kinder und Hausrat zu retten, seiner wieder hochschwangeren Ehefrau überlässt, die es tatsächlich noch einmal auf sich nimmt, in die brennende Stadt zurückzukehren, um die letzten Wertgegenstände zu retten. Jubelt er im März 1848 noch: »Völkerfrühling!«, resigniert er bereits im Herbst desselben Jahres: »Welche Zeit, welche furchtbare Empörung der Volksmassen, auch bei uns! Nun – schweigen wir davon und lassen uns lieber von unserer geliebten Kunst sprechen.« Wie weit sich Schumann in seinen reifen Schaffensjahren zurückzieht, wie weit er sich »in sich selbst einwickelt«, belegen extrem lyrische, wenig dramatische Werke wie das Märchen »Der Rose Pilgerfahrt« op. 1123 oder seine stärkere Hinwendung zur Sakralmusik, mit der Messe und dem Requiem von 1852, was sich schon in der 3. Symphonie und dem »Requiem für Mignon« ankündigt.

Es ist schon die Zeit des Rückzugs, der bürgerlichen Resignation.

Robert Schumann hat Anfang der 50er Jahre massive Probleme mit dem ihm anvertrauten Düsseldorfer Orchester. Man wirft ihm Inkompetenz als Dirigent vor (was teilweise Berechtigung hat), und offenbar fehlt es Schumann an Selbstbewusstsein, diese Angriffe zu parieren. Er ordnet sich unter, wodurch ihm natürlich die Leitung aus den Händen gleitet. Immer tiefer zieht er sich in sich selbst zurück, zu enttäuscht, um noch vieles von außen zu sich eindringen zu lassen. Einzig künstlerische Ereignisse, beipielsweise die berühmte erste Begegnung mit Johannes Brahms, der sein Schüler und Freund wird, dringen in Schumanns Einsiedelei vor. »Robert ist schrecklich heimgesucht von hypochondrischen Gedanken« – Claras Tagebücher melden ein ums andere Mal Hiobsbotschaften über Schumanns Zustand. »Wunderbare Leiden«, schreibt der in sein Tagebuch, während Clara von einem »förmlichen Nervenparoxysmus« spricht. Ende Februar 1854 erfolgt der völlige Zusammenbruch. Am 29. Juli 1856 stirbt er. »Seine letzten Stunden waren ruhig, und so schlief er auch ganz unbemerkt ein, niemand war in dem Augenblick bei ihm«.

Elftes Kapitel

Das Judentum in der Musik
Jüdische Komponisten und ihre Gegner

In feindlicher Umwelt

Seit den großen Judenverfolgungen des späten Mittelalters waren die europäischen Staaten verstärkt dazu übergegangen, Juden das Aufenthaltsrecht nur dann zu gewähren, wenn sie sich – mit krausesten Begründungen – finanziell auspressen ließen. Die drückende Lage der Juden blieb vielerorts bis weit ins 19. Jahrhundert bestehen. Als der schon weltberühmte, in Paris und Berlin gefeierte Opernkomponist Giacomo Meyerbeer 1847 nach Wien reisen will, sieht er sich mit der Forderung nach Leistung eines »Schutzzolls« konfrontiert. Eine uralte Einrichtung der Stadt, um die Zahl der zuwandernden Juden möglichst gering zu halten und darüber hinaus versteckte Steuern zu kassieren. »Ein wahres Curiosum ist … die eigenthümliche Ovation, welche ihm von Seiten unserer Polizei dargebracht worden ist«, berichtet eine Zeitung über Meyerbeer: »Es gehört nämlich zu den Attributen dieser Dame, dass sie sich als eine theure Reliquie aus schönen mittelalterlichen Tagen, von allen Juden, die nach Wien kommen, alle 14 Tage eine Art Leibzoll bezahlen lässt, die für Bankiers auf 4 Gulden und für gemeine jüdische Erdensöhne auf 2 Gulden festgesetzt ist. Das gilt ebenso von allen k.k. Unterthanen, die nicht in Wien ansässig sind, als auch von Fremden. Nur die französischen Juden machen eine Ausnahme, da der französische Gesandte einmal eine Erklärung abgegeben haben soll, dass Frankreich sich genöthigt sehen würde, Repressalien auf alle nach Paris kommenden Österreicher auszudehnen. Meyerbeer, schon vor seinem Eintreffen in Wien von dieser mittelalterlichen Steuer unterrichtet, wandte sich an ein befreundetes Bankhaus mit der Erklärung, dass er eher auf seinen Wiener Aufenthalt verzichten, als sich dem erwähnten Paria-Zoll unterwerfen würde, worauf die betreffende Behörde dem intervenierenden Bankier die Antwort gab, dass Herr Meyerbeer versichert sein dürfe, nicht als Jude, sondern als Franzose behandelt zu werden.«

Auch Felix Mendelssohn Bartholdy, einer der angesehensten Musiker des Jahrhunderts und wie Meyerbeer aus reichem Berliner Elternhaus, muss während seiner Konzerttourneen immer wieder erleben, dass ihm bestimmte Gesellschaften und Empfänge verschlossen bleiben mit der einzigen Begründung, Juden seien hier unerwünscht. Dieselben Kreise sitzen anderntags in seinem Konzert und beklatschen seine Musik.

Judenfeindschaft hat ihre Wurzel im frühesten Christentum: Der Verrat und die Tötung des Heilands sind der durch die Jahrhunderte wiederkehrende Vorwurf gegen die Juden. Auf vielen Gebieten sucht sich schon das frühe Christentum vom Judentum abzugrenzen, auch auf dem der Musik; anders als in der Synagoge lehnt die Kirche den Gebrauch von Instrumenten ab; erlaubt sind lediglich Gesänge, Psalmodien, syllabisch vorgetragene Hymnen oder ausgezierte geistliche Lieder.

Die Zeit der Kreuzzüge ist ein erster grausamer Höhepunkt des Judenhasses; die großen Judengemeinden in den Bischofsstädten des Rheinlands fallen mordenden und plündernden Kreuzzugsscharen zum Opfer. Im 14. Jahrhundert folgen in vielen Ländern – Deutschland, Frankreich, England, Spanien – noch heftigere Judenverfolgungen mit Mord, Zwangsbekehrung und Vertreibung. Am Straßburger Münster werden zu Anfang der 13. Jahrhunderts die beiden berühmten Figuren angebracht: Ecclesia und Synagoge; Ecclesia, gekrönt, Kreuz und Kelch wie Zepter und Reichsapfel haltend, mächtig, stolz, deutlich die Vereinigung von Christentum und weltlicher Gewalt demonstrierend, während Synagoge, schön wie ihr christliches Gegenüber, aber in tiefer Melancholie eine zerborstene Lanze umfassend, mit gesenktem Haupt und verbundenen Augen als die Vertreterin der besiegten, der falschen Religion dargestellt ist.

Juden, heißt es, würden Kinder stehlen, vorzugsweise kleine Knaben (der bethlehemitische Kindermord!), die sie folterten und töteten, deren Blut sie in »schwarzen Messen« tränken, deren Fleisch sie brieten. Sie raubten und schändeten geweihte Hostien, vergifteten Brunnen – absurde Vorwürfe gibt es genug, die Pogrome in den Judengassen der Reichsstädte zu rechtfertigen. Heinrich Heine hat diese furchtbare Judenfeindschaft in seinem Fragment gebliebenen Historienroman »Der Rabbi von Bacherach« geschildert. In ebendieser Zeit sind weitsichtige Humanisten wie Pico della Mirandola oder Johannes Reuchlin offen gegenüber der Kabbala, der Geheimlehre der Juden, doch der Reformator Martin Luther steht wieder ganz in der unheilvollen Tradition, wenn er fordert, »daß man ... ihre Häuser ... zerbreche und zerstöre ... daß man den Juden Geleit und Straße ganz und gar aufhebe ... sie sollen daheim bleiben, ... man ... nehme ihnen alle Barschaft und Kleinode an Silber und Gold ... lasse sie ihr Brot verdienen im Schweiß der Nasen, wie Adams Kindern aufgelegt ist ... daß man ihre Synagoga ... mit Feuer anstecke ... daß man ihnen alle ihre Bücher nehme«.

Im 17. Jahrhundert werden die Diffamierungen subtiler, spitzer, oft drückender als im Mittelalter. In einigen Städten schreibt man Juden besondere Kleiderordnungen vor (den gelben Spitzhut) und verweist sie ins Ghetto. Ökonomisch sind viele Fürsten von ihren ›Schutzjuden‹ abhängig. De facto sorgt die Judenschaft eines Landes durch die ihnen auferlegten Kopfsteuern und Sonderzölle für volle Staatskassen.

Das Zeitalter der Aufklärung ändert wenig an der bedrückenden Lage der Juden, wenn sie nun auch in pietistischer Manier trotz ihres Judentums toleriert werden. Juden gelten in der Regel als Ausländer, nie als vollberechtigte Bürger. Nur mit erkauften Schutzbriefen erhalten sie Wohn- und Arbeitsrechte. Im 18. Jahrhundert werden allerdings Stimmen laut, die einer besseren Behandlung der Juden das Wort reden. Gotthold Ephraim Lessing verkündet in seinem Drama »Nathan der Weise« von 1779 die humane Botschaft, dass auch ein Jude ein gerecht denkender und mitfühlender Mensch sein kann. Der preußische Rat Christian Dohm gibt daraufhin zwei Jahre später die Broschüre »Über die bürgerliche Verbesserung der Juden« heraus, in der er sich für eine rechtliche Gleichstellung ausspricht. Beide, Lessing und Dohm, gehören zum Umfeld des Philosophen Moses Mendelssohn, Felix Mendelssohn Bartholdys Großvater.

Moses Mendelssohn: der jüdische Aufbruch

Im September 1729 wird der Lehrerssohn geboren, ein frühreifes, hochintelligentes Kind, das bereits mit fünf Jahren die höhere Schule besucht. Moses Mendelssohn widersetzt sich den Plänen der Eltern, die ihn als Handelsjuden sehen möchten, und geht nach Berlin, verdient sich ein mageres Taschengeld als Kopist und kann auf diese Weise seine Studien vorantreiben. Doch da gibt es eine Sprachbarriere. Mendelssohn spricht neben Hebräisch und Aramäisch lediglich Jiddisch. Dass ein Jude reines Deutsch spricht und schreibt, wird weder von den christlichen Regierungen noch von den jüdischen Gemeinden gewünscht. Beide suchen sich voneinander abzugrenzen. Aber Moses Mendelssohn will anderes, sucht die Gemeinschaft mit christlichen Deutschen, denn nur ein friedliches Zusammenleben könne die Situation der (zumeist verarmten) Judenschaft bessern. Heimlich, damit die Rabbiner es nicht erfahren, lernt Mendelssohn Deutsch. Er wird Hauslehrer bei dem Seidenwarenfabrikanten Bernhard, tritt als Autor hervor, fordert in einer Literaturkritik die Pflege der deutschen Sprache anstelle des von Hof und Adel favorisierten Französischen. Der geduldete Jude wagt den öffentlichen Disput, kämpft Seite an Seite mit dem Schriftsteller Lessing. Eine große Idee hegt er: die Bildung der Juden in Deutschland zu heben, denn nur eine gebildete Judenschaft wäre in der Lage, sich zu emanzipieren. Mendelssohn ist beruflich als Buchhalter in Bernhards Fabrik tätig, daneben zählt er dank sei-

*»Wo will der Jude hin?« Eine Wache examiniert Moses Mendelssohn
am Berliner Tor in Potsdam.
Kupferstich von M. S. Lowe nach Daniel Chodowiecki, 1791.*

ner Schriften bald zu den angesehensten Philosophen der Zeit, korrespondiert mit Herder, Hamann und Kant. Trotzdem wird er in Berlin behandelt wie die anderen Juden. »Ich ergehe mich«, schreibt er in einem seiner Briefe, »zuweilen des Abends mit meiner Frau und meinen Kindern. Papa! fragt die Unschuld, was ruft uns jener Bursche dort nach? Warum werfen sie mit Steinen hinter uns her? Was haben wir ihnen denn getan? – Ja, lieber Papa! Spricht ein anderes, sie verfolgen uns immer in den Straßen und schimpfen: Juden! Juden! Ist es denn so in Schimpf bei den Leuten, ein Jude zu sein? Und was hindert dieses andere Leute? – Ach! Ich schlage die Augen nieder und seufze mit mir selber: Menschen! Menschen! Wohin habt ihr es endlich kommen lassen?«

Als Mendelssohn im Januar 1786 stirbt, hat er erreicht, das Bewusstsein der Juden für Bildung und Emanzipation zu öffnen – Kern seines mit dem Schlagwort Haskala (der hebräischen Entsprechung zu ›Aufklärung‹) bezeichneten Programms. Von seinen eigenen sechs überlebenden Kindern werden die Söhne Kaufleute, die älteste Tochter, Dorothea, in erster Ehe mit dem Kaufmann Veit verheiratet, später Ehefrau des Dichters und Gelehrten Friedrich Schlegel, tritt als Schriftstellerin der Romantik in Erscheinung; »Florentin« heißt ihr populärer Roman. Die zweite Tochter, Recha, leitet ein Mädchenpensionat, und die jüngste, Henriette, führt in Paris einen schillernden Salon: »Nach dem vielfachen Tagesgewirr«, schreibt ihr Besucher Varnhagen von Ense, »gewährte mir ein Garten in der Rue Richer den traulichsten, beruhigendsten Aufenthalt. Dort wohnte in einem Gartenhause Henriette Mendelssohn, die sinnvolle, fein gebildete Schwester der Frau von Schlegel, und leitete eine Pensionsanstalt kleiner Mädchen. Sie selbst war unansehnlich, etwas verwachsen, aber dennoch eine Erscheinung, von der man sich angezogen fühlte … Sie hatte scharfen Verstand, ausgebreitete Kenntnisse, helles Urteil … Bei solchen Eigenschaften konnte ihr ein edler Gesellschaftskreis nicht fehlen … Als Frau von Staël noch in Paris sein durfte, kam sie öfter zu Fräulein Mendelssohn, ebenso Benjamin Constant … Spontini saß hier ganze Abende mit uns im Mondschein und sann auf neue Lorbeeren, die er den durch die Vestalin jüngst gewonnenen hinzufügen könnte … Bisweilen traten auch, wenn der Boden sicher war, die politischen Meinungen ohne Scheu hervor«.

Die jüdischen Salons, sie sind eine wichtige Institution für jüdische Musiker und ein einflussreicher Teil der bürgerlichen Salonkultur, die sich nach den Umwälzungen der Französischen Revolution herausbildet. Hier werden, wie Varnhagen es andeutet, Politik *und* Kunst gepflegt. Da die Musiksalons (zumindest in den Metropolen) in einem breit gespannten Kontaktnetz miteinander stehen, ist Hilfe für reisende Musiker beinahe immer gewährleistet. Jüdische Musiker sind auf ihren Konzertreisen stärker judenfeindlichen Anfeindungen ausgesetzt. Manchmal äußert sich der »alltägliche Antisemitismus« in der Weigerung der Postillione oder Mitreisenden, Juden in der Postkutsche zu befördern bzw. gemeinsam mit ihnen in einem Wagen zu sitzen, oder in überteuert angebotenen Hotelzimmern. Es muss auffallen, dass mit Aufkommen der jüdischen Musiksalons vor 1800 auch der Anteil jüdischer Tonkünstler ansteigt. Möglicherweise schaffen die Salons eine Vorbedingung für jüdische Komponisten.

Giacomo Meyerbeer und der jüdische Musiksalon

Zu den bedeutendsten Musiksalons Anfang des 19. Jahrhunderts zählt der Berliner »Cercle« Amalia Beers, einer Nachfahrin des Hofjuden des Großen Kurfürsten. Ihr Vater, der reichste Mann Berlins, organisierte das preußische Postfuhrwesen. Er verheiratete sie mit dem Zuckerfabrikanten Jakob Herz Beer, in dessen Haus Amalia ihren Musiksalon öffnet. Sie gilt als »majestätische Erscheinung«, überaus klug »und charmant«; sie verfügt über enge Kontakte zum preußischen Hof. Nicht zu verwundern, dass die gesamte königliche Familie in einem Konzert erscheint, in dem Amalias halbwüchsiger Sohn Meyer Beer als Pianist glänzt. Giacomo Meyerbeer, wie er sich später nennt, erfährt durch seine

*Giacomo Meyerbeer geschmückt mit dem »Pour le mérite«, 1851.
Im Auftrag Friedrich Wilhelms IV. gemaltes Porträt von Karl Begas für die
königliche Galerie der Ordensträger auf Schloss Monbijou bei Berlin.*

Mutter frühe Protektion. Die günstige Stellung am Hof macht seinen Karriereweg leichter, aber nicht immun gegen unablässige Vorurteilsbekundungen. Obwohl seine Mutter selbst zu den prominentesten Salonnièren zählt, erwachsen ihm in (christlichen) Gesellschaften immer wieder Schwierigkeiten. So vertraut der Einundzwanzigjährige 1812 seinem Tagebuch an: »Gracien verwundeten mich dort bis ins Innerste meiner Seele & knickten meinen Mut & Frohsinn … Wann werde ich doch endlich lernen, mich in das längsterkannte & unvermeidliche ruhig zu schicken?« Umso wichtiger ist die Schaffung eines eigenen Gesellschaftsnetzes. Der Kontakt zwischen den einzelnen jüdischen Musiksalons ist enger als üblich. Amalia Beer steht in Austausch mit dem Salon der Charlotte Moscheles in London, die wiederum mit dem Henriette Mendelssohns in Paris, die sich ihrerseits natürlich mit dem Salon ihrer Schwägerin Lea Salomon in Berlin austauscht, deren Fäden sich bis in die Schweiz und bis nach Lettland ziehen. In jüdischen Musiksalons lebt auch stärker als anderswo die Idee der Familientradition. Bald jede Ehefrau eines jüdischen Komponisten ist dazu angehalten, einen Salon zu führen. Sobald Giacomo Meyerbeer die Ehe mit Minna Mousson eingegangen ist, leitet Minna ihren Salon im Sinne Amalia Beers. Giacomo und Minnas Tochter Cornelie Richter führt dann die Tätigkeit ihrer Mutter bis zur Jahrhundertwende weiter. Lea Salomon übergibt ihren Cercle allmählich an die Töchter Fanny und Rebecca Mendelssohn, genauso verfährt Charlotte Moscheles, die Ehefrau des Komponisten und Klaviervirtuosen Ignaz Moscheles.

Die jüdischen Salons und das Auftreten jüdischer Musiker sind ein wichtiger Ausdruck der Emanzipationsbestrebungen des Judentums. Juden setzen ihre Hoffnung nicht zuletzt auf das Freiheits- und Gleichheitsideal der Französischen Revolution, als dessen Erben sie – trotz aller Kritik – Napoleon sehen. Der Kaiser lässt 1806 alle Judenghettos aufheben. Nun dürfen Juden Wohnungen mieten und Häuser kaufen, wo es ihnen beliebt und wo es ihnen möglich ist. Ein Signal, aber keine wirkliche Gleichstellung: Napoleons Judendekrete entspringen mehr seinem politischen Kalkül als einem echten Interesse an einer Judenemanzipation. Die Judenschaft bleibt während der gesamten napoleonischen Herschaft und erst recht während der darauffolgenden Metternich-Ära ein Spielball in den Händen der Mächtigen. Als es darum geht, Napoleon zu stürzen und Preußen sich hierbei auch der Loyalität der jüdischen Untertanen versichern will, erlässt der König 1812 ein Emanzipationsedikt, das von Dohms Forderungen ausgeht und den Juden einige Freiheiten einräumt. Diese neue Toleranz gegenüber den Juden erregt heftigen Widerstand: Bereits 1811 bildet sich die »Christlich-deutsche Tischgesellschaft«, die für Juden ausdrücklich verboten ist und in der antijudaistische Reden gehalten werden, zum Beispiel von dem Lyriker Clemens Brentano; nationalistische Strömungen dieser Art nehmen zu. Der Philosoph und Patriot Johann Gottlieb Fichte agitiert gegen Juden; 1817 werden auf dem Wartburgfest (zur Erinnerung an die Leipziger Völkerschlacht) neben reaktionären Schriften auch Bücher jüdischer Autoren verbrannt. Die 1815 gegründeten Burschenschaften rufen zwei Jahre darauf zur Rache an der »Juden-Rotte«, die »Kinder derer, die da schrien: kreuzige, kreuzige« auf: »Hepp! Hepp! Hepp! Aller Juden Tod und Verderben, Ihr müsst fliehen oder sterben«. In vielen Städten Deutschlands kommt es daraufhin zu blutigen Ausschreitungen gegen Juden. Viele werden schwer verletzt, einige getötet. »Wo sich in jener Zeit einzelne Juden oder jüdische Familien sehen ließen, rief man ihnen spottend in den Straßen nach. Gerüchte von Feindseligkeiten … zirkulierten«, erinnert sich die Frauenrechtlerin Fanny Lewald: »Ich vernahm es, wie man in Frankfurt am Main und in Würzburg den Juden die Fenster eingeworfen und ihre Häuser geplündert haben sollte, wie angesehene Männer auf der Straße beschimpft und mißhandelt worden waren.«

Aber selbst die Hepp-Hepp-Unruhen können das neu gewonnene Selbstbewusstsein nicht erschüttern, den Stolz, Juden und Deutsche zu sein, genauso wenig können die Zusicherungen des

Edikts von 1812 zurückgenommen werden, die einheimischen Juden die Staatsbürgerschaft und eine freie Berufswahl bieten. Auch gesellschaftliche Akzeptanz? Allenfalls oberflächlich, denn auch als Eingebürgerte gelten Juden lediglich als Staatsbürger zweiter Klasse. Man lässt sie es bei allen möglichen gesellschaftlichen Anlässen spüren mit einem fein abgestimmten und nahezu unmerklichen Spiel gesellschaftlicher Verhaltensweisen, Nuancen in der Begrüßung, im Gespräch, in der Verabschiedung, die auf Herablassung oder Verachtung hindeuten.

Musiker sind öfter als andere Künstler diesen subtilen Demütigungen ausgesetzt. Auffällig ist, wie viele von ihnen ihre als eindeutig, ›jüdisch‹ abqualifizierten Namen ändern. Meyer Beer zieht Vor- und Nachnamen zusammen, da Meyerbeer weniger eindeutig klingt. Seinen neuen Vornamen Jacob setzt er in die italianisierte Form. Ein Jahrhundert später legt Bruno Walter, der Dirigent und Mahler-Freund, den in jüdischen Kreisen weit verbreiteten Namen Schlesinger ab. Jacques Fromental Halévy trägt ursprünglich den schlichten, aber typischen Namen Elias Levy, Jakub Offenbach französisiert lediglich seinen Vornamen zu Jacques, als er aus dem judenfeindlichen Köln ins tolerantere Paris flüchtet. Oft, wie im Falle Felix Mendelssohns, geht die Namensänderung mit der Konversion zum christlichen Glauben einher. Felix' Vater Abraham beratschlagt mit seinem Schwager nach dem Übertritt zum Protestantismus eine Namensänderung: »Ich würde raten, dass Du den Namen Mendelssohn Bartholdy zur Unterscheidung von den übrigen Mendelssohns annimmst ... so erreichst Du Deinen Zweck, ohne etwas Ungewöhnliches zu tun – denn in Frankreich und überall ists Brauch, den Namen der Verwandten der Frau dem seinigen als Unterscheidung beizufügen.«

Mit dem alleinigen Mittel der Namensänderung ist gewissen Feindseligkeiten aber noch kein Riegel vorgeschoben. Das ›Jüdische‹ wird zum Angriffspunkt von Publikum und Presse. Negative Meinungen über Musik jüdischer Komponisten werden mit den üblichen Vorwürfen antijudaistischer Façon ausgedrückt: die Musik klinge fremd, grotesk, verzerrt, larmoyant, kläglich, un-

Felix Mendelssohn Bartholdy auf dem Totenbett. Zeichnung von Eduard Bendemann, einem Freund des Komponisten.

deutsch, weibisch; gebräuchliche Topoi zur angeblichen Charakterisierung der Juden. Kein Geringerer als Robert Schumann spricht in einer Rezension von dem »verzerrenden und verzerrten Meyerbeer«, dem »ein verblendeter Hauffe« zujauchze. Er bedient sich in einer weiteren Kritik aus den Jahren 1836/37 über Meyerbeers Meisterwerk »Die Hugenotten« der typischen Vorurteile gegen Juden:

a. die Verachtung der christlichen Religion
»ich bin kein Moralist; aber einen guten Protestanten empört's, sein teuerstes Lied auf den Brettern abgeschrien zu sehen«,

b. Geldgier
»Geld und Geschrei damit zu erheben«,

c. Sittenlosigkeit/Triebhaftigkeit
»Was bleibt nach den Hugenotten übrig, als daß man geradezu auf der Bühne Verbrecher hinrichtet und leichte Dirnen zur

Schau ausstellt … Im ersten Akt eine Schwelgerei von lauter Männern und dazu, recht raffiniert, nur eine Frau … im zweiten eine Schwelgerei von badenden Frauen … liederliche Tendenz … und ihr deutschen sittsamen Mädchen haltet euch nicht die Augen zu? – Und der Erzkluge aller Komponisten reibt sich die Hände vor Freuden!«

d. Oberflächlichkeit
»Verblüffen oder kitzeln ist Meyerbeers höchster Wahlspruch«,

e. Überheblichkeit
»Er setzt nach solchen Prasselstellen gleich ganze Arien mit Begleitung eines einzigen Instruments, als ob er sagen wollte: »Seht, was ich auch mit wenigem anfangen kann, seht, Deutsche, seht!«

f. Unfähigkeit zu schöpferischer Kreativität; lediglich befähigt zur Nachahmung
»Meyerbeers … höchste Nichtoriginalität und Stillosigkeit sind … bekannt … mit leichter Mühe kann man Rossini, Mozart, Hérold, Weber, Bellini, sogar Spohr, kurz die gesamte Musik nachweisen!«

Schumanns Rezension gipfelt in der Zusammenfassung »Gemeinheit, Verzerrtheit, Unnatur, Unsittlichkeit, Un-Musik«. Diese Palette von Vorwürfen gegenüber Musik jüdischer Tonkünstler taucht wiederkehrend bis zum Ende des Zweiten Weltkriegs und darüber hinaus auf. In dem Buch »Die deutsche Musik der Gegenwart« von Rudolf Louis, das hier als Beispiel aus einer Hochphase des Nationalismus stehen soll (veröffentlicht 1909), bedenkt der Autor Komponisten jüdischer Herkunft stets mit dem Stigma der Fremdheit. Über den Wiener Opernkomponisten Karl Goldmark und den russischen Spätromantiker Anton Rubinstein schreibt er, sie gehörten künstlerisch gesehen zusammen, »als sie beide durch Abstammung und Herkunft dem deutschen Wesen fremd, zeitlebens ›Ausländer‹ innerhalb unserer musikalischen Kultur geblieben sind, und darum auch in den eigenartigsten Elementen ihres Schaffens eine gewisse asiatisch-orientalische Exotik vertreten«. Im Falle Karl Goldmarks wiederholt der Autor Punkt für Punkt die landläufigen Vorbehalte gegen jüdische Komponisten: undeutsches Empfinden, Fremdheit und Mangel an eigener Schöpferkraft, dafür einen »ausgesprochenen musikdramatischen Eklektizismus«. Das musikalische Publikum verinnerlicht die Negativattribute sehr schnell. Eine Kritik wird durch die schlichte Bemerkung, die Musik sei undeutsch, zum grandiosen Verriss; das Publikum weiß sofort, der so Geschmähte wird als Jude abqualifiziert, ob er es nun tatsächlich ist oder nicht.

Die Rezensenten und Musikschriftsteller dieser Zeit behaupten immer weder, Jüdisches aus der Musik herauszuhören. Louis in der »gewissen asiatisch-orientalischen Exotik« Goldmarks, »der auch in seiner Musik die jüdische Abkunft niemals verleugnet« habe. Über Gustav Mahler heißt es:»das, was so gräßlich abstoßend an der Mahlerschen Musik auf mich wirkt. Das ist ihr ausgesprochen jüdischer Grundcharakter. Und zwar, um ganz genau zu sein, nicht dieser allein. Denn das Jüdische als solches könnte wohl exotisch, fremd und fremdartig, aber zunächst noch nicht abstoßend wirken. Wenn Mahlers Musik jüdisch sprechen würde, wäre sie mir vielleicht unverständlich. Aber sie ist mir widerlich, weil sie jüdelt«. Heinrich Laube meint, in Meyerbeers Musik»die Synagoge mit ihren ins Mark dringenden Gesängen ... klar zu hören«. In manchen Fällen werden Begründungen ›des Jüdischen‹ in der Musik deutlicher: für den einen ist es der allzu häufige Einsatz von Klarinetten, für den anderen der weinerliche Grundton eines Werks. Robert Schumann stört sich an Meyerbeers »fatal meckernden unanständigen Rhythmus«.

Das ›Jüdische in der Musik‹ gibt es da, wo der Komponist sich konkreten Klangmaterials mit eindeutigen Bezügen bedient, etwa in Arnold Schönbergs Kantate »Ein Überlebender aus Warschau« op. 46, in der das »Sch'ma Isroel« zitiert wird. Dabei sind Komponist und Musik durchaus nicht gleichzusetzen, denn wenn Meyerbeer in den Hugenotten das Kirchenlied »Ein feste Burg ist unser Gott« zitiert, macht es ihn noch lange nicht zum Protestanten. Auch die Sujetwahl lässt nicht notwendig auf den Komponisten schließen. Stoffe des Alten Testaments etwa sind Anfang des 19. Jahrhunderts generell beliebte Opernsujets und werden von christlichen und jüdischen Musikern gleichermaßen und aus denselben Gründen benutzt. Trotzdem wird immer aufs Neue versucht, bestimmte Texte bestimmten Komponisten zuzuordnen; recht lapidar heißt es dann, dieser und jener jüdische Komponist hätte sich eben tiefer in einen alttestamentlichen Stoff versetzen können als der eine oder andere christliche Komponist, da ihm das Alte Testament bekanntlich mehr entspreche. Während der Weimarer Republik und natürlich während des »Dritten Reichs« beantworten sich Musikwissenschaftler die Frage nach dem Jüdischen in der Musik noch unkomplizierter: Jüdische Musik kommt von jüdischen Komponisten; eine Auflistung aller Tonkünstler jüdischer Herkunft genügt ihnen als Beweis ihrer These.

Halévy: Die Jüdin

Selbstverständlich bringen jüdische Komponisten ihre speziellen Anliegen auf die Bühne oder in den Konzertsaal, aber sie bedienen sich dabei ihres eigenen Stils und des Ausdrucks ihrer Zeit wie jeder andere Komponist auch. Zu den Werken, die sich ganz direkt auf das Schicksal der Glaubensgemeinschaft beziehen, gehört Jacques Fromental Halévys fünfaktige Oper »La Juive«, »Die Jüdin«. Sie wird am 23. Februar 1835 in Paris uraufgeführt, fast fünf Jahre nachdem die Julirevolution den französischen Juden die endgültige Emanzipation, die rechtliche Gleichstellung, brachte, und zieht ein ganze Kette ähnlicher Sujets historisch-religiöser Thematik nach sich. Die Handlung dieses großen musikalischen Historiendramas spielt in Konstanz zur Zeit des Konzils im frühen 15. Jahrhundert, zeigt die Drangsale, die die Juden als angebliche Verursacher der Pest erleiden, und rühmt die Standhaftigkeit der verfolgten Rahel, die auch auf dem Richtplatz nicht bereit ist, ihren Glauben (sie ist, obwohl illegitime Tochter eines Kardinals, als vermeintliche Jüdin im Glauben Israels erzogen worden) zu verraten.

Halévys Oper, zu der Eugène Scribe das Libretto verfasste, schildert als völlig neues Moment in der Operntradition das Selbstbewusstsein von Menschen, die treu zu ihrer jüdischen Religion stehen. Ganz konsequent in seiner Religion wird der alte Goldschmied Eleazar gezeichnet, in dessen Partien Halévy Synagogalgesang zitiert, beinahe leitmotivisch. Eleazar bedeutet die Religion so viel, dass er selbst die geliebte Ziehtochter dem jüdischen Glauben hinopfert, obwohl es sein Vaterherz zerbricht. Auch Rahel bleibt der Religion, in der sie erzogen ist, treu. An ihrem Schicksal, ihrer unglücklichen Liebe, der Misshandlungen durch den Pöbel, ihrer grausamen Hinrichtung wird aber zugleich deutlich gemacht, welch furchtbare Konsequenzen religiöse Intoleranz hat und wie ungerecht die Situation der Juden ist. Neu ist auch, dass alle christlichen Protagonisten des Dramas mit negativen Charakterzügen erscheinen: Rahels ehrgeizige Rivalin Prinzessin Eudoxia, die darauf bedacht ist, den siegreichen Prinzen Leopold heimzuführen; Leopold, der zwischen Rahel und Eudoxia hin- und herschwankt (was Halévy durch die Anpassung seiner Melodielinie jeweils an die der Frauen darstellt), letztendlich aber lieber sein Leben rettet, als sich zur Liebe zu Rahel zu bekennen; der Kardinal, der Eleazar mit dem Leben der Tochter zur Konversion zu erpressen sucht. Kritiker Halévys haben immer ins Feld geführt, dass Eleazar auch keine positive Figur sei, da er dem Kardinal nicht offenbart, dass Rahel dessen Tochter sei und sogar ihre Tötung zulasse. Vom Standpunkt der gottesfürchtigen Juden aus gesehen ist aber gerade diese Haltung Eleazars positiv, sogar tugendhaft. Die völlige Selbstaufopferung für Jahwe, die Bereitschaft zum Martyrium ist eine existentielle Basis der jüdischen Religion, um sie verständlich zu machen, muss nur auf die Geschichte von der Opferung Isaaks durch Abraham hingewiesen werden.

Vom zeitgenössischen Publikum wird »La Juive« begeistert aufgenommen, nicht nur wegen der kostspieligen Inszenierung in der Grand Opéra (zum Beispiel werden etwa zwanzig echte Pferde auf die Bühne gestellt; mit den reichen Kostümen bemüht man sich um historische Genauigkeit), sondern offenbar weil zum ersten Mal in der Operngeschichte eine Jüdin als Titelheldin fungiert.

Halévy, 1799 in Paris geboren, wird als Wunderkind bereits mit zehn Jahren Student des Conservatoire. Mehrmals gewinnt er den zweiten Platz und einmal den ersten beim alljährlichen Prix de Rome, der zu einem Studienaufenthalt in Italien berechtigt. Danach schreibt er zunächst für die Opéra comique, bis ihm mit »La Juive« der Aufstieg zur Grand Opéra, zugleich ein Welterfolg gelingt. Ungewöhnliche Auszeichnung für einen Juden, wird er für diesen Erfolg zum Ritter der Ehrenlegion ernannt und in die Akademie der Schönen Künste aufgenommen. Es kommt der französischen Regierung gelegen, einen jüdischen Künstler zu ehren, um auf diese Weise die Emanzipationsedikte zu untermauern. 1844 wählt ihn die Akademie sogar zum Vizepräsidenten. Zu dieser Zeit ist der Komponist bereits seit vier Jahren Professor am Pariser Conservatoire. 1854 wird er ständiger Sekretär der Akademie – als erster Musiker überhaupt. Ich werde bei dieser Verquickung von Politik und Musik das Gefühl nicht los, dass Halévy als willkommener Vorzeige-Jude der französischen Regierung fungierte, die sich in den Jahren vor 1870 vor allem unter Napoleon III. ein menschliches, liberales Gepräge gab. Was Halévy jedoch gleichwohl verkörpert, ist der selbstbewusste Komponist, der zu seiner jüdischen Religion steht. Diese Geisteshaltung und dazu die Pionierleistung »La Juive« haben den Weg für andere Komponisten mit gleichen Anliegen geebnet.

Meyerbeer: Die Hugenotten

Ein Jahr nach »La Juive« bringt Meyerbeer sein Religionsdrama »Les Huguenots« auf die Bühne. Es beruht auf dem dramatischen Geschehen der Bartholomäusnacht von 1572, in der die Katholische Liga Frankreichs alle Hugenotten, derer sie habhaft wurde, niedermetzeln ließ. Im Mittelpunkt steht das Liebespaar Raoul von Nangis und Valentine. Er ist Protestant und sie die

Tochter des katholischen Gouverneurs Saint-Bris. Raoul gerät in den Wirren des Pogroms in Bedrängnis: wenn er seinem Glauben abschwöre, könne er gerettet werden und Valentine heiraten. Er aber lehnt die Konversion ab, bekennt sich zu seinem Glauben, und als Valentine seine Festigkeit sieht, wird sie Protestantin; sie stirbt gemeinsam mit Raoul unter den Hieben katholischer Soldaten. In der unbedingten Treue zur Religion entspricht Meyerbeers Oper Halévys »La Juive«. Wie Halévy die unverbrüchliche Gläubigkeit Eleazars mit wiederkehrenden Motiven jüdischer geistlicher und Volksmusik charakterisiert, kennzeichnet Meyerbeer den konsequenten Protestanten Marcel, den treuen Gefolgsmann Raouls, mit der wiederholten Melodieformel »Ein feste Burg ist unser Gott«.

Treue zum angestammten Glauben, trotz aller Widerwärtigkeiten, die damit verbunden sind, ist für Giacomo Meyerbeer Lebensgrundsatz. Zum Tode seines Großvaters schreibt er seiner Mutter Amalia Beer: »Liebe Mutter! Bei meiner vorgestrigen Zurückkunft fand ich die traurigen Briefe mit der gräßlichen Gewißheit ... Trösten kann und mag ich nicht, denn ich bin zu erschüttert ... Allein, teure gute Mutter, bedenke, daß unser aller scharfer Schmerz sich bis zum Wahnsinn spalten könnte, wenn auch Deine Gesundheit unter diesen Gram litte ... wenn irgendein Schimmer von Bewußtsein den armen Großvater auf seinem Totenbette begleitete, so muss es seine letzten Augenblicke versüßt haben, zu wissen, daß seine Kinder den Glauben nie verlassen werden, an dem er so warm hing. Darum nimm auch von mir in seinem Namen das feierliche Versprechen, daß ich stets in der Religion leben will, in welcher er starb«. Meyerbeer hält sein Versprechen und lebt nach den Auslegungen des Talmud: »Sei eifrig in der Übung der unscheinbarsten guten Tat und in dem Meiden einer noch so geringen Sünde ... Dein Haus sei weit geöffnet, und die Armen seien deine Hausgenossen«. Er setzt sich für junge und mittellose Künstler ein, beispielsweise für Richard Wagner und Heinrich Heine, der in seiner Pariser ›Matratzengruft‹ dringendst auf jede Hilfe angewiesen ist. Als ihm 1854 das

Komturkreuz Württembergs verliehen wird, erhält er zugleich den Adelstitel, macht aber niemals von ihm Gebrauch. Eine weitaus größere Ehre ist für ihn die Berufung zum Berliner Generalmusikdirektor; er ist der erste Jude, der in Preußen ein öffentliches hohes Staatsamt antritt, direkt dem König unterstellt. 1841 schreibt er über die Herrschaft Friedrich Wilhelms IV. an Heinrich Heine: »Wenn ich auch genötigt bin, die Aufführungen meiner Oper in Paris so lange zu verzögern und so lange auch von dem künstlerischen Treiben dieser Weltstadt entfernt bleiben zu müssen, so ist es doch nicht uninteressant, unter den jetzigen Verhältnissen einen Winter in Berlin zu verleben. Sie glauben nicht, welcher hohe Umschwung, welche neue Lebenskraft in den hiesigen sozialen und geistigen Verhältnissen eingetreten ist, seit dem Regierungsantritt dieses geistreichen, echt humanen Königs; und wie viele ehemalige, schroffe Ansichten über Dinge und Personen weggeschwunden sind und immer mehr schwinden«. Friedrich Wilhelm IV. ist es zu verdanken, dass »Les Huguenots« 1841 endlich in Preußen aufgeführt werden dürfen, die zuvor wegen ihres ›obskuren‹ religiösen Inhalts verboten worden waren. Meyerbeer revanchiert sich auf musikalische Art für die ihm erwiesenen Ehrungen. Er komponiert das Festspiel »Das Feldlager in Schlesien«, eine preußische, eine vaterländische Oper. Sie soll anlässlich des Wiederaufbaus des abgebrannten Berliner Opernhauses aufgeführt werden. Pikanterweise ist der Librettist der Preußenoper niemand anderes als der Franzose Scribe. Da aber das deutsche Publikum einschließlich Friedrich Wilhelm keinen französischen Erbfeind als Dichter akzeptieren würde, wie Meyerbeer weiß, verzichtet Scribe für eine angemessene Entschädigungssumme auf die Nennung seines Namens, stattdessen lässt sich der Musikkritiker Ludwig Rellstab dafür bezahlen und feiern, dass er der Autor des »Feldlager[s] in Schlesien« sei. Aus lokalpolitischen Gründen singt auch nicht die von Meyerbeer favorisierte Sopranistin Jenny Lind die weibliche Hauptrolle in der Uraufführung, sondern eine einheimische Interpretin. Glaubenskonflikt bringt Meyerbeer ein weiteres Mal auf die Bühne. Diesmal ist es die Geschichte des Wiedertäufers und Revolutionärs Jan van Leyden, der sich im 16. Jahrhundert in Münster zum König von Zion krönen ließ und mit seinen Anhängern die Stadt mehrere Monate beherrschte. Die Oper, geplant bereits um 1838, nach dem Erlebnis der Juli-Revolution, beendet und uraufgeführt im Revolutionsjahr 1849, ist getränkt von Unruhe, Tumult, Klage; Meyerbeer selbst charakterisiert sie als »sombre & fanatique«, und das Düstere und Fanatische findet ausgesprochenen Anklang in den Zeiten der Revolution. Da in den Krisenjahren 1848/49 unter anderem die Frage der Judenemanzipation neu diskutiert wird, bringt Meyerbeer das Credo, fest zu seiner angestammten Religion zu stehen und sollte es das eigene Leben kosten (in der Oper »Le Prophète« symbolisiert durch Jans Braut Berta und seine Mutter Fides), andernfalls drohe Hybris, Entartung, Wahnsinn (Jan van Leyden). 1848 hatte man vor der Wahl zur deutschen Nationalversammlung in der Frankfurter Paulskirche durchsetzen können, dass allen volljährigen deutschen Männern, ohne Hinblick auf Religion und sozialen Status, das Wahlrecht gewährt wurde.

Eine kurze, allzu kurze Phase der Liberalität und der demokratischen Bewegung, denn mit der Niederschlagung der Revolutionen in Frankreich und Deutschland gewinnt die konservative, national und antijudaistisch gesonnene Seite wieder die Oberhand. In Otto von Bismarck erwächst der Emanzipationsbewegung ein mächtiger Gegner. Jede liberale Tendenz will er mit Stumpf und Stiel ausrotten – die jüdische Emanzipation ist liberale Tendenz. In Bismarcks Regierungszeit (wenn auch ohne persönliches Zutun des von ausgeprägt antisemitischen Zügen weitgehend freien Politikers) setzt sich die Idee von der ›jüdischen Rasse‹ durch. Judentum gilt jetzt nicht mehr nur als religiöse, sondern als rassische Kategorie. Und ein fremdes Volk hat im einigen Deutschland nichts verloren. Auch in Frankreich verschärft sich die Situation für Juden wieder. Die Gattin Napoleons III., Kaiserin Eugénie, eine gebürtige Spanierin, ist bigott katholisch. Ihre Hofclique intrigiert gegen alles ›Jüdische‹. Gern gelesenes Buch der fünfziger und sechziger Jahre in Frankreich und Deutschland ist Gobineaus »Essay sur l'inégalité des races humaines« (1853). Der Philosoph Bruno Bauer argumentiert Mitte der fünfziger Jahre: »Jüdischer Sinn und jüdisches Blut sind unzertrennlich geworden, weshalb das Judentum nicht allein als Religion und Kirche, sondern ganz vorzüglich als der Ausdruck einer Raceneigentümlichkeit die eingehendste Betrachtung verlangt: die Taufe macht den Juden nicht zum Germanen«. Interessanterweise stellt Meyerbeer in seiner Spätoper »L'Africaine« nicht mehr den Glaubens-, sondern den Rassenkonflikt dar: die Afrikanerin Selica liebt den Konquistador Vasco da Gama, sie schützt ihn vor den Angriffen ihres Volkes und verzichtet schließlich auf den Geliebten, der seinerseits eine Landsmännin, die Portugiesin Ines, liebt. Giacomo Meyerbeer erlebt den schönen Erfolg seiner »Afrikanerin« nicht mehr. Er stirbt 1864 in Paris, ein Jahr vor der Uraufführung.

Richard Wagner: Das Judentum in der Musik

Die jähe Kehrtwendung von toleranter Einstellung zum Judentum im Geleit der Revolutionen zu Antisemitismus als Folge von Reaktion und Nationalismus vollziehen manche Bewunderer Meyerbeerscher Musik mit. Richard Wagner beispielsweise schwärmt während seiner frühen Schaffensjahre außerordentlich für den Berliner Komponisten, nennt die Aufführung des »Propheten« einen »Abend der Offenbarung«, mutiert dann allerdings mit seiner Schrift Das »Judentum in der Musik« zum perfiden Antisemiten. »Der Riches (Anm.: Judenhass) kommt mir vor wie der liebe Gott: er war, er ist und er wird sein. – Jetzt maskiert er sich zwar, doch wer steht dafür, daß er nicht im nächsten Augenblick die Maske abnimmt«, heißt es in einem Brief Michael Beers an den komponierenden Bruder.

Richard Wagner, ein hochbegabter junger Musiker und kleiner Musikdirektor in der deutschen Provinz, kommt im Herbst 1839 ins Paris Meyerbeers. Zuletzt war er im baltischen Riga beschäftigt, von wo er mit seiner Ehefrau, der Schauspielerin Minna Planer, ohne Papiere vor seinen Gläubigern fliehen muss. Das geschieht per Schiff durch das Skagerrak, vorüber an Norwegen, bei heftigstem Sturm, sodass das Paar bereits glaubt, mit dem Leben abgeschlossen zu haben. Sie landen glücklich in England und reisen erst nach einer Woche London weiter nach Boulogne-sur-Mer. Hier, in einem beliebten Seebad der englischen und französischen Aristokratie, führt die österreichische Salonnière Leopoldine Blahetka ihren einflussreichen Musikzirkel. Giacomo Meyerbeer verbringt hier ebenfalls seine Ferien. Wagner lässt sich bei dem bewunderten ›Großen‹ melden, begierig auf Meyerbeers Protektion und die Vermittlung in den Cercle Blahetkas. Meyerbeer empfängt den Bittsteller freundlich, liest dessen selbstverfasstes Libretto »Rienzi, der Letzte der Tribunen« und führt ihn wie gewünscht zu Blahetka, deren Habitué er selbst ist. Er empfiehlt ihn auch der Grand Opéra, die einem Vorschlag Meyerbeers kaum widersprechen mag. In Blahetkas Salon knüpft Wagner Kontakte nach Paris, und ausgestattet mit Meyerbeers Empfehlungen reist der junge Komponist in die Hauptstadt. Trotz Meyebeers Fürsprache hat er hier wenig Glück. Er schlägt sich als Schreiber für die »Gazette musicale« und als Auslandskorrespondent der »Dresdner Abendzeitung« durch. Zwei Opern werden in Paris vollendet: »Rienzi« und »Der Fliegende Holländer«. Aber in Paris wird keines dieser Werke aus der Taufe gehoben. Vergebens bemühte Wagner Giacomo Meyerbeer. Tief enttäuscht kehrt der Komponist 1842 nach Deutschland zurück, wird hier bald zum Königlich sächsischen Hofkapellmeister in Dresden ernannt. Der Erfolg tröstet ihn nur wenig über seine Enttäuschung, hatte ihm doch vorgeschwebt, in Meyerbeers Fußstapfen treten zu können, historische Opern an der Grand Opéra herauszubringen, denn durch die Form der großen historischen Oper habe Meyerbeer die »Aufgabe der Deutschen« gelöst, seine Kunst »universell« zu machen. Der Traum ist zerstoben und in Wagners Vorstellung klumpen Enttäuschung, Vorwürfe gegen Meyerbeer und Blahetka und Hass auf überhaupt ganz Frankreich zur Philosophie seiner antisemitischen, antifranzösischen und antifeministischen Weltanschauung zusammen. Selten gesteht ein Wagnerianer ein, dass der verehrte Meister diese wirre, zugleich gefährliche Weltsicht früh ausgebildet habe, dass also alle Werke nach der romantischen Oper »Der fliegende Holländer« auf irgendeine Art damit gefärbt sind. Hans Mayer entfährt in seiner Wagner-Monografie von 1959 allerdings der entlarvende, gewichtige Satz: »Nun erlebt Richard Wagner drei schwere Hungerjahre … in Paris. Er sieht die bürgerlich-kapitalistische Gesellschaft in ihrer entwickelten Form … Elend des Volkes und Prachtentfaltung der herrschenden Bankiers, jener Rothschilds vor allem, denen Balzac um diese Zeit … ein schauerlich lebenswahres Konterfei in der Literatur geschaffen hat … sieht er sich inmitten eines Kunstbetriebes, der alle Kunst in Ware zu verwandeln strebt.« Angriff auf das Bankhaus der jüdischen Familie Rothschild und Angriff gegen Giacomo Meyerbeer. Balzacs »lebenswahres Konterfei« ist übrigens ein Portrait, das alle Ressentiments gegen Juden in sich vereint und sie als Charaktereigenschaften deklariert – in Paris führt ab 1840 der jüngste Spross der Rothschilds die Finanzgeschäfte der Familie. Seine Bank ist die führende Frankreichs, sein Vermögen beläuft sich auf etwa 600 Millionen Gold-Francs, er ist Hauptgläubiger des französischen Staates. Das alles reizt Wagner, der zeit seines Lebens an chronischem Geldmangel leidet. Neid auf die Besitzenden verbindet sich in ihm mit Richesse, mit Judenhass. Geldneid war seit jeher eine starke Wurzel des Antisemitismus – ›Wucherjuden‹. In seiner Novelle »Ein Ende in Paris« von 1841 lässt er einen gestrandeten Komponisten sagen: »Nein, daß es Sumpf und Morast war, in dem ich versank. Dieser Sumpf, mein Teurer, umgibt aber alle die stolzen, glänzenden Kunsttempel, nach denen wir armen Narren mit solcher Inbrunst wallfahrten … Glücklich der Leichtfertige! Mit einem einzigen gelungenen Entrechat ist er imstande, über den Sumpf hinwegzusetzen, Glücklich der Reiche … Wehe aber dem Enthusiasten, der, diesen Morast für eine blühende Wiese haltend, rettungslos in ihm versinkt und Fröschen und Kröten zur Speise wird! – Siehe, mein Guter, dies böse Ungeziefer hat mich verzehrt, es ist kein Tropfen Blutes mehr in mir!« und weiter: »Ich glaube an ein Jüngstes Gericht, das alle diejenigen furchtbar verdammen wird, die es wagten, in dieser Welt Wucher mit der hohen keuschen Kunst zu treiben, die sie schändeten und entehrten aus Schlechtigkeit des Herzens und schnöder Gier nach Sinnenlust.«

Neun Jahre später, nachdem Richard Wagner auf den Barrikaden Dresdens mit ansehen musste, wie die Revolution und mit ihr alle seine politischen Hoffnungen zerschlagen wurden, er selbst per Haftbefehl als einer der Rädelsführer gesucht wird und ins Schweizer Exil flieht, wird sein Juden- und Franzosenhass pathologisch: »Wie wird es uns aber erscheinen, wenn das ungeheure Paris in Schutt gebrannt ist, wenn der Brand von Stadt zu Stadt hinzieht, wenn sie endlich in wilder Begeisterung diese unausmistbaren Augiasställe anzünden, um gesunde Luft zu gewinnen? – Mit völligster Besonnenheit und ohne allen Schwindel versichere ich Dir, dass ich an keine andere Revolution mehr glaube, als an die, die mit dem Niederbrande von Paris beginnt.« In seiner Abhandlung »Die Kunst und die Revolution« benutzt er alle Untugenden, mit denen Juden im allgemeinen beschimpft werden, als Charakterisierung der Reichen: Triebhaftigkeit, Geldgier, Faulheit. 1850 schreibt er dann klare Worte: die Juden beherrschen alle Welt und zwar so lang, »als das Geld die Macht bleibt, vor welcher all unser Tun und Treiben seine Kraft verliert«. Den mauschelnden Juden höre man auch in seiner Musik, sie sei untauglich, oberflächlich, bloß brillierend, ohne Tiefe. Jüdische Musik ist abstoßend, findet Wagner; unfähig seien Juden zur eigenen schöpferischen Leistung, imitierten lediglich andere. Schließlich beschwört er den Untergang des Judentums. In »Das Judentum in der Musik« bedient sich Wagner aller üblichen Vorwürfe gegen Juden, aller Topoi des Judenhasses. Dass den Juden während der Revolution Bürger- und Wahlrecht zugesichert wurde, muss Richard Wagner hart aufgestoßen sein. An Franz Liszt schreibt er 1851: »Ich hegte einen lang verhaltenen Groll gegen diese Judenwirtschaft, und dieser Groll ist meiner Natur so notwendig, wie Galle dem Blute.«

Keineswegs unberührt vom frühen Wagnerschen Antisemitismus entstehen seine Oper »Lohengrin«, Textentwürfe zu den »Meistersingern«, »Siegfried«, »Rheingold« und »«Walküre«. Bis 1857 arbeitet er an den Texten und Kompositionen zum »Ring des Nibelungen«. In all diesen Werken spielt Fremdheit eine große Rolle, Andersartigkeit. Und an die Fremden ist das Böse gebunden. Im »Lohengrin« fällt Ortrud »Radbods, des Friesenfürsten Sproß« als einzige fremden Glaubens unter den christlichen, edlen Sachsen und Brabantern auf. Und sie ist die Böse, die Intrigantin, die der christlichen Macht der Liebe, symbolisiert in Elsa und Lohengrin, ewige Rache schwört. Sie ist angeblich Augenzeugin, dass Elsa ihren Bruder Gottfried ermordet habe, um die Macht in Brabant zu gewinnen. Ihr Gatte Friedrich von Telramund verklagt Elsa daraufhin beim König, auch er getrieben von Machtgier. Vergleicht man Wagners Beschimpfungen der Juden als »Würmer« und »Ratten« mit dem Figurenarsenal des Rings, dann fällt einem der böse Riese Fasolt als »Schlangenwurm« im »Siegfried« ein, der garstige Nibelunge Alberich, der sich zur Riesenschlange aufbläht und dann zur Kröte verwandelt (»Rheingold«), Siegfried vergleicht Mime mit einer Kröte, aus den Felsenritzen kriecht Alberich. Alberich und Mime werden als »lüsterner Kauz« und »Schächer« bezeichnet, als geldgierig, wollüstig, falsch und feige beschrieben. An Franz Liszt schreibt Wagner 1854 vor Beginn der Reinschrift: »Glaub' mir, so ist noch nicht komponiert worden: ich denke mir, meine Musik ist furchtbar; es ist ein Pfuhl von Schrecknissen und Hoheiten!«

Als es Mitte der sechziger Jahre zu außenpolitischen Krisen kommt, geraten einmal mehr Juden in die öffentliche Diskussion. Zu dieser Zeit ist Wagner bereits mit Cosima von Bülow liiert, die durch ihren Vater Franz Liszt und dessen bigotte Geliebte Carolyne von Sayn-Wittgenstein zur intoleranten Antijudaistin erzogen wurde. Cosima zieht nach Minna Planers Tod zu Wagner in dessen Haus Tribschen bei Luzern. Unter ihrem Einfluss verschärft sich Wagners Richesse. Fast allabendlich wird in Cosimas Salon die »Judenfrage« diskutiert. Stolz hält sie in ihrem Tagebuch einen Ausspruch Wagners fest: »Er will alle Juden von sich abfallen lassen wie die Warzen, gegen welche kein Mittel hilft.« Am 28. 5. 1870 flucht sie über Juden: »diese Kerle sind eine wahre Pest«. An Ludwig II. schreibt der Komponist, er halte »die jüdische Rasse für den geborenen Feind der reinen Menschheit und alles Edlen in ihr und glaube, daß namentlich die Deutschen an ihr zugrunde gehen werden.«

1871 reist Wagner nach Bayreuth und beschließt, hier sein Festspielhaus zu errichten. 1872 wird der Grundstein gelegt, 1876 finden die ersten Festspiele statt. Willkommen ist der deutsche Adel, sind alle zahlungskräftigen Zuschauer, unwillkommen sind Juden. In der hauseigenen Zeitschrift, den »Bayreuther Blättern«, sind judenfeindliche Bemerkungen gang und gäbe. Auch nachdem der Meister 1883 in Venedig gestorben ist und Cosima als seine Erbin die Bayreuther Geschäfte übernimmt.

Gustav Mahler

Kein Wunder, dass Wagners Witwe Cosima dem verdienten Dirigenten Gustav Mahler die Türen Bayreuths verschlossen hält. Er, der große Wagnerianer, einer der fähigsten Orchesterleiter seiner Zeit, wird nie in den Genuss kommen, im Festspielhaus zu dirigieren. Mahler stammt aus Böhmen, Sohn des Weinhändlers Baruch Mahler und seiner Frau Marie; er fällt damit bei seinen Zeitgenossen bereits unter die Rubrik ›Ostjude‹, die eine zusätzliche Abqualifizerung bedeutet. Ostjuden gelten als rückständig und ungebildet, auch unter der westeuropäischen Judenschaft. Da weder Eltern – der Vater nennt sich Bernhard – noch ihre Kinder strenggläubig leben, spielt die Religionsfrage für den jungen Musikstudenten Mahler, der das Wiener Konservatorium besucht, eine geringe Rolle. Erst als es darum geht, Posten als Kapellmeister zu ergattern und sich als Komponist zu profilieren, wird ihm sein Judesein zum Hindernis. Nach Stellungen als Kapellmeister an Theatern kleinerer Städte wie Bad Hall, Laibach und Olmütz wird Mahler an das Königlich Preußische Theater in Kassel verpflichtet. Er fungiert als zweiter Kapellmeister, das bedeutet, er übernimmt die Leitung der Musikstücke, für die sich der erste Kapellmeister zu schade ist, der sich natürlich die Schmankerl aus dem Programm einer Saison herauspicken darf. Mahler ist ein ehrgeiziger Musiker, er giert förmlich danach, bei einem bedeutenden Werk die Stabführung zu übernehmen. Er mischt sich ins Intrigenspiel, wie es an jedem Theater gang und gäbe ist, und tatsächlich gelingt es ihm, dem Ersten die Direktion von Felix Mendelssohn Bartholdys Oratorium »Paulus« abzuluchsen. Sein Vorgesetzter lässt sich das selbstverständlich nicht bieten und schlägt zurück. Er inszeniert eine Pressekampagne gegen Mahler. Die Presse bedient sich natürlich aller üblich gewordenen Verbalien gegen jüdische Komponisten: Mahler sei frech, unmoralisch, triebhaft wie jeder Jude, denn logischerweise wendet sich die Presse nicht gegen die Leistung als Dirigent, an der es nichts zu tadeln gibt, sondern gräbt pikante Details aus seinem Junggesellendasein aus. Gustav Mahler, durchaus kein sexueller Asket, als der er gerne gesehen wird, hat sich nämlich in die Sängerin Johanna Richter verliebt, die er auf jede erdenkliche Weise anschmachtet, unter anderem schreibt er Lieder, »die alle ihr gewidmet sind«; es handelt sich dabei um die »Lieder eines fahrenden Gesellen«, zu denen der Komponist höchstwahrscheinlich die Texte selbst verfasste; vier Lieder, die von einer unglücklichen Liebe handeln, die das lyrische Ich hinaustreibt in die Welt, wo es ruhelos umherwandert, bis es unter einem Lindenbaum Schlaf findet, »der hat seine Blüten über mich geschneit,/ Da wußte ich nicht mehr wie das Leben tut,/ war alles wieder gut«. Der Intendant des Kassler Hauses, ein Freiherr von bester preußischer Gesinnung, kann und will derartige Schmutzgeschichten nicht mit seiner Oper verbunden wissen. Er richtet seine Anklage allerdings nicht gegen die Presse, sondern gegen Mahler als Schuldigen: »Daß Sie ein Jude sind, weiß ich. Daß Sie aber ein jüdischer Heimtückler sind, habe ich erst jetzt erfahren!« Mahler hält die Zwistigkeiten nicht länger aus. Er kündigt seinen Vertrag vor der Zeit, um ins Prager Landestheater zu gehen, wo er endlich einmal große Opern einstudieren darf, Wagners »Tristan« und »Meistersinger«. Doch auch hier schweigen die antisemitischen Stimmen nicht. Es ist eine aufgerüttelte Zeit, in der die »Judenfrage« neuen Diskussionsstoff erhält. In Russland kommt es 1881 zu einer wiederholten, heftigen Pogromwelle. Daraufhin forderte Leo Pinsker 1882 eine Heimat für alle Juden. Die Idee, in Palästina eine Heimstatt zu errichten, lebt auf, gilt Palästina doch als Gebiet des alttestamentarischen »gelobten Landes«. Der Verein »Chowewe Zion« wird gegründet. Zudem vertieft ein philosophisches Buch, das Mitte der achtziger Jahre erscheint, die Kluft zwischen Gojim und Juden, indem es dem Machtmenschen, dem Menschen der Zukunft, huldigt; ein solcher »Machtmensch« mit eigener Moral kann ja nur aus der »arischen Rasse« hervorgehen, meinen die meisten deutschen Leser von Friedrich Nietzsches »Also sprach Zarathustra«.

Ob in Leipzig, wo der sechsundzwanzigjährige Mahler ab 1886 wirkt, ob in Budapest, immer sieht er sich den üblichen antisemitischen Rufen ausgesetzt. Die Zeit in Budapest wird eine privat schwierige Zeit, da beide Eltern im Jahr 1889 sterben, Mahler sich nun in der Verantwortung sieht, seine vier jüngeren Geschwister, von denen drei noch minderjährig sind, zu versorgen. In Budapest wird allerdings seine Erste Symphonie, »Titan« (nach dem Roman Jean Pauls), uraufgeführt. Damit beginnt Mahlers Karriere als Komponist.

In Budapest wechselt 1891 die Intendanz. Nationale Töne sollen von nun an auf den ungarischen Bühnen gehört werden. Mahler führt Wagner-Opern in der Landessprache auf, aber derartige Experimente überzeugen den chauvinistischen Intendanten wenig. Es ist Mahlers Person, Mahler, der jüdische Österreicher oder österreichische Jude, der ihn stört. Er beginnt, Mahlers Arbeit zu untergraben, und erreicht schließlich dessen Kündigung. Jetzt ist Mahler in Hamburg tätig, wo sich der Stardirigent Hans von Bülow wundert, dass dieser »ernste, energische Jude ... den Allerbesten (Mottl, Richter usw.) gleichkommt«. Seine Zweite, seine Dritte Symphonie werden aus der Taufe gehoben, Werke, die durch ihre Modernität bestürzen. Die Dritte weicht allein schon mit ihrer Form, einer Unterteilung in zwei Abteilungen und sechs Sätze, von der traditionellen symphonischen Gestalt ab. Einem Freund vertraut Mahler an: »Meine Gegner sind Legion – und alle haben das Maul voll! – Meine

Antisemitische Karikatur gegen Gustav Mahler als Wiener Hofoperndirektor (aus dem Wiener »Kikeriki«, 1901).

Freunde schweigen sich aus! Wie soll es mir armen Teufel … da ergehen?«

Abermals verschärft sich die Stimmung gegen Juden, gerade, als Mahler mit seinen neuen Werken triumphiert, sein Privatleben durch die leidenschaftliche Liebe zur Sängerin Anna von Mildenburg verschönt wird. Vor einem französischen Militärgericht wird der jüdische Offizier Alfred Dreyfus wegen angeblicher Spionage zu lebenslänglicher Verbannung verurteilt – zu Unrecht, wie viele ahnen und später aufgedeckt wird, weil er eben Jude war. In Frankreich gewinnen die Pro-Dreyfusianer, die sich um den Schriftsteller und flammenden Publizisten Emile Zola gruppieren (»J'accuse«), an Gewicht gegenüber den Gegnern Dreyfus', die sich in der nationalistischen »Action Francaise« formieren. Der Riss geht mitten durch die Familien des Bürgertums – Marcel Proust schildert in »À la recherche du temps perdu« in literarischer Überhöhung die erbitterten Familiendiskussionen um Schuld und Unschuld des verfemten jüdischen Offiziers. Doch nicht nur in Frankreich, in ganz Europa spaltet die Dreyfus-Affäre die Öffentlichkeit. Theodor Herzl wird von ihr zu dem Buch »Der Judenstaat« angeregt, in dem er eine jüdische Heimat fordert. Die zionistische Bewegung entsteht. In der satirischen Zeitschrift »Simplicissimus« erscheint alsbald eine Reihe von Karikaturen, die darauf abzielen, ein lasterhaftes, verbrecherisches Judenbild zu verbreiten. 1899 fällt auf einer Versammlung in Hamburg – der Wirkungsstätte Mahlers bis zum Jahr 1897 – der verhängnisvolle Satz, die Judenfrage solle »durch völlige Absonderung und … schließlich Vernichtung des Judenvolkes gelöst werden«.

Mahler liebäugelt damit, an eines der bedeutendsten Opernhäuser zu gehen, aber: »mein Judentum verwehrt mir, wie die Sachen jetzt in der Welt stehen, den Eintritt in jedes Hoftheater. Nicht Wien, nicht Berlin, nicht Dresden, nicht München steht mir offen«. 1897 ergibt es sich, dass der Dirigentenposten in Wien vakant wird. Mahler zögert nicht lange mit seiner Bewerbung, schreibt allerdings: »In Wien braucht man einen Direktor und findet, daß ich der geeignete Mann für diesen Posten wäre. Aber das Hindernis aller Hindernisse – mein Judentum – liegt im Wege«. Tatsächlich herrscht in Wien die Meinung, ein derart hohes Amt wie das des Hofoperndirektors stünde nur einem wahren Deutschen an. Gewisse Hofkreise wehren sich gegen Mahlers Berufung, spinnen ihre Fäden bis nach Bayreuth, wo Cosima Wagner seit dem Tod ihres Mannes die Zügel in der Hand hält, sprich, ungeheuren Einfluss auf die deutsche Musikszene besitzt. Und die eingeschworene Antisemitin Cosima spricht sich öffentlich gegen die Verpflichtung eines Juden aus. Aber so einfach ist Mahler nicht aus der Bahn zu werfen! Will die »Adelsmischpoche« in Wien keinen Juden Mahler, gut, dann bekommt sie den Katholiken Mahler. Am 23. Februar 1897 empfängt er das Heilige Sakrament der Taufe. Er hat keine innere Beziehung zum Katholizismus, er denkt auch nicht daran, plötzlich Christentum zu heucheln, sondern bleibt bekennender Jude, doch den Taufschein kann er nun als »Entréebillet« (Heine) pro forma seiner Bewerbungsakte beilegen – so wie vor ihm schon zahlreiche Große des Geisteslebens und der Politik den Makel des Judentums durch den Taufakt zu überwinden suchten: Heine, Mendelssohn, Disraeli … Der Katholik Gustav Mahler wird im Oktober 1898 Direktor der Wiener Hofoper. Doch er ahnt, er »muß sich … auf ein Jahr der erbittersten Gegnerschaft aller Elemente … gefaßt machen«. Schneller als er glaubt, wird seine Ahnung Realität. Noch vor dem besagten Oktober heißt es in der »Reichspost«: »In unserer Nummer vom 10. April brachten wir eine Notiz über die Person des neu engagierten Opernkapellmeisters Gustav Mahler. Wir hatten damals schon eine kleine Ahnung von dem Ursprung dieses Gefeierten, und deshalb hüteten wir uns, mehr als die nackten Tatsachen über diesen unverfälschten – Juden zu bringen … Die Judenpresse mag zusehen, ob die Lobhudeleien, mit denen sie jetzt ihren Götzen überkleidet, nicht vom Regen der Wirklichkeit weggeschwemmt werden, sobald der Herr Mahler am Dirigentenpult mauschelt«. Die antisemitische Haltung Wiens ist drastisch. Seit 1897 ist der Christlichsoziale Karl Lueger

Bürgermeister der Stadt, dieser machtvolle Reformer und Stadt-planer ist zugleich ein ausgesprochener Rechoim, ebenso wie der noch wesentlich radikalere Politiker Georg Ritter von Schönerer, in dem Adolf Hitler später ein Vorbild sieht. Ein Teil der guten Wiener Gesellschaft hat den Reiz der »Ariosophie« entdeckt, der von dem Demagogen Lanz von Liebenfels kreierten völkisch-esoterischen und natürlich antisemitischen Doktrin, die bruchlos in den Rassenwahn des Nationalsozialismus übergehen wird und bis heute in den Hirnen der »Neuen Rechten« herumspukt. Als störend wird empfunden, dass die moderne Kunst Österreichs wesentlich von jüdischen Persönlichkeiten geführt wird; Arthur Schnitzler rechnet sich einmal aus, dass siebzig Prozent der öster-reichischen Literaten jüdischer Herkunft sind; Religions- und Berufsstatistiken belegen einen hohen prozentualen Anteil von Juden an der bildungsbürgerlichen Elite. Der Kampf der Antise-miten richtet sich daher vornehmlich gegen jüdische Künstler und Gebildete; Arthur Schnitzler reagiert darauf 1908 mit seinem Roman »Der Weg ins Freie«. Gerade Neuheiten, die Gustav Mahler auf die Bühne bringen will, werden regelmäßig von der Wiener Zensurbehörde abgeschmettert. So geht es ihm, als er 1901 Richard Strauss' »Feuersnot« aufführen will. Noch dramati-scher wird die Situation im Jahr 1905, als Richard Strauss seine Oper »Salome« an der Wiener Hofoper unterbringen möchte, ausgerechnet ein auf den irischen Décadent Oscar Wilde zurück-gehendes ›jüdisches‹ Sujet: das Ende Johannes des Täufers im Kerker des Herodes, dessen Tochter Salome als Dank für einen Schleiertanz den Kopf des Propheten Jochanaan auf einer Silber-schüssel fordert! Natürlich lehnt die Zensur erst einmal katego-risch ab. Mahler teilt Strauss im Oktober 1905 mit: »es ist leider traurige Wahrheit … die Censur hat es bereits refusiert … ich setze Himmel und Hölle in Bewegung, um diese Bétise rückgän-gig zu machen. Bis jetzt hab ich noch nicht eruieren können, auf welchem Einfluß dieses Verbot zurückzuführen«. Offenbar gibt es ein Ränkespiel ohnegleichen um die »Salome« in politischen Circeln des Hofes, von denen der eine Teil sich für Mahler einsetzt, denn noch im selben Oktober berichtet der Hofopern-direktor dem »Salome«-Komponisten: »Die Schwierigkeiten sind behoben! Ihre Salome ist gestattet!« Die Zensur erhebt nur mehr Einwände gegen Details, zum Beispiel den allzu jüdisch klingen-den Namen Jochanaan für Johannes den Täufer. Einige Tage spä-ter muss Mahler dem Komponisten sogar mitteilen: »Diese ver-fluchten Zeitungsschreiber … haben die Geschichte wieder total verdorben. Der Censor, der mir bereits die Aufführung sicher zugesagt … muß unterdessen wieder von irgend einer Seite bearbeitet worden sein; denn soeben schickt er mir den Text mit einer langen Sauce zurück und spricht wieder, von ›Darstellung von Vorgängen, die in das Gebiet der Sexualpathologie gehören und sich nicht für unsere Hofbühne eignen‹.« Der Vorwurf der »Sexualpathologie« bezieht sich nicht nur auf das erotische Salome-Motiv, sondern auch auf die Autorschaft Oscar Wildes, des genialen irischen Dichters, auf dessen Tragödie die Oper ba-siert, der als Homosexueller im viktorianischen England verfolgt und eine Zeit lang inhaftiert worden war. Außerdem soll Mahler getroffen werden, der »triebhafte Jude«. Als die Zensur endlich doch zustimmt, schalten sich die Hofkreise direkt ein. »Höher hinauf ist noch eine Barriere zu nehmen«, schreibt Mahler dunkel und meint damit einer der Erzherzoginnen, die, bekannt für ihre Frömmelei, das Verbot der »Salome« erwirkt haben soll. Die Uraufführung der Oper findet schließlich nicht in Wien, son-dern in Dresden statt.

Über den Salon der Kunstexpertin Berta Zuckerkandl verfügt auch Mahler über Kontakte zum Hof. Berta Zuckerkandls Vater, der jüdische Journalist Moritz Szeps, war Vertrauter des liberal und reformfreundlich eingestellten Erzherzogs Rudolf. Die Sa-lonnière kann nach dem Freitod des Erzherzogs dennoch Bin-dungen zur Regierung halten, die ihren Habitués, darunter viele Juden, zugute kommen. Unter anderem ist es ihrem Einsatz zu verdanken, dass Mahler sich über Jahre der Anfeindungen hin-weg in Wien durchsetzen kann. In ihrem Salon lernt er übrigens Alma Schindler kennen, eine Schülerin Alexander Zemlinskys,

die er 1902 heiratet. Über Alma, deren Vater ein bekannter Land-
schaftsmaler, deren Stiefvater der Maler Carl Moll ist, erhält
Mahler Verbindungen zu den Künstlern der Secession, Gustav
Klimt beispielsweise.

Gustav Klimt ist der Schöpfer des gewaltigen Beethovenfrieses
im Gebäude der Neuen Sezession. Ludwig van Beethoven, der
»deutscheste aller Musiker«, erlebt zwischen 1871 und 1900 eine
ungeahnte Renaissance, die von hochrangigen Interpreten wie
Clara Schumann und Komponisten wie Richard Wagner lange
vorbereitet wurde. Jetzt, auf dem Höhepunkt nationalen Selbst-
gefühls, wird Beethoven zum Inbegriff deutscher Musik erhoben.
Max Klinger schafft ein Beethoven-Denkmal. Es wird in der
Secession ausgestellt.

1903 erschießt sich der junge Schriftsteller Otto Weininger in
Beethovens Sterbezimmer in der Schwarzspaniergasse.

Nicht zufällig wählte sich Weininger gerade diese Stätte
deutsch-nationaler Mythologie als Sterbeort. Es ist Symbol für
die Lösung seines persönlichen Konfliktes: seiner Überzeugung
nach, die er in seinem Bestseller »Geschlecht und Charakter«
veröffentlichte, sind Frauen nichts anderes als Gebärende, aus
der Natur schaffende, nur von niederen Instinkten geleitete
Wesen im Gegensatz zu Männern, denen das geistig-schöpferi-
sche Element gehört; auf diese sexistische Formel setzt Weininger noch seine Rassencharakteristik, dass nämlich das Jüdische
»die Buhlgewalt des Weibes« sei, »das den geistigen Vatergott zur
trägen Materie« herabziehe; aber indem er das Jüdische negativiert, antisemitisch wird, verleugnet und degradiert er sich selbst,
denn Otto Weininger ist Jude. Als den »jüdischen Selbsthaß« hat
man nach Theodor Lessing diese Haltung benannt, die offenbar
auch viele andere jüdische Intellektuelle annahmen. Meines Er-
achtens meint der »jüdische Selbsthaß« (Weiningers Selbstmord)
nichts als eine Krise des jüdischen Selbstverständnisses: die Ziele
der Emanzipation sind erreicht; Juden gelten in Deutschland als
Staatsbürger. Aber allzu lange hatten sie ›Fremde‹ gelebt, das
Fremdgefühl ist ihnen ganz zu eigen geworden. Nun stehen sie

vor der großen Frage, wie verhalte ich mich als Jude gegenüber der deutschen Nation, wie bin ich deutscher Staatsbürger, bin ich es, kann ich mich identifizieren? Sich anpassen, assimilieren gilt hauptsächlich den gebildeten Schichten als Nonplusultra, sich ins »Deutsch-Sein« einzufügen. Man verzichtet auf jüdische Tradition wie etwa den Besuch der Synagoge oder die Festtage, feiert Weihnachten statt Chanukka. Und man nimmt gar antisemitisches Gedankengut auf, mokiert sich über die orthodoxen Juden, die für völlig rückständig gehalten werden, über Zionisten. In einem Brief Stefan Zweigs an Paul Zech sind die Vorbehalte von West- gegen Ostjuden ablesbar, da heißt es: »Lieber Freund, … ein junger Bursch aus Galizien sendet mir Gedichte, die ich einfach genial finde. Neurhythmisch, groß, kosmisch beseelt, voll des neuen Pathos. Er heißt – erschrecken sie nicht! – Jakob Funkelstein.« Vollständige Assimilation ist allerdings unmöglich, denn »während die Juden … im Hinblick auf einige wichtige Aspekte ein integraler Bestandteil der Wilhelminischen Gesellschaft waren, entwickelten sie gleichzeitig eine neue, gemeinsame jüdische Identität« (Volkow). Aus diesem Dilemma fand Otto Weininger nur die dramatische Lösung, sich wenigstens im Tod mit dem Deutschen zu verschwistern, um das Jüdische ganz abzutun. Dass der Selbsthass aber kein allgemein jüdisches Problem Ende des 19. Jahrhunderts ist, beweisen die Aussagen von Künstlern wie dem Komponisten Ferdinand Hiller, der sich als Deutscher und Jude sieht. »Ich war nie bescheiden genug, um zu verheimlichen, daß ich einem der ältesten Geschlechter der Erde angehöre, wofür mir die Auszeichnung zu Theil wurde, jede Woche die Staatskasse durch ein paar Gulden bereichern zu dürfen. Noblesse oblige«. Und über Gustav Mahlers Geisteshaltung gibt seine Frau Alma Auskunft: »Er kam aus dem Judentum … und er hat dies nie verleugnet«.

Bis 1907 arbeitet Gustav Mahler für die Hofoper, dann, nach einer Hetzkampagne der Presse, seelisch erschüttert durch den Tod seiner ältesten Tochter Maria Anna und die Feststellung seiner Herzkrankheit, gibt der Dirigent den Kampf in Wien auf.

Alma rät ihm zu einer Amerika-Tour, auf der alle seine Werke, seine zehn Symphonien, »Das Lied von der Erde« sowie viele seiner Lieder erklingen. 1911 kehrt er von seiner vierten Übersee-Tournee völlig erschöpft und todkrank nach Wien zurück. Er stirbt am 18. Mai 1911. »Das Schlagwort von Mahler's traurigem Schicksal und warnendem Beispiel ist eine rein jiddische Erfindung. Es ist lächerlich, ihm eine Märtyrergloriole anzudichten«, schreibt Franz Schalk, Wiener Operndirektor, 1919.

ZWÖLFTES KAPITEL

Pomp and Circumstance
Musiker und ihr Vaterland

Frühe Stufen des Nationalbewusstseins

Die Idee des Nationalstaats ist keine Erfindung des ›romantischen‹ Jahrhunderts. Sie hat eine lange Geschichte, hat zu tun mit Großmachtsideen, und die sind alt. Es gibt sie in vielen Ländern und Kulturen, z. B. in China. Bereits der Pharao Amenophis IV., der sich Echnaton nennt, träumt von einem riesigen Ägypten. Alexander der Große treibt seine makedonische Armee bis nach Indien, auf dem Höhepunkt seiner Macht gehört ihm ein Gebiet von der Donau bis tief nach Ägypten; er entwickelt die Philosophie einer »Herrenrasse« (Makedonier und Perser) und der ihr dienenden Völker. Ein Großreich von ganz anderer Dauer und auf breiterer Grundlage (jeder Bewohner des Reichs kann prinzipiell römischer Bürger sein oder werden) errichten die römischen Kaiser; in stolzem Patriotismus hat schon Livius (Zeitgenosse Augustus' und Tiberius') in seinem mehr als hundert Bände umfassenden Werk die Geschichte Roms – vom Stadtstaat zum Großreich – gefeiert. Seit dem frühen Mittelalter – das Römische Reich im Westen zerfällt als politische Macht, bleibt aber als »Modell« präsent – errichten und vergrößern die Dynastien der Merowinger und Karolinger, dann der Ottonen, Salier, Staufer, Luxemburger, Habsburger, alle mit imperialen Ansprüchen, ihr Reich, das eo ipso das Selbstverständnis eines Groß- bzw. Weltreiches hat und trotz seines letztlich übernationalen Charakters mehr und mehr mit der ›deutschen Nation‹ gleichgesetzt wird. Nur eine geeinte Nation erweist sich als schlagkräftig. In anderen

Monarchien wie Frankreich und England, für die das Konzept eines universalen Herrschertums keine Rolle spielt, vollzieht sich die Bildung der Nation frühzeitiger und konsequenter.

Ein wesentlicher Meilenstein in der Geschichte der deutschen Nationsbildung ist die Zeit des Dreißigjährigen Krieges. Die Erfahrung der erlittenen Kriegsgreuel, das Gefühl der politischen Schwäche und Ohnmacht, die es (als Diskrepanz zur alten Größe des ›Heiligen Römischen Reiches Deutscher Nation‹) zu überwinden gilt, ist eine Motivation, die einen neuen Patriotismus hervorbringt. Da er an der politischen und konfessionellen Zersplitterung Deutschlands nicht rütteln kann, findet er primären Ausdruck in kulturellen Initiativen, Bemühungen um die Reinigung der ›teutschen‹ Sprache (bahnbrechend in Deutschland Martin Opitz) und um Nationalmusiken. So schreibt Heinrich Schütz im Kriegsjahr 1627 – Habsburgs Haudegen Wallenstein erobert gerade Norddeutschland – die erst deutsche Oper, »Daphne«.

Die Sorge um die nationale Sprache kennzeichnet auch das 18. Jahrhundert. Johann Christoph Gottsched verfasst nach französischen Vorbildern 1730 den »Versuch einer critischen Dichtkunst vor die Deutschen« und setzt sich für die Durchsetzung einer hochdeutschen Literatursprache gegen den Gebrauch von Dialekten ein. Wo die Sprache einig werden soll, da muss auch einende Meinungsbildung her, und so erscheint eine wöchentliche deutsche Zeitschrift »Der Vernünftler«, ihr Herausgeber ist der Komponist Johann Mattheson. Dieser Mattheson, heute vornehmlich als Musikschriftsteller bekannt, schreibt neben Kammermusik und Kantaten auch deutschsprachige Opern für seine Heimatstadt Hamburg, wo 1678 am Gänsemarkt das erste stehende deutsche Opernhaus errichtet wird, das allerdings schon 1750 wieder geschleift wird. Alle hier wirkenden Komponisten haben deutschsprachige Opern veröffentlicht, von Georg Friedrich Händel sind vier Werke bekannt. Aber ist der Text auch deutsch (es werden sogar vereinzelt plattdeutsche Arien geboten), die Tonsprache, die dramatische Konzeption der Opern folgt dem italienischen Vorbild. Bezeichnenderweise sind viele ›deutsche Opern‹ lediglich Überarbeitungen italienischer Bühnenwerke. So gibt es zwar, angeregt durch die Weiterentwickung des Generalbassliedes (Sperontes »Singende Muse an der Pleiße«), das Bestreben, den Arien einen eher liedhaften, schlichteren Charakter als in den italienischen Opern üblich zu geben, doch bleiben diese Versuche auf einzelne Komponistenpersönlichkeiten beschränkt, es geschieht keine konsequente Weiterentwicklung.

Die Dichter Christoph Martin Wieland und Friedrich Klopstock geben nach der Jahrhundertmitte entscheidende Anstöße zu deutscher Musik. Wieland verfasst sogar Libretti, die zum Beispiel von dem heute vergessenen Tonkünstler Anton Schweitzer vertont werden, dem wir die erste durchkomponierte deutsche Oper verdanken, »Alceste« (1773). In dieser Oper mangelt es freilich noch an dem nationalen Sujet; dem schafft Ignaz Holzbauer drei Jahre später Abhilfe, indem er einen Stoff aus der deutschen Reichsgeschichte des späten Mittelalters komponiert, »Günther von Schwarzburg«, ein Gegenstück zur beliebten altdeutschen Thematik der Sturm-und-Drang-Zeit (Goethes »Götz von Berlichingen«, Stolberg, Bürger u. a.). Deutsche Opern setzen sich allerdings sonst kaum durch, da sie keinen Bedarf bei dem Hauptpublikum, der Aristokratie, wecken. Die Uraufführungen der genannten Werke finden statt in Weimar und Mannheim, wo es bekannt experimentierfreudige Höfe und ein national gesinntes philosophisch-publizistisches Umfeld gibt, vorher schon in Hamburg mit seinem bürgerlichen Publikum. An den meisten Fürstenhöfen Deutschlands gilt nach wie vor Französisch als Konversationssprache, Italienisch als Musiksprache. Kaum ein Fürst bezeugt Interesse, deutschsprachige Musik zu fördern. Warum auch? Die nationale Idee liegt nicht in seinem Sinn; eine geeinte Nation bedeutet womöglich Schmälerung der eigenen Souveränität. Machtverlust. Das wiederum sähen die Bürgerklassen nicht ungern: Ein Nationalstaat könnte ihnen politische Gleichberechtigung verschaffen. Deshalb, aber auch als »kultureller Ersatz«

für nicht vorhandene politische Mitspracherechte kümmern sich immer wieder Intellektuelle bürgerlicher Herkunft um eine Belebung der Nationalmusik.

Die deutschen Singspiele blühen auf, ohne den Vorrang der »großen« italienischen Oper in Frage zu stellen. Es findet sich doch ein Fürst, der das Nationalsingspiel fördert, nämlich Kaiser Josef II. von Österreich, der einen aufgeklärten Regierungsstil pflegt und dem jedes Mittel willkommen ist, die Vorrechte der Aristokratie einzudämmen. Haydn, Gluck, Mozart, alle österreichischen Komponisten bedienen den Wiener Musikmarkt mit Singspielen; Glucks Librettisten arbeiten zum Teil nach französischen Vorbildern, den singspielartigen »Vaudevilles«. Christian Friedrich Daniel Schubart, Hansdampf in allen künstlerischen Gassen, jubelt in seiner »Deutschen Chronik«: »Hoch muß dem deutschen Manne das Herz aufschlagen, wenn er die erstaunenden Fortschritte seiner Sprache in neuern Zeiten bemerkt. Diese Sprache, die Karl der Vte nur für schicklich hielt, Pferd' und Hund zu dressieren, ist nun die Seelensprache seines großen Urenkels, in der er spricht, schreibt und Gesetze gibt. Josefs Regierung ist auch Sprachepoche … in all seinen weiten Staaten sind alle gerichtlichen Verhandlungen deutsch, Gesetze und Auslegungen darüber deutsch; deutsch wird gebetet, gesungen; deutsch geschrieben in allen Wissenschaften und Künsten, und die vornehmen, selbst die delikatesten Damen, mühen sich, unserer Sprache den Ton der feinsten Welt zu geben und sie, wie Harfenlispeln, von den Lippen wegzuhauchen.«

Carl Maria von Weber – Romantik und Nation

Es muss erst das einschneidende Ereignis der Französischen Revolution geschehen, um der Nationalidee den letzten, zündenden Anstoß zu geben, dem dann die eigentlichen deutschen Nationalopern folgen, die romantischen Opern. Die politischen und wirtschaftlichen Konsequenzen nach dem Wiener Kongress laufen auf Wettbewerb zwischen den mächtigsten deutschen Staaten der Zeit hinaus: Preußen und Österreich. Preußen verspricht sich die Hegemonie innerhalb eines vereinten Deutschland, schon 1815 verkündet der preußische Jurist und Reformpolitiker Freiherr vom Stein: »Ich habe nur ein Vaterland, das heißt Deutschland!« Die nationale Idee schlägt schnell in Ideologien vom über allem erhabenen ›deutschen Wesen‹ um, wie sie beinahe wahnhaft der Philosoph und Antisemit Johann Gottlieb Fichte verkündet. Im Kreis der romantischen Künstler ist Fichtes Weltanschauung Mode, seine Grundthese, dass das ›Ich‹ sich seine Welt erschafft, entspricht der gelebten Selbstpräsentation als Genie- und Künstleregoisten. Unverwunderlich, dass viele Romantiker überzeugte Nationalisten sind, Clemens von Brentano ebenso wie Achim von Arnim, Ernst Moritz Arndt und Joseph von Eichendorff.

»Unser Aufenthalt in Gotha war äußerst angenehm«, schreibt der Romantiker Carl Maria von Weber 1811 von Reisen an seinen Freund Johann Baptist Gänsbacher: »Der Prinz Friedrich und der regierende Herzog haben uns auf Händen getragen und mich beredet, künftigen Sommer ein paar Monate bei ihnen zuzubringen. Ja, der Herzog hat große Lust, mich zum Direktor eines zu errichtenden Theaters zu machen, doch bleibt dies unter uns«. Berichte über Gunstbezeugungen hoher Herrscher ähnlicher Art durchziehen Webers Briefe. Misstöne gibt es da nicht, allenfalls aus den Anfangsjahren des Komponisten als Kapellmeister in Breslau, wo er unter seinem obskuren Adelsprädikat ›von‹ dirigiert, was den ortsansässigen Adligen bitter aufstößt – ein ›von‹ am Theater! Und dieser Pseudo-Aristokrat vertut auch noch sein Geld mit den leichten Mädchen des Theaters und den noch leichteren der Vorstadt. Sogar über Spielschulden wird gemunkelt. Als der Kapellmeister durch einen unglücklichen Zufall aus einer Flasche Salpetersäure trinkt, bewusstlos ins Spital gebracht wird, nutzt die Theaterdirektion die Erkrankung, das Enfant terrible aus dem Dienst zu intrigieren. Doch schon wird dem jungen Talent von erhabener Hand geholfen, nämlich von einer Hofdame der Herzogin von Württemberg, durch die er im fürstlichen

Schloss Quartier findet. Im Kreis der Herzogin ist Weber für seine gefälligen Klavierkompositonen bekannt. Seine gnädigen Gastgeber empfehlen den aufstrebenden Einundzwanzigjährigen einem Verwandten als Privatsekretär. »Ich entsagte also eine Zeitlang der Kunst als ihr unmittelbarer Diener und lebte im Hause des Herzogs Louis von Württemberg in Stuttgart. Hier, von der freundlichen Teilnahme … ermuntert … schrieb ich eine Oper ›Silvana‹ … den ›Ersten Ton‹, Ouvertüre, umgearbeitete Singchöre, wieder Klaviersachen usw.«, erinnert sich der Komponist später. In seiner neuen Eigenschaft führt Weber neben der Buchhaltung des Herzogtums auch die Korrespondenz seines Dienstherren, die ihn tiefe Einblicke in das System der Regierenden gewähren. Weber beteiligt sich an den zwielichtigen Geschäften des Herzogs, der sich – damals durchaus üblich – Kriegsdienstbefreiungen bezahlen lässt. Auch Weber kommt so an die einen oder anderen hundert Gulden, mit denen der Rekrut sich freikauft. Leider genießt Weber keine diplomatische Immunität, und was bei gekrönten Häuptern hingenommen wird, ist für ihn strafbar: Er wird entdeckt und des Landes verwiesen.

Er reist nun als Dirigent und Komponist durch Deutschland, nach wie vor beliebt in den Fürstenhäusern; keiner ist ihm offenbar wegen des Landesverweises gram. 1812 in Dresden beispielsweise »machte ihnen (Anm.: Weber und dem Oboisten Baermann) der damals allmächtige Kabinettsminister Camillo Macolini, ein feiner, schlauer Italiener, der in dem Briefe des Kronprinzen von Bayern an die Königin zwischen den Zeilen gelesen hatte, sofort Hoffnung darauf, dass sie vor dem kleinsten Kreise der königlichen Familie würden spielen können, und schon zwei Tage darauf empfing sie die Königin Marie Amalie Auguste sehr huldvoll in privatester Audienz«. Carl Maria von Weber versteht es eben, wirksame Kontakte zu knüpfen, die richtigen Herren und Damen anzusprechen. Er verkehrt bei Hofe, er ist Habitué in mehreren Salons, unter anderem im berühmten Cercle der Johanna Schopenhauer. Und er weiß, was er seinen Gönnern und seiner Musik schuldig ist, wenn dieses aufreibende

Leben ihm auch manchmal an die Substanz geht, wie seine Briefe belegen. Der Komponist bringt es aber wieder zu einer Festanstellung, 1813, als Operndirektor in Prag. Hier findet er Zugang zum Cercle des administrativen Direktors der Oper, der in seinem Haus die national gesonnenen Romantiker Joseph von Eichendorff, Clemens von Brentano, Theodor Körner, Wilhelm von Humboldt empfängt, darüber hinaus die Berliner Salonnièren Bettine von Arnim und Rahel Varnhagen. Ein Kreis, mit dessen Weltanschauung sich Carl Maria von Weber durchaus identifizieren kann. Als größte Tat nach seiner Amtseinsetzung bringt er die Freiheitsoper »Fidelio« von Ludwig von Beethoven auf die Bühne, die zu dieser Zeit schon zu den bedeutendsten patriotischen Meisterleistungen gezählt wird.

Im sicheren Bewusstsein, dass in den Zeiten um 1814 das Vaterländische Hochkonjunktur hat, bittet Weber den Dichter Brentano um ein Libretto. Ein »Tannhäuser« soll es sein, Jahrzehnte vor Richard Wagner, ein Stoff, der mitten in die nach romantischer Auffassung glückseligen Zeiten des Mittelalters führt. Der Plan zerschlägt sich. Stattdessen vertont Weber zwei Lieder des 1813 als Freiwilliger des Lützowschen Freikorps gefallenen Dichters und Helden Theodor Körner, die Chöre »Lützows wilde Jagd« und das »Schwertlied«. Diese Gesänge, denen Weber weitere Vertonungen aus Körners Gedichtband »Leyer und Schwert« folgen lässt, machen ungeahnte Furore. Rasch sind sie Standardrepertoire jedes Männergesangvereins. Weber lässt den Vaterlandschören geschickt eine Kantate folgen, »Kampf und Sieg«, mit dem Thema der Schlacht bei Waterloo. Er sorgt dafür, dass die maßgebenden Fürsten sein Werk kennen lernen: »Meine Kantate geht nun auch in alle Welt aus, ich habe sie schon geschickt, 1tens an unsern Kaiser, der sie aber wahrscheinlich kurz nach dem Tod der Kaiserin erhalten hat und also wohl ignoriert, das gehört mit zu meinem ›Stern‹, 2tens an den König von Preußen, den ich zugleich um die Erlaubnis gebeten habe, sie am 18. Juny in Berlin zum besten der Invaliden aufführen zu dürfen … 3tens nach England an den Prinz Regenten und 4tens nach

Bremen, wo die Concert Gesellschaft der Union mich zu einem wohltätigen Zweck darum ersucht hat … Ich habe dabey die Freude erlebt, daß das Andenken an meine Cantate wieder recht lebendig geworden ist, und zwar zu meinem Vortheil.« Seinem vormaligen Dienstherrn, dem württembergischen König, gefällt dergleichen nicht, er hat seinen Thron nämlich Kaiser Napoleon zu verdanken. Dafür sind andere Herrscher sehr angetan, wie der König von Sachsen, dessen Residenz Schauplatz der Völkerschlacht war. Weber wird 1816 das Amt des Königlich Sächsischen Kapellmeisters angetragen.

Er bedankt sich beim immer treuen Adel mit einer Reihe glänzender Opernwerke, die das gute Ende in Form von Wahrung aller ordentlichen, konventionellen Grundsätze kennen. Die Zigeunerin ›Preciosa‹ liebt einen Ritter, erfährt nach einigen Schicksalsschlägen, dass sie selbst adlig ist, von Zigeunern nur aufgezogen wurde, sodass kein Standesunterschied mehr zwischen ihr und dem Geliebten stört. Im »Freischütz«, rasch als Jahrhundertwerk der Romantik und erste große deutsche Erfolgsoper nach den Werken Mozarts und Beethovens gehandelt, gerät der junge Jagdgehilfe Max nur aus Liebe und kurz auf die schiefe Bahn, verleitet von seinem ruchlosen Jagdkollegen Kaspar, einem Adepten des dämonischen schwarzen Jägers Samiel, findet aber von Reue geplagt und von einem Eremiten an Gottes Nachsicht gemahnt zurück auf die bürgerlichen Pfade von Ehrbarkeit, Fleiß und strengem Eheglück. Der Landesfürst, die Braut und die Dorfgesellschaft verzeihen ihm den Flirt mit dem Teuflischen, die überkommene rigide »Zunftordnung« (Probeschuss!) wird ein bisschen reformiert und vermenschlicht. In die heile Welt des altdeutschen Jäger- und Waldlebens brechen allerlei »störende Dinge« ein, nicht nur der Spuk in der Wolfsschlucht und die satanische Figur des Kaspar: Schon am Beginn der Oper freuen sich die Bauern diebisch und beinahe aufsässig, dass – entgegen der Ständeordnung – einer der Ihren und nicht Max, der Jägerbursch des Herrn Grafen, das Preisschießen gewonnen hat, die Base und Gesellschafterin der frommen Braut Agathe, das flotte Ännchen, zeigt ab und an einige emanzipierte Züge, der Held Max ist eine gebrochene Figur, im Grunde ein »Antiheld«. Heutige Inszenierungen betonen mitunter auch den Zeitstück-Charakter der Oper und stellen einige mögliche Bezüge zu liberalen Freiheitsideen (etwa die Schlüsselbegriffe ›Freischütz‹ und ›Freikugeln‹) und den Stein-Hardenbergschen Reformen heraus. Das Publikum hat freilich das Hauptwerk Webers durchweg als national besetztes, gleichwohl märchenhaftes, romantisch-biedermeierliches Preislied auf den deutschen Wald wahrgenommen. In »Euryanthe« (1823) scheitern Eglantines und Lysiarts Rebellionen (ausdrücklich ist Eglantine die Tochter eines Aufständischen), die durch List verstoßene Euryanthe nimmt am Ende den ihr angestammten Platz an der Seite Graf Adolars wieder ein.

Nationale Monumente – nationale Wurzeln

Carl Maria von Weber stirbt 1826 in London während einer Konzertreise, auf der er sein letztes Bühnenwerk, die Ritter-, Feen- und Sarazenenoper »Oberon«, aufführt, und wird in England beigesetzt. Annähernd zwanzig Jahre später, als der Nationalgedanke erneut höchste Wellen schlägt, es im Volk gärt und brodelt, Rebellion sich ankündigt, wird sein Leichnam auf Betreiben vieler Patrioten wie Richard Wagner nach Dresden überführt. An der neuen Ruhestätte spricht Richard Wagner: »Hier sei die prunklose Stätte, die uns deine teure Hülle bewahre! Und hätte sie dort in Fürstengrüften geprangt ... wir wagten doch zu hoffen, daß du ein bescheidenes Grab in deutschem Boden dir lieber zur letzten Ruhestätte erwählt ... Nie hat ein deutscherer Musiker gelebt als du! Wohin dich auch dein Genius trug, in welches ferne, bodenlose Reich der Phantasien, immer doch blieb er mit jenen tausend zarten Fasern an dieses deutsche Volksherz gekettet ... Sieh, nun läßt der Brite dir Gerechtigkeit widerfahren, es bewundert dich der Franzose, aber lieben kann dich nur der Deutsche, du bist sein, ein schöner Tag aus seinem Leben, ein warmer Tropfen seines Blutes, ein Stück von seinem Herzen.«

Wie alle Länder Europas, die auf Vereinigung drängen, sucht auch Deutschland nach Leitbildern einer geeinten Nation: Denkmäler aus Bronze und Marmor, aber auch aus Bildern, Worten und Tönen entstehen zuhauf. In Italien wird der Dichter Alessandro Manzoni durch Giuseppe Verdis »Requiem« auf den Sockel eines Nationaldenkmals gehoben. In Deutschland soll Weber demselben Zweck dienen. In ganz Europa beginnt unter Musikern eine emsige Suche nach den eigenen großen Vorbildern nationaler Kultur. In Norwegen, das sich über Jahrhunderte als »besetztes Land« sieht, sucht man seine Wurzeln bei den alten Skalden. Edvard Grieg, Rikard Nordraak, sie bemühen sich um das nationale Klangkolorit, negieren alle deutschen und dänischen Einflüsse auf ihre Musik. Grieg lehnt in einer berühmten Briefstelle den »mendelssohnvermischten Skandinavismus« des Dänen Gade ab und experimentiert mit Volkweisen, gründet seine harmonischen Gerüste oft auf die Bordunklänge der Fele, eines Volksinstruments ähnlich der Geige, bei dem zu jeder Seite die Quinte mitschwingt; typisches Beispiel der Volkston-Umsetzung ist der vielen wohl im Ohr klingende »Hochzeitstag auf Troldhaugen« für Klavier. Stoffe zu seinen Bühnenwerken entnimmt Grieg der norwegischen Historie: »Sigurd Jorsalfar« (ein frühes Geschichtsdrama von Hendrik Ibsen) und »Olav Tryggvason«. International bekannt wird seine Musik zu einem Hauptwerk Ibsens, »Peer Gynt«, gleichsam der norwegische Faust. Gerade die Komponisten der (aus mitteleuropäischer Sicht) »jüngeren« und »kleineren« Nationen wie z. B. Ungarn, Polen, Spanien, suchen nach Wurzeln in der heimischen Tradition, ein Prozess, der weit bis ins 20. Jahrhundert andauern wird. Die Bezüge auf nationales Erbe können ganz unterschiedlicher Art sein: In Frankreich erlebt der halb vergessene Spätbarockmeister Jean-Philippe Rameau eine Renaissance, in Russland besinnt man sich auf den fast zeitgenössischen russischen Komponisten Michail Glinka als Ahnherrn der nationalen Musik. Im Zarenreich entspinnt sich (korrespondierend zur politisch-kulturellen Auseinandersetzung um den Standort Russlands im »Konzert der

Nationen«) ein regelrechter Kampf zwischen westlich geprägten Komponisten, deren vornehmstes Haupt Pjotr Iljitsch Tschaikowsky ist, und den Nationalen, dem Mächtigen Häuflein der Fünf, Alexander Borodin, Mili Balakirew, Cesar Cui, Nikolai Rimsky-Korsakow und Modest Mussorgsky, die auch tief in der Geschichte graben, bei »Fürst Igor« (Borodin) und »Boris Godunow« sowie »Chowanschtschina« (Mussorgsky).

Je mehr sich im Laufe des 19. Jahrhunderts »erträglicher« Nationalismus in Chauvinismus verkehrt, desto mehr Vaterlandsmusik wird gebraucht und komponiert. Beinahe jeder Tonkünstler dieser Zeit hat mindestens ein patriotisches Stück auf dem Kerbholz. Aufträge gibt es genug: Gefeiert werden die nationalen Ehrentage anlässlich gewonnener Schlachten und Kriege, die neuen nationalen Armeen brauchen ihre Feldmusik, jede Abteilung hat ihre eigene ›Hymne‹, ihren Marsch; die Militärkapellen der Zeit erreichen ein hohes Qualitätsniveau und verlangen nach immer neuen Märschen. In den Monarchien kann ein Komponist sein Glück allein dadurch machen, wenn er einen Marsch vorlegen kann, der dem Souverän gefällt. So geschehen dem Oboisten eines österreichischen Artillerieregiments, der zündende Märsche komponiert, für die ihn der König von Preußen zum Musikdirektor, der Kaiser von Österreich zum Hofkapellmeister ernennt; Joszef Gung'l gründet dann eigene Orchester, mit denen er durch Europa und Amerika tourt, um Märsche und Walzer aufzuspielen. Aber auch das demokratische Nordamerika, das in den 60er Jahren durch das Inferno des Bürgerkriegs zwischen konservativem Süden und aufstrebendem Norden gegangen ist und am Ende des Jahrhunderts mit seinem riesigen Potential zur Weltmacht aufsteigt, hat Bedarf an Nationalmusik: Der Marschkomponist John Philip Sousa (1854–1932) brilliert mit »Stars and Stripes«, patriotisch, aber nicht heroisch oder pathetisch. Schon eine Generation früher hat der im heutigen Europa wenig bekannte, aus New Orleans stammende Pianist und Komponist Louis Moreau Gottschalk (1829–69) den »Yankee Doodle« verwendet.

Ouverture solennelle und Triumphlied

Den echten Nationalmusiken gemeinsam ist ein heroischer Grundton, hervorgerufen etwa durch traditionell als »strahlend« oder »königlich« eingestufte Tonarten (C-, D-, Es-Dur), durch eingängige Rhythmik mit wenig Rhythmuswechseln (am beliebtesten der Marsch 4/4), dagegen starkes dynamisches Changieren, harmonisch plötzliche Wendungen, mit denen sich effektvolle Steigerungen erzielen lassen; die Instrumentation bietet meist den pointierten Einsatz von Perkussions- und Blechblasinstrumenten; inhaltlich zählen musikalische Zitate zu beliebten Stilmitteln, etwa Anklänge an populäre Lieder oder Volkslieder, Hymnenzitate, entweder erhaben und rein vorgetragen zur positiven Konnotation, oder verzerrt, vergrößert, verkleinert, zerstückelt oder parodistisch prunkvoll als Negativbewertung, Tschaikowskys »1812«-Ouvertüre oder Beethovens »Wellingtons Sieg« – um bekannte Nationalmusiken zu benennen – hantieren mit der musikalischen Gegenüberstellung der Hymnen des verfeindeten Europa. Tschaikowsky bezieht sich in seinem op. 49 auf Napoleons Russlandfeldzug, der im Frühsommer 1812 ohne jede Ankündigung, geschweige denn eine Kriegserklärung den Njemen überschreitet, ein ganz Europa empörender Völkerrechtsbruch. Die russische Armee verfügt nicht über die geballte Schlagkraft der französischen, aber ihre Oberbefehlshaber greifen zu der List, die französischen Truppen in unzähligen kleinen Scharmützeln aufzureiben, sich aber großen Schlachten zu entziehen. Napoleon hatte es sich anders gedacht: einen Gewaltmarsch nach Russland, die Zerschlagung der russischen Armee in drei, vier, fünf großen Entscheidungsschlachten, wie es ihm im oberitalienischen »Blitzkrieg« gelungen ist. »Schließlich ist dieser Weg der lange Weg … nach Indien«, sagt er einmal: »Denken sie sich Moskau erstürmt, Russland geschlagen, den Zaren ausgesöhnt oder einer Palastverschwörung zum Opfer gefallen und sagen Sie mir, ob eine Armee von Franzosen dann nicht bis zum Ganges vordringen könnte?«. Bis Moskau schafft es der von seiner Weltherrschaftsidee besessene Korse, dann zwingt ihn die russische Technik der »verbrannten Erde«, die die Proviantierung der französischen Armee untergräbt, zur Umkehr.

Tschaikowsky malt den Wechsel von unterlegenen zu siegreichen Russen. Er zitiert zunächst eine populäre russische Hymne (»Gott sei des Zaren Schutz«), die zu patriotischen Anlässen gesungen wird. Ihr stellt er die »Marseillaise« entgegen. Das sind die Expositionen der verfeindeten Staaten. Nach einiger Durchführung erscheint als Wendepunkt eine Largo-Preghiera, ein Gebet der Russen. Der langsame Teil dient einerseits als Zäsur, andererseits als retardierendes Moment vor den nun einsetzenden neuen Steigerungen, Effekten wie Kanonendonner und Glockenläuten, dem Volksliedzitat »Am Tor, am heimatlichen Tore«; über allem triumphiert das russische Lied bizarr verändert, bruchstückhaft schimmern Motive der geschlagenen »Marseillaise« hervor. Schon Beethoven hat der »Marseillaise« die vereinte Schlagkraft von »Marlborough«-Marsch und »Rule Britannia« entgegengesetzt.

Tschaikowskys Ouvertüre ist ein Auftragswerk für Gedenkfeiern an den Brand von Moskau. Es soll zur Einweihung der Erlöserkirche 1881 vor deren Toren gespielt werden, ist also Freiluftmusik, konzipiert für eine über einen großen Platz verteilte Zuhörermenge, was bei der Beurteilung der Komposition als »lärmende Schlachtenmusik« allzu oft übersehen wird. Tschaikowsky musste effektvolle Pointen in diese Musik hineinbringen. Er schreibt seine Nationalmusik ohne innere Überzeugung, des Geldes wegen … hinter patriotischer Musik muss sich also nicht notwendig ein vaterlandsfanatischer Komponist verbergen: »Die Ouvertüre wird sehr laut und lärmend sein … Ich schrieb sie ohne wärmeres Gefühl und ohne Liebe, sodass es ihr wahrscheinlich an künstlerischem Wert gebricht«.

Es gibt auch die heimlichen Töne von Nationalismus. Den Vogel in Sachen Nationalmusik schießt sicherlich Johannes Brahms mit seinem »Triumphlied« ab. 1870 erklärt Frankreich Preußen den Krieg. Geschickt reizt Bismarck den Nachbarstaat zu dieser von Sorge um Preußens Ausdehnung getriebenen

Handlung und versteht es, alle deutschen Staaten, selbst Bayern, in den Krieg gegen das französische Kaiserreich einzubinden. Unter Deutschlands Intellektuellen erhebt sich eine starke patriotische Front, getragen von der Hoffnung auf die lang ersehnte nationale Vereinigung, und von dem allgemeinen Vaterlandsjubel nimmt Brahms sich nicht aus. Riesenorchester, achtstimmiger Chor und Bariton. Zitiert wird »Heil Dir im Siegerkranz« und zwar gleich zu Beginn, als trotzige Geste, dass es keine Frage gibt, welche Nation den Siegerkranz davontragen wird. – Preußen verweist Frankreich ja gleich zu Beginn des Krieges in mehreren Schlachten in seine Schranken – »mit allen Glocken« wird »Sieg geläutet«, beschreibt der Schöpfer sein Werk. Sein Triumphlied ist eine Heilsoffenbarung des kommenden Deutschen Reiches; Brahms zieht die Bibel zu Rate und findet in der Apokalypse (17^1 – 19^{10}) einen passenden Vergleich für Frankreich: »Komm, ich will dir das Gericht über die große Hure zeigen, die an vielen Wassern sitzt. Die Könige der Erde haben mit ihr Unzucht getrieben, und die Bewohner der Erde sind trunken geworden vom Wein ihrer Unzucht … Babylon, die Große, die Mutter der Huren und der Greuel der Erde«. Natürlich gelingt ihm eine Verbeugung vor dem greisen Kaiser Wilhelm, der zum Kriegshelden wird, im Vergleich mit dem »himmlischen Reiter«: »und ich sah den Himmel aufgetan, und siehe da ein weißes Ross, und der darauf reitet, heißt Treu und Wahr, und mit Gerechtigkeit hält er Gericht und führt Krieg … Und auf seinem Mantel … trägt er einen Namen geschrieben: König der Könige und Herr der Herren«.

Ehrt eure deutschen Meister!

Womit wir bei den »Herrenmenschen« wären, die uns in der Musikgeschichte unter dem sprechenden Namen Siegfried entgegenkommen. Richard Wagners jugendlicher Held aus den beiden letzten Teilen der »Ring«-Tetralogie ist bekannt, aber da existiert auch noch eine Figur wie Robert Schumanns Siegfried aus »Genoveva«, der rundum positive Herrscher und Held. Der Glaube an einen neuen, tatkräftigen Mann, der gleichweit entfernt von Gut und Böse, inmitten von objektiver, strenger Gerechtigkeit steht, wird zur großen Menschenutopie des 19. Jahrhunderts.

Richard Wagner beweist schon 1849, dass er zur Tat bereit ist. Die Stadt-Polizei Dresdens sucht ihn wegen Teilnahme am Barrikadenkampf. »Der unten etwas näher bezeichnete Königliche Kapellmeister Richard Wagner von hier ist wegen wesentlicher Teilnahme an der in hiesiger Stadt stattgefundenen aufrührerischen Bewegung zur Untersuchung zu ziehen, zur Zeit aber nicht zu erlangen gewesen. Es werden daher alle Polizeibehörden auf denselben aufmerksam gemacht und ersucht, Wagner, im Betretungsfalle, zu verhaften«. Für den Komponisten ist die reaktionäre Politik dieser Jahre schuld an einer, wie er meint, Stagnation des kulturellen Lebens, das »hiesige Kunstgetriebe ist so niederträchtig, so verfault und todesreif«, schreibt er an den gleichgesinnten Franz Liszt. Und in der Tat, sehr experimentierfreudig ist die Gesellschaft der Zeit nicht, legt vielmehr ein rückwärts gewandtes Hörverhalten an den Tag. Bis Anfang des 19. Jahrhunderts drängten die Erwartungen des Auditoriums nach Neuem, Ungehörtem. Nun will es konservieren, Traditionen pflegen, wobei es sich immer mehr von avantgardistischer Musik entfernt, eine Schere, die über das 20. Jahrhundert hinaus immer weiter auseinanderklafft, ein Publikum, dessen breite Masse Schubert-, Wagner- und Straussklängen verhaftet bleibt, während moderne Musik (Ligeti, Rihm, Hölszky ... um nur einige der maßgeblichen Köpfe um 2000 zu nennen) zu elitärer Musik gerät. Klar definiert Wagner seine ästhetischen *und* politischen Ziele: »Meine Sache ist: Revolution zu machen, wohin ich komme ... Das Kunstwerk kann jetzt nicht geschaffen, sondern nur vorbereitet werden, und zwar durch revolutioniren, durch zerstören und zerschlagen alles dessen, was zerstörens- und zerschlagenswerth ist ... Nur Zerstörung ist jetzt notwendig ... Ich bringe ja keine Versöhnung mit der Nichtswürdigkeit, sondern den unbarmherzigen Krieg: Da nun die ganze Nichtswürdigkeit in öffentlichen Zuständen und namentlich auch im Gewerbe der

Siegfried-Wagner hebt den „Schatz" der Nibelungen.

Da lieg auch du – dunkler Wurm!
Den gleißenden Hort heb' ich hurtig.

*Zeitgenössische Karikaturen auf Richard Wagner und seinen Mäzen,
den »Schwanenritter« Ludwig II. (1879 und 1885: aus »Der Floh«).*

Künstler und Literaten liegt, so kann ich nur in den Gegenden Freunde finden, die von dieser herrschenden Öffentlichkeit vollständig abliegen. Hier ist nichts zu überzeugen und zu gewinnen, sondern nur auszurotten«. Hand in Hand mit liberalen und revolutionären Ideen geht bei Wagner allerdings die Überzeugung von den Deutschen als bevorzugter Rasse, während andere Nationen abgewertet werden, Engländer als zu kalt, Franzosen als lügnerisch und unverschämt. Im Kriegsjahr 1870, einem Höhepunkt chauvinistischen Wettstreits, bemüht Richard Wagner ein dem Brahms-»Triumphlied« verwandtes Bild; Cosima zitiert in ihrem Tagebuch unter dem 18. August eine Äußerung ihres Mannes: »R. sagt, er hoffe, daß Paris verbrannt würde ... der Brand von Paris würde das Symbol der endlichen Befreiung der Welt von dem Druck alles Schlechten ... R. möchte an Bismarck schreiben, um ihn zu bitten, Paris niederzuschießen.« Er träumt wie die meisten Deutschen von einem geeinten, freien Volk, doch als der Deutsch-Französische Krieg beendet ist, muss er gleich den anderen Nationalen erleben, dass das von Bismarck geschaffene Deutsche Kaiserreich keines seiner Versprechen von bürgerlicher Mitbestimmung einlöst.

»Rienzi, der Letzte der Tribunen«, sein gelungenes Frühwerk von 1840, artikuliert noch die Forderung nach einem Staat mit gleichberechtigten Bürgern und führt die Utopie vor »Denn Friede ist gekommen,/ der Freiheit Licht gewonnen« (II,1). »Tannhäuser« im Venusberg (in den erotischen Fesseln der Liebesgöttin, deren Reich vielleicht in Paris liegt) beruft die Freiheit: »Doch hin muss ich zur Welt der Erden,/ bei dir kann ich nur Sklave werden;/ nach Freiheit doch verlangt es mich, nach Freiheit, Freiheit dürste ich: –/ zu Kampf und Streite will ich stehn,/ sei's auch zum Tod und Untergehn!«; eng sind diese Ansprüche bereits an nationale Ideen geknüpft, im »Lohengrin« hat die nationale Sichtweise bereits die liberale überdeckt: »Was deutsches Land heißt, stelle Kampfes Scharen,/ dann schmäht wohl Niemand mehr das deutsche Reich ... Wohl auf! Mit Gott für deutschen Reiches Ehr'!«; »Für deutsches Land das deutsche

Schwert!/ so sei des Reiches Kraft bewährt«; »Nach Deutschland sollen so in fernen Tagen-/ des Ostens Horden siegreich nimmer ziehn!« (III, 3). »Ein altes deutsches Königtum ... nach seinem schönsten, idealsten Wesen«, schildere die Oper, sagt Wagner und es ist fast zwangsläufig, dass der vom Traum einer idealen Monarchie bewegte Ludwig II. durch »Lohengrin« »die heilige ewige Liebe ... die ... beseeligt, die ... innersten Lebensnerv bildet« zu dem Komponisten fasst, ihn fördert. Der die Throne zerschlagen wollte, dient nun dem Thron. In den »Meistersingern von Nürnberg« äußert Wagner zwar eine gewisse Skepsis gegenüber dem trügerischen Glanz des bevorstehenden Neuen Deutschen Reiches, wenn er Hans Sachs im biederen Volkstreiben der Festwiese die »heilige deutsche Kunst« gegen das vergängliche deutsche Reich (das wie alles Irdische »in Dunst« vergehen kann) ausspielen lässt. Unübersehbar gesellt sich in den »Meistersingern«, die 1867 vollendet sind, zwei Jahre vor der Neupublikation des »Judentums in der Musik«, gleichwohl zum Nationalismus der Antisemitismus in perfider Symbiose: Beckmesser, der nichts Eigenes schaffen, der nur nachahmen kann, wie nach Richard Wagners Auffassung jüdische Tonkünstler nur epigonal wirken, der lediglich kritisieren kann (die »musikalische Judenpresse«), wird zur Judenkarikatur.

Richard Wagners Musik wird nicht allein zum Inbegriff deutscher, sondern nationaler Musik überhaupt. Wer nach den »Meistersingern« Musik für den Staat schreibt, greift zu markanter Instrumentation, vollmundiger Orchestration, ohne Scheu vor Oktavparallelen und sentimentalem Gebrauch von Sextsprüngen. Nicht einmal direkter Wagner-Epigone muss man sein, um als Komponist nicht doch unwillkürlich zu pomphaften Wagnerismen zu greifen, wenn es national werden soll. Der englische Komponist Gustav Holst verfasst auf dem Höhepunkt britischen Weltmachtgefühls den Dreiakter »Sita«, zu dem er selbst das Libretto schrieb, nachdem er eifrig Sanskritstudien betrieben hatte. Einige Jahre später distanziert er sich von dieser Oper als »gutem altem wagnerschen Getöse«.

Land of Hope and Glory

Wenn es einem Staat im 19. Jahrhundert gelungen wäre, ein Weltreich zu gründen, dann dem britischen, hinge es allein von Nationalstolz, Disziplin und der Überzeugung ab, ein »Herrenmensch« zu sein. Die englische Musik war auf dem besten Wege, an dem Bau des Weltreichs mitzuwirken. Doch am Beginn der britischen Nationalmusik steht eine jahrhundertelange italienisch-deutsche Tradition. Dabei existiert bis ins 15. Jahrhundert auf der Insel durchaus eine Musik mit originären Zügen: während auf dem Kontinent die Hauptstimme innerhalb mehrstimmiger Werke der Tenor bleibt, wird in England das Gewicht auf die Oberstimme, den Diskant, gelegt. Der Cantus firmus wird zudem durch eingeschobene Zwischentöne sangbarer gestaltet, was auf eine gänzlich andere Melodieauffassung als auf dem Kontinent herrschend schließen lässt. Meister der Diskantkolorierung wie überhaupt der frühen englischen Renaissancemusik ist John Dunstable, der übrigens am Hof des Herzogs von Bedford, des Bruders Heinrichs V., als Kanonikus und Musiker beschäftigt ist, also in jener eigentümlichen Zwitterhaftigkeit von Verwaltungsbeamten und Musiker; politische Aufträge führen ihn zeitweise nach Frankreich, wo er ungeahnten Einfluss auf die französischen und flämischen Komponisten ausübt, etwa Guillaume Dufay. Dunstable wird um 1380 geboren, zu einer Zeit, da das englische Nationalgefühl erste Früchte im Kulturleben trägt: 1387 schreibt Chaucer die »Canterbury Tales«, keinen lateinischen oder französischen, sondern einen englischen Versroman; sieben Jahre zuvor hat John Wiclif die erste Übersetzung der Bibel in seiner Muttersprache geschaffen.

Was ist geschehen, das dieses Nationalbewusstsein auslöst? Ein Krieg, ein ›Hundertjähriger Krieg‹ gegen Frankreich. Bis dahin waren die Beziehungen beider Länder unlöslich verquickt, seit Wilhelm der Eroberer 1066 bei Hastings das angelsächsische England mit seinem normannischen Stammherzogtum vereinte, eine Bindung, die durch das aus Westfrankreich stammende Königshaus der Plantagenet im 12. und 13. Jahrhundert noch verstärkt wurde. Der Hundertjährige Krieg hebt seit dem 14. Jahrhundert die Britischen Inseln in den Mittelpunkt des Geschehens, gibt ihnen einen Platz neben Frankreich. Im 16. Jahrhundert schwächen Bürgerkriege den Kontrahenten Frankreich, stärken Englands Position, das in der elisabethanischen Periode unter dem Haus Tudor eine neue kulturelle Blüte erlebt. Elisabeths Vater, Heinrich VIII., ein Komponist auf dem Herrscherthron, erweitert die Chapel Royal, seine Hofkapelle. Bewusst werden englische Texte vertont, vor allem im liturgischen Bereich, dienen sie doch als Symbol, dass Heinrich VIII. sich von der römischen Kirche lossagt, vornehmlich um die kinderlos bleibende Ehe mit Katharina von Aragón scheiden zu können, um seine Thronfolge zu sichern. Seine Tochter aus der zweiten Ehe des Monarchen (mit Anna Boleyn) schart betont englische Komponisten um sich wie William Byrd, John Dowland und Thomas Morley. Byrd, der »Vater der Musik«, bleibt wegen seiner künstlerischen Meisterschaft in der Gunst des Hofes, obwohl er überzeugter Katholik ist. Dowland, der Komponist und Lautenvirtuose, der zeitweise zur katholischen Partei gehört, sich schließlich aber – vielleicht erpresst – dem Polizeiagenten der Königin als Spitzel andient, um gegen die katholischen Hochverräter anzugehen; Thomas Morley, der auf dem Kontinent als Geheimagent Elisabeth I. unterwegs ist, Undercover in Kreisen englischer (katholischer) Exilanten.

Dann wird das musikalische England von Italien überlagert. Die Entwicklung der Oper rückt Oberitalien in den Mittelpunkt der Musikgeschichte. England verliert politisch durch innere Krisen, Bürgerkriege, Auseinandersetzungen mit Schottland und Irland, zwischen Katholiken, Anglikanern und Puritanern. Teile der englischen Öffentlichkeit sind – unter dem Einfluss des Puritanismus – theater- und musikfeindlich; schon der größte englische Autor, William Shakespeare, bekommt das nach dem Tod von Königin Elisabeth mehrmals zu spüren. Ende des 17. Jahrhunderts, in einer kurzen Phase politischer Ruhe, gibt es noch einmal Raum für nationale Musik, John Milton hat sein Epos »Paradise Lost«

(England als das auserwählte Volk) vollendet, Henry Purcell lässt seine englischen Opern »Dido and Aeneas«, »King Arthur« und »The Fairy Queen« (1689, 1691 und 1692) aufführen. Als Anfang des 18. Jahrhunderts das Haus Hannover den britischen Thron besteigt, werden italienische (und deutsche) Musik tonangebend. Georg II. holt Händel als artistischen Direktor an die Royal Academy of Music. Händel schreibt Opern im italienischen Stil, die erfolgreich sind, aber Gegner auf den Plan rufen: Die von dem englischen Autor John Gay und dem deutschen Komponisten Johann Christoph Pepusch verfasste »Beggar's Opera« (1728), eine Opernpersiflage, die das aristokratische Personal der italienischen Oper in das Milieu der Londoner Bettler, Gauner und Huren verpflanzt, macht Händel das Leben sauer. Unangefochten ist der deutsche Maestro freilich als Komponist prunkvoller Staatsmusik, etwa der zur Krönung des Hannoveraners geschriebenen vier »Coronation anthems«. Und Händel versteht es, dem nationalen und religiösen (biblizistischen) Bewusstsein des englischen Publikums Tribut zu zollen, indem er englische Oratorien (das erste englische Oratorium überhaupt ist seine »Esther«) komponiert, mit dem »Messias« als zentralem Hauptwerk der englischen Musiktradition. Einheimische Komponisten treten nun nur noch wenig hervor; immerhin schreibt Thomas Augustine Arne, ein Mann der Händel-Nachfolge, 1740 das Lied »Rule Britannia«, Ausdruck des Selbstbewusstseins einer der mächtigsten Seenationen, die gerade ein weltumspannendes Kolonialreich errichtet.

Nach Händel goutiert das englische Publikum Exportschlager aus Italien und Deutschland. Haydn, Weber, Mendelssohn heißen die Höhepunkte der englischen Musikwelt um und nach 1800. »Sie sind furchtbar zurück«, stöhnt Clara Schumann, während einer Konzerttournee im Frühjahr 1856 über englische Musiker und ihr Publikum: »oder vielmehr einseitig, von Neuerern wollen sie keinen gelten lassen außer Mendelssohn, der ihr Gott ist!« Das Niveau der Orchester muss offenbar recht niedrig sein, Gewährsfrau Clara Schumann: »Hier braucht man zur

Probe nicht mehr Zeit als zur Aufführung, natürlich kann alles auch nur mittelmäßig gehen ... Probenmachen nennen sie hier ein Stück einmal durchspielen, aber an irgend eine feinere Ausarbeitung ist da gar nicht zu denken, und das Publikum lässt sich das gefallen! Die Künstler sind schuld daran, wenn sie im geselligen Verkehr von den Engländern nicht als ihresgleichen angesehen werden, weil ihnen nichts zu niedrig ist zu erdulden, wenn sie nur Geld verdienen.« Von englischer Musik erfährt sie außer den Kompositionen ihres Freundes William Sterndale Bennett nur wenig, und Bennett ist durch und durch Anhänger Felix Mendelssohns und Robert Schumanns.

Die Vorliebe Englands um 1850 für deutsche Musik ist leicht erklärbar. 1837 besteigt Queen Victoria den Thron. Sie wird mit Albert von Sachsen-Coburg vermählt. Eine Liebesheirat, zumindest von ihrer Seite, die sich auf die Musikgeschichte auswirkt. Victoria, die eigentlich für italienische Musik schwärmt, bekehrt sich unter Führung ihres Gemahls, ihm zuliebe, zur deutschen Musik. In Windsor Castle hält die deutsche Romantik Einzug. Bei den hier stattfindenden Konzerten ist Felix Mendelssohn häufiger Gast. Prinzgemahl Albert lässt sich vom Meister persönlich in Kompositionen belehren, denn er geriert sich selbst gern als Tonkünstler, vertont Lieder à la Mendelssohn und Schubert. Das kulturelle Großereignis der Jahrhundertmitte, die Weltausstellung in London 1851, wird vom Prinzgemahl initiiert und im Wesentlichen geplant. Die Königin erinnert sich an den Eröffnungstag: »Der Park bot einen herrlichen Anblick, die herbeiströmenden Massen, die Wagen und Soldaten, ganz wie bei der Krönung, und ich so aufgeregt wie damals: Schönes Wetter ... Um halb 12 setzte sich die Prozession in neun Staatskarossen in Bewegung ... Green Park und Hyde Park waren eine einzige Menge gedrängt stehender Menschen ... als wir am Kristallpalast ankamen, schien die Sonne und glitzerte auf dem riesigen Bauwerk, über dem die Flaggen aller Nationen wehten ... der Blick durch die eisernen Tore des Querschiffs, die wedelnden Palmen und Blumen, die Myriaden der Leute auf den Galerien und in den Sitzen, zusammen mit den Trompetenstößen, die unseren Eintritt begrüßten, bildeten einen Eindruck, den ich nie vergessen werde ... Als wir uns der Mitte ... näherten ... war der Anblick der herrlichen Glasfontäne magisch und beeindruckend ... der Klang der Orgel (zusammen mit 200 Instrumenten und 600 Stimmen...), mein geliebter Mann, der Schöpfer dieses Friedens-Festivals, das Industrie und Künste aller Nationen der Erde vereint«. Allgemein wird der Beginn des »victorianischen« Lebensgefühls mit dem Jahr 1851, dem ersten Tag der Weltausstellung, datiert, nicht mit Queen Victorias Thronbesteigung.

Die Mendelssohn-Begeisterung des Landes (Albert soll noch kurz vor seinem Tod nach Mendelssohns Variation »Ein feste Burg« verlangt haben, seine Beisetzung 1861 wird mit Klängen des Komponisten begleitet), veranlasst die jungen Musiker, zur Ausbildung nach Deutschland zu gehen. In einem Staat, in dem die Herrscher für Beethoven, Bach und Schubert schwärmen, kann ein junger Musiker eigentlich nur Karriere machen, wenn er ein deutsches Studium nachzuweisen vermag. Der Komponist Arthur Sullivan schreibt 1860 von seiner Leipziger Studienreise an seine Mutter: »Ich versuche mir oft vorzustellen, was aus mir geworden wäre, wenn ich nie nach Deutschland gekommen wäre ... in England gab es nur noch wenig für mich zu lernen. Ich hatte fast das gesamte jemals in London aufgeführte Musikrepertoire gehört ... In England haben sie keine Vorstellung davon, die Orchester mit dem Maß an Feuer und farblichen Abstufungen spielen zu lassen, wie sie es hier vermögen«. Der ›englischste‹ aller Komponisten erblickt 1842 das Licht der Welt. Da sein Vater Musiklehrer an der Royal Military School ist, liegt Sullivans Berufung zum Musiker nahe. Nach dem Studium an der Royal Academy of Music wird er Klavierschüler Ignaz Moscheles' in Leipzig. Eine »irische Symphonie« – auch als Huldigung an Mendelssohns »Schottische« zu verstehen, die der Queen gewidmet ist – öffnet ihm die Wege als Kompositionslehrer an die Royal Academy. In Amt und Würden, wendet er sich von der ›ernsten‹ Musik ab, schreibt lieber Komische Opern, mit denen viel Geld zu verdienen ist für die Savoy-Opera, ein Operettenhaus. Sein beliebtestes Werk »Der Mikado« liegt mit seiner süffisanten Schilderung eines burlesken asiatischen Kaiserhofes ganz auf der Linie englischer Kolonialinteressen im Fernen Osten. Die Queen, dem Heiteren mehr zugetan, als allgemein angenommen wird, ist begeistert – Sullivan darf ein »Sir« vor seinen Namen stellen. Aber sein Oeuvre umfasst mehr als Bühnenwerke amüsanten Genres; wer aufmerksam Filme verfolgt, die im England oder Amerika des ausgehenden 19. Jahrhunderts spielen und in denen eine Gottesdienstszene vorkommt, wird unweigerlich Arthur Sullivans »Onward, christian Soldiers« zu hören bekommen.

Mit einem Mal treten neben und nach Arthur Sullivan viele junge Nationalmusiker auf. Mit Sullivan entfaltet sich die englische Nationalmusik. Das britische Empire steht so weit oben in der Riege der europäischen Länder, dass es zunehmend Gewicht auf Repräsentation legen muss.

Ein weiterer, spezifisch englischer Grund für die Forderung nationaler Musik ist das weit auseinanderklaffende soziale Gefälle innerhalb der englischen Bevölkerung, das es zu kitten gilt. Reich und arm sollen sich unter anderem mit Hilfe der Kultur als Einheit sehen, um nicht auseinanderzubrechen. Revolutionen oder Bürgerkriege sollen vermieden werden. England ist das erste Land, in dem die Industrialisierung rasch vorangetrieben wird – mit verheerenden Folgen für das Sozialgefüge. Für viele Menschen, die in die rasant wachsenden Bergbau- und Textilstädte drängen, führt der Weg ins Massenelend. »Die regulären Arbeitsstunden für Kinder und Halbwüchsige betragen selten weniger als elf Stunden, häufiger sind es zwölf, mancherorts dreizehn und in einem Gebiet vierzehn und mehr«. 1836 gründet sich die »Working Men's Association«, eine Art Gewerkschaft, die den Anstoß zu einer Arbeiterbewegung gibt. 1842 gibt es einen ersten Generalstreik. Die große Hungerkatastrophe in Irland (1845) führt zu einer Verschärfung des sozialen Konflikts, ganz zu schweigen von Spannungen zwischen England und der von der Londoner Regierung unterdrückten Grünen Insel. Die britische Regierung versucht mit Arbeiterschutzgesetzen schon frühzeitig die schlimmsten Missstände zu mildern. In den Kirchen gilt der Auftrag, die Gläubigen zur Zufriedenheit mit der bestehenden Ordnung anzuhalten; eines der meistgesungenen Kirchenlieder im victorianischen England lautet:»Dem Reichen in seinem Schlosse/ dem Armen vor seiner Tür/ Gott schuf sie hoch und nieder/ gab jedem nach Gebühr«. Als 1851 der Kristallpalast geöffnet wird, soll er zunächst nur Unternehmern, Adel und wohlhabendem Bürgertum zugänglich sein, Prinzgemahl Albert entscheidet jedoch spontan, ihn schon früh für die mittleren und unteren Stände zu öffnen, um Unmut zu vermeiden. Kultur sollte über Klüfte hinwegtäuschen. Prime Minister Disraeli sagt ein Jahr später, in England machen »die Privilegierten und das Volk zwei Nationen« aus. Hier soll auch Nationalmusik zum inneren Frieden beitragen. Ab 1855 werden im Kristallpalast öffentliche Konzerte gegeben. Symphonien.

Ein dritter Grund ist, das Einigkeitsgefühl zwischen Kolonial-engländern und dem Mutterland zu erhalten. Seit den Siegen über Napoleon und 1801 über die dänische Flotte hat Großbritannien die maritime Hegemonie erlangt, Kolonien in Afrika sind bereits vor 1800 in britischem Besitz, bis 1858 gehören ihm weite Teile Indiens, 1801 wird das Karnatak mit der Stadt Madras (Indiens Südspitze) besetzt, 1803 wird Delhi genommen und 1849 gehört der Pandschab (Nordindien) den Briten. Nepal, Buthan dienen als britische Vasallstaaten, Burma ist ebenfalls britischer Besitz. Auf dem Höhepunkt des Empire stehen 20% der Erde unter britischer Oberherrschaft, von Kanada über die Westindischen Inseln bis Guayana, von den Südshetland- über die Falklandinseln zur Kapkolonie in Südafrika, von Nigeria, Ägypten über Indien bis Australien und Neuseeland. »Es ist mir manchmal so vorgekommen«, schreibt ein zeitgenössischer Politiker, »dass einem Ausländer, der unsere Presse liest, das britische Reich wie ein ungeheurer Riese erscheinen muss, der sich über den Erdball reckt, mit gichtisch-dicken, sich nach allen Richtungen streckenden Fingern und Zehen, denen man sich nicht nähern kann, ohne ihm ein Gekreisch zu entlocken«. Literaten liefern bald die moralische Legitimation für den ausufernden Imperialismus: Thomas Carlyle ist von der Überlegenheit der britischen Rasse überzeugt, sie sei geradezu gezwungen, unterlegenen Ländern ihre zivilisatorischen Begriffe beizubringen, notfalls mit Gewalt. Rudyard Kipling empfindet die Kolonialureinwohner als moralisch unterlegen, der ›weiße Mann‹ müsse als ihr Lehrer wirken. In seinem Roman »Kim« über einen englisch-indischen Mischling lautet ein Bild: »Die Frau, die ihn in Obhut hatte, drang unter Tränen in ihn, er solle europäische Kleidung tragen … Kim zog es vor, in Hindu- oder Mohammedanertracht zu schlüpfen, wenn er in gewissen Geschäften unterwegs war … War Geschäft oder Unfug im Gange, so holte Kim seinen Schak hervor und kam dann gewöhnlich erst beim Morgengrauen durch die Veranda ins Haus zurück«. Andererseits wehrt sich Kipling gegen die martialische Vorgehensweise der Briten in ihren Kolonien. Im Dschungelbuch gibt es den »Paradesong of the Camp-Animals« über die Sinnlosigkeit des Krieges: »Children of the Camp are we,/ Serving each in his degree;/ Children of the yoke and goad,/ Pack and harness, pad and load…// While the men that walk beside/ Dusty, silent, heavy-eyed,/ Cannot tell why we or they/ March and suffer day by day.« Das passt allerdings zur Äußerung des Premierministers Balfour: »The interest of this country is now and always – Peace!« Kipling gehört zu den recht oft vertonten englischen Dichtern, unter anderen schafft Edward Elgar Lieder aus dem »Dschungelbuch«. Werke indischen oder afrikanischen Sujets sollen den Mutterländern das Kolonialreich nahe bringen, in dem Queen Victoria ab 1877 als Kaiserin von Indien regiert. Gustav Holsts »Sita« und »Indra« (1903) etwa. Andererseits dient Musik in den Kolonien dazu, die seelische Verbindung zum Kernreich nicht zu verlieren, daher entstehen zahlreiche Opern, Kantaten, Lieder, welche die englischen Landschaft, englisches Leben schildern. In den fernen Kronländern gern gehört wird beispielsweise Ralph Vaughan Williams »Pastoral symphony« von 1916, die einen »besonderen Typus der grauen, grüblerischen

Stimmung der englischen Landschaft« bildet. Beliebt sind gleichermaßen Musiken historischen Inhalts, so existieren etliche »King Arthur«-Opern und unzählige Orchesterstücke mit Naturbeschreibungen (zum Teil angelehnt an Mendelssohns »Schottische« oder die »Hebriden«-Ouvertüre), beispielsweise Augusta Holmès Symphonische Dichtung »Irland« oder Vaughan Williams »Norfolk Rhapsodies«.

Im März 1904 wird die Oper »Koanga« des 1862 in Bradford geborenen Frederick Delius aufgeführt, der in Deutschland studierte und von seinem Freund Edvard Grieg zum Bemühen um englischen Stil überredet wurde. In »Koanga« gibt es den guten Patriarchen Don José Martinéz, einen Plantagenbesitzer am Mississippi und menschlichen englischen Kolonialherren; es gibt die ›gezähmte‹ Einheimische Palmira und den wilden Prinzen Koanga, deren Liebe von dem Aufseher Perez bedroht wird. Perez, der Intrigant, ist Symbol des negativen Engländers, der nur ausbeutend nicht an seine sittlichen, missionarischen Pflichten denkt. Aber auch Koanga erscheint in negativer Weise, als er sich gegen den guten Martinéz empört und sich mit Hilfe einheimischer Zauberei rächen will. Perez und Koanga sterben im Duell, Palmira nimmt sich das Leben. Übrig bleibt nur der Kolonialherr.

Viele englische Nationalmusiker leiden aber auch an Zweifeln über ihre patriotische Haltung, Holsts Distanzierung vom allzu pomphaften Jugendwerk wurde bereits erwähnt. Das Hin- und Hergerissensein zwischen staatskonformem und autonomem Komponieren tritt bei keinem anderen Musiker so bitter hervor wie bei Edward Elgar, der (noch vor Benjamin Britten) als der britische Komponist schlechthin bezeichnet wird. Der Sohn eines Organisten wird 1857 geboren, aber erst 1890 gelingt ihm der Durchbruch als Komponist mit seinem Oratorium »Dream of Gerontius«. Nach außen hin gibt er sich als Prototyp des englischen Gentleman: »Er hielt sich aufrecht, hatte ein beinahe militärisches Gehabe und unterschied sich überhaupt stark von dem landläufigen Bild eines Musikgenies«, besucht Pferderennen und gesellschaftliche Ereignisse. Andererseits gibt er in einer resignativen Äußerung Kritikfähigkeit und Selbstzweifel zu erkennen: »So sehr ich mir auch wünschen würde, an der Spitze von etwas zu stehen, das mit Kunst zu tun hätte … spüre ich doch, dass ich die bestehende Ordnung nicht abschaffen kann … Ich bin zu gesetzestreu … um eine Revolution anzuführen«. Edward Elgar kennt man in Deutschland zumeist wegen seines Marsches »Land of Hope and Glory«, eines einst in allen Teilen des Empire gespielten und gesungenen Musikstücks. Das ist aber nicht alles aus »Pomp and Circumstance«. Unter diesen Titel fallen vier Orchestermärsche, doch nur das besagte D-Dur-Stück und das vierte Werk in G-Dur werden als Nationalmusik akzeptiert und in Konzerten gepflegt, besonders bei dem hochpatriotischen, aber auch verspielten großen Londoner Eventkonzert »Last Night of the Proms.« Die beiden Stücke a-Moll und c-Moll passen wegen ihrer teils tristen, teils zynisch das Dur karikierenden Charaktere nicht zu dem, was man sich von nationaler Tonkunst erwartet. Elgars jüngerer Komponistenkollege Peter Warlock, hinter welchem Pseudonym sich Philip Heseltine verbirgt, äußerte einmal ganz klar, er würde »das Gefühl des Patriotismus, die Liebe zum Empire nie verstehen; sie scheinen mir immer eine so leere, unbestimmte Idee zu sein, so unpersönlich und im höchsten Maße unwichtig, verglichen mit den Dingen, die wirklich zählen – als da ist das gemeinsame Erbe der Menschheit ohne Rücksicht auf Rasse oder Nationalität«.

Dreizehntes Kapitel

Siegesfanfaren und Zwischentöne
Musiker zwischen Kaiserreich, Belle Époque
und Erstem Weltkrieg

Patriotismus erfährt einen Bruch in der letzten Aufrüstungsphase
vor 1914 und besonders während des Ersten Weltkriegs. Zweifel
der Musiker an dem Wert staatlicher Ideologien, wie Heseltines
Unverständnis dem Empire gegenüber, wachsen erst jetzt zu
einer musikalischen Gegenkultur heran.

Berlioz

Bis zur Französischen Revolution verstanden sich Musiker als
Diener ihres Landes, Kritik an dessen Führung wurde selten laut,
allenfalls gekleidet in Opernmoralien über den guten und den
pflichtvergessenen Herrscher, schon gar nicht in organisierter
Weise. Ab der Französischen Revolution ändert sich das, Musiker
treten deutlicher als zuvor in Opposition, weil sie eben auch nicht
mehr ausschließlich auf höfische und aristokratische Kreise als
Auftraggeber und Publikum angewiesen sind. Die hier erwähnten Biografien, vor allem jene Reichardts, haben allerdings gezeigt, dass es zur besonderen Problematik der Komponisten um
1800 wird, aufgerieben zu sein zwischen Musik als Staatsdienst
und Musik als Gegenwelt. Musiker, die sich mit Entschiedenheit
gegen die herrschende Situation ihrer Zeit stellen, nicht jede Ge-
gebenheit akzeptieren, sind auch im 19. Jahrhundert in der Min-
derzahl. Und sie erhalten prompt ihre Quittung von Zeitgenossen
und Nachwelt, fallen der Vergessenheit anheim, oder es werden
Dimensionen ihres Werks »ausgeblendet«.

*Zeitgenössische Karikatur auf die Ambitionen der Frauenmusik
(aus dem Berliner »Ulk«, 1889).*

Von einem eigentlich zu den großen Namen Zählenden weiß das Gros des Auditoriums auch nur wenig, nämlich von Hector Berlioz. Bei diesem Namen werden bei den meisten Zuhörern nur »Symphonie fantastique«, »Requiem« und die eine oder andere abgegriffene Arie oder Orchesterpassage aus den Opern, Kantaten und Orchesterwerken abgerufen. Das unbestimmte Bild, das von ihm tradiert wird, ahnt lediglich: Berlioz war ein unbequemer Künstler, genial, schon möglich, aber jedenfalls vollkommen bizarr. Sein Freund Ferdinand Hiller hat eine passende Metapher für ihn gefunden:»Berlioz gehört nicht in unser musikalisches Sonnensystem – er gehört nicht zu den Planeten, weder zu den großen, noch zu den kleinen. Ein Komet war er – weithin leuchtend, etwas unheimlich anzuschauen, bald wieder verschwindend; – seine Erscheinung wird aber unvergessen bleiben. Daß ein ähnlicher am musikalischen Firmament sich wieder zeigen werde, ist weder zu hoffen noch zu fürchten und schwerlich zu erwarten.« Das Unverständnis gegenüber Berlioz läge an seinem unmäßigen musikalischen Stil, den gewaltigen, kompakten Instrumentationen, dem expressiven Aufschrei seines Ausdrucks, die extrem weit in die Musikgeschichte vorausweisen, die selbst Wagner und Strauss gewöhnte Ohren unbändig machtvoll erscheinen, nicht einmal an schöne romantische Melodien könne man sich bei Berlioz halten; es sind zerstückelte melodische Fetzen, in der Tat. Doch das Hörverhalten müsste sich inzwischen gewandelt haben, Berlioz' musikalischer Stil heute weniger undurchsichtig wirken vor dem Hintergrund von Zwölftontechnik, Atonalität und Bruitismus. Vornehmlich ist es also Hector Berlioz' zur Schau getragene Antihaltung, die ihn beim Publikum dauerhaft in Misskredit bringt. Er weiß, was seine Pariser Zuhörer hören möchten,»eine einwiegende Musik, selbst für die schrecklichsten Situationen, eine zwar leicht dramatische, aber nicht zu deutliche Musik, farblos, frei, von außerordentlichen Harmonien, von ungewöhnlichen Rhythmen, von neuen Formen, von unerwarteten Effekten…«, er aber möchte »das Théâtre Italien … unterminieren und es an einem Abend mit seiner ganzen Rossini-Bevölkerung in die Luft sprengen«. Rossinis Werke gelten ihm als Inbegriff »einwiegender Musik«. Wahre Musik soll erschüttern, provozieren, aufregen, betont Berlioz immer wieder.

Seine Stunde als Komponist schlägt im Revolutionsjahr 1830. Durch die reaktionäre Politik der regierenden Bourbonenmonarchie erzürnt, durch liberale Zeitungen aufgestachelt, haben sich große Teile der Pariser Bevölkerung erhoben. Barrikadenkämpfe auf den Straßen der Stadt, der König muss fliehen und räumt das Feld dem Herzog von Orléans, der als Bürgerkönig Louis Philippe I. den Thron besteigt. Der aufgewühlte Klang der »Symphonie fantastique« passt in diese Zeit. Vom Publikum, schreibt Berlioz, seien die Sätze begeistert aufgenommen worden, die rhythmisch und temporell markant sind und besonders pittoresk erscheinen, nämlich zweiter, vierter und fünfter Satz, »Ball«, »Gang zum Richtplatz« und »Traum einer Sabbatnacht« Programm der Symphonie: Ein junger Mann verliebt sich (1. Satz), verliert sich im Leben (2. Satz), sucht Ruhe in der Natur (»Szene auf dem Lande«, 3. Satz), träumt im Opiumrausch, er werde wegen Mordes an der Geliebten hingerichtet (4. Satz), träumt weiter vom Hexensabbat zu Klängen des Dies irae. Der Instrumentenaufwand ist für damalige Verhältnisse monströs; im zweiten Satz zwei Harfen, im nächsten Englischhorn als Pastoralinstrument, im »Marche du Supplice« (4. Satz) eine erweiterte Percussionsgruppe, außerdem wird eine Ophikleide eingesetzt zur dunkleren Färbung der Blechbläsergruppe. Im letzten Satz ergeben sich klangliche Spannungen, besser formuliert: überlagernde Räume durch den parallelen Gebrauch von schwarztönender Ophikleide und schriller Piccolo-Flöte. Aufruhr und Blutvergießen, Morbidität und Dekadenz, mit denen die Revolutionsjahre getränkt sind, finden ihren Spiegel in den Künsten, viel Grauenhaftes erleben die Einwohner der europäischen Großstädte Tag für Tag auf ihren Straßen, oft genug auf den Barrikaden unter ihren Wohnungsfenstern. Will Kunst noch ergreifen, muss sie in Extreme gehen, unschuldigste Idylle oder brutalste

Szenerie zeigen. Eugène Delacroix' Freiheitsbild – das Volk angeführt von der Trikolore schwingenden personifizierten Liberté – trifft die Stimmung der Epoche und erfüllt Erwartungen seines Publikums nach Brüchen wie die entstellten Leichen zu Füßen der kampfesfreudigen Schönen, halb Geliebte, halb Heroine, der eine Körper halb entblößt, der andere mit blutender Kopfwunde, der nächste mit verrenktem Leib. Delacroix arbeitet mit ähnlichen Mitteln wie Berlioz, nämlich hartem Kontrast von

Zeitgenössische Karikatur auf Berlioz, den Kommandanten
des »Kartätschenorchesters«.

schreiender Farbigkeit und Helle (Trikolore, Kleider der Mittelgruppe) zum braun-schwarzen Grundton des Bildes. Bewegung in der vorwärtstreibendsten Form und Erstarrung.

Revolutionäre Bilder bringt Berlioz bereits in seinem früheren Werk, der Kantate »Sardanapal«, der lebensgierige Herrscher entschließt sich, als seine Macht zerschlagen wird, zum Freitod, in den er alle seine Haremsfrauen mit hineinreißen will. Der Despot vernichtet sich selbst. Mit ihm sollen seine Sklavinnen einen riesigen Scheiterhaufen besteigen. So weit das Thema, das die Académie des Beaux Arts 1830 als zu vertonenden Kantatentext für den jährlich stattfindenden Prix de Rome ausschreibt. Als Berlioz sich bewirbt, hält er Pläne zu einem Finale ganz eigener Art zurück. Berlioz erhält den ersten Preis, nun soll das Werk auch aufgeführt werden. Und jetzt schreibt er ein riesiges symphonisches Finale, die Schilderung der Feuersbrunst, »die Schreie der sich sträubenden Frauen, die stolzen Rufe jenes tapferen Wollüstlings, der inmitten der lodernden Flammen dem Tod noch trotzt, und das Getöse beim Zusammensturz des Palastes«. Die Académie muss sich in die geschaffene Situation fügen, vom rein musikalischen Standpunkt erhebt sie auch keine Vorwürfe, bloß der Zusammensturz des Palastes, das musikgewordene Symbol für den Umsturz der Throne, weckt Unbehagen. Das Auditorium der Uraufführung ist gespaltener Meinung, einige sind hellauf begeistert, die meisten wie vor den Kopf geschlagen. Das Enfant terrible Berlioz ist geboren.

Sieben Jahre später erhält Berlioz einen Staatsauftrag. Seltsam? Nein, denn 1836/37 bildet wieder einmal ein liberales Kabinett die Regierung und das in Auftrag gegebene »Requiem« soll zum Gedenken der Opfer von 1830 gegeben werden. Da passt kein anderer französischer Komponist besser als Berlioz, zumal es in der modernen Musikergeneration keinen namhafteren als ihn gibt. Pech für den oft glücklosen Komponisten: Im Frühjahr 1837, kurz vor der Vollendung der Messe, wird das Kabinett aufgelöst, die Konservativen ergreifen wieder das Staatsruder. Berlioz schreibt zunächst unbeeindruckt weiter, doch dann erhält er die Mitteilung, »dass die Trauerfeierlichkeiten für die Julihelden ohne Musik stattfinden würden, und mit der Order, alle meine Vorbereitungen einzustellen. Nichtsdestoweniger schuldete das Ministerium dem Kopisten sowie dem Chor, der bereits mit mir geprobt hatte, eine Menge Geld. Vergebens ersuchte ich fünf Monate lang um Bezahlung dieser Schulden. Was man mir selbst schuldig war, wagte ich nicht einmal zu erwähnen«. Um den lästigen Gläubiger zufrieden zu stellen, ergeht der Befehl, das »Requiem« anlässlich einer Gedenkfeier der im algerischen Eroberungskrieg gefallenen Soldaten aufzuführen, so erhält das Musikstück einen der Regierung genehmen Zweck. Glücklich ist das zuständige Kriegsministerium mit der Revolutionsmusik aber nicht. Einen letzten Versuch, das »Requiem« zu stürzen, unternimmt laut Berlioz' Autobiografie der Dirigent François Habeneck. An der wichtigsten Stelle der Partitur legt Habeneck den Taktstock beiseite und nimmt in aller Gemütsruhe eine Prise Schnupftabak zu sich. Der wachsame Berlioz kann im letzten Moment eingreifen und dem Orchester die Einsätze geben. Im »Tuba mirum« setzt Berlioz nämlich wieder seine Instrumentalisierungsspezialität ein, die Schaffung von weiten Räumen durch parallele und imitatorische Stimmführungen. Fanfarenstöße nacheinander bei den Blechbläsern vor dem Hintergrund eines gemächlich fließenden Grundklangs. Das ist aus Revolutionsmusiken seit der Französischen Revolution bekannt. Das »Requiem« entlarvt sich also als opportunistische Musik, entsprechend dem ersten Staatsauftrag. Das Publikum der Premiere ist von der vermeintlichen Staatsmusik begeistert. Übrigens geht die Aversion der Obrigkeit gegen Berlioz so weit, dass der Komponist auch dieses Mal über Gebühr warten muss, ehe er seine Gage erhält. Launisches Schicksal: »Nachdem ich die Musiker ... bezahlt hatte und noch am Anfang meiner Versuche, die dreitausend Francs zu erhalten, stand, bezeichneten einige Blätter der Opposition mich als Günstling der Staatsmacht, als Seidenwurm, der das Budget auffresse.« Berlioz gerät zwischen die Stühle. Es fällt den verschiedenen politischen Lagern seiner Zeit und der Nachwelt gleichermaßen schwer, ihn sich zu vereinnahmen. Nur einen Stempel trägt seine Musik, revolutionär zu sein.

In die Intrigen rund um Berlioz' Werke sind beinahe immer etablierte Komponisten verwickelt: Luigi Cherubini, Direktor des Conservatoire, ist einer von ihnen. Ab der ersten Begegnung ist das Verhältnis zwischen Berlioz und dem 1760 geborenen Florentiner schief. Was zum großen Teil auch Ungeschicklichkeiten und Trotzreaktionen des Jüngeren zuzuschreiben ist. Beide Komponisten sind recht gegensätzlich. Cherubini ist ein noch im Ancien Régime und der Zeit Napoleons verwurzelter Maestro, gefördert vom Großherzog der Toskana, Hofkomponist von King George III., Dirigent im Cercle Königin Marie Antoinettes, wegen seiner Oper »Médée« geachtet von den Jakobinern, im neuen Kaiserreich Konservatoriumsdirektor, Schöpfer von etwa dreißig Bühnenwerken, reicher Kirchen- und Kammermusik; Berlioz sieht sich als Revolutionär (nicht aber als Demokrat!), provozierend, ist Feuilletonschreiber und brillanter Schriftsteller (Verfasser der grundlegenden Instrumentationslehre der Romantik), Bibliothekar des Conservatoire, immer in Geldnot, fast ohne öffentliche Ehrung, verfasst abseitige Werke, morbide Kantaten, fantastische Symphonien, wild-expressive Ouvertüren und Legenden. Eines seiner frühesten Werke heißt »La révolution grecque«, eine Scène héroique für Kantatenapparat, eines seiner letzten Werke ist die über lange Jahre erarbeitete Oper »Les Troyens«, die in voller Länge erst 1890, zwanzig Jahre nach Berlioz' Tod, aufgeführt wird, ein Geschichtswerk, das Bild der Menschen im Spiel des Schicksals, sprich der Götter. Die Oper besteht aus zwei Teilen, der Historie rund um das Trojanische Pferd und Kassandras Tod, der zweite Teil erzählt die Geschichte von Dido und Äneas. Bezeichnenderweise erlaubt Kaiser Napoleon III. nur die Aufführung des zweiten Teils mit dem aus der Operngeschichte hinlänglich bekannten Dido-Stoff, während die politischen Ansatzpunkte des ersten Teils übergangen werden sollen. Im November 1863 wird daher nur ein Teil der »Trojaner« aufgeführt.

Offenbach

Wenige Jahre vor Berlioz' »Trojanern« entsteht in Paris ein anderes Bühnenwerk, das seinen Stoff der griechischen Sage und zugleich der in Frankreich vollkommen präsenten Tradition Glucks entlehnt: Jacques Offenbachs »Orpheus in der Unterwelt«, eines der Schlüsselwerke, die das Genre der Operette begründet haben. Und Offenbach wird einige Zeit später auch noch seine »Trojaner« schreiben, »Die schöne Helena«. Gerade Operetten, die (selbst wenn sie mit dem Gütezeichen Offenbach signiert sind) oft als harmlose, komische Stückerl niedrigen Niveaus angesehen werden, stehen oft eher auf Seiten oppositioneller als staatskonformer Musik. Den Grundstein legen bereits die mit beißendem Spott verfassten ersten Operetten, die Bouffes-Parisiennes, von Offenbach. Seine Äußerung »ich verstehe nichts von Politik« ist pure Koketterie. Politik nimmt schon auf das Kind Jakob Einfluss, das im Kölner Judenviertel am Griechenmarkt geboren wird. Der von Antisemitismus geprägten Kölner Enge darf der Vierzehnjährige 1833 entfliehen, um in Paris Musik zu studieren. Als Cellist und Komponist verdient er sich seinen Unterhalt – und als Rebell miniature: Er komponiert ein Walzerstück von der Art, wie sie in Mode und äußerst beliebt sind, aber er bemüht dazu Synagogalmelodien, was die französische Presse aufschreckt. Unterstützung erfährt der aufstrebende Komponist zu diesem Zeitpunkt lediglich in den liberalen Salons der Metropole, in denen mit Begeisterung Politik gemacht wird. Auf seine Weise greift er den Liberalen unter die Arme: Er verfasst für die Kölner Aufständischen des Jahres 1848 Lieder aufrüttelnden und patriotischen Inhalts. Genau zehn Jahre später schreibt er die Operette »Orphée aux enfers«. Im selben Jahr wird auf Napoleon III., der seit 1852 Kaiser der Franzosen ist, durch den italienischen Risorgimentisten Felice Orsini ein Bombenattentat verübt, dem Napoleon, der auf dem Weg zur Oper ist, zwar entgeht, dem aber an die hundert Zivilisten zum Opfer fallen. Nach dem Mordanschlag verschärft die Regierung ihre Gesetze, Napoleon nutzt die Situation, um sein populistisches Monarchentum in eine

Diktatur zu verwandeln, geschickt verschleiert hinter Arbeits-beschaffungsmaßnahmen, Verbesserungen des Arbeiterloses (Be-grenzung der Arbeitszeit) und Kolonialpolitik. Der Jupiter in »Orpheus in der Unterwelt« mit seinem immer wieder herausge-kehrten Despotismus, mit seiner Begierde nach Euridice, der er sich sogar in Gestalt einer dicken Schmeißfliege nähert, ist eine gut getroffene Napoleon-Karikatur, der, was allgemein bekannt ist, eine unstillbare Neigung zu Damen des Theaters hat. Die Musik hat dermaßen großen Erfolg, dass bald auf allen Straßen nur noch Melodien aus »Orphée« zu hören sind. Als Napoleon sich 1859 auf Seiten der Italiener in den Krieg zwischen Sardi-nien-Piemont und Österreich einschalten muss und nach dem Waffenstillstand von Villafranca nach Paris zurückkehrt, wird er mit Offenbachscher Musik festlich begrüßt. Offenbach zu ver-bieten, dazu wäre es längst zu spät, bleibt dem durchaus humor-vollen und gutmütigen Kaiser nur, den Musiker als eine Art Hof-narren zu akzeptieren und mit diesem Markenzeichen Pariser Esprits für sein – angeblich – liberales Regime zu werben. Schwer fällt das nicht, denn Offenbachs spritzige Musik trifft Na-poleons Kunstgeschmack besser als eine historische Oper Meyer-beers, und außerdem bietet der Komponist auch manches, worü-ber der Kaiser selbst lachen kann: Die »Öffentliche Meinung« als rigide, altjüngferliche Megäre entspricht gewiss dem Bild, das er sich von ihr gemacht hat. Offenbachs größter Coup nach »La Belle Helène« und »Barbe-bleu«, die 1864 und 1866 mit vielen anderen Operetten auf »Orpheus in der Unterwelt« folgen, ist das Stück »La Grande-Duchesse de Gerolstein«, das auf der Pariser Weltausstellung 1867 gegeben wird und gleich alle europäischen Großmächte verulkt: Zwar spielt die Komödie im skurrilen deut-schen Kleinstaat Gerolstein – damit sind Preußen und Bayern ge-troffen –, aber die großspurigen Soldaten, die durch die Hand-lung stiefeln, sind Seitenhiebe auf die Soldatenbegeisterung des Zaren, im Aufstieg eines kleinen Soldaten, der in Gnaden seiner ihn begehrenden Monarchin steht, soll da Elisabeth von Öster-reich mit einem ihrer ungarischen Protegés gezeichnet sein? Je-

»Herrje! Die sittliche Entrüstung der Wiener über meine Schöne Helena
fällt schwer ins Gewicht!«
Karikatur auf Jacques Offenbach (aus: »Der Floh«, 1865).

denfalls geht Offenbachs Rechnung auf: Napoleon lacht über die deutsche Spießbürgerherrlichkeit, Bismarck über das protzende Zarenmilitär, der Zar über die exzentrische Wittelsbacherin und Franz Joseph von Österreich über das französische ›L'amour et la vie‹, jeder glaubt, den anderen karikiert zu sehen, getroffen sind sie alle.

Erst der Deutsch-Französische Krieg bereitet der Offenbach-Begeisterung, die etwa Wilhelm Busch in seiner »Frommen Helene« süffisant als Zeichen des Sittenverfalls kolportiert (»Offenbach ist im Thalia …«), ein Ende; plötzlich besinnen sich die Franzosen, dass ihr heiterer Orpheus ja aus Köln stammt, während die Deutschen ihm seine französische Wahlverwandtschaft übel nehmen. In der Ablehnung des Juden sind sich beide Nationen einig. Für den Komponisten beginnt ein Wanderleben, da für ihn in beiden Ländern zu Seiten des Rheins kein Bleiben ist. Der Krieg und sein Popularitätseinbruch (im Verein mit einer neuen antisemitischen Welle in Frankreich) treiben ihn in den Bankrott. Die Uraufführung des Werkes, das sein Comeback garantiert hätte, erlebt er nicht mehr. »Les Contes d'Hoffmann«, »Hoffmanns Erzählungen«, wird 1881, ein Jahr nach Offenbachs Tod, aufgeführt und als »heitere Spieloper« rasch dem Repertoire einverleibt; die surrealen, tragikomischen und gebrochenen Züge dieses Spätwerks werden vom Auditorium kaum beachtet.

Kräftemessen

Bedeutete schon der Deutsch-Französische Krieg für unzählige Künstler das Aus, dann trifft dies erst recht auf den Ersten Weltkrieg zu, in den sich viele von ihnen zuerst so begeistert stürzten. Zunächst profitieren Musiker von der vaterländischen Atmosphäre, schreiben im Vorfeld des Krieges und während der ersten Kriegsmonate patriotische Opern, Orchesterwerke, Hymnen, Märsche.

1875 erschüttert zum ersten Mal eine Kriegsahnung die europäischen Reiche, Preußen fühlt sich vom wieder aufrüstenden

Frankreich bedroht, Großbritannien mischt sich seinerseits ins Kräftemessen. Es bilden sich zwei Bündnisse, die Europa zerteilen. Der Dreibund Preußen, Österreich, Italien auf der einen Seite, die Entente, Großbritannien und Frankreich auf der anderen Seite (im weiteren Sinne gehört bald auch Russland dazu). In Deutschland wird verstärkt zu entsprechenden Anlässen Brahms' »Deutsches Requiem« aufgeführt, das der Meister 1868 in Bremen uraufführte. Sein »Triumphlied« auf die Siege im Jahr 1871 gehört ohnedies zum Repertoire der Kaiserzeit. Ebenso sein Schicksalslied, nach einem Text aus Friedrich Hölderlins »Hyperion«. »Es schwinden, es fallen/ Die leidenden Menschen/ ... Wie Wasser von Klippe/ Zu Klippe geworfen«. Das Schicksalslied wird als moralische Selbstbeschau geschätzt. Dass Max Reger 1901 Variationen über »Heil dir im Siegerkranz« verfasst, passt zu der chauvinistischen Haltung des Komponisten. Aber auch durch das Œuvre des stillen, zurückhaltenden Anton Bruckner bewegt sich plötzlich ein »Germanenzug« (1863) für Männerchor und Blasorchester, dem ein »Deutsches Lied« gleicher Besetzung 1892 folgt, und der Männerchor »Helgoland« feiert den »Erfolg« Kaiser Wilhelms II., der 1890 mit den Briten die florierende Kolonie Sansibar gegen das Felseneiland Helgoland tauscht. In Frankreich schließen sich Komponisten um Camille Saint-Saëns zur »Société Nationale de Musique« zusammen, um allem Fremden in der französischen Musik den Garaus zu machen und einer »ars gallica« zu frönen. 1904 entstehen Claude Debussys »Trois chansons de France«. Französische Volkslieder da, englische dort, deutsche hier. Volksliedbearbeitungen und -zitate in größeren Werken nehmen wieder quantitativ zu. Nationale Motive werden wiederentdeckt. Alpen und Rhein, könnte die Formel für Deutschland heißen. Die Alpen als naturgewordenes Symbol deutscher Kraft, Unbeugsamkeit, Unvergänglichkeit, der Rhein als natürliche Grenze zum französischen Erbfeind, als pars pro toto für das Deutsche schlechthin, als Wiege nationaler Legenden um Loreley und Nibelungenhort. Wagners »Rheingold«, Robert Schumanns »Rheinische Symphonie«, seine Rheinlieder, das sind immer wieder Momente nationaler Besinnung, um 1900 bis ca. 1910 nehmen die neu hinzu komponierten Rheinlieder sprunghaft Anstieg. Die Alpen werden von Brahms und Joachim Raff (7. Symphonie, 1876) besungen, Höhepunkt ist sicher Richard Strauss' monströse »Alpensinfonie« von 1915. Noch andere Nationaldenkmäler entstehen vor musikliebhabenden Ohren, etwa der Kyffhäuser, jener Berg im Harz, in dem Kaiser Barbarossa ungeduldig auf die Erneuerung des Deutschen Reiches wartet. Opern und Chorwerke von heute vergessenen Musikern zum Thema schießen wie Pilze aus dem Boden; zwischen 1892 und 1897 wird das Kyffhäuser-Denkmal auf den Ruinen einer staufischen Burg errichtet. Der deutsche Nationalstolz reicht sogar noch weiter zurück, längst werden Germanen und Deutsche unreflektiert gleichgesetzt; gern gedenkt man daher der Schlacht im Teutoburger Wald, als Arminius (›Hermann‹) der Cherusker den Römer Varus besiegte (9 n. Chr.). Felix Draeseke, Otto Dorn schreiben Bühnenmusiken zum Thema, Hans Pfitzner und Richard Strauss widmen sich im »Gesang der Barden« für Chor und Streicher bzw. volles Orchester dem Sujet, größere Volkstümlichkeit erlangt aber die zum Gassenhauer gewordene skurrile Ballade von Josef Viktor von Scheffel: »Als die Römer frech geworden …« Bei Detmold wird nach jahrzehntelangen Spendensammlungen und Anläufen 1875 das Hermannsdenkmal vollendet (neueren archäologischen Funden zufolge liegt das Schlachtfeld allerdings weiter nördlich beim Ort Kalkriese). Musik zu einer wesentlich hübscheren Gestalt der rheinischen Sagenwelt, der Nixe Lorelei, übertrifft an Quantität alle Erwartungen. Mir sind zehn Opern zwischen 1879 und 1900 bekannt; nur die etwas ältere (UA 1863) »Loreley« von Max Bruch (Text von Emanuel Geibel) ist nicht völlig vergessen, Hans Pfitzner versuchte sie 1915 im Zuge seiner Bemühungen um die nationale Operntradition wiederzubeleben. Im Gefolge des berühmtesten aller Rheingesänge, der Vertonung der Heineschen Lorelei von Friedrich Silcher, entsteht eine Unzahl von Liedern, in denen die singende Männerverderberin gepriesen wird. Und wieder der

›deutsche‹ Rhein: »Es braust ein Ruf wie Donnerhall,/ Wie Schwertgeklirr und Wogenprall:/ Zum Rhein, zum Rhein, zum deutschen Rhein.«

Erhabener Weltkrieg

»Die Wacht am Rhein« – übrigens oft vertont – ist ab 1914 stark gefordert. Der Weltkrieg ist entzündet, entstanden durch eine Verkettung schwerster politischer Fehler und schließlich durch das Attentat auf Erzherzog Franz Ferdinand in Sarajewo, letztlich durch Nationalismus, Konkurrenzneid und Wettrüsten der europäischen Länder.

Eine neue seltene Einigkeit umfängt alle Deutschen gegen die Feinde. Stimmen der Skepsis und der Kriegsablehnung, die für 1914 sehr wohl überliefert sind, werden von der patriotischen Propaganda übertönt. Ein vielgesungenes Lied der Zeit: »Ich kenne keine Parteien mehr!/ Und auch keine Konfessionen. Wir dreschen weiter das welsche Heer,/ Wir dreschen die Russen-Legionen ... Wir dreschen gemeinsam den grimmigsten Feind,/ Den ehrlos-gemeinen Briten./ Gedroschen wird er gemeinsam vereint/ von Christen und Israeliten.« Die Künstler deutscher Nation sind größtenteils hellauf begeistert vom Krieg. Überzeugt, felsenfest, dass das Recht vollkommen auf ihrer Seite ist. »Alles freut sich, ins Feld zu kommen, und wenn man sieht, daß alles freudig zu den Waffen greift und keiner zurückbleiben will, müssen selbst die Feinde eingestehen, daß das deutsche Volk für eine gerechte Sache streitet und nicht, wie die französische, russische & englische Lügenfabrik so gerne verbreiten möchte, nur aus Rauflust in den Krieg zog« (Paul Hindemith, September 1914). Der Maler Franz Marc, ein überzeugter Nietzscheaner, resümiert: »Der Stall des Augias, das alte Europa, konnte nur so gereinigt werden.« Er zieht begeistert an die Front, preist zum Schrecken seiner Frau und seines russischen Künstlerfreundes Kandinsky in Artikeln und Briefen den ethischen Wert des Weltkriegs, in dem er den Tod finden wird – er und viele andere

Künstler. Arnold Schönberg schwärmt im August 1914: »Diese Zeit, so herrlich und groß sie … ist … Wie groß meine Sehnsucht … mich in Reih und Glied zu stellen und wirkliche Kämpfe mit tausend anderen zusammen zu leisten … Seit der russisch-japanische Krieg mir die Augen geöffnet hat über die Frage, wie wichtig die Vaterlandsverteidigung ist, seit damals predige ich: Erziehung zum Vaterlandsverteidiger von Kindheit auf. Statt Grammatik und Geographie möge Turnen und marschieren, Laufen, exerzieren und Stürmen in Volksschulen gelehrt werden.« Im September äußert er gegenüber Anton von Webern: »Ich kann meine Einberufung nicht erwarten. Mich verfolgt Tag und Nacht der Wunsch: kämpfen zu können für diese große, hehre Sache.« Anton von Webern würde sich sogar freiwillig melden, überginge man ihn als mehrfachen Vater bei der Rekrutierung: »Ich will und muß in den Krieg. Es ist nicht auszuhalten. Diese Riesenschlacht. Herrgott, daß wir nur siegen.« Für ihn bedeutet der Krieg eine Schaffenszäsur. Seine Lieder op. 12–15, komponiert während der Kriegsjahre, charakterisiere ein »geschlossener Klang, lange Themen zum Teil, überhaupt was ganz anderes als vor dem Krieg«. Ähnliches formuliert der Dichter Stefan Zweig in seinem Buch »Die Welt von Gestern«: »Ich weiß heute, ohne all das, was ich mitfühlend, vorausfühlend damals während des Krieges gelitten, wäre ich der Schriftsteller geblieben, der ich vor dem Kriege gewesen, ›angenehm bewegt‹, wie man im Musikalischen sagt, aber nie gefaßt, erfaßt, getroffen bis in die innersten Eingeweide. Jetzt zum ersten Mal hatte ich das Gefühl, gleichzeitig aus mir selbst zu sprechen und aus der Zeit.« In seiner Tonsprache unbeeindruckt bleibt Max Reger, dafür stimmt er bereit 1912 einen »Römischen Triumphgesang« für Männerchor und Orchester an, der allerdings dem germanischen Heroismus gewidmet ist, zaubert passend zum Kriegsbeginn eine »Vaterländische Ouvertüre« op. 140 hervor. Das kann der ›französische Erbfeind‹ genauso gut: Debussy schreibt heroische Berceusen und plant 1916 die »Ode à la France«, zu der nur Skizzen existieren, denn sein Krebsleiden hindert ihn am Komponieren und tötet ihn 1918, im letzten Kriegsjahr. Ferner Geschützdonner untermalt das Begräbnis des Schöpfers von »Clair de lune.«

Inzwischen haben die ersten deutschen Kampfflugzeuge unter Sirenengeheul Paris bombardiert; Marcel Proust kommentiert in fast zynischer Ironie dieses bis dato unerhörte Schauspiel in seinem letzten Roman »Le temps retrouvé«, »Die wiedergefundene Zeit«: »Und diese Sirenen, ist das nicht wirklich wie Wagner? ... Diese Sirenentöne klingen tatsächlich nach Walkürenritt! Da müssen erst die Deutschen kommen, damit man in Paris Wagner hören kann.«

Die Ernüchterung über den Krieg kommt rasch, obwohl Komponisten sich nicht über fehlende Staatsaufträge für Märsche, Hymnen, heroische Orchesterwerke beklagen können. Auch der Erste Weltkrieg braucht seine Battaglia, seine Schlachtenmusik. Die Schilderung kriegerischer Auseinandersetzung ist seit jeher ein Thema der Musik, zumal Musik zur moralischen Unterstützung der Soldaten herangezogen wird und Musiker es sind, die strategische Signale übermitteln: der Trommler, der Trompeter. Die alten Griechen besaßen eine imposante Battaglia, die den Kampf Apollons mit der Pythia schildert; zahlreiche Heroen wie Herakles, Theseus und Perseus besiegen schlangen- und drachenartige Ungeheuer. Der Drachen-, Schlangen- oder Lindwurmkampf ist ja lediglich Metapher des mythisch überhöhten Krieges, das Ungeheuer steht symbolhaft für den Feind. Also gibt es auch in allen Volksmythologien einen Drachen- oder Monstrenkampf; der ägyptische Osiris kämpft gegen den Drachen Typhon, hinter dem sich sein Zwillingsbruder Seth verbirgt, der den Osiris schließlich zerstückelt, im altenglischen Beowulf steht der Kampf mit dem Moordrachen Grettir im Mittelpunkt, in der nordischen Edda ist es Thor, der die Midgardschlange bezwingen will, im Nibelungenlied erlegt Siegfried den Lindwurm, im finnischen Nationalepos »Kalevala« (das Jean Sibelius in vielen Orchesterwerken bekannt gemacht hat) kämpft der Held Lemminkainen gegen den »eklen Unholdsgeifer, jenen Auswurf von Syötätär;/ Der verwandelt' sich zum Wurme. Wurde zu der schwarzen Schlange«. Die Renaissance mit ihren Möglichkeiten mehrstimmiger Vokalmusik produziert unzählige Battaglien, besonders der Komponist Clemens Jannequin mit seinem Chanson »La guerre« (über die Schlacht bei Marignano) ist hier zu erwähnen. Der Salzburger Barockmeister Ignaz Franz Biber schildert in einer Orchestersuite neben dem Kampfgetümmel und Saufgelage der Sieger immerhin das Wehklagen der sterbenden Soldaten. Wanhall komponiert ein »Combat naval de Trafalgar«, eingedenk Nelsons Seesiegs. Kaum hat sich die Battaglia in der Instrumentalmusik fixiert, wird sie als Einlage in Opern benutzt. Und nicht nur das, Kriegsopern entstehen und werden vor allem nach der Französischen Revolution beliebt, beispielsweise haben von Giuseppe Verdis sechsundzwanzig Opern sechzehn den Krieg wenigstens zum Hintergrund. »Nabucco«, »Macbeth«, »La forza del destino«, »Aida«, »Otello«, um nur die signifikantesten zu nennen. 1916 ist es also Max Reger! Über mangelnde Aufträge können er und seine Kollegen nicht klagen; Bruno Walter beschreibt den Ersten Weltkrieg als »Hexenkessel der Arbeit und kriegsbegeisterten Leidenschaft«.

Unheile Welt

1914 schreibt Paul Hindemith (ganz im Stil der Kriegspostkarten: »Jeder Tritt ein Brit'«): »Franzosenhalloh und Kriegsrummel! Überall freut man sich, daß die Franzosen Hiebe kriegen … Man spürt hier kaum etwas von den Lasten des Krieges.« 1916 klingt er schon anders: »Über den Krieg sich zu unterhalten, ist ja jetzt so furchtbar«, schreibt er zu Pfingsten an ein befreundetes Ehepaar: »Ich schicke Ihnen mit gleicher Post ein wohlgetroffenes Konterfei von mir. Denken Sie sich diesen 20-jährigen Jüngling etwas schmäler (infolge Kriegskost und Arbeit) … Ich bin ganz müde vom vielen Schreiben und überdies ruft Mutter zum Tee. Den darf ich nicht versäumen, weil ich schon wieder Hunger habe (hier hat man jetzt immer Hunger!).« 1918 dann: »Bis vor kurzem hab ich auch fleißig komponiert, aber eben weiß ich gar nicht mehr, wie man das macht ... ich dachte, es gäbe eine Perlschnur von 6 Sonatinen; nix is ... vielleicht mache ich noch meine Modulation nach G-Dur hierein und dann kommt ›heil Dir im Siegerkranz‹ und das Ganze heißt: Souvenir de Völkerringen.« Arnold Schönberg klagt wie Hindemith über ein Erlahmen der Schaffenskraft: »Arbeiten kann ich gar nicht. Ich kann den Kopf nicht frei bekommen. Sorgen um den Lebensunterhalt, um die politischen Sicherheitszustände« (6. August 1919). Ernst Ludwig Kirchner malt bereits 1915 sein »Selbstbildnis als Soldat«, Öl auf Leinwand. Der Uniformierte hält einen blutigen Armstumpf in den Vordergrund, die abgehackte Hand als Symbol der gebrochenen Schaffenskraft des Malers, der die Grausamkeit des Krieges nicht überwinden kann. Fleischfarben und rot sind die Haupttöne des Bildes, ein Frauenakt, die Umgebung des blutigen Handstumpfs. Fleisch, Blut, Wunden. Malte Kirchner schon vor dem Krieg Akte als preisgegebene, verletzbare Menschen – wie zum Beispiel die drei nackten Göttinnen im »Urteil des Paris« (1912), die vor dem zuhälterhaft aussehenden Helden paradieren müssen –, tritt während des Krieges Brutalität als Thema hinzu. Seine Landschaftsbilder beispielsweise sind von zackiger, eckiger Aggressivität. Das neue Motiv »Gewalt« kündigt sich zum Teil schon in den Bilderwelten der Jahrhundertwende an. Otto Modersohn etwa rügt die Bilder seiner Frau Paula Modersohn-Becker: »Münder wie Wunden«, ihre Porträts seien abstoßend. Während und nach dem Krieg soll alles unbeschönigt, klar präsentiert werden. »Totentanz Anno 17« nennt Otto Dix eine seiner Radierungen, ein Gewirr stürzender Menschenleiber, verrenkte Gliedmaße, aufgespießt auf Bajonette, die ungeschminkte Realität soll Objekt der Kunst werden. »Malen wir das Naheliegende, unsere Stadt-Welt, die tumultarischen Straßen, die Eleganz eiserner Hängebrücken, die Gasometer«, fordert Ludwig Niedner, »die Koloristik der Autobusse und Schnellzuglokomotiven, die wogenden Telefondrähte ... und dann die Nacht ... die Großstadt-Nacht«. 1918 malt Max Beckmann dann auch »Die Nacht« in Öl auf Leinwand, kein Mondesflimmern auf ruhiger See, sondern das enge Innere eines Zimmers, angefüllt mit Raub, Mord und Schändung.

Paul Hindemith komponiert 1919 ein Klavierquintett, das »alles« nur nicht wie »ein ordnungsmäßig gesetztes Quintett mit I. und II. Thema usw. klingen« darf. »Es muß an einem vorüberziehen wie eine farbenreiche Improvisation. Gespenster und Drachen, Bergstürze, Kämpfe, Blut, Bäume, Wälder, Sonne und Sommer, das muß alles drinnen sein.« Alban Bergs Oper »Wozzeck« klagt die Kaltblütigkeit der Welt an, mit atonalen, distanzierten Klängen. Lediglich das Märchen, das Marie ihrem unehelichen Kind (»… bist nur ein arm Hurenkind«) erzählt, ist tonal gebunden, allerdings in einer Moll-Tonart. Auch sein Violinkonzert von 1935 ist die Schilderung einer Welt, wie sie wirklich ist: Das Konzert erzählt Kindheit, Krankheit und Sterben der erst achtzehnjährigen Tochter seiner Freundin Alma Mahler. »Schluss mit den Wolken, den Wellen, den Aquarien, den Undinen und den nächtlichen Düften«, ruft Jean Cocteau, Sprecher der Groupe des Six, 1918 aus: »Wir brauchen eine Musik, die auf der Erde steht.« Opern wie Béla Bartóks »Herzog Blaubarts Burg« oder Giacomo Puccinis »Triptychon« (mit den drei ›Altarflügeln‹ »Il tabarro«, »Suor Angelica«, »Gianni Schicchi«: einem düsteren Stück aus dem Milieu der Seineschiffer, einer Nonnentragödie, einem leicht makabren Schelmenschwank aus dem goldenen Florenz Dantes und Boccaccios) verwirklichen die Ansprüche nach einem neuen Realismus, nach einer eher nächtigen als hellen Tonsprache. Maurice Ravel prangert im »Klavierkonzert für die linke Hand« (dem einarmigen Pianisten Paul Wittgenstein gewidmet), aber auch in »La Valse«, »Bolero« und »Tzigane«, die Barbarei und Dummheit von Krieg und Rassenhass an – das Auditorium, das für die »französische Leichtigkeit« des populären Komponisten schwärmt, nimmt die subtile Botschaft aber in der Regel nicht wahr. Rutland Boughton lässt seine im ersten Kriegsjahr entstandene Oper »The immortal Hour« (»Die unsterbliche Stunde«) im Schattenreich spielen und in einer Menschenwelt, die nur Hoffnungen kennt, keine Erfüllungen.

Ihren Auftrag sehen die modernen Künste darin, ihre »Püblikü-
mer« (Hindemith) über die tatsächlichen, realen Zustände der
Gesellschaft aufzuklären, meistens in Opposition zur staatlichen
Politik. »Ich zeichnete und malte aus Widerspruch«, sagt der
Maler George Grosz, »und versuchte, durch meine Arbeit die
Welt davon zu überzeugen, dass sie häßlich, krank und verlogen
ist.«

VIERZEHNTES KAPITEL

Tonkunst unterm Hakenkreuz
Das Dritte Reich der Musik

Großdeutsche Töne

1933. »Am Abend des 30. Januar nahmen meine Eltern uns Kinder … mit ins Stadtzentrum. Dort erlebten wir den Fackelzug, mit dem die Nationalsozialisten ihren Sieg feierten. Etwas Unheimliches ist mir von dieser Nacht her gegenwärtig geblieben. Das Hämmern der Schritte, die düstere Feierlichkeit roter und schwarzer Fahnen, zuckender Widerschein der Fackeln auf den Gesichtern und Lieder, deren Melodien aufpeitschend und sentimental klangen … Und ich brannte doch darauf, mich in diesen Strom zu werfen, in ihm unterzugehen und mitgetragen zu werden … Irgendwann sprang plötzlich jemand aus der Marschkolonne und schlug auf einen Mann ein … ich sah ihn mit blutüberströmtem Gesicht zu Boden fallen … Sein Bild verfolgte mich tagelang. In dem Grauen, das es mir einflößte, war eine winzige Zutat von berauschender Lust. Für die Fahne wollen wir sterben, hatten die Fackelträger gesungen. Es ging um Leben und Tod.«
Was aus diesem Bericht einer kindlichen Augenzeugin spricht, ist die große Bedeutung von Musik im NS-Staat als Verführerin zum Mitmarschieren, als Beschönigung tyrannischer Greueltaten. Gemäß Adolf Hitlers Vorstellung sollte Musik in der Hauptsache massenwirksam sein, sie sollte elektrisieren, mitreißen, sollte hypnotisieren, sodass sich Grenzen wie Unrecht und Recht, Gut und Böse, Ich und Du zu einem »Wir im Recht« verwischen. Das Zitat zeigt sehr deutlich, wie eine Untat, die schwere Körperverletzung eines Menschen, mit Hilfe der Musik plötzlich andere Wertung

erfährt, nicht mehr – wie üblich – als schlecht und strafbar gesehen, sondern als geradezu notwendig empfunden wird. Die Wahrnehmung verändert sich durch die Musik. Die Aufmarschierenden singen, der Zuhörer identifiziert sich unweigerlich mit diesem Lied der Masse, er nimmt im Moment des Hörens Anteil nur an ihr. Ein Einzelschicksal wie das des geschlagenen Mannes wird zu einem Geschehen außerhalb der eigenen Wahrnehmung, zu etwas Fremden, Unbedeutenden. Es geht um mehr, als um diesen einen Geprügelten, sagen die Fackelträger, es geht ja um Leben und Tod.

In vielen Erinnerungen, Biografien aus der Zeit zwischen 1933 und 1945 wird betont, dass das gemeinsame Singen in Hitlerjugend und Bund deutscher Mädchen ein zentraler Grund für eine Mitgliedschaft war, weniger die ideologischen oder parteipolitischen Ziele und Tätigkeiten, die ihnen hier vermittelt und die ihnen auferlegt wurden. Inge Scholl, Schwester der studentischen Widerstandskämpfer Sophie und Hans Scholl, erinnert sich in ihrem Buch »Die weiße Rose«: »Hitler, so hörten wir überall, Hitler wolle diesem Vaterland zu Größe, Glück und Wohlstand verhelfen ... nicht ruhen und rasten wolle er, bis jeder einzelne Deutsche ein unabhängiger, freier und glücklicher Mensch in seinem Vaterland sei. Wir fanden das gut ... Aber noch etwas anderes kam dazu, was uns mit geheimnisvoller Macht anzog und mitriss. Es waren die kompakten Kolonnen der Jugend mit ihren wehenden Fahnen, den vorwärts gerichteten Augen und dem Trommelschlag und Gesang. War das nicht etwas Überwältigendes, diese Gemeinschaft? ... War es nicht großartig, mit jungen Menschen ... plötzlich etwas Gemeinsames und Verbindendes zu haben? Wir trafen uns zu Heimabenden, es wurde vorgelesen und gesungen ... Wir fühlten uns beteiligt an einem Prozess, an einer Bewegung, die aus der Masse Volk schuf.«

Bilder und Musik spielen eng zusammen. Mit der Macht vertonter Bilder kann Hitler am leichtesten Einfluss auf die Psyche seiner Untertanen nehmen, die übrigens dank der jungen Entwicklung des Cinematographen bzw. des Tonfilms von dem

Zusammenwirken von Musik und Bild verzaubert ist, noch relativ unkritisch diesem neuen Medium gegenübersteht und seinen verlockenden Möglichkeiten unbedarft ausgeliefert ist. Ein Grund, weshalb Hitler und sein Reichskultur- und Propagandaminister Joseph Goebbels die Filmindustrie vor allen anderen Kultureinrichtungen fördern und auch mit Vorliebe Filmmusikkomponisten protegieren beziehungsweise überhaupt erst einmal schmieden. Der Film kommt am ehesten Adolf Hitlers schemenhaften Vorstellungen eines Gesamtkunstwerkes nahe, in dem sich Bild, Sprache, Drama und Musik zu einem mächtigen Ganzen im Dienste des Staates verbinden lassen, der hauptsächlich darin besteht, das Publikum zu einem willfährigen Massengeschöpf zu modifizieren, eingeschworen auf Führer und Vaterland. Demzufolge werden die Aufmärsche, Festlichkeiten, von denen in den oben stehenden Zitaten die Rede ist, bildhaft zelebriert und unbedingt musikalisch untermalt. Romantisch-schön erscheinen die Szenen von Fackelzügen in der Nacht, von fröhlichem Gesang, der sich in der schwarzen Stille des Himmels verliert, von pathetischen Worten, Vaterland und Heldentod. Vor allem Feiern immenser internationaler Bedeutung, die für den NS-Staat repräsentative Pflicht sind, wie etwa die Olympischen Spiele in Berlin 1936, werden als vertonte Illustrationen begangen. Für das Paradebeispiel der Olympischen Spiele – die für das »Dritte Reich« deshalb so wichtig sind, weil sie Hitlers Gesamtkunstwerk »Deutsches Volk« um körperliche Schönheit bereichern – wird kein Aufwand gescheut: Die Regisseurin Leni Riefenstahl dreht einen dokumentarisch angelegten Olympiafilm (selbstverständlich mit entsprechend heroischer Filmmusik) und der weltberühmte, aus München gebürtige Komponist Richard Strauss komponiert eine effektvolle Hymne. Hitlers Rechnung von 1936 geht auf, die Länder aller Welt zeigen sich begeistert und erst recht das eigene Volk; alle wiegen sich in Sicherheit, denn ein Deutschland, das die völkerverbindende Idee der Olympiade in solch gelungener Art feiert, könne sich doch unmöglich mit aggressiven Kriegsplänen tragen (die zu diesem Zeitpunkt aber tatsächlich schon in der Spitze der Naziregierung konkrete Formen angenommen haben). Joseph Goebbels hält in seinem Tagebucheintrag vom 2. August 1936 die olympischen Denkwürdigkeiten der Eröffnungsveranstaltung fest: »Dann kommt die Flamme von Olympia. Ein ergreifender Augenblick ... Fahrt zum Stadion. Durch Hunderttausende ... Stadion bietet einen wunderbaren Anblick ... Alle sind berauscht von den Eindrücken. Die Fahne. Das Fest beginnt. Besonders demonstrativ werden Franzosen und Italiener begrüßt. Kühl die Engländer ... Schreie, als die Flamme ankommt. Tausende von Brieftauben fliegen hoch. Olympiahymne von Strauß ... Halleluja von Händel. Große, mitreißende Feier ... Ein schöner, großer Tag. Ein Sieg für die deutsche Sache ...« (Anm.: zitiert ohne die im Original durchgestrichenen Textteile).

Musik zu Aufmärschen? Als Repräsentationskunst? Das gibt es seit jeher und dürfte auch nicht das Außergewöhnliche der Musik im NS-Staat erklären. Die Besonderheit ihrer Wirkung – neben der engen Verknüpfung mit visueller Dramatik – besteht in ihrer bewusst volkstümlichen oder martialischen Prägung, in ihrer Allgemeinverständlichkeit. »Gefragt war seichte, volkstümliche Musik«, schreibt der Filmmusikkomponist Willy Sommerfeld, der bereits 1934 in Konflikt mit dem Regime gerät, seine Kapellmeisteranstellung verliert und sich bis zum Ende des Reichs freiberuflich unter Pseudonym arbeitend durchschlägt. »Deutsch sein heißt klar sein«, äußert Hitler 1934 und gibt damit der zeitgenössischen Kunst die Richtlinien: nordisch, heroisch, klar habe die Musik, die Kunst zu sein. Paul Graener, Jahrgang 1872, nach einer Kapellmeisterposition an der Royal Academy of Music in London Direktor des Salzburger Mozarteums bis 1914 und schließlich des Sternschen Konservatoriums in Berlin, ab 1933 Vizepräsident der Reichsmusikkammer, fordert in einem Artikel in »Die Musik« die Besinnung auf »edle Schlichtheit, melodische Einprägsamkeit« und Anknüpfung an die Romantik, die »wirklich deutsch und echt ... war«, das Volk wolle »eine Kunst, an der es wieder teilhaben kann, die von seinem Herzblut durchtränkt ist, die seine Seele widerspiegelt. Es will wieder Romantik.« Darauf zielt auch eine Theorie Adolf Hitlers, die er in seiner sog. ›Kulturrede‹ von 1938 ausdrückt: »Wohl aber ist es nötig, die allgemeinen Gesetze für die Entwicklung und Führung unseres nationalen Lebens auch auf dem Gebiete der Musik zur Anwendung zu bringen, d. h. nicht in technisch gekonntem Wirrwarr von Tönen das Staunen der verblüfften Zuhörer zu erregen, sondern in der erahnten und erfühlten Schönheit der Klänge ihre Herzen zu bezwingen.« Musik solle romantisch klingen, mit welchem Romantikbegriff man allerdings Sentimentalität und rührende melodische Schönheit verbindet. Hitler hält die Sprache der Romantik für die Sprache der Masse; nicht ganz zu Unrecht, denn das Hörverhalten des Musikpublikums hat sich im Laufe des 19. Jahrhunderts mit seinen stark historisierenden Tendenzen gewandelt, etablierte Musik der Klassik und Romantik wird als Nonplusultra gewertet, zum Maßstab erhoben, das Hörverhalten orientiert sich aber nicht mehr an der ›neuen‹ Musik; der musikalischen Avantgarde haftet elitärer Charakter an. Mit romantischer Musik ist diese Masse also zu gewinnen. Ganz bewusst wird das Musikleben des »Dritten Reichs« in diese Richtung gedrängt; die Moderne mit Vertretern wie dem Zwölftonkomponisten Arnold Schönberg oder dem Neoklassizisten Igor Strawinsky wird ausgeschaltet. Die Opernspielpläne und das Konzertrepertoire legen das Schwergewicht auf Musik des 19. Jahrhunderts (natürlich mit Ausnahme als jüdisch eingeordneter Komponisten wie Mendelssohn und Meyerbeer), konzentriert auf die Trias Beethoven – von Weber – Wagner; zeitgenössische deutsche Tonkünstler wie etwa Paul Graener ziehen verstärkt romantische Texte zur Vertonung heran; so ist beispielsweise ein wahrer Boom von Eichendorff-Vertonungen zu verzeichnen. Die spätromantischen, eigentlich sehr zerborstenen und gebrochenen Gedichte des Freiherrn von Eichendorff sind bereits zu Lebzeiten des Dichters als sentimentalische, nationalistische Poeme schönen Klangs fehlinterpretiert worden, namentlich von unzähligen Komponisten in der Nachfolge Robert Schumanns und dessen Eichendorff-Liederkreises op. 39. Auf dem Höhepunkt der nationalen Bewegung, also bereits während dem Ersten Weltkrieg und vor allem dann nach Hitlers Machtübernahme, werden seine Texte reduziert auf ihr Heimatgefühl hin gelesen. Hans Pfitzner entwirft eine gewaltige Kantate nach einigen der Gedichte, »Von deutscher Seele«, ein deutsch-nationales Programm für Männerchor und Orchester, Hans Pfitzner und Paul Graener greifen immer wieder auf Eichendorff als Liederautor zurück. Die unter Hitler neu komponierte Musik fügt sich den Vorgaben der Regierung, beziehungsweise der in ihrem Dienst stehenden Musiktheoretiker, die eine Annäherung an ›nordische‹ Volksmusik fordern, das heißt konkret an Diatonik und schlichte Melodik. Richard Strauss' »Olympische Hymne« baut auf diatonischem Material auf, ihre Melodieführung ist denkbar schlicht. Grundsätzlich einfach klingt das Liedgut der Nationalsozialisten. Kurze Melodiebögen mit der Harmoniefolge Tonika, Dominante, Tonika; diese Schlusstonlastigkeit der Lieder vermittelt Rigorosität, Kraft. Rhythmisch markante Lieder, in der Mehrzahl mit einem Aufwärtssprung, punktiert, zu Anfang oft ein Quartsprung, den man aus Wander- und Fahrtenliedern als Aufbruchssignal kennt. Eine syllabische Vertonung, zu jeder Silbe eine Note, was die Deutlichkeit unterstreicht. Leicht zu erlernen, leicht mitzusingen, mühelose Infiltrierung eines ganzen Volkes mit Nazipropaganda. Oftmals ziehen die Liedermacher bereits bekannte Weisen, zum Beispiel aus der populären Wandervogelbewegung, heran und unterlegen sie einfach mit neuem Text. So wird aus der russischen Arbeiterhymne »Brüder, zur Sonne, zur Freiheit« von 1897 kurzerhand eine Führerode: »Hitler ist unser Führer, ihn lohnet nicht goldner Sold,/ der von den jüdischen Thronen vor seine Füße rollt.« Beliebt sind Soldatenlieder des Ersten Weltkriegs, die textmodifiziert sowohl als sozialistische, faschistische, aber auch als Partisanenlieder wieder auftauchen. Hitler bevorzugt ausdrücklich textgebundene Musik, denn logischerweise lässt sich seine krause Ideologie mit Hilfe der tonuntermalenden Sprache eindringlicher propagieren. Der Inhalt der Liedertexte liegt auf der

Hand. Sie haben zunächst einmal antifeudalistisch, -kapitalistisch und -sozialistisch zu sein. Dann müssen die Schlagworte des »Tausendjährigen Reichs« eingearbeitet sein, etwa: Deutsch, Vaterland, Führer, Volk, Blut, Freiheit die Substantive; zusammenhalten, stürmen, marschieren, aufwachen die Verben; neu, frei, mutig, trotzig die Adjektive. Und nun kristallisiert sich auch allmählich heraus, warum Musik im NS-Staat so wichtig ist – ein neues Weltbild soll mit aller Macht durchgesetzt werden, soll wie ein Gift langsam die Psyche einer ganzen Nation durchtropfen. »Der Nationalsozialismus ist eine Weltanschauung, die einen totalen Anspruch auf Geltung erhebt und nicht Sache zufälliger Meinungsbildung sein will«, heißt es im NS-Lehrbuch; und die Anordnung lautet weiter: »Die deutsche Jugend soll nicht mehr … in so genannter objektiver Weise vor die Auswahl gestellt werden … sondern sie soll bewußt geformt werden … nach den Grundsätzen der nationalistischen Weltanschauung.« Nur Musik vermag subtil genug, unauffällig genug in alle Lebensbereiche diese Weltanschauung zu transportieren. Hitler und sein Kulturmanager Goebbels durchsetzen das Alltagsleben geschickt mit Musik. Zu jedem noch so geringen Anlass wird ein musikalisches Rahmenprogramm geboten. HJ, BdM, SS, SA, jede Abteilung besitzt ihre eigene Hymne. Die SA grölt lautstark zur allbekannten Melodie »Mein Vater war ein Wandersmann«: »Der Kerl muss nicht geraten sein,/ den unser Lied nicht packt,/ ein Kerl muss bei Soldaten sein,/ Gleich schlägt sein Herz im Takt.« Musik transportiert nicht nur das neue Weltbild, sie reglementiert es auch. Franz Liszt zu Nachrichten, Wagner zu Wochenschauen. Nach der Nationalhymne das Horst-Wessel-Lied; der Autor Wessel, ein verkrachter Student, wird 1926 Mitglied der NSDAP, macht kriminelle Karriere als Lude der Prostituierten Erna Jaenicke, wird 1930 von einem anderen Zuhälter, der Ansprüche an Erna einfordert, erschossen. Die NSDAP schiebt den Mord Kommunisten in die Schuhe, erhebt das zwielichtige Drama zum politischen Akt und Horst Wessel zum Heroen, zum Märtyrer der »deutschen Sache«; das Horst-Wessel-Lied wird Parteihymne. Zur musikalischen Unterwanderung der Nation nutzt das braune Regime den Rundfunk, Volksempfänger in bald jeder deutschen Wohnung. Deutsche Musik der Klassik und Romantik. Allen voran Mozart, Beethoven, Weber, Schubert und Wagner. Unterhaltungsmusik. Die Schlager Zarah Leanders und die Operetten Franz Lehárs und Franz von Suppés. Nationalhymne und Horst-Wessel-Lied.

Gleichschaltung

Bei der enormen Bedeutung der Musik wird verständlich, dass Hitler im Verein mit Propagandaminister Joseph Goebbels sofort nach der Machtergreifung mit der Umstrukturierung des Kulturlebens beginnt. Die Ziele seiner Kunstpolitik werden auf der Ausstellung »Entartete Musik« von 1938 in Düsseldorf offiziell formuliert: »Der weiß nichts vom Nationalsozialismus, der die Ansicht vertritt, dass Politik mit Kunst nichts zu tun habe … Der Politiker wie der Kulturpolitiker haben das gleiche Ziel: Schaffung einer starken Nation und Sicherung ebenso ihrer materiellen wie ihrer ideellen Lebensbasis; Sicherung ihres Daseins nach außen und Vertiefung ihres Daseins nach innen.«

Nachdem am 30. Mai 1932 der Zentrumskanzler Heinrich Brüning gestürzt worden war und ein halbes Jahr später seine Amtsnachfolger Franz von Papen und Schleicher zurückgetreten sind, einigt sich Adolf Hitler mit von Papen über eine gemeinsame Regierungsbildung. Reichspräsident von Hindenburg hatte Hitler noch im Juli 1932 als Kanzlerkandidat abgelehnt, aus Skepsis gegenüber einer Regierungsübermacht der NSDAP. Gegen einen Bund Hitler/Papen hat er nichts einzuwenden, erhofft er sich doch, Franz von Papen werde als Vizekanzler mäßigenden Einfluss auf Hitler nehmen. Eine kurzsichtige Fehlentscheidung, wie sich bald herausstellen soll. Sofort nach seiner Vereidigung am 30. Januar 1933 erpresst Hitler den Reichspräsidenten, mit Hilfe des »Notstandsartikels« der Weimarer Verfassung eine vorübergehende Aufhebung der Grundrechte durchzuführen,

»Entartete Musik«. Titelseite der Broschüre zur Ausstellung im Rahmen der »Reichsmusiktage« in Düsseldorf (Mai 1938). AKG Berlin.

die (nach dem Reichstagsbrand) mit dem »Ermächtigungsgesetz« vom 24. März 1933 dauerhaft wird. Der Reichstag ist entmündigt, und der Reichskanzler besitzt die alleinige Entscheidungsgewalt. Joseph Goebbels berichtet vom ersten Tag nach der Vereidigung Hitlers als Reichskanzler: »Es ist so weit ... Hitler ist Reichskanzler. Wie im Märchen! ... Gleich an die Arbeit. Reichstag wird aufgelöst.« »Der Führer ist zum Kanzler berufen ... Wunderbar, wie einfach der Führer in seiner Größe und wie groß er in seiner Einfachheit ist. Draußen toben die Massen ... die Fackeln kommen ... Unendlich. Eine Million Menschen unterwegs ... ein unendlicher Menschenstrom ... Langsam sinkt der Abend auf die Reichshauptstadt herab. Um 7 Uhr gleicht Berlin einem aufgescheuchten Ameisenhaufen. Und dann beginnt der Fackelzug ... endlos, endlos ... bis 1 Uhr nachts marschieren unten an der Reichskanzlei die Menschen vorbei ... Frauen, Väter, die ihre Kinder auf dem Arm tragen und zum Fenster des Führers emporheben ... Hunderttausende und Hunderttausende reihen im ewigen Gleichschritt unten an den Fenstern vorbei ... Als sich weit nach Mitternacht der Zug seinem Ende zuneigt, stehen noch immer Zehntausende von Menschen vor der Reichskanzlei und singen das Horst-Wessel-Lied ... Nun aber wird ausgeräuchert.« Sofort eine Inszenierung mit Fackeln und Gesang. Überhaupt arbeitet Propagandaminister Goebbels sehr schnell, denn alles ist von langer Hand bereits vorbereitet. Am 1. März 1933 nimmt er das »große Gebiet des Rundfunks« in seine Hand. Vorsichtig werden Opernpläne verwandelt. Bis 1931 dominiert italienische Musik (Verdi, Puccini) das Repertoire, sie verschwindet nach 1933 zwar nicht aus dem Programm, wird aber weniger gespielt im Vergleich zur Musik Richard Wagners und seiner Epigonen und Nachfolger wie Max von Schillings, Paul Graener, Richard Strauss. Dessen »Rosenkavalier« wird geradezu ein Fixpunkt im deutschen Opernrepertoire. Musik Mozarts bleibt unverändert in den Spielplänen, bei leichter Operettenkost werden lediglich die Werke jüdischer Komponisten gestrichen. Künnecke und Lehár bleiben ihrem Publikum erhalten. Auffällig ist die Spielzeit

1936/37 mit vielen italienischen Produktionen – zu dieser Zeit verhandeln deutsche und italienische Diplomaten über den Anti-kominternpakt gegen die UdSSR; Italien wird im Januar 1937 Deutschlands Vertragspartner. Als Sizilien im Krieg 1943 von den Alliierten eingenommen und Mussolini, Italiens Duce, verhaftet wird, zerbricht die faschistische Partei Italiens. Die neue Regierung erklärt Deutschland den Krieg. Deutschen gelingt die Befreiung Mussolinis und im allgemeinen Kriegsgewirr erwächst in Italien nun auch noch eine Art Bürgerkrieg, für den der Faschistencapo verantwortlich ist. 1943/44 stehen wieder verstärkt italienische Opern auf deutschen Spielplänen, als Trotzgeste, dass Italien immer noch unter deutschem Einfluss stehe, dass der italienische Faschismus nicht verloren sei. Giuseppe Verdis »Otello« und »Un ballo in maschera« sind die favorisierten Bühnenwerke.

Das Jahr 1935 bringt zahlreiche Bühnenstücke östlichen Sujets auf, in Frankfurt etwa wird Oskar Nedbals »Polenblut« neu inszeniert; beliebte Operette der 30er Jahre ist Lehárs »Der Zarewitsch«. Der politische Bezug: Seit 1934 besteht der Nichtangriffspakt mit Polen. Schon aber existiert in den Köpfen der Parteiführung der Plan einer Reichserweiterung gen Osten. Polen und Russland werden mit Hilfe der Musik, in chauvinistischer Geste, zu dem herabgewürdigt, was Ungarn lange Zeiten für die k. k. Monarchie bedeutete: ein minderwertiges, aber originelles und pittoreskes Staatsanhängsel, mit Menschen, die gut genug dafür sind, als kauzige Typen in Operetten zu figurieren.

Auch eine Institution wie die Reichsmusikkammer ist lange geplant; 1932 fordert der ›Kampfbund für deutsche Kultur‹ eine solche Musikkammer. Der Vorschlag wird im November 1933 realisiert. Die Kammer soll rein arisch sein. Ihre Gründer sind Musiker, Theoretiker und Politiker wie Heinrich Ihlert, der neben seinem Kapellmeisteramt als Stadtverordneter fungiert. Die Reichsmusikkammer gliedert sich in die Ämter Komponisten, Musiker, Konzertwesen, Chorwesen und Volksmusik, Verlage, Musikalienhändler, Arbeitsgemeinschaften. Wer als ›arischer‹ Musiker dieser Organisation nicht beitritt beziehungsweise von ihr ausgeschlossen ist, wird es in Zukunft schwer haben, überhaupt Engagements zu finden. Die Ämter strukturieren sich bis hin zu kleinen Ortsmusikerschaften, sodass selbst kleinste Städte und Distrikte in die Institution eingebunden werden. Ziel ist natürlich die absolute Kontrolle aller Musikschaffenden. Über jeden Einzelnen existiert eine Akte mit Angaben zu Beruf und Person, manchmal angereichert mit Bemerkungen zur politischen Einstellung des betreffenden Musikers. Ein anderes wichtiges Ziel ist die Ausschaltung jüdischer Musiker aus dem deutschen Kulturleben. Die Reichsmusikkammer bemüht sich in zahlreichen Individualfällen, die Herkunft der Tonkünstler zu klären, bei vielen besteht Zweifel, ob sie als ›arisch‹ oder ›jüdisch‹ zu klassifizieren sind. Man möchte jedoch Verlegern, Theatern, Konzertveranstaltern und nicht zuletzt dem Volk eine genaue Aufstellung präsentieren, welche Musik in Zukunft noch gehört werden darf und welche nicht. Mehrere Tonkünstler-Lexika erscheinen mit Angaben über die Herkunft der Musiker, darunter die unsägliche, zudem noch fehlerhafte Liste Theodor Stengls, »Lexikon der Juden in der Musik mit einem Titelverzeichnis jüdischer Werke«. In zweifelhaften Fällen wird die Reichsmusikkammer befragt. So existiert ein Briefwechsel Kurt von Wolfurts mit Professor Hermann Unger, der im Führerrat des Berufstands der Deutschen Komponisten sitzt, über den Tonschöpfer Walter Braunfels. Wolfurt, Sekretär der Musikabteilung der Preußischen Akademie der Künste: »Amtliches Interesse veranlaßt mich Sie zu bitten, mir streng vertraulich mitzuteilen, ob Walter Braunfels rein arischer Abstammung ist. Ich vermute, daß er Halbjude ist, und wäre Ihnen für eine recht baldige Auskunft zu großem Dank verpflichtet«; Ungers Antwort: »Walter Braunfels ist Sohn eines jüdischen Vaters … und einer angeblich nicht-jüdischen Mutter, die mit Spohr verwandt sein soll. Jedenfalls wurde Braunfels, der sein Halbjudentum selbst zugibt, sofort nach der nationalen Umwälzung abgesetzt und lebt heute in Godesberg bei Bonn.« Wie dieses Beispiel prägnant zeigt: Kontrolle bis ins Detail.

Hindemith

Im Führerrat der Kammer sitzen 1933/34 berühmte Künstler wie Paul Hindemith, Emil Nikolaus von Reznicek, Hans Pfitzner und Eduard Künnecke, namhaft ist die Leitung der Kammer: Als ihr Präsident figuriert Richard Strauss, sein Stellvertreter ist der Dirigent Wilhem Furtwängler. Sie alle werden mit Problemen konfrontiert, ähnlich dem Braunfels-Fall, sie alle haben – dem Propagandaministerium direkt zugeordnet – Einblicke in politische und innerparteiliche Vorgänge, aber Hans Pfitzner und Richard Strauss wollen nach 1945 von der Tragweite ihrer Ämter und den bitteren Geschehnissen im »Dritten Reich« kaum etwas gewusst haben, Furtwängler habe sich immerhin für staatlich geächtete und jüdische Musikerfreunde eingesetzt, Paul Hindemith gilt vollends als Opfer des Nationalsozialismus. Sie alle geraten früh mit dem Regime in mehr oder weniger große Konflikte, was ihnen nach dem Weltkrieg ihre Entnazifizierung erleichtert.

Hindemith ist durchaus gewillt, in Einvernehmen mit der Partei in Deutschland zu arbeiten. Allerdings entspricht seine musikalische Ausdrucksweise nicht der heroischen Melodienschöne, die der Staat verlangt, und von seiner genialen künstlerischen Eigenart kann Hindemith nicht abweichen. Man wirft ihm außerdem vor, »daß er sich im Auslande noch nach der nationalsozialistischen Revolution mit zwei emigirierten Juden konzertierenderweise auf Schallplatten aufnehmen ließ«. Sehr rasch gilt seine Musik als entartet. Wilhelm Furtwängler schreibt in der »Deutschen Allgemeinen Zeitung« einen Artikel als Fürsprache für den bekämpften Musiker. Goebbels antwortet ihm in einer Rede 1934, in der er Hindemiths Musik als »rein motorische, inhaltslose Bewegungsmusik«, »atonal« und »jüdisch-intellektualistisch infiziert« bezeichnet. Diese öffentliche Rede bedeutet allgemeine Ächtung für Hindemith. Sie bringt allerdings auch Furtwängler in eine kritische Position. Am 3. März 1937 notiert Goebbels in sein Tagebuch: »Lange Unterredung mit Furtwängler: ab Herbst will er wieder die Philharmonie leiten. Sehr gut! ... Er nimmt wieder ein paar Juden in Schutz und setzt sich für Hindemith ein. Da aber fahre ich auf. Werde richtig wütend. Das verfehlt seine Wirkung nicht. Er gibt ganz klein nach.« Furtwänglers ständige, wenn auch vorsichtig vorgetragene Interventionen gehen Goebbels allmählich auf die Nerven. Er legt dem Dirigenten nahe sich umzustellen. Furtwängler bittet daraufhin um Entlassung aus seinen Ämtern in der Reichsmusikkammer. Außerdem verliert er seinen Posten als Direktor der Berliner Staatsoper. An seine Stelle tritt Clemens Krauss. Dem in Ungnade gefallenen Dirigenten wird Hausarrest erteilt, er darf Deutschland nicht verlassen, denn man befürchtet, er könne auswandern. Ganz auf diese große, internationale Persönlichkeit können nämlich weder Hitler noch Goebbels verzichten. Auf jeden Fall muss Furtwängler in Deutschland gehalten werden.

Paul Hindemith als Kompositionslehrer. Das Bild entstand vermutlich in den 40er Jahren, als der Komponist im Exil an der Yale University tätig war. AKG Berlin.

Alle Konzertpläne im Ausland werden von Seiten der Regierung untergraben. Der Dirigent – durch wochenlange Auseinandersetzungen und Intrigen zermürbt – lenkt schließlich ein. Er bittet Goebbels um Audienz, entschuldigt sich für seinen Hindemith-Artikel, anerkennt, »daß die Leitung der Reichskunstpolitik in den Händen des Führers und Reichskanzlers liege«. Nun steht auch einer Aussprache zwischen Hitler und Furtwängler nichts mehr im Wege. Der Dirigent macht seinen Diener vor der Macht.

1938 wird Hindemiths Oper »Mathis der Maler« in Zürich uraufgeführt; in dieser Oper gibt es eine wirkungsvolle Autodafé-Szene, die Verbrennung von Ketzerschriften auf dem Mainzer Marktplatz, natürlich eine Anspielung auf die Bücherverbrennungen der Nazis. 1938 ist Hindemiths erstes Jahr im Exil.

Pfitzner

Es sei ja um so viel schwieriger gewesen, in Deutschland zu bleiben, sich halbwegs aufrecht durch die Fährnisse des braunen Regimes hindurchlavieren zu müssen, als furchtsam seine Siebensachen zu packen und gemütlich irgendwo im Ausland, womöglich im sonnigen Florida, das Ende der Katastrophe abzuwarten! So jedenfalls der Tenor auch der Komponisten Richard Strauss und Hans Pfitzner. Pfitzner, einstmals Protegé Gustav Mahlers, der seine »Rose vom Liebesgarten« 1905 an die Wiener Hofoper brachte, erlebt den größten Triumph seiner Karriere 1917 mit der Uraufführung seiner Künstleroper »Palestrina« durch Bruno Walter in München. Ab 1920 wirkt er als Kompositionslehrer an der Preußischen Akademie der Künste. Als er drei Jahre später wegen einer Gallenerkrankung im Krankenhaus liegt, erhält er Besuch von einem kleinen politischen Agitator namens Adolf Hitler. Er lässt sich, hocherfreut, nach dem Machtwechsel als Mitglied des Führerrats der Reichsmusikkammer anwerben. Andererseits schlägt er im Jahr der Machtergreifung vor, doch Heinrich Marschners Bühnenwerk »Templer und Jüdin«

aufzuführen. Doch auch das ist mit Vorsicht zu werten: Pfitzner, der aus künstlerischen und nationalen Erwägungen in der Tat die damals schon halb vergessene deutsche Operntradition der Romantik von Heinrich Marschner bis Max Bruch wieder zu beleben suchte, war an einer Wiederaufführung dieser Marschner-Oper nicht zuletzt aus finanziellen Gründen interessiert, denn er hatte besagte Oper 1912 bearbeitet, profitierte also von jeder Aufführung. Er setzte sich für den Dichter Paul Cossmann ein, dessen Texte er mehrfach vertont hat und der ihm ein enger Freund war, der schon 1933 als Jude ins KZ Dachau eingeliefert wird. Wohlgemerkt 1933: Die Verhaftung eines seiner besten Freunde hält ihn nicht davon ab, selbst Rad dieses Regimes zu werden, Handlanger der Mörder – Paul Cossmann kommt 1942 im KZ Theresienstadt um. Nach dem Untergang des Reiches schreibt Pfitzner ungeheuerlicherweise an Bruno Walter in New York, die Untaten der Nazis seien Übertreibungen und unwahr. Der immer große, immer herzensgute Walter antwortet Mitte September 1946: »Lieber Hans! Dein Brief vom 6. Juli kam vor etwa einer Woche in meine Hände. Ich danke Dir dafür. Wie hat mich dieser Ton verwandt und vertraut berührt, welche Fülle von Erlebtem und Gefühltem ist wieder in mir lebendig geworden, als ich ihn las! … es hat mir wohlgetan, zu hören, daß Cossmann eines natürlichen Todes gestorben ist. Ich hatte nichts anderes gehört, nur gefürchtet. Immerhin ist es schlimm genug, daß er in Theresienstadt sterben mußte, das schließlich doch ein Konzentrationslager war. Ich bringe es nicht fertig, Deine Bemerkung unerwidert zu lassen, daß man die Greuelmärchen, die in diesem Kriege entstanden seien, nicht glauben solle. Das Entsetzliche, was geschehen ist, übersteigt alles, was die Fantasie an Grausamkeit ausdenken könnte. Auch werden die Greuel der Konzentrationslager, der Gasvergiftungskammern, usw. von den Nazis selbst ohne weiteres zugegeben; sie schieben nur die Schuld auf die Führenden unter sich ab. – Ich hätte das peinliche Thema nicht berührt, wenn ich mich nicht durch Deine Bemerkung dazu veranlaßt gefühlt hätte. Laßt uns in unserer neuerlichen Verbindung vermeiden, Trennendes zu berühren; es ist genug das, was uns verbindet.«

Was Pfitzner positiv angerechnet werden muss, ist, dass er sich, genau wie Hindemith, auf künstlerischem Gebiet nicht verbiegen lässt. Zwar passt seine etwas wirre, spätestromantische Auffassung von der Inspiration in der Musik, von dem Festhalten an Konventionen (dargelegt in seinen Schriften »Futuristengefahr«, 1917, und »Die neue Ästhetik der musikalischen Impotenz«, 1919) in das Musikbild der Nazis, kompositorisch erfüllt er ihre Erwartungen nicht. Seine Eichendorff-Lieder (1888–1931), seine Kantate »Von deutscher Seele« (1921), seine Chorfantasie »Das dunkle Reich« (1929) lassen die Hitlerriege hoffen, dass hier ein Komponist ganz nach ihrem Gusto sei, ein international bekannter Komponist dazu. Man erwartet sich in Zukunft von ihm Ähnliches wie die »Deutsche Seele«, aber genau da sperrt sich Pfitzner gegen eine Vereinnahmung. Statt der von Hitler und Goebbels bevorzugten wortgebundenen Musiken oder wenigstens maßlos heroischen Orchesterwerken zieht sich Pfitzner zunächst auf das Gebiet absoluter Musik (Symphonie cis-Moll, Elegie für Orchester, Solokonzerte) zurück, dann, mehr und mehr, auf das Gebiet der Kammermusik, die nun ganz und gar nicht Hitlers Geschmack ist. Der Führer liebt es monumental. Friedelind Wagner hält einen seiner Aussprüche fest: »Kleine Bühnen sind Unsinn. Sie behindern die Darstellung und beschränken die Ausstattung.«

Strauss

Es lässt sich doch der Münchner Komponist Richard Strauss viel besser in die Musikpolitik des Regimes einspannen, zumal Hitler ein begeisterter Anhänger des berühmten Wagnerianers ist. Strauss ist 1933 bereits ein Nestor des Musiklebens. 1889 erstaunt er sein Publikum mit dem opulenten Tongemälde »Tod und Verklärung«, 1895 verwundert er mit der Schelmenweise »Till Eulenspiegels lustige Streiche«, 1905 schockiert seine Oper »Salome«

das Auditorium, und die Tragödie »Elektra« von 1909 auf einen Text Hugo von Hofmannsthals ist skandalös. Zwei Jahre später wird sein »Rosenkavalier« uraufgeführt, mit vollstem Recht auch heute noch Repertoirestück renommierter Opernhäuser. Den neuen Machthabern der dreißiger Jahre dient er mit vielen Gelegenheitskompositionen, beispielsweise der »Olympischen Hymne« oder der »Festmusik für den Trompeterchor der Stadt Wien« oder der »Japanischen Festmusik« zum 2600-jährigen Bestehen des Inselreichs (1940), mit dem Hitlerdeutschland gemeinsam mit Italien im selben Jahr den Dreimächtepakt schließt. Auch eine Oper wie »Der Friedenstag« von 1936 passt hervorragend in Hitlers politische Pläne. Längst sind martialische Vorbereitungen gegen die ČSSR, gegen Polen im Gange, da sucht Hitler noch, die übrigen westlichen Mächte von seinen rein friedlichen Absichten zu überzeugen. Ein Stück wie Strauss' Einakter kann als pazifistische Oper gelesen werden. Sie erfüllt damit ihren Zweck als Staatsmusik. Strauss verwehrt sich nicht gegen derartige Vereinnahmungen. Der Komponist hält sich auch bis zum Schluss weitgehend in der Gunst der Nazis, obzwar es mit Goebbels 1935 zu Auseinandersetzungen kommt, nachdem die Gestapo einen Brief des Meisters an dessen Librettisten Stefan Zweig abgefangen hatte, in dem Strauss sich gegenüber dem jüdischen Dichter vom Naziregime distanziert. »Der Brief ist dreist und dazu saudumm«, notiert der aufgebrachte Propagandaminister in seinem Tagebuch: »Jetzt muß Strauß auch weg. Stiller Abschied ... Weg damit! Strauß ›mimt den Musikkammerpräsidenten‹. Das schreibt er an einen Juden. Pfui Teufel!« Strauss wird seines Amtes enthoben. Dennoch bleibt er die vielleicht bedeutendste Figur des deutschen Musiklebens im »Dritten Reich«, eine Symbolfigur; seine Person wie sein Werk (bis auf »Die schweigsame Frau«, seine Oper nach einem Libretto Stefan Zweigs) bleiben unangetastet. Sein internationaler Ruf ist einfach zu groß. Zudem zählt sein Werk zu den Lieblingsmusiken des Führers und seines Propagandaministers. In Diktaturen ist der persönliche Geschmack des Tyrannen maßgeblich. Beinahe ehrfürchtig schreibt

Goebbels die erste Begegnung mit dem Meister: »Besuch in Wahnfried. Bei Richard Strauss. Eigentümliches Gefühl, vor diesem großen Meister zu sitzen. Er hat eine Reihe Sorgen bezgl. Musikgesetzgebung. Dann setzt er sich für Titjen ein. Er macht keinen so großen Eindruck, wie er groß ist« (27. Juli 1933).

Wahnfried

Wahnfried. Das Wohnhaus der Familie Wagner in Bayreuth. Hitler ist hier stets willkommener Gast. Bayreuth hat sich dem Führer schon lange vor 1933 als Bühne seiner Musikpolitik angedient. Nach dem Tod Richard Wagners hatte seine Witwe Cosima die Leitung der allsommerlich stattfindenen Festspiele übernommen. Ihr Wille geht dahin, Wagners Ideen, die ihr Gottes Wort sind, bis ins Kleinste zu realisieren. Dazu gehört unter anderem eine extrem-antijudaistische Einstellung, welche die Atmosphäre Bayreuth/Wahnfried prägt. Als ihr Sohn Siegfried – der eigentlich Architekt hätte werden wollen, nach dem Willen der Mutter aber in die Fußstapfen des Vaters treten und Kapellmeister und Komponist werden musste – die Regentschaft in Bayreuth übernimmt, weht ein liberaler, anständiger Wind im Festspielhaus. »Auf unserem Festspielhügel wollen wir positive Arbeit leisten, keine negative. Ob ein Mensch Chinese, Neger, Amerikaner, Indianer oder Jude ist, das ist uns völlig gleichgültig«, soll er gesagt haben. Nach der Heirat mit der eingefleischten Chauvinistin Winifred, einer Engländerin, die sich früh für Hitlers krude Fantasmen begeistert, ihm sogar Unmengen Schreibpapier in die Festungshaft in Landbergs schickt, wo er nach dem Scheitern seines Putschversuchs, des »Marschs auf die Feldherrnhalle«, einsitzt, ändert sich auch Siegfrieds Perspektive hin zum offenbar durch Familientradition geheiligten Antisemitismus: »Die Zustände in Bayern sind ja unerhört … Meineid und Verrat wird heilig gesprochen und Jude und Jesuit gehen Arm in Arm, um das Deutschtum auszurotten! – Aber vielleicht verrechnet sich der Satan diesmal. Sollte die deutsche Sache wirklich erliegen, dann glaube ich an Jehova, den Gott der Rache und des Hasses. Meine Frau kämpft wie eine Löwin für Hitler! Großartig!« Nach Siegfried Wagners frühem Tod öffnet Winifred das Haus gänzlich dem angeschwärmten Hitler. Eine Zeit lang wittert die Presse gar Eheabsichten zwischen Winifred und Adolf, doch Siegfried hat testamentarisch verfügt, seine Witwe verlöre bei Wiederverheiratung ihr Erbe. Und auf Bayreuth will Winifred nicht verzichten. Hitler (»Onkel Wolf«) ist nun ständiger Gast Wahnfrieds, bespricht Aufführungen mit Winifred, greift sehr tief in die künstlerischen Belange des Festspielhauses ein. Als gewiefter Politiker und Mann der Propaganda sucht er nach einer Künstlerpersönlichkeit, die geeignet ist, Identifikationsfigur der gesamten Nation zu sein. Richard Wagner erfüllte diesen Anspruch bereits zu Zeiten des jungen deutschen Kaiserreichs und soll es nun, unter anderen Vorzeichen, auch für den faschistischen Staat. Seine Musik wird zum Maßstab deutscher Musik – so soll die Musik des Dritten Reichs sein, bis zur Sentimentalität emotional aufgeladen, ideologisch.

Angesichts der elitären Festspielpläne Richard Wagners kommt auch Hitler auf monumentale Musikgedanken. Er will die kleineren Bühnen Deutschlands nach und nach eliminieren, da sie schlicht keinen Raum für die großen Musikereignisse böten, die er sich vorstellt, das gesamte Bühnenleben des Reichs auf Metropolen wie Berlin, Düsseldorf und München verlagern mit dem Zentrum Bayreuth, das vornehmlich eine Kultstätte Richard Wagners bleiben soll.

Wie tiefgreifend die politische Steuerung des Musiklebens im »Dritten Reich« ist, offenbart sich, wenn es in der Nachkriegszeit relativ unangetastet, entfernt von jeder Kritik, kontinuierlich weitergeführt wird, wenn etwa Winifred 1949 die Leitung der Festspiele wiedererhält (unterstützt vom bayerischen Ministerpräsidenten), wenn mit dem nationalsozialistischen Musikbetrieb eng verbundene Dirigenten wie Furtwängler und Herbert von Karajan ihre Karrieren ungebrochen fortsetzen und ausbauen. Nachdem es unter der Ägide des Wagnerenkels Wieland wieder einige liberalere Bayreuther Jahre gibt, regiert über den nächsten Leiter, Wolfgang Wagner, wieder Winifred den Hügel; sie empfängt Ende der Sechziger demonstrativ Edda Göring und Ilse Hess sowie den britischen Faschistenführer Oswald Mosley. Bei der Abrechnung mit seiner nationalsozialistischen Vergangenheit tut sich Bayreuth bis heute schwer. Mit dem vagen Plan, einmal plakativ eine Meyerbeer-Oper im Festpielhaus zu geben, wird diese Vergangenheit weder bewältigt noch ausgelöscht, noch kann das Richard-Wagner-Bild beschönigt werden.

Fünfzehntes Kapitel

Entartete Musiker
Verfolgung, Exil und Widerstand

Widerstand

Soldaten singen im Ersten Weltkrieg das Lied: »Auf, junger Tambour, schlage an.« Die Nationalsozialisten nehmen es dankbar auf, ändern geringfügig den Text, und schon begleitet es die braunen Horden auf ihren gewalttätigen Aufmärschen. Und es erscheint ein drittes Mal. Diesmal gesungen in den Unterkünften der Widerstandskämpfer, die sich den Liedtext ihrem Zweck gemäß umschmieden. So geschieht es mit vielen bekannten Naziliedern. Weil ihre Melodien derart bekannt sind, können diese Lieder unter Umständen sogar öffentlich gesungen werden, die geringfügigen Textänderungen fallen manchmal kaum auf, oft liegt die Umdeutung nur bei einem einzigen Wort. Selbst zur Nazihymne, dem Horst-Wessel-Lied, soll solch eine modifizierte Fassung existieren. Oder aber man bemächtigte sich gerade der Musik, die von den Nazis abgelehnt wurde, um schon durch die Musik zu trotzen, Gegenzeichen zu setzen. Es ist im Rückblick erstaunlich, wieviel Kritik am System mit Hilfe des Transportmittels Musik auch zu den grimmigsten Zeiten der Diktatur noch geübt werden konnte und wurde. Diese Art Widerstand regte sich vor allem in den Kabaretts der Großstädte. Zwar lässt der Staat gerade die abendlichen Treffpunkte der Künstler und Demimonde kontrollieren, bespitzeln, aber die durchweg unbedarften SA-Leute und Denunzianten begünstigen durch ihre oft verblüffenden Fehleinschätzungen die kleine musikalische Widerstandsgeste. Maria Gräfin von Maltzan, eine Aktivistin wider die Macht, erinnert sich an das Lokal ›Simplizissimus‹, »wo (sie) abends gern hinging«. Hier »ließen die Künstler, die dort auftraten, sich den Mund nicht ganz verbieten. Der Kabarettist Walter Hillbring, mein späterer Mann, sang dort ungerührt mit kahl rasiertem Kopf Lieder des verbotenen Kurt Tucholsky, unter anderem das Chanson ›Wer einst dem Feind die Hosen klopfte‹ … Nach der Vorstellung saßen wir gemeinsam beisammen, als drei SA-Leute auf ihn zukamen und barsch wissen wollten, was das für ein Lied gewesen sei. ›Sie kennen das nicht?‹ erwiderte Hillring unverfroren. ›Das ist ein deutsches Landsknechtslied aus dem Mittelalter.‹ Sie ließen ihn daher unbehelligt, und er sang weiter Abend für Abend Tucholsky.«

Inge Scholl berichtet, ihr Bruder Hans, zunächst fasziniert vom Gemeinschaftsgedanken der Nationalsozialisten und engagiert in der Hitlerjugend, habe zum ersten Mal an dem verlogenen System gezweifelt, als das Absingen bestimmter Lieder in der HJ verboten wurde: »Hans hatte sich einen Liederschatz gesammelt, und seine Jungen hörten es gerne, wenn er zur Gitarre sang. Es waren nicht nur die Lieder der Hitlerjugend, sondern auch Volkslieder aus allerlei Ländern und Völkern … Aber nach einiger Zeit ging eine merkwürdige Veränderung in Hans vor, er war nicht mehr der Alte. Etwas Störendes war in sein Leben getreten … Die Lieder sind verboten, hatten ihm die Führer gesagt. Und als er darüber lachte, hatten sie ihm mit Strafe gedroht. Warum sollte er diese Lieder, die so schön waren, nicht singen dürfen? Nur weil sie von anderen Völkern ersonnen waren? Er konnte es nicht einsehen; es bedrückte ihn, und seine Unbekümmertheit begann zu schwinden.« Das steht am Anfang der Widerstandsbewegung »Weiße Rose«, die sich in München um den Philosophieprofessor Kurt Huber und die Geschwister Hans und Sophie Scholl bildet. Ihre Arbeit beginnt 1942. Sie erstellen und verteilen Flugblätter, in denen sie »Freiheit der Rede, Freiheit des Bekenntnisses, Schutz des einzelnen Bürgers vor der Willkür verbrecherischer Gewaltstaaten« fordern, im Februar 1943 werden sie während einer Aktion in der Münchner Universität gestellt.

Prozess wegen Hochverrats. Urteil: Tod durch das Fallbeil. Die Geschwister Scholl sterben am 22. Februar 1943, Professor Huber wird am 13. Juli desselben Jahres hingerichtet.

Ebenfalls von den Mühlen einer unrechtmäßigen Justiz zerrieben: der Pianist Karlrobert Kreiten. Er gilt im Deutschland der dreißiger Jahre als einer der Hauptvertreter der jungen Virtuosengeneration. 1916 in Bonn geboren, in Düsseldorf aufgewachsen, studiert er, der Sohn eines Kompositionsprofessors, in Köln Klavier. Hier geschieht es, dass eines Vormittags Nationalsozialisten die Säle stürmen und missliebige Lehrer mit Faust- und Stockhieben ausrichten, Übergriffe, die dem jungen Kreiten das politische Ungefüge seiner Zeit sichtbar machen. Daneben steht der Versuch, als Pianist Fuß zu fassen, weshalb er 1937 nach Berlin übersiedelt, die maßgebliche Stadt in Sachen deutschen Musiklebens, von den Nazis bewusst forciert, um die Musikszene des Staates zu zentrieren. Der Rheinländer erregt Aufsehen: »Die schwierigsten technischen Probleme werden von diesem Klaviergenie spielend gelöst«, heißt es in einer, »er ist ein Phänomen«, in einer anderen Besprechung. In dieser Zeit stellt der wache Kreiten Werke Igor Strawinskys in den Mittelpunkt seines Repertoires, ausgerechnet Strawinsky, der dem deutschen Regime suspekt ist und mit einigen Partituren auf der Düsseldorfer Ausstellung »Schaffendes Volk« von 1937 in der Abteilung »Entartete Musik« vertreten war. Trotzdem wächst Kreitens Ruf, dann aber wird ein lange vorbereitetes Konzert plötzlich abgesagt. Im Mai 1943 wird »der junge Wundermann am Flügel« von der Gestapo festgenommen. Er hatte sich gegenüber einer guten Bekannten der Familie allzu offen über die politische Lage ausgesprochen, die wiederum von einer Kennerin des Düsseldorfer Musik- und Gesellschaftslebens – vielleicht neben allem Parteifanatismus aus Neid und Geltungssucht – gezwungen wird, schriftliche Anzeige zu erstatten. Der Fall geht erst zur Reichsmusikkammer, wieder ein Indiz dafür, dass diese Institution kein harmloses elfenbeinernes Getürme darstellt. Als die Reichsmusikkammer nicht sofort reagiert, erstattet die Fanatikerin auch Anzeige im Propagandaamt. Kreiten wird verhaftet, verhört, gefoltert, in Einzelhaft isoliert, schließlich in U-Haft überführt. Offenbar versucht man, ihm Teilnahme an Widerstandsbewegungen nachzuweisen. Höchstwahrscheinlich hat sich Kreiten tatsächlich an entsprechenden Kreisen als passives Mitglied beteiligt. Der Präsident des Volksgerichtshofs, Roland Freisler, kann ihn jedoch nur wegen »Verunglimpfung des Führers« und »Zersetzung« verurteilen. Doch diese »Delikte« genügen für eine Verurteilung zum Tod. Die Familie wie die Verteidiger erfahren nur durch Zufall von der Verurteilung, niemand hält es für nötig, Angehörige zu verständigen. Das Urteil wird ungewöhnlich schnell vollstreckt. War innerparteilicher Widerspruch gegen die Todesstrafe für Kreiten befürchtet worden? Schon setzten sich Nationalsozialisten in Musikkammer und Gauleitung für den Virtuosen ein. Am 7. September stirbt der junge Mann dennoch durch das Fallbeil. Wegen einer »Gesinnung … die ihn aus der deutschen Volksgemeinschaft ausschließt«. »O Freiheit, du höchstes Glück«, hatte er noch kurz zuvor seiner Familie aus der Haft geschrieben. Im November 1945, kurz nach Kriegsende, gedenkt die Stadt Düsseldorf mit einem Symphoniekonzert ihres ermordeten Sohnes.

Zur selben Zeit leben viele deutsche Musiker in den Staaten, in Großbritannien, Schweden oder der Sowjetunion, leisten musikalischen Widerstand, indem sie in ihren Exilländern gerade die Musik machen, die von den Nazis verboten wird. Musik der Moderne, Musik, die als entartet gilt, Musik jüdischer Komponisten.

Die erste Verfolgungswelle

Mit der Machtergreifung beginnt die erste Fluchtwelle. Die Hellsichtigen, die an keine schnell vorübergehende Gewaltherrschaft glauben, sondern Menschlichkeit und Würde dauerhaft untergehen sehen, verlassen Deutschland,. Sie sind erschüttert über die drastischen Maßnahmen des neuen Regimes wider die Kunst, die sofort Anfang des Jahres 1933 erfolgen. Razzien in den Judenvierteln der Großstädte. Progrome. Die Häscher marschieren mit Blasmusik an. Der schreckliche Tag der Bücherverbrennung am 10. Mai. Musikuntermalt: »SA- und SS-Leute brachten kistenweise Bücher und warfen sie zusammen auf einen Haufen. Dann wurden die Bücher mit vielen roten Fahnen mit Hammer und Sichel, mit Reichsbannerfahnen, Gewerkschaftsfahnen und anderen überdeckt, mit Benzin übergossen und angezündet. Die Lieder ›Flamme empor‹ sowie NS-Kampflieder wurden gesungen.« Jüdische Musiker werden aus verantwortlichen Positionen entlassen. Der Komponist Berthold Goldschmidt etwa flieht, bald nachdem er aus der Städtischen Oper Berlin geschasst wird, über Lugano nach England. »Auf Veranlassung des Stellvertreters des Führers und des Staatskommissars Hinkel ist Ihnen das Betreten des Hauses nicht mehr gestattet«, wurde ihm gesagt, als er wie jeden Morgen zum Dienst erschien. Der Komponist und Berliner Musikprofessor Franz Schreker (»Der ferne Klang«) wird als Jude und prominenter Neutöner aus seinem Amt gedrängt und stirbt kurze Zeit später an einem Herzleiden. Andere verlassen von sich aus nunmehr nazitreue Institutionen. Mitte Februar kehren Heinrich Mann und Käthe Kollwitz der Preußischen Akademie der Künste den Rücken, zwei Tage später gibt es den Schießerlass, das heißt, Straffreiheit bei Waffeneinsatz gegen so genannte »Staatsfeinde«. Am 8. März 1933 wird die Einrichtung von Konzentrationslagern angekündigt; sie sind natürlich längst geplant, und so wird schon am zwölften Tag nach dieser Ankündigung das Lager in Dachau errichtet. Die ›rassische Reinigung‹ ist den Braunen dringendste Angelegenheit kurz nach der Machtübernahme. Sehr bald existiert ein Arierparagraph für Beamtenberufe, das heißt, Juden werden nicht mehr beamtet bzw. aus Ämtern entlassen. Fast ebenso wichtige Ziele der ersten Monate sind die Zerschlagung der Gewerkschaften und das Gesetz »zur Verhütung erbkranken Nachwuchses« (14. 7. 1933). Das alles geht in der Tat manchmal kunterbunt durcheinander und der ›bedauernswerte‹ Propagandaminister Goebbels klagt schon bald über Arbeitsüberlastung.

Seine ›Arbeit‹ zerstört Unzählige. 330.000 – die angenommene Zahl der unfreiwilligen Auswanderer.

Wohin und zurück?

Das Gros der Emigranten der Jahre 1933–1936 wendet sich ins benachbarte Österreich. Hier wird doch wenigstens die Muttersprache gesprochen, und Österreich ist ja so nahe und so ähnlich der Heimat! Unter ihnen der Musikschriftsteller und Komponist Hans Gál. Im Jahr 1890 geboren, studiert er Musikwissenschaft bei dem berühmten Guido Adler in Wien. Nach einer Zeit als Lektor an der dortigen Universität wirkte er ab 1929 als Leiter der Musikhochschule in Mainz. Gál geht sofort nach Hitlers Machtergreifung zurück nach Wien. Von dort muss er 1938 nach dem Anschluss Österreichs weiter nach England. Er lässt sich dort als Musiklehrer und Sachbuchautor nieder. Nach dem Weltkrieg erhält er eine Stelle als Kontrapunkt- und Kompositionslehrer an der Universität Edinburgh. Das Reich reagiert auf die Musik-Auswanderer mit typischer Nazigeste: Es boykottiert im Sommer 1933 die Salzburger Festspiele, da sich viele Emigranten beteiligen. Goebbels persönlich verbietet Wilhelm Furtwängler und Richard Strauss ausdrücklich die Teilnahme. Wenn man dazu bedenkt, dass Strauss Anfang der zwanziger Jahre einer der Initiatoren der Festspiele und über lange Jahre ihr Dirigent war …

Der andere bevorzugte Exilort ist Frankreich, ist die Seinestadt, auch dieses Land wegen seiner Nähe zur alten Heimat, seiner kultivierten Intellektualität… »Hier in Paris, im elenden Leben der Emigration«, wie es so bitter gleich zu Anfang von Leon Feuchtwangers Roman »Exil« heißt, befinden sich bereits im Jahr eins der Hitler-Diktatur 30.000 Emigranten. In Österreich, in dem der Antisemitismus, seit langem gang und gäbe, mehr denn je ausgelebt wird, murrt man über die zumeist jüdisch-gläubigen Einwanderer; Frankreich sperrt sich den Exilanten vornehmlich aus wirtschaftlichen Gründen. Ein flugs eingerichtetes ›Comité national‹ versucht Emigrantenquoten einzusetzen: »Frankreich nat seine Arbeitslosen wie die anderen Nationen, und nicht alle aus Deutschland geflüchteten Juden sind Leute, die hier zu behalten dem wohlverstandenen Interesse unseres Landes entspricht. Es besteht Interesse, 100–150 große Intellektuelle in Frankreich zu behalten, weil es Wissenschaftler oder Chemiker sind, die hierzulande unbekannte Geheimnisse kennen … Diese werden wir behalten, aber haben wir Interesse daran, die 7.000, 8.000 oder 10.000 Juden zu behalten, die nach Frankreich kommen werden?« Gerade die Musikschaffenden aus deutschen Landen werden gefürchtet, denn Frankreich verfügt selbst über eine zahlreiche Musikerschaft, sieht einen Konkurrenzkampf zwischen einheimischen und zugewanderten Künstlern voraus. Die deutschen Emigranten strömen tatsächlich massenhaft in die als zweit- oder drittklassig klassifizierten Berufe, etwa als Operetten- und Revuekomponisten für Unterhaltungsetablissements wie die Folies Bergères, das Casino de Paris, das Moulin Rouge, oder als Salonmusiker in den vielen Kaffeehäusern der Metropole. Vor allem haben originelle und avantgardistische Komponisten gute Berufschancen im modern eingestellten Frankreich. Kurt Weills Musik beispielsweise wird bejubelt. Wäre nicht auch Frankreich von den Nazis zuschanden gemacht worden, er hätte hier eine neue, erfüllte Heimstatt finden können. Schwierig ist die Situation für Auswanderer in England. Nicht nur trägt Großbritannien ähnliche wirtschaftliche Befürchtungen wie Frankreich, sondern neben einem ausgeprägten Antijudaismus besteht auch eine enorme Aversion gegen zeitgenössische Musik (wohl aus der noch relativ jungen, spätromantischen englischen Nationalmusik zu begründen), und nun sind die musikalischen Emigranten vornehmlich entweder Juden oder als ›entartete Musiker‹, das meint modern, eingestufte Komponisten oder aber beides. Kurt Weill, der nach dem Pariser Aufenthalt in Großbritannien sein Glück versucht, bleibt deshalb nur kurze Zeit. Ebenso Hanns Eisler, der aus seiner Neigung zum Kommunismus – was den Engländern nicht gerade genehm ist – keinen Hehl macht. England reagiert drastisch und aus heutiger Sicht unmenschlich auf asylsuchende

Tonkünstler, es erlässt nämlich 1938 ein Einwanderungsverbot für Orchestermusiker, da just in diesem Jahr ja zu befürchten steht, dass nun auch österreichische Emigranten die Insel überfluten. Hans Gál war so ziemlich einer der Letzten, die noch die Chance zur Einwanderung erhielten. Gáls Kompositionsschüler Georg Knepler berichtet von den Impressionen der britischen Hauptstadt auf ihn, den Emigranten: »Es war einer der ganz großen Eindrücke meines Lebens ... das Erlebnis dieser Stadt ... ich bin tagelang zu Fuß durch London gegangen, um das kennen zu lernen ... Ich konnte kaum Englisch, aber das Erlebnis der Stadt. Das erfährt man am besten, wenn man zu Fuß durch die Stadt geht.«

In anderen Exilorten begegnet man den deutschen Künstlern (scheinbar) toleranter. In der UdSSR steht der deutschen Musik nichts im Wege. Selbst seinen Wagner biegt man sich zurecht; ein Regisseur: »Wir bewundern in Wagners ›Ring‹ ein Element, das man bisher vielleicht außer Acht gelassen hat, und zwar das soziale. Das monumentalste Werk Wagners schildert in erschütternden Klang- und Bühnenbildern den Kampf um Gold und Macht.« Die deutsche Musiktradition hat in Russland seit langem Bestand, vielleicht wegen der vormals so engen und meist freundlichen politischen Beziehungen beider Länder. Trotzdem zieht es nur wenige Flüchtlinge in die UdSSR, sicher weil vielen der Kommunismus suspekt ist, sich die Brutalität des Stalin-Regimes allmählich erhellt und auch weil der Antisemitismus der Russen gefürchtet ist. Einer der wenigen, die Exil in der Sowjetunion suchen, ist der Humperdinck-Schüler Oskar Fried, der ab 1934 an der Oper in Tiflis wirkt. Aus seiner Feder stammt ein Stück »Verklärte Nacht« op. 9, 1901 komponiert, also zwei Jahre nach Arnold Schönbergs »Verklärter Nacht« op. 4.

In Schweden – von den Nazis gerne als Bruder in einer ›nordischen Schicksalsgemeinschaft‹ gesehen – sorgt ab 1937 ein neues Ausländergesetz für unbedingte Aufnahme politischer Flüchtlinge. Wie Dänemark, das allerdings 1939 besetzt wird, besteht in Schweden kein Visumzwang, was natürlich die Einreise unendlich vereinfacht. Der Dirigent Leo Blech findet hier Aufnahme, Bertolt Brecht und seine Frau Helene Weigel verbringen ihr erstes Exiljahr auf der Insel Lidingö, Kurt Tucholsky, aufgerieben durch das Erlebnis der deutschen Barbarei und Flucht, stirbt kurz vor Weihnachten 1935 in Hindås, wohl durch Selbstmord.

Viele Vertriebene und Flüchtende machen alle Exilstationen durch, wie etwa der Liederkomponist Robert Stolz (»Im Prater blühn wieder die Bäume«). Der 1880 geborene Grazer lebt während seines Studiums bei Carl Reinecke in Leipzig, dann vornehmlich in Deutschland, meist in Berlin. Hier komponiert er unter anderem die Filmmusik zu »Zwei Herzen im Dreivierteltakt« (1930), die ihn in die vorderste Riege der Filmkomponisten katapultiert. 1936 geht er zurück nach Österreich, nach Wien, aber schon zwei Jahre später muss er wieder fliehen, diesmal in die Schweiz. Seine Schweizer Adresse ist allerdings nur Durchreisestation, denn es zieht Stolz nach Paris, das ihn mit Kompositionsaufträgen lockt. Hollywood, immer auf der Suche nach fähigen Komponisten für die blühende Tonfilmlandschaft, wird auf ihn aufmerksam und organisiert einen USA-Aufenthalt. Zur rechten Zeit, denn 1940 geht auch ein großer Teil Frankreichs als besetztes Gebiet an Deutschland über. Das unbesetzte »Vichy-Frankreich« umspannt das südöstliche Staatsgebiet mit den Grenzen zur Schweiz, zu Italien, teils zu den Pyrenäen und zum Mittelmeer. Die Staaten erweisen sich für Stolz als Glücksfall, seine Filmmusiken feiern Triumphe, zweimal wird er mit dem ›Oscar‹ geehrt. Dennoch zieht er unmittelbar nach dem Krieg in seine alte Heimat Wien zurück, auch dort nun hochgeehrt und erfolgreich.

Es sind nicht viele Komponisten, die aus ihrem Exil so viel Positives mitnehmen können. Eigentlich nur, wer sich in den USA herablässt, Unterhaltungsmusik zu produzieren. Ralph Benatzky, der nach seinem Kassenschlager »Im weißen Rössl« in Deutschland bloß noch Achtungserfolge erzielte, erhält nach seiner Ausreise in die Staaten 1938 sofort einen Vertrag von MGM. Die

schönste Karriere gelingt Erich Wolfgang Korngold, der als elf-
jähriges Wunderkind seine Wiener Heimat begeistert. Mit sechs
Jahren beginnt der Sohn des Musikkritikers Julius Korngold seine
musikalischen Studien. Lernt bei dem großen Alexander von
Zemlinsky. Mit dreiundzwanzig vollendet er sein bedeutendstes
Werk, die Oper »Die tote Stadt«, die 1920 uraufgeführt wird. Ab
1934 besucht er des Öfteren als Filmkomponist die USA, so auch
im Jahr der Besetzung Österreichs, da er gerade an der Musik zu
»Robin Hood« mit Erroll Flynn in der Rolle des guten Räubers
schreibt. Er kehrt einfach nicht nach Wien zurück. Hollywood
hält ihn. Und er komponiert so grandiose Musiken wie »The Sea
Wolf« und »Of Human Bondage«. Anders als Stolz, dem die
Rückkehr nach Europa fast bruchlos gelingt, schlägt Korngolds
Versuch, sich nach dem Krieg wieder in Österreich einzuleben
und künstlerisch wieder Fuß zu fassen, fehl. Enttäuscht bricht er
1955 ein zweites Mal alle Zelte in Europa ab und bleibt bis zu seinem Lebensende 1957 in Hollywood. Nahtlos fügt sich auch dem
Komponisten Werner Richard Heymann Exilzeit an die ersten
Erfolge in Deutschland. Heymann schrieb bereits für die Ufa
Filmmusik, seine größten Triumphe heißen »Die drei von der
Tankstelle« und »Der Kongreß tanzt«. Der 1896 geborene Komponist gerät früh in die Kreise der Dada-Bewegung, die für ihn
eine Bestätigung seines pazifistischen Weltbildes wird. Mit dem
martialischen Grundton des Naziregimes kann er sich von Beginn
an nicht anfreunden, er emigriert daher relativ früh, 1936, über
Paris nach Hollywood.

Einen schwierigeren Stand haben Komponisten, die der E-
Musik treu bleiben wollen. Alexander von Zemlinsky, der 1938
nach New York flieht, ist ebenso glücklos wie Arnold Schönberg,
dem das Exilleben eine Qual ist. Bei Arnold Schönberg führen
seine umstrittene Rolle als Avantgardist im Österreich vor Hitler
und seine Misserfolge in den USA zu einer tragischen Resignation. Schönberg 1948: »Wir, die wir in Musik leben, haben in der
Politik keinen Platz und müssen sie als etwas Wesensfremdes ansehen. Wir sind a-politisch und können höchstens trachten, still-

schweigend im Hintergrund zu bleiben.« Es ist müßig, all die Konflikte aufzuzählen, die die emigrierten Künstler betreffen und oftmals aufreiben, das Heimweh, die Fremde, das andere System, in dem man sich erst mühsam zurechtfinden muss, die neue Sprache, die Isolation. Schönberg ist rasch, wie so viele andere, verbittert: »Wohl habe ich die Trennung von der Alten Welt vollzogen, nicht ohne sie bis in die Knochen gespürt zu haben, denn ich war doch nicht darauf vorbereitet, daß sie mich sowohl heimatlos als auch sprachlos machen werde.« »Amerika ist schrecklich«, klagt die Liederkomponistin Alma Mahler, die 1938 an der Seite ihres dritten Ehemanns, Franz Werfel, ihre Heimat Österreich verlässt und nach einiger Zeit in Paris 1940 in die Staaten emigriert, um sich in Beverly Hills niederzulassen. »Die Emigration ist eine schwere Krankheit an sich«, resümiert sie, »und daß unsere Freunde alle so früh dahingingen, ist nicht zu verwundern.« »Daß doch um Himmels willen diese Existenz, die keine mehr ist, ein sanftes Ende finde«, schreibt der Dirigent Bruno Walter, verbittert über das Exil und tieftraurig über den Verlust seiner Tochter (die von ihrem eifersüchtigen Ehemann erschossen wurde), an den Schriftsteller Thomas Mann.

Für Emigranten etwa in Großbritannien oder Australien kommen nach Ausbruch des Zweiten Weltkriegs noch massive Probleme hinzu. Als Deutsche – geflohen oder nicht, jüdisch oder nicht – sind sie potentielle Feinde, die in Internierungslagern zusammengepfercht werden. Dadurch werden die kümmerlichen Versuche, sich im fremden Land eine Musikexistenz aufzubauen, natürlich im Keim erstickt. Hans Gál schreibt im Lager auf der Isle of Man seine Erinnerungen nieder, das Tagebuch »Musik hinter Stacheldraht«. Gerade Musiker versuchen, in den Internierungslagern ein halbwegs ›normales‹ Leben aufrechtzuerhalten. Oftmals gehen ihre Unternehmungen an die persönlichen Kraftreserven, wirken fatal auf die schöpferische Leistung. Aufschlussreich ist eine Liste von Aktivitäten des Komponisten Egon Wellesz, der in Camp Hutchinson auf der Isle of Man interniert ist: »7. August: Vortrag über Oper; 8. September: Lecture on

Vienna; 19. September: Vortrag über Schönberg und mich; 4. Oktober: Vortrag über byzantinische Musik … 10. Oktober: Vortrag über mittelalterliche Musik … 11. Oktober: Konzert: Schöne Müllerin. Nervenzusammenbruch.« Unbestritten ist die Einflussnahme der Exilmusiker auf das Musikleben ihres jeweiligen Gastlandes. Eine exponierte Stellung hat beispielsweise Berthold Goldschmidt in England inne, er arbeitet nämlich bei der BBC, beeinflusst also ganz direkt das Musikprogramm des Senders; Schwerpunkt: expressionistische Musik. Bruno Walter in Amerika setzt sich als Dirigent für die Werke Gustav Mahlers ein; er bringt damit eine wahre Mahleriana in den Staaten in Bewegung, ohne die der Aufstieg des Dirigenten und Komponisten Leonard Bernstein undenkbar wäre. Erich Wolfgang Korngold, der auch in seinen Werken naturalistische »Zeitzeichen« nicht scheut (so ertönt in »Between Two Worlds. The World at War« eine Alarmsirene), setzt in der Filmmusik derart markante Zeichen (vor allem hinsichtlich unkonventioneller, stimmungszauberischer Instrumentationskunst), dass gewisse ›Korngoldiaden‹ noch heute zum Rüstzeug namhafter Filmmusikkomponisten gehören – und zwar im positiven Sinne – beispielsweise bei der tatsächlich ›Oscar‹-würdigen Musik zur Star Wars-Reihe aus der Feder John Williams. Nicht hoch genug lassen sich Lehrtätigkeiten der Emigranten einschätzen, übrigens oftmals der einzige Musikerberuf, in dem sie arbeiten und ihre Unterhalt bestreiten können. Ernst Krenek, Wiener, Jahrgang 1900, der in seiner Jugend zum Kreis Alma Mahlers und Franz Werfels gehörte, wirkt an verschiedenen Universitäten in den USA, avanciert zu einem der Pioniere für Neue Musik.

Krenek vertont während seines Aufbruchs in die Staaten Texte Franz Kafkas. Ein Zeichen der Befreiung, aber auch des Trotzes. Widerstand im Exil, wenn man so möchte. Programmatisch ähnlich sind seine »Lamentationes Jeremiae Prophetae«, Chöre aus den Jahren 1941/42. Vehement wird gerade die Musik gemacht, die unter den Nazis verboten ist, weil sie als entartet oder jüdisch gilt. Arnold Schönberg, der bereits mit seinem »Kol nidre« den

Versuch unternimmt, eine bewusst jüdische Musik zu schaffen, und der sagt, »eine nationale jüdische Musik zu schaffen ist eine heilige Aufgabe«, vollendet im Exil die Oper »Moses und Aaron«. Im Exposé zur Oper heißt es: »Immer wieder stürmen einzelne Völker die jüdischen Ebene hinauf, rauben, schlagen, verhöhnen, morden Juden und Judenkinder. Aber so viele auch verschwinden, es werden nicht weniger, es sind immer wieder Junge da.« Kurt Weills wesentlich publikumswirksamer angelegte Musik wird sogar ganz direkt zur Widerstands-Musik. Der Song »J'attends un navire« aus »Marie galante« wird ein beliebtes Chanson der Résistance.

Viele Emigranten holt das ihnen von Hitler vorbestimmte Schicksal dennoch ein, etwa Willy Rosen, ein Magdeburger, der als Kabarettkomponist großen Erfolg hat. 1938 emigriert er in die Niederlande, glaubt sich sicher, tritt im Amsterdamer Judenviertel auf, macht brillantes Kabarett. Als auch die Niederlande besetztes Gebiet sind, werden die jüdischen Bewohner, deren die Okkupanten habhaft werden, deportiert. Über hunderttausend Menschen allein in den Niederlanden! Willy Rosen wird ins KZ Westerbork gebracht, wo er heimliche und halboffizielle Kulturveranstaltungen der Lagerinsassen mit organisiert. Für eine dieser Kunstabende komponiert er die Revue »Humor und Melodie« – ein in seiner Situation zynisch klingender Titel. Rosen wird 1944 in das Vernichtungslager Auschwitz verschleppt.

Sechzehntes Kapitel

Wir sind die Moorsoldaten
Musik im Konzentrationslager

> »Vergessen Sie nicht, wir spielten mit Krematorien
> im Hintergrund! Mehrere Male haben wir selbst in einem
> dieser Fleisch-brennenden Menschenöfen gespielt.«

Die Verfolgung der Entarteten

Juden, nach Meinung der Nazis gefährliche Feinde deutscher Kultur, Rattengezücht, menschenunähnlich, werden natürlich in den musikwissenschaftlichen Buchproduktionen der Zeit diffamiert als Zerstörer der heiligen deutschen Musik, als Unterwanderer ihres hohen künstlerischen Niveaus. Sie sind nicht die Einzigen, gegen die sich die braune Musikanschauung richtet; auf der mittleren Stufe der Anfeindungen stehen ›entartete‹ deutsche Musiker, Komponisten, die nicht gegenständlich-romantisch komponieren, die weder das gewünschte heroische Pathos noch die beliebte Melodienschöne bringen. Ihnen geht die italienische Musik, die völlig »im Gefolge Deutscher Meister« stehe, voraus, außerdem die Franzosen, deren Musik ohne jeglichen Nationalstil dahinplätschere. Die italienische Musik – auch sie sei ohne eigene schöpferische Kraft, beziehe all ihre Stärke aus der deutschen Musik, man müsse nur Richard Wagners Einfluss auf Giuseppe Verdis Spätwerk sehen –, wird als »deutsche Epigonalmusik« noch toleriert, aber weniger häufig gespielt, was Richard Strauss bereits 1918 fordert: »Es muss nicht jede Woche Violetta, Maskenball, Mignon, Margarete sein! Dafür komme ich eben nach Wien, um wieder mal den schüchternen Versuch eines edlen, deutschen Spielplans zu machen.« Französische Musik wird bis auf einige Glanzstücke des Repertoires, auf die auch die Nazis schwer verzichten können, ohne Anstoß beim Musikpublikum zu erregen, gestrichen. Bizets »Carmen« darf weiterhin auf deutschen Bühnen die Männerwelt verzaubern. Nein, wahrhafte Kunst sei nur die deutsche Kunst. »Uralt germanisch ist die Entdeckung des Geistes«, fabuliert Karl Grunsky 1933 in seinem Traktat »Kampf um deutsche Musik«; und er weist es angeblich bis ins Mittelalter der Musikgeschichte nach: »Der Ausbau der Mehrstimmigkeit ist eine Tat germanischen Geistes ... Wenn sich Frankreich und Italien an Schaffung der musikalischen Formensprache wesentlich beteiligt haben, so geschah dies kraft des germanischen Elements, das dort eine große Rolle spielt.« Die moderne Musik, sagt Grunsky, begebe sich stattdessen »häufig in bedenkliche Niederung«, Krenek verherrliche in seinen Werken Notzucht und Diebstahl, Hindemith in seiner Oper »Cardillac« lächerliche Eitelkeit und gewissenlose Mordgier. In Weills Musik, die modern und jüdisch ist, also gleich zwei Verfehlungen begeht, wimmle es von Gemeinheiten. »Als natürliche Grundform des menschlichen Daseins scheint der Jude in seiner Lüsternheit die Welt der Freudenmädchen und Zuhälter zu betrachten«, mokiert sich Grunsky über Weills Oper »Aufstieg und Fall der Stadt Mahagonny«. Das Judentum widerspreche dem deutschen Wesen, da das deutsche Wesen Musik sei, seien Juden unmusikalisch, was sie da produzierten, sei ›Unmusik‹, bestenfalls gelungene Nachäffung deutscher Musik, wiederholen alle diese Theoretiker der Nazi-Ära. Das jüdische Feindbild Nummer eins ist weder Giacomo Meyerbeer noch Felix Mendelssohn Bartholdy, wie man zunächst erwarten würde, sondern Gustav Mahler, einer der »gefährlichsten dieser jüdischen Propheten«, der als »Missdeuter deutscher Musik ... eine unmittelbare und mittelbare Wirkung von größtem Ausmaße ausgeübt hat, indem er sich als reiner Idealist und als Vorkämpfer edelster deutscher Kunst tarne, während er in Wirklichkeit ausschließlich den jüdischen Herrschaftszielen dient« (Karl Blessinger, »Judentum und Musik«).

Jüdische Musikausübende dürfen sich im »Dritten Reich« nur mehr organisiert, institutionalisiert entfalten. Sie werden dem ›Jüdischen Kulturbund‹ eingegliedert, der 1933 gegründet wird.

Hier sind (fast) alle jüdischen Kulturschaffenden registriert, was den Nazis den Zugriff erleichtert und starke Kontrollmöglichkeiten liefert. Unterstellt ist der Verband dem Sonderreferat des Reichskulturwalters Hinkel. Den jüdischen Musikern bleibt meist keine andere Wahl, als ihrem Kulturbund beizutreten, bietet er ihnen doch die einzige Möglichkeit, ihre Werke zu publizieren. Dafür steht ein 35 Mann starkes Orchester und ein kleiner Chor nebst einigen Solisten zur Verfügung. Doch kein Schlaraffenland für Künstler, auch wenn der Verband sich selbst als »Refugium« versteht (»... eintauchen dürfen in eine Welt der Schönheit, der Reinheit, der absoluten Güte ... inmitten aller Bitterkeit gibt es eine unantastbare, unzerstörbare Insel, ein Heiligtum, das der Flüchtling jederzeit betreten darf, wo er ... im Ausruhen neue Kraft zum Weitergehen finden kann«). Generell verboten sind Aufführungen deutscher Werke; Beethoven, Mozart, Wagner, Weber und Lortzing, die deutschen Nationalheiligtümer also. Nicht auf dem Index steht dagegen Händel, ab 1936 der einzige ›arisch-deutsche‹ Meister, dessen Musik im Kulturbund aufgeführt werden darf, was einige sprechende Blicke auf die Popularität Händels während der Nazizeit wirft. Händel, der die meiste Zeit seines Lebens in England verbrachte und dort bis zum heutigen Tag höchstes Ansehen genießt, ist für das Naziregime untragbar als Musiker der britischen Feindesmacht. Außerdem gilt er ihnen wegen seiner Oratorien nach alttestamentarischen Sujets als bedenklich. »Esther«, 1732, »Deborah«, 1733, »Samson«, 1743, »Judas Maccabäus«, 1747, um nur die bekanntesten aufzulisten. Übrigens nennt die SS alle Juden ›Maccabäer‹.

KZ-Haft mit Musik

Ab dem 1. April 1933 werden jüdische Geschäfte boykottiert. Im November 1935 wird Juden das Wahlrecht aberkannt, drei Jahre später ergeht das Waffenverbot. Ausgehbeschränkungen werden verhängt, Juden mit nichtjüdisch klingenden Namen müssen die Zweitnamen Sara und Israel annehmen, ein prangendes J stigmatisiert ihre Pässe. Auf der berüchtigten Wannsee-Konferenz im Januar 1942 wird die systematische Eliminierung aller Juden festgelegt. Da sind Konzentrationslager für viele von ihnen schon längst bittere Realität geworden. Während sich der deutsche Normalbürger im Kino von »Hitlerjunge Quex« und dem »Triumph des Willens« unterhalten lässt oder sich 1935 auf der Kunstausstellung »Blut und Boden« amüsiert, werden seine jüdischen Mitbürger inhaftiert, zunächst ins örtliche Zuchthaus verschleppt, nach einigen Wochen ins Lager. »Meine Kameraden und ich hatten erlebt, daß der Aufenthalt im Gefängnis oder Zuchthaus nach einer bestimmten Hausordnung ablief«, erinnert sich Harry Naujoks, der 1936 als einer der Ersten ins neu erbaute KZ Sachsenhausen kommt. »Das KZ dagegen hatte kein solches Reglement, oder, wenn es so etwas wie Vorschriften gab, hielten die Bewacher sich nicht daran. Jeder Häftling war zu jeder Stunde ihrer Willkür ausgesetzt.« Die Tage im KZ beginnen im Sommer um 4 Uhr, im Winter um 5 Uhr mit einem Becher Buchweizengrütze. Es folgt der Morgenappell. Stundenlanges Stehen in nicht der Witterung entsprechender Kleidung, hungernd, müde, krank. Aus den Lautsprechern auf dem Appellplatz dringen die kecken Klänge von »Schwarzbraun ist die Haselnuß«. In den Konzentrationslagern wird neben dem Musikeinsatz seitens der Nazis, der zur Ordnung des Alltagsablaufs und als beruhigendes Element funktionieren sollte (um die Massen Häftlinge leichter kontrollieren zu können; Massenpanik, Massenmeuterei fürchteten die SS- und SA-Wächter), Musikausübung der Inhaftierten toleriert, in Theresienstadt, dem ›Vorzeigelager‹ für ausländische Delegationen, ist es sogar ausdrücklich erwünscht. Es gibt heimlich organisierte Musikabende oder offizielle Veranstaltungen, zu denen dann auch die SS aufmarschiert. Nach dem Zählappell treffen sich die Häftlinge, tragen einander Gedichte und Lieder vor. Aus Gepäckbeständen – die meisten bringen Erinnerungsstücke, Bücher, Instrumente usw. in den ihnen vorgeschriebenen Rucksäcken und Koffern mit, die 50 kg nicht überschreiten und eigentlich nur die wichtigsten Bekleidungsstücke enthalten dürfen – organisiert man sich Instrumentarium und Notenmaterial. Immer vor Augen, dass alles bei der nächsten Blockrazzia wieder konfisziert werden kann, und immer mit der Angst, ein heimlicher Kulturabend wird entdeckt. Der willkürliche Tod ist nah. Aber genauso groß ist die Lust, der Trotz, mit verbotenen Liedern und Texten Widerstand zu leisten. So wird beispielsweise in Sachsenhausen regelmäßig Tucholsky vorgetragen. Weihnachten, erinnert sich der Lagerälteste Harry Naujoks, Weihnachten wird mit Ringelnatz und Tucholsky gefeiert. Jedes Lager besitzt sein Lagerlied, eine eigene Hymne der Hoffnung. Meistens eine verbotene. Den Befehlshabern sind die Lieder allerdings bekannt, und je nach persönlicher Laune werden sie einmal stillschweigend, sogar gnädig lächelnd toleriert, ein anderes Mal unverzüglich verboten, wer es singt, mit dem Tode bestraft. Die Liedtexte sind zweideutig, sie nehmen typische nationalsozialistische Floskeln zur Tarnung auf (ein Grund, weshalb sie häufig seitens der SS toleriert werden), erklingen im Marschrhythmus, der braunen Horden Lieblingsrhythmus, nehmen auch in ihrer Sanglichkeit eigentlich all das auf, was von faschistischer Musik gefordert wird. Nur die Tatsache, dass die Lieder von den Opfern des Faschismus gesungen werden, verkehrt ihre Bedeutung. Das Sachsenhausenlied beginnt: »Wir schreiten fest im gleichen Schritt,/ Wir trotzen Not und Sorgen;/ Denn in uns zieht die Hoffnung mit/ Auf Freiheit und auf Morgen!«. Viele Musiken, die hier entstehen, werden durch Ausnahmesituationen inspiriert, meist als Widerstandsreaktion. Im berüchtigten Stehkommando in Sachsenhausen, wo mehrere Menschen stundenlang in einen Raum gesperrt werden, sich nicht setzen, legen, anlehnen dürfen, sonst werden sie erschossen, entsteht ein ganzes Lagerliederbuch, mit Zeichnungen versehen. Auf die Erschießung sowjetischer Kriegsgefangener vor Weihnachten 1941 reagieren die Häftlinge: »Wir werden der Opfer gedenken und unsere Solidarität mit den Überlebenden bekunden. Es entstehen drei Gedichte. Wir riskieren viel, wenn wir diese Verse jetzt vor einem größeren Kreis vortragen. Wir rechnen aber damit, dass die SS wie bisher an solchen Feiertagem sich in Feiertagsstimmung befindet und sich um uns nicht groß kümmern wird.«

Das bekannteste Lagerlied stammt aus dem Jahr 1933 und soll »ein Trotzlied, ein Trotz- und Kampflied und ein Lied der Kameradschaft« sein. Das »Lied der Moorsoldaten«: »Wohin auch das Auge blicket,/ Moor und Heide nur ringsum./ Vogelsang uns nicht erquicket,/ Eichen stehen kahl und krumm,/ Wir sind die Moorsoldaten/ Und ziehen mit dem Spaten/ Ins Moor ... Auf und nieder gehn die Posten,/ Keiner, keiner kann hindurch,/ Flucht wird nur das Leben kosten,/ Vierfach ist umzäunt die Burg.« Bei der Entstehung sind sich Komponist und Dichter, Johann Esser und der Düsseldorfer Schauspieler Wolfgang Langhoff, einig, es dürfe »natürlich kein Lied sein, das uns die SS verbieten kann«. Im August wird es bei einer Veranstaltung, ironisch ›Zirkus Konzentrazani‹ genannt, uraufgeführt. Schon zwei Tage später wird es verboten. Die Gründe liegen sicher in dem viel zu eindeutigen Text und der Kompositionsweise, die das faschistische Liedideal völlig umkehrt: statt einer Dur-Tonart h-Moll, statt ausgreifenden Tonumfangs ein geringer Ambitus, trotz einiger Achtelpaarungen und Punktierungen ein sehr unbewegtes Fortschreiten in kleinen Tonschritten, was ganz und gar nicht der Nazi-Forderung nach frisch, munter komponierten Aufbruchsliedern entspricht; eine Phrase umfasst im »Moorsoldaten«-Lied jeweils nur zwei Takte, Hauptmotiv ist eine abwärts geführte Melodielinie. Entgegen dem Verbot werden erste und letzte Strophe des Liedes weiterhin gesungen, oft genügen nur die Zeilen: »Doch für uns gibt es kein Klagen,/ Ewig kann's nicht Winter sein.«

Theresienstadt

Musik als Widerstand, als Solidaritätsbekundung, als Trösterin. Das sind ihre Hauptfunktionen im KZ der Opfer. Musik auch als Lehrmethode. Den Kindern von Theresienstadt ist jeglicher Unterricht verboten, ihr Tag ist stundenplanmäßig in Malen, Spielen, Singen unterteilt. Also bringen ihnen ihre Betreuer mittels der Mal- und Singzeiten Literatur und jüdische Religion nahe. Ein beliebtes und erlaubtes Spiel heißt »Schule«.

Theresienstadt ist ohnedies ein Ausnahmelager. »Die Stadt der Juden« nennen die Braunen es, ihr Potemkinsches Dorf, hinter dessen schönen, kleinstadtmäßigen Fassaden dieselbe Brutalität, derselbe Vernichtungswille steht wie hinter allen Konzentrationslagern. – O, in Theresienstadt, liebe auswärtige Delegation, gibt es ein Spital, saubere Betten, saubere Patienten, ein Orchester, ein Atelier, Schneider, Frisöre, es fehlt den Insassen an nichts – möchten Sie die Musiker hören? Es ist ein gutes Orchester. Vorzügliche Komponisten, Solisten, ausgezeichnete Instrumentalisten. Die SS erwartet, dass ihren Gästen und ihnen glänzende Konzertabende präsentiert werden, um die Welt über ihre Greuel so lange wie möglich hinwegzutäuschen. Kritik kann auch hier nur heimlich gelebt werden. Beliebtes Trost-Lied ist Leo Straus' »Theresienstädter Wiener Lied«, in dem es heißt: »Dann kam die Reise ohne Kosten,/ Zu der man uns gezwungen hat –/ Nun bist du irgendwo im Osten/ Und ich bin in Theresienstadt … Drunt im Prater ist ein Platzerl,/ Rings die Bäume deckens zu,/ Und dort hab ich mit mein Schatzerl/ Alle Tage Rendezvous.«

Zu den außerordentlichsten Komponistenpersönlichkeiten im KZ Theresienstadt zählt Viktor Ullmann, ein ehemaliger Schönberg-Schüler. 1933 flieht der knapp Einunddreißigjährige mit seiner Familie nach Prag. Er engagiert sich in der »Internationalen Gesellschaft für Musikerziehung«. Bühnenmusiken bilden den Schwerpunkt seiner kompositorischen Arbeit, auch im Exil. Er liebt Farben, extravagante Klangkombinationen, eine bunte Instrumentation. Zu seinen bis dahin gelungensten Werken gehört die Musik zu »Der Kreidekreis« von 1925, nach Klabunds Schauspiel (Bertolt Brechts berühmter »Kaukasischer Kreidekreis« ist von 1954), dessen Text acht Jahre später auch von Alexander von Zemlinsky genutzt wird, und zwar als Sujet zu einer dreiaktigen Oper. In der Regel schreibt sich Ullmann seine Texte selbst, ist also eine dieser ›romantischen‹ Doppelbegabungen der Dichterkomponisten. Er entkommt dem Naziterror nicht. Im September

1942 ist er in Theresienstadt, wo er als Künstler der Sektion ›Freizeitgestaltung‹ zugeordnet wird. Und hier, mitten zwischen Angst und Tod, schreibt er sein Hauptwerk, die Oper »Der Kaiser von Atlantis«. Ullmann stirbt am 16. Oktober 1944 in Auschwitz.

Shoah

Das Martyrium geht eine Stufe weiter. Aus den Arbeitslagern werden die Menschen in die Vernichtungslager weitertransportiert, nach Auschwiz, Chelmno, Sobibor oder Treblinka. Der Zug hält, Waggontüren werden aufgerissen. Gleißendes Flutlicht. »Schnell, schnell, raus, raus«-Rufe. Musikfetzen. Die erste Selektion in Männer und Frauen, Alte, Junge, Mütter. Nur die Gesunden und Starken, wenige, marschieren zu den Lagerblöcken. Die anderen gehen den ›Himmelsweg‹, den Gang zur Gaskammer, ein Stacheldrahtgang, der mit Gesträuch verkleidet ist. Die Männer werden zuerst hineingetrieben. Frauen und Kinder, nackt ausgezogen, stehen wankend im Himmelsweg. Musik aus Lautsprechern. »Eine kleine Nachtmusik«, damit keine Panik unter den Wartenden aufkommt. Klassische Musik für Malach-ha-Mawis, den Todesengel. Wenige Minuten nur. »Sie wurden begraben, und jede Reihe wurde mit Erde bedeckt, sie wurden noch nicht verbrannt. Es gab ungefähr vier bis fünf Schichten, und die Gruben hatten die Form eines Trichters. Sie warfen die Leichen in diese Gruben, und sie mußten sie wie Heringe Kopf an Fuß legen«, berichtet ein Zeitzeuge. In den Vernichtunslagern liegt die Musik ganz in der Kontrolle der SS. Die Menschen hier sind zu entkräftet, zu sehr mit dem Kampf ums Überleben beschäftigt, als dass noch irgendeine Eigeninitiative möglich wäre. Die Lagermusik wird von der SS organisiert. In Auschwitz gibt es ein Männer- und ein Frauenorchester. Wenn der morgendliche Zählappell mit der unausrottbaren »schwarz-braunen Haselnuss« vorüber ist, spielen die Orchester muntere Märsche zum Auszug der Häftlinge zur Zwangsarbeit. Fania Fènelon, Sängerin des Frauenorchesters, erinnert sich: »Nach dem Appell machte sich ein Teil des Orchesters zum Rausgehen fertig ... Die Zusammensetzung unserer Kapelle ist genauso erstaunlich wie die unserers Symphonieorchesters; ein paar Geigen und Gitarren, Flöten, Akkordeon und natürlich die unvermeidliche Trommel ... Diese Parodie von einer Kapelle zieht vorbei, spielt einen Marsch so lustig wie Tiroler ... Rechts und links entlang des Weges sind Baracken, vor denen die Häftlinge pünktlich zum Appell im strengen Stillgestanden auf den Befehl zum Abmarsch warten, der erst gegeben wird, wenn wir an unserem Platz angekommen sind. Der doppelte Haß dieser gequälten Menschen, an denen unsere ›Parade‹ vorbeikommt, bedrückt mich schmerzlich ... während Offiziere und Kapos ihr ›Achtung!‹ brüllen, dessen Echo durch alle Lagerstraßen hallt, donnert ein Arbeitsmarsch los, militärisch, mitreißend, fast freudig ... der Vorbeimarsch beginnt ... sie, die sich ohnehin nur mühsam fortschleppen, müssen in ihrem Schritt militärische Zucht zeigen. Und schmerzlich begreife ich, daß wir nur dazu da sind, ihr Martyrium noch zu betonen.« Abends empfängt das Orchester die Heimkehrenden. Zählappell mit Schlagerbedröhnung. Manchmal ordnet die SS Konzertabende an, manchmal weckt irgendein Offizier, betrunken oder einfach nur zum Musikhören aufgelegt, mitten in der Nacht das Orchester, um sich vorspielen zu lassen. Auch dies eine wichtige Funktion der Lagermusik, ihre Verbrechen den Verbrechern erträglicher zu machen. Einmütig berichten Augenzeugen, dass die Orchester vor allem nach erfolgten Selektionen von Nazioffizieren geordert werden. Naujoks erinnert sich an die Erschießung holländischer Geiseln: »(Das Lager) war menschenleer und wirkte wie ausgestorben. Aus den Lautsprechern auf dem Appellplatz klang gedämpfte, klassische Musik. Ich blieb stehen. Aus der Ferne hörte ich den Paukenschlag einer Blaskapelle. Der Wind trieb die Musik aus Oranienburg herüber. Die Kapelle spielte die nationalsozialistischen Hymnen. Das Deutschlandlied und anschließend das Horst-Wessel-Lied. Dann knallten – deutlich zu hören – vom Industriehof die Schüsse herüber.«

Nach dem Zusammenbruch des »Dritten Reichs« hält sich seltsamerweise gerade deren Musikprogramm auf Jahrzehnte hin: eine völlige Abkehr des breiten Publikums von avantgardistischer Musik; eine Vorliebe für spätromantische Klänge, wie die Richard Strauss'; die Karrieren vieler Reichsgrößen, etwa Herbert von Karajans oder Karl Böhms, erreichen in der deutschen und österreichischen Republik ihren Zenit; nationalsozialistische Musikwissenschaftler lehren und veröffentlichen bis in die achtziger Jahre.

In meinem Schulliederbuch, ich glaube, der siebten Klasse (Ende der Siebziger), stand kommentarlos das Nazilied »Es geht eine helle Flöte«, und ich Kind – ahnungslos, unwissend – liebte es sehr.

Siebzehntes Kapitel

Zwischen Staatspreis und Gulag

Schostakowitsch: eine Gratwanderung

Streichquartette-Wechselbäder

Sphingenhaft beginnt das achte Streichquartett Dimitri Schostakowitschs. Ein hoher Notenwert reiht sich an den nächsten zu
einem Motiv, das aus kleinen Sekunden und Terzen besteht,
denen es seinen eigentümlichen Charakter verdankt. Kein ein-
gängiges Motiv, keine sangbare und gefällige Melodieformel, sondern Seufzerpartikel um den Grundton C. Dieses Thema ist Na-
menschiffre. Schostakowitsch hat seine Initialen hineingewoben:
D – Es – C – H. Damit ist der Weg zu einer ersten Deutung
gegeben: Das Quartett Nr. 8, c-Moll, besitzt autobiografische
Züge. Schostakowitsch selbst wünschte es sich als Trauermusik zu
seiner Beerdigung. Durch fünf Sätze hindurch bewegt sich das
Motiv wie zu Anfang des ersten Satzes, in imitierender Weise zuerst vom Cello, dann von Bratsche, zweiter und erster Geige präsentiert. Im zweiten und dritten Satz – übrigens die beiden aufeinander folgenden schnellen Sätze des Quartetts – wird die
Chiffre geradezu manisch wiederholt. D-Es-C-H wiederholt. Als
sollte unumstößlich gewiss sein, dies ist das unverformbare Motiv,
das ist der Name, der sich selbst immer treu bleibt. Die Chiffre
erscheint wohl manchmal verkleinert oder verkürzt, aber sie
bleibt immer erkennbar und wirkt niemals verzerrt oder gebrochen. Sie ist eine feststehende Formel, die von anderen Formeln
umkreist wird. Von Eigenzitaten aus früheren Werken des Komponisten.

Etwas Ähnliches, ein Resümee seines Schaffens und seiner

musikalischen Umwelt, leistete auch schon Richard Strauss in seinem orchestralen Riesengemälde »Eine Alpensymphonie«. Anders aber als Strauss rührt Schostakowitsch an die außermusikalische Situation seiner Zeit. Er benutzt bekannte russische Lieder von Unterdrückung und Not als politische Requisiten in seinem Quartett-Drama op. 110. Der Held dieses Miniaturdramas ist D-Es-C-H, der immer wieder mit den Klängen von Elend, Angst und Demütigung konfrontiert wird, zum Schluss still, bedrückt seine Resignation erlebt.

Kaum hatte der Komponist das Stück im Jahr 1960 vollendet, als ihm von oben beschieden wird, sein Quartett solle dem Andenken der Opfer von Faschismus und Krieg gewidmet sein. Schostakowitsch fügt sich, gibt dem Quartett einen entsprechenden Untertitel, empört sich aber gegen die unwahre Interpretation: »Als ich das Achte Quartett komponiert hatte, wurde es ebenfalls als ›Entlarvung des Faschismus‹ angekündigt. Um das zu tun, muss man taub und blind sein; denn in diesem Quartett ist alles klar wie in einer Fibel. Ich zitiere hier ›Lady Macbeth‹, die Erste Symphonie, die Fünfte. Was haben die Arbeiten mit Faschismus zu tun? Das Achte Quartett ist ein autobiographisches Quartett. Ich zitiere in ihm Lieder, die jeder kennt: ›Gequält von schwerer Sklavenfron‹.« Die Kulturbeauftragten der Chruschtschow-Regierung erkennen das als Anklage der sowjetischen Gesellschaft, also reduzieren sie dieses musikalische Aufbegehren gegen jede Art der Unterdrückung auf Faschismus und Krieg. Was liegt näher, da der Zweite Weltkrieg knapp fünfzehn Jahre zurückliegt, Hitlers und Mussolinis Gewaltdiktaturen noch hautnah entsetzen und aufrütteln? Außerdem trifft es sich gut, dass Schostakowitsch das Quartett während eines Aufenthalts in Dresden komponierte, dem Elbflorenz, das seit den Bombardierungen im Februar 1945 als Mahnmal kriegerischer Zerstörungswut gilt. Dem Chruschtschow-System liegt allerdings vornehmlich daran, gegen das westliche Europa zu agitieren. Am Beispiel des zerstörten Dresden soll die Grausamkeit der Westmächte demonstriert werden. Seit der Proklamation der DDR im

Oktober 1949 ist der Osten Deutschlands sowjetischer Satelliten-staat. Und es ist die Zeit des ›Kalten Kriegs‹.

Doch so einfach, wie es scheinen mag, lässt sich das Quartett Nr. 8 nicht vereinnahmen. Es passt nicht zur Musikauffassung des Sowjet-Systems. Allein schon die Gattung Streichquartett – sie wird als bourgeoise Salonkunst geradezu geächtet. Groß-formatige Orchesterwerke liegen dagegen ganz auf der Linie der Parteiführung. Ein Erbe Stalins, an dem man auch unter Chruschtschow weiter festhält. Stalin liebte die heroischen Sym-phonien mit Chor und vollem Orchestereinsatz, dick instru-mentierte Monumentalschöpfungen. In dieser Vorliebe für alle bombastischen und prahlenden Tonwerke scheinen sich sämt-liche Gewaltherrscher zu treffen. Die Basis ihrer Poltik ist bru-tale Machtdemonstration, dem muss in ihren Augen die Kunst entsprechen und mit ihren plakativsten Mitteln Stärke, Gewalt, Kraft ausdrücken. Die »schwierigen Formen der instrumentalen … Musik« sind verpönt; Streichquartette gelten seit jeher als ›schwierigste‹ kammermusikalische Gattung. Schostakowitsch wird, wie so oft, Formalismus vorgeworfen, ein Sympathisieren mit der »altersschwachen bürgerlichen Kultur«. Dennoch hält der Komponist an der Arbeit für dieses Genre fest und schafft bis 1974 insgesamt fünfzehn Streichquartette höchster Qualität. Das c-Moll-Quartett erweist sich in zweifacher Hinsicht als schwer vereinnehmbar, denn zum einen entspricht es den Erwartungen von dem formalen Aufbau eines Quartetts nicht, sondern bietet statt der klassischen vier Sätze im Wechsel langsamer und schnel-ler Tempi eine fünfsätzige Form, bestehend aus einem Largo, dem Allegro, einem Allegretto, dem zwei weitere Largo-Teile folgen. Der sprachliche Ausdruck wirkt zunächst klar, schlicht konzipiert, durchschaubar, aber spätestens bei Ziffer 8, wenn die Stimmen plötzlich zerfallen, aus ihrem bisherigen stagnativen Modus in ein zerklüftetes Klangbild gleiten, zeigt sich, dass Schostakowitsch sich weit von den Idealvorstellungen des Zen-tralkomitees entfernt. Bei jedem der fünf Sätze verfährt der Komponist nach bewährtem Muster: ein paar Takte, um die regimetreuen Zuhörer von der sachlichen Simplizität der Komposition zu überzeugen, dann eine stagnierende Passage und schließlich das deutliche Abweichen von Norm und Einfachheit.

Dimitri Schostakowitsch bewegt sich mit seinem Œuvre ständig zwischen staatlicher Anerkennung und Ächtung. Er wird mit Preisen ausgezeichnet und muss gleichzeitig um sein Leben fürchten, manche Werke werden uraufgeführt, bewundert und in der nächsten Ausgabe der »Prawda« gnadenlos verrissen, nie mehr aufgeführt. Hin und wieder wagt Schostakowitsch, Zivilcourage im Umgang mit dem ZK zu zeigen, dann wieder nimmt er Auftragsarbeiten für die Regierung an oder schreibt von sich aus eine echt sowjetische Filmmusik. Auf seinen Zyklus »Aus jüdischer Volkspoesie«, von dem er weiß, dass er dem ZK missfallen würde, lässt er geschickterweise zwei völlig traditionalistische Veröffentlichungen folgen, die Filmmusik »Der Fall von Berlin« und »Das Lied von den Wäldern«, die der allgemeinen Vorliebe für folkloristische Elemente Rechnung tragen.

Am Vorabend der Revolution

Am 25. September 1906 wird Dimitri Dimitrijewitsch in St. Petersburg geboren. Die Schostakowitschs sind eine bürgerlich-liberale Familie, Sofija und Dimitri, die Eltern des Komponisten, setzen sich für die Narodniki ein, eine Bewegung, die für die Bauernbefreiung kämpft. 1861 hatte Zar Alexander II. im Zuge weitgreifender Reformen zwar die Leibeigenschaft aufgehoben, de facto bleiben die Bauern aber in ihrer ausgelieferten Lage; fehlende Bildung und Aufklärung verhindern ihren sozialen Aufstieg. Bemühungen der Narodniki, den Bauern Schulbildung zu vermitteln, werden von der allmächtigen orthodoxen Kirche untergraben, die das ungebrochene Vertrauen der breiten Volksschicht besitzt.

Leo Tolstoi und Alexander Herzen werden als die geistigen Väter der Narodniki gesehen, und folgerichtig wird die Lektüre ihrer Werke im Haus der Schostakowitschs gepflegt. In besonderem Maße widmet sich die Mutter der Musik. Sie selbst spielt exzellent Klavier und unterrichtet ihren Sohn in den Anfangsgründen. Das musikalische Repertoire der Familie ist eher konventionell, typisch für die Bildungsbürger dieser Zeit. Tschaikowsky gilt ihnen als Hauptkomponist russischer Tradition, außerdem schwärmen sie für die westlichen Klassiker Mozart und Beethoven und natürlich die italienische Oper, die seit jeher zu den beliebtesten Musikevents im zaristischen Russland gehört. Hin und wieder hören die Eltern mit Mitja sowie seinen beiden Schwestern die Aufführung eines zeitgenössischen Meisters; die Musik Nikolaj Rimsky-Korssakows gehört dazu. Dimitri besucht bald neben dem Gymnasium die Musikschule, 1919 wechselt er zum Konservatorium. Unter der Führung des Komponisten und Konservatoriumsdirektors Alexander Glasunow findet der Musikstudent zur modernen Musik, wird ein Verehrer Igor Strawinskys, der mit Balletten wie »Petruschka«, »Le sacre du printemps« und »Feuervogel« sein Publikum schockiert und in den Bann akzentuierter Rhythmik und archaischer Melodik zieht. Strawinsky ist nicht der einzige Avantgardist, für den sich Schostakowitsch erwärmt, sondern er hat dank politischer Veränderungen die Möglichkeit, Hindemith, Milhaud, Bartók und andere junge westliche Komponisten kennen zu lernen.

Bereits im Jahr 1905 war die Unzufriedenheit der Massen eskaliert: Im Januar schießen Soldaten in eine demonstrierende Menschenmenge und töten an diesem ›Blutigen Sonntag‹ zahlreiche Zivilisten, darunter viele Kinder. Das ganze Land ist empört. Auf dem Kriegsschiff ›Potemkin‹ wird gemeutert, in den Großstädten werden Streiks ausgerufen. Doch vorerst gelingt Zar Nikolaus II. noch der Machterhalt, teils durch eiligst erlassene Agrarreformen, teils durch verstärkte Polizeipräsenz und gnadenlose standrechtliche Aburteilung der Revolutionsführer. Während der Zar aber auf obskure Berater wie den selbst ernannten Heiler und Priester Rasputin setzt, dem die nervenschwache Zarin Alexandra sektiererhaft verfallen ist, stärkt sich die Sozial-Demokratische-Arbeiter-Partei. 1903 war sie in Bolschewiki und

Menschewiki zerfallen, nun, nach der ersten Revolution, gewinnen die Bolschewiki, die unter der Führung von Wladimir Iljitsch Uljanow, genannt ›Lenin‹, für die Diktatur des Proletariats kämpfen, Oberhand über die Menschewiki, die einer gemäßigteren Richtung anhängen. Als es im Kriegsjahr 1917 zu erneuten Aufständen kommt, Arbeiter- und Soldatenräte (›Sowjets‹) die Macht übernehmen, bestimmen bald die Bolschewisten den Marschplan. Der Zar wird entmachtet, er und seine gesamte Familie wenige Monate darauf erschossen. 1918 konstituiert sich die Russische Sozialistische Föderative Sowjetrepublik. An der Spitze stehen die Führer der Kommunistischen Partei Lenin, Trotzki, Stalin und Grigorij Sinowjew. Um den durch Krieg und Umsturz ökonomisch zerrütteten Staat zu stabilisieren, öffnen sie das Land nach außen, werben um westliche Anleger, für die selbstverständlich privatwirtschaftliche und keine kommunistischen Regeln gelten. Zur Werbung gehört der kulturelle Austausch. Russlands Parteiführung bemüht sich um die Größen des europäischen Kunstlebens. Diesem Umstand verdankt Schostakowitsch das intensive Studium der Moderne, zeigt sich »ziemlich stark beeindruckt von Komponisten wie Strawinsky, Prokofjew und – von den westlichen: Hindemith und Krenek«. »Alle mir anerzogenen Vorurteile abstreifend, begann ich mit jugendlichem Enthusiasmus die musikalischen Neuerer zu studieren, und erst jetzt begriff ich: sie waren genial … Erst jetzt fühlte ich, dass meine Hände nicht mehr gebunden waren, dass meine Begabung frei war von Routine.« In Leningrad wird sogar das Werk eines Komponisten aufgeführt, der als bourgeoiser Künstler par excellence gilt, nämlich Richard Strauss' »Salome«. Während der Jahre der Öffnung beginnt auch Schostakowitsch mit der Komposition von Opern. 1927 vertont er einen Text von Gogol, »Die Nase«, drei Jahre darauf die »Lady Macbeth des Mzensker Kreises« nach einer Erzählung von Ljesskow.

Bolschewismus – Stalinismus
Wenige Jahre später ändert sich die Situation drastisch. Schon
Sinowjew hatte zeitweise die Oper schließen lassen mit den Wor-
ten: »Das Proletariat braucht keine Opernhäuser.« Lenin und Stalin lehnen Opern als höfische Kunstform ab. Je größer Stalins
Einfluss wird, umso mehr vefolgt die Partei eine Politik der Abgrenzung nach außen. Auf ausländische Künstler kann verzichtet
werden. Ihre Opern werden nicht mehr gespielt, und die eigene
Komponistenelite hat keine Opern zu schreiben. Schostakowitschs Bühnenwerke geraten stark in die Kritik. 1931 wird »Die
Nase« aus den Spielplänen gestrichen. In einem Artikel der
»Sovetskaja Muzyka« von 1948 z. B. heißt es rückblickend: »Gröbs-
ter physiologischer Naturalismus und expressionistisch krank-
hafte Übertreibung traten besonders deutlich in den beiden
Opern von Schostakowitschs ›Die Nase‹ und ›Lady Macbeth‹
hervor. Sie gaben Zeugnis, wie aufmerksam und bereitwillig
Schostakowitsch die entarteten Vorbilder der neuesten bürger-
lich-dekadenten Oper studiert hatte.« Der Komponist reagiert.
Er schreibt fortan keine Opern mehr, allenfalls Schauspielmusi-
ken und Ballette. Der Staat zwingt ihn während der nächsten
Jahre in die Rolle eines Filmmusikkomponisten. Erst 1963, zehn
Jahre nach Stalins Tod, wagt sich der Komponist an die Neu-
fassung seiner »Lady Macbeth«. Ansonsten existiert aus seiner
Feder nur noch ein Fragment aus dem Jahr 1942 nach Gogols
»Der Spieler«; offenbar versuchte Schostakowitsch, seinen
Opernstil weiterzuentwickeln, ließ die Arbeit aber, mutlos, da sie
ohnehin nicht aufgeführt worden wäre, liegen.
Josef Dschugaschwili ist Dimitri Schostakowitschs schicksal-
hafter Gegenspieler. Er ist in einem gänzlich anderen Klima aufgewachsen: als Kind armer georgischer Schuster, das jeden
Abend mit grausamer Regelmäßigkeit von seinem betrunkenen
Vater verprügelt wurde, dem bis zum Eintritt ins Priesterseminar
(1894) kaum ein Gran Bildung und sozialer Erziehung vermittelt
worden war. Aus einem solchen gewaltsamen Milieu wachsen
zwei Arten von Menschen – ängstliche, introvertierte Leute oder

Stalin, der Diktator, im Dialog: Gespräch mit Maxim Gorki vor dem Lenin-Mausoleum in Moskau. Ullstein-Bilderdienst.

aufgesetzt selbstbewusste, meist aggressive Naturen, jedenfalls aber verkrüppelte Psychen. Dschugaschwili ist ein aggressiver Mensch, der alle Skrupel und jegliches Mitleid in sich begraben hat. Er verlässt das Priesterseminar, als er sein Heil in der sozialistischen Arbeiterpartei sucht. Er erledigt kleine provozierende Arbeiten für die Partei. Mehrere Male wird er inhaftiert. Das letzte Mal kommt er erst kurz vor der Februarrevolution wieder frei. Er nennt sich selbst ›Stalin‹, der Stählerne, denn hart und unantastbar will er sein (die Neurose jedes absolutistischen Tyrannen), schreibt ideologische Sentenzen für die »Prawda«, die »Proletarij« und die »Soldateskaja Prawda« und arbeitet sich bis in den Kern der Partei vor. Er wirkt eng mit Lenin zusammen. Bald wird aus dem unscheinbaren Artikelschreiber ein mächtiger Parteifunktionär. Stalin forciert die Spaltung zwischen Menschewiki und Bolschewiki. Nach Lenins Tod im Januar 1924 wird offenbar, wie groß Stalins Macht geworden ist. Nun, da der besonnene Iljitsch Uljanow die Fäden nicht mehr in der Hand hält, fehlt jedes Bindeglied zwischen den zerstrittenen Fraktionen. Sein Gegenspieler Trotzki wird aus der Regierung entlassen. Ein Jahr später, 1926, werden ihm seine Parteiämter entzogen. Wieder einige Monate darauf folgt Verbannung. Trotzki sucht in den verschiedensten Ländern Zuflucht, immer in Angst vor Verfolgung und gefangen im allzu begründeten Wahn, man wolle ihn töten. Nachrichten aus Russland bestätigen seine Furcht: Sein Kampfgefährte Sinowjew hat ebenfalls alle Ämter verloren, wird inhaftiert und schließlich in den Moskauer Schauprozessen 1936 zum Tode verurteilt; Lew Kamenew, nach Lenins Tod zunächst Teilhaber an der Macht, ergeht es ebenso; Bucharin wird 1938 hingerichtet. Trotzki findet schließlich dauerhaften Unterschlupf in Mexiko. Einzig Mexikos größtem Freskenmaler, Diego Rivera, einem unbedingten Anhänger der trotzkistischen Ideen, verdankt der verfemte Politiker die Aufnahme. 1933 malte Rivera im New Yorker Rockefeller Center Porträts von Trotzki und Lenin, ein ausgesuchter Skandal. Auch in mehreren Werken seiner Ehefrau Frida Kahlo figuriert Trotzkis Abbild. Kahlo, die umjubelte Malerin Mexikos, Tochter des zugewanderten Deutsch-Ungarn Wilhelm Kahlo und der einheimischen Magdalena Calderón y Gonzales, malt seit einem furchtbaren Straßenbahnunfall, bei dem eine Haltestange ihren Unterleib durchbohrt »wie ein Degen einen Stier«, der sie monatelang ans Bett fesselt und lebenslang zum Tragen eines Korsetts zwingt. Immer wieder thematisiert sie ihre bleibenden Schmerzen, ihre Leiden, etwa die Unfähigkeit, Kinder austragen zu können. Sie ist wie ihr Idol Rivera überzeugte Kommunistin, und es ist selbstverständlich, dass sie dem Emigranten ihr ›Blaues Haus‹ in Coyoacán als Wohnung zur Verfügung stellt. Sie nennt den großen Politiker vertraulich »piochitas« (»Ziegenbärtchen«) und schenkt ihm ein Selbstbildnis. Drei Jahre lang lebt Trotzki relativ unbehelligt in Lateinamerika. Dann, im Sommer 1940, wird er von einem bezahlten Attentäter mit einem Eispickel erschlagen. Stalins stärkster Gegenspieler ist tot.

Zu dieser Zeit hat sich der Parteiführer in seiner großen ›Säuberungsaktion‹ bereits seiner übrigen Feinde entledigt, die meisten seiner politischen Pläne sind verwirklicht, wie beispielsweise die Gründung von Kolchosen als zentraler Punkt seiner Agrarpolitik. Stalins System ist gefestigt. Auch in Sachen Kulturpolitik. Was speziell die Musik betrifft, hält Stalin sich zunächst an Vorgaben Lenins. Die russische Revolution bedeutete einen tiefen Einbruch im Kulturleben der Nation. Noch während des Kriegs emigriert Rachmaninow, ein Jahr später Sergej Prokofiew, die Maler Wassili Kandinsky und Marc Chagall fliehen Anfang der 20er Jahre. Ein Dichter bemerkt verbittert zur Lenin-Regierung: »sie nehmen uns … die Freiheit … es fehlt die Luft zu atmen.« Die bedeutendsten zeitgenössischen Künstler kehren der Heimat den Rücken. Daher muss aus den Reihen der nachrückenden Generation eine neue Musikerelite rekrutiert werden. Talentierte Nachwuchskomponisten, unter ihnen Dimitri Schostakowitsch, erhalten Aufträge vom Zentralkomitee, man begegnet ihren Werken, seien sie noch so gewagt, mit Toleranz. 1924 wird aus gleichem Grund die ›Assoziazija Sowremenoi Musyki‹ (Assoziation der Gegenwartsmusik) gegründet, der Schostakowitsch beitritt. Bis dahin läuft seine Musikerkarriere sehr dürftig. Nach dem frühen Tod des Vaters 1922 befindet sich die Familie in einer finanziellen Zwangslage; verheerend in einer Zeit nachkriegsbedingter Inflation. Um seine Mutter und die Schwestern mit dem täglichen Brot zu versorgen, verdingt sich der angehende Komponist als Stummfilmpianist in einem Lichtspielhaus. Ein Brot kostet rund 25.000 Rubel, man lebt hauptsächlich von Bohnen und Kohl; im Winter schläft man der teuren Kohlen wegen im Mantel und viele scheuen sich nicht, in Decken eingehüllt auszugehen. Die lautstark angekündigte Wirtschaftsbelebung fruchtet noch nicht. Schostakowitsch erkennt die Notwendigkeit, schnellstens auf musikalischem Parkett Fuß fassen zu müssen. Fieberhaft arbeitet er an seiner 1. Symphonie, die ihm den Weg ebnen soll. Am 12. Mai 1926 wird sie tatsächlich in der Leningrader Philharmonie uraufgeführt, mit so unermesslichem Erfolg, dass sich auch Dirigenten vom Rang eines Bruno Walter, eines

Leopold Stokowski dafür erwärmen und sie in ihr Tourneen-Repertoire aufnehmen. Ein Lohn des Erfolgs ist ein Lehrauftrag für Partiturspiel, der dem jungen Komponisten erteilt wird. Mit einer zweiten Symphonie sucht Schostakowitsch an diesen Triumph anzuknüpfen. Seine Zweite ist ein staatliches Auftragswerk – das Regime bindet das einmal erkannte Talent sofort an sich. Das Werk entspricht voll und ganz den Erwartungen seiner Auftraggeber, es fügt sich kantenlos in die Musikpolitik der Zeit ein. Zunächst trägt es den sprechenden Titel »An den Oktober«, denn es soll dem zehnten Jahrestag der Revolution huldigen; die sowjetischen Kulturpolitiker favorisieren so oder ähnlich benannte Symphonien, die sich auf konkrete Leistungen des Staates beziehen, und natürlich betiteln die Komponisten ihre Stücke entsprechend, oftmals allerdings, ohne dass ein Bezug zwischen Titel und Inhalt erkennbar wäre; ein Rivale Schostakowitschs, Nikolaj Mjaskowski, widmet beispielsweise seine Sechste der Revolution, seine Zwölfte den Kolchosen; dass auch Schostakowitsch dieser Versuchung unterlag, bzw. sich dem fügen musste, beweist die Betitelung des Achten Quartetts. Zum zweiten spielt es experimentierfreudig mit dem Bruitismus eines Ballila Pratella, der schon 1912 fordert, Alltagsgeräusche als musikalisches Material zu nutzen: Eine Fabriksirene erklingt an exponierter Stelle der Partitur; Assoziationen von Fortschritt, Technisierung, Leistung, Arbeit sind durchaus im Sinne des Auftraggebers. Schließlich ist ein Chor nach Texten des Dichters Alexander Besymenskij zentrale Passage der Symphonie. Stalin bevorzugt Orchesterwerke mit Chor, in der Meinung, das gesungene Wort transportiere Inhalte doch deutlicher, als absolute Musik es könne. Leitbild seiner Komponisten soll die Neunte von Beethoven sein, die in vollkommener Weise Erhabenheit und heroisches Pathos vermittle; die Schiller-Vertonung »Seid umschlungen, Millionen« zwinge zur Verbrüderung, und Ähnliches erwartet Stalin von Musik, gemäß Lenins Erkenntnis, Musik sei »ein Mittel zum Zusammenschweißen der Massen«. Für klassische Musik interessiert sich Stalin nur im Hinblick auf diese Art Zweckerfüllung. Unterhaltungsmusik lehnt er völlig ab. Übrigens wendet sich auch Schostakowitsch, der 1928 in der kurzen Zeit der Liberalisierung einen »Tahiti-Trot« komponiert, vehement gegen U-Musik, wohl auch aus Berechnung und nicht nur aus Überzeugung. Stalins musikalisches Verständnis erschöpft sich in Volksliedern. Wenn sich der sowjetische Führer sonntags mit dem Chefredakteur der »Iswestija«, Nikolaj Bucharin, trifft, singen sie russische Volkslieder, spielen Ziehharmonika und tanzen. Wenige Jahre später, als in den Dreißigern Stalins Personenkult ausufert, lässt sich der Parteivorsitzende in Volksliedern besingen. In einem ihm huldigenden Buch »Über den Genossen Stalin« aus dem Jahr 1939 heißt es: »In den Volksliedern besingen und vergleichen die Sänger den Genossen Stalin mit einem gewissenhaften Gärtner, der seinen Garten liebt, und dieser Garten ist die Menschheit … Die Fürsorge, die der Genosse Stalin … dem Menschen … zuteil werden lässt, das ist, was das Volk am Genossen Stalin schätzt.« Der fürsorgliche Vater des Staates hat inzwischen mehr als 10 Millionen Bauern der Mittelschicht (Kulaken) liquidieren lassen, das Mindestalter für die Todesstrafe auf zwölf Jahre herabgesetzt, mehrere Millionen Menschen in sibirische Straflager deportiert.

Als musikalische Hoffnung der Zukunft lastet auch auf Dimitri Schostakowitsch zunehmend größerer Druck. Bereits bei der Wahl des Sujets seiner ersten Oper sucht sich der Komponist vorsichtig einen klassischen Stoff, nichts Neueres. Seine Entscheidung für Gogols »Die Nase« erklärt er freilich: »Viel leichter wäre es für mich gewesen, irgendwelche kleineren Werke zu einem Opernlibretto zu verarbeiten, aber auch hier habe ich Stoffe, die das Material für eine Oper hätten abgeben können, in der zeitgenössischen Literatur nicht gefunden. Also musste ich bei den Klassikern suchen.« Die Geschichte des Beamten Kowalew, der eines Morgens ohne Nase (d. h. möglicherweise: ohne Penis; *nos* ist zweideutig) erwacht und seinem Organ später in der Tracht eines hohen Beamten, ordenbehängt, wiederbegegnet, wird vom Komponisten als »Satire über die Epoche des Zaren Nikolaus I.«

bezeichnet, ist aber als Kritik an jedem System lesbar, in dem es eine Nase ohne Kopf zu höchsten Würden bringen kann. Mit dieser Satire geht Schostakowitsch einen heiklen Weg. Tatsächlich werden erste Stimmen wider ihn laut. Als zudem noch sein choreographisches Schauspiel »Der Bolzen« durchfällt, wird »Die Nase« 1931 von den Spielplänen abgesetzt. Angesichts der zunehmenden Kritik beginnt er die Arbeit an einer Symphonie »Von Karl Marx zu unseren Tagen«, vollendet dieses ›Einlenkungsmanöver‹ allerdings nicht.

Die Situation für Musiker in der Sowjetunion wird drückender, als 1932 die Reform der Kunstpolitik beschlossen wird, unter anderem mit der Einführung eines Sowjetischen Komponistenverbands, der nichts anderes als ein Kontrollorgan ist und direkt dem ZK, das heißt Stalin, untersteht. Schostakowitsch gehört zum Vorstand des Leningrader Verbands. Ein weiterer Versuch, sich mit dem bestehenden Regime zu arrangieren. Solomon Volkow gibt eine Aussage Schostakowitschs wieder, welche die auswegslose Situation der Kunstschaffenden unter Stalin beschreibt: »Über Stalin, Shdanow und Chruschtschow brauche ich an dieser Stelle nichts zu sagen. Wie unzufrieden diese Führer mit meiner Musik waren, ist ja bekannt … diese Männer waren … Inhaber unbegrenzter Macht … ein Künstler, der den Führer nicht ähnlich gemalt hatte, verschwand auf immer. Auch ein Schriftsteller, der ›grobe Worte‹ gebraucht hatte, verschwand. Mit ihnen wurden keine Diskussionen über ästhetische Fragen geführt. Man forderte sie auch nicht auf, sich zu rechtfertigen. Nachts kamen einfach Männer und brachten sie fort. Fertig. Das waren keine Einzelfälle … Lebenswichtig war … wie gefällt dein Opus dem Führer. Ich betone: lebenswichtig. Denn es ging buchstäblich um Leben oder Tod, nicht etwa im übertragenen Sinne.« Für Dimitri Schostakowitsch beginnt eine Gratwanderung zwischen dem Zwang, sich einordnen zu müssen, und dem aufrichtigen Anspruch, seine Kunst nicht korrumpieren zu lassen. Zugeständnis an die sowjetische Regierung ist beispielsweise das Ballett »Das goldene Zeitalter« op. 22, geschrieben im Auftrag des Leningrader Balletttheaters. Widerstand ist die Oper »Lady Macbeth des Mzensker Kreises« op. 29. Am 22. Januar wird »Lady Macbeth« in der kleinen Leningrader Oper uraufgeführt. Der Erfolg ist unermesslich, die Musik ist mitreißend, oft schonungslos kalt, durchsichtig instrumentiert mit interessanten Instrumentenmischungen und dazu kantablen Gesangspartien, das Sujet ist packend: Die schöne, aber arme Katharina ist an den reichen Kaufmannssohn Sinowij Ismailow verheiratet worden. Sie leidet an der lieblosen Ehe und dem tyrannischen Regiment ihres Schwiegervaters. Als ein junger Verkäufer eingestellt wird, verliebt sie sich in ihn. Ihr Schwiegervater deckt das Verhältnis auf, lässt Sergej auspeitschen. Katharina vergiftet aus Rache den Alten, und um in den Besitz des Geschäfts zu kommen, tötet sie mit Hilfe des Geliebten auch ihren Ehemann. Als sie mit Sergej Hochzeit feiert, wird die Leiche entdeckt. Das Mörderpaar wird zur Zwangsarbeit in Sibirien verurteilt. Auf dem Weg der Deportierten in die Verbannung wird Sergej untreu und verliebt sich in die junge Sonetka. Katharina – verstrickt in ihre verzweifelte Liebe – ertränkt ihre Rivalin und begeht Selbstmord. Die »Lady Macbeth« tritt einen Siegeszug durch Russland und die westliche Welt an. Sie erklingt in Prag, Zürich und sogar in New York. Am zweiten Weihnachtstag 1935 hört Genosse Stalin sich das Werk in seiner gepanzerten Loge (Angst vor Anschlägen!) im Moskauer Bolschoi-Theater an. Er verlässt die Aufführung während der Pause. Einen Monat darauf erscheint in der »Prawda« ein polemischer Artikel gegen Schostakowitsch. Titel: Chaos statt Musik. Der Wortlaut in etwa: »Von der ersten Minute an verblüfft den Hörer in dieser Oper die betonte disharmonische, chaotische Flut von Tönen, Bruchstücke von Melodien … reißen sich los und tauchen erneut unter in Gepolter, Geprassel und Gekreisch … Gerät der Komponist gelegentlich in die Bahn einer einfachen und verständlichen Melodie, so stürzt er sich sofort wieder … in das Labyrinth des musikalischen Chaos, das stellenweise zur Kakophonie wird.« Der Artikel »verändert ein für alle Mal« seine »ganze Existenz«. Er wird zum ›Volksfeind‹ erklärt, seine Musik

geächtet. Wochenlang schläft der Komponist vollständig ange-
kleidet, bereit, von den nächtlichen Polizeitruppen Stalins abge-
führt und liquidiert zu werden. Er sucht Hilfe bei einflussreichen
Freunden wie dem Marschall Michail Tuchatschewski, einem
überaus gebildeten und musikliebenden Mann, aber auch die
wissen keinen Rat, sind selbst bedroht von dem willkürlichen
Terror des obersten Genossen, der seine Säuberungsaktionen
plant; Tuchatschewski wird 1937 als Spion verurteilt, erschossen.
»Ich ... war wie ein Aussätziger«, erinnert sich der Komponist.
»Keiner besuchte mich, niemand erkannte mich auf der Straße.
Alle hatten Angst.« Aber das Schlimmste tritt nicht ein. Schostakowitsch verdankt sein Leben entweder der Laune eines Tyrannen oder dessen Erkenntnis, dass seine Nation nur diesen einen
modernen, großen, präsentierbaren Musikgenius besitzt, dessen
Ruf längst ein internationaler ist. Gerade gegenüber den Vereinigten Staaten, in denen Schostakowitschs Musik sehr verehrt
wird, nutzt Stalin seinen Vorzeigekomponisten. In Begleitung
einiger Geheimdienstler (»Schatten«), ist es Schostakowitsch sogar erlaubt, die USA zu bereisen. Das Jahr 1936 bedeutet aber
zunächst eine tiefe Krise. Der Komponist zieht vorsichtig seine
soeben vollendete vierte Symphonie zurück, die, in zeitlicher
Nähe zur verfemten Oper entstanden, zu deutlich die Tonsprache
der »Lady Macbeth« atmet.

Anerkennung?
Im Sommer 1937 haben sich die Wogen wieder geglättet.
Schostakowitsch wird zum außerordentlichen Professor des Le-
ningrader Konservatoriums berufen, und seine fünfte Symphonie
wird erfolgreich uraufgeführt. Musiken für die Produktionsfirma
Lenfilm retten ihn vor der endgültigen Verurteilung durch das
ZK. Auch gegen sein op. 46, die »Vier Romanzen nach Puschkin«
für Bass und Klavier, kann kein Kulturpolitiker Einwände ins
Feld führen. Und die fünfte Symphonie rüttelt kaum an den
musikalischen Maßstäben Stalins, sie ist »doch so melodiös«. In

gewissem Rahmen hält sich der Komponist an Stalins Rezeptur von ›guter Musik‹, wie sie in dem Artikel »Chaos statt Musik« gegeben ist: einfache, allgemein verständliche Sprache, »Einfachheit, Realismus ... Verständlichkeit der Gestalt«. Die fünfte Symphonie ist von verständlicher, äußerer Gestalt, denn sie entspricht ihrem Aufbau nach völlig der traditionellen viersätzigen Symphonie.

Anfang der vierziger Jahre ist Schostakowitschs Position einigermaßen stabil. Er ist wieder ein anerkannter Komponist; Inhaber des Stalinpreises; er lebt in relativer Sicherheit im Kreis seiner Familie, der Ehefrau Nina, die er 1932 heiratete, der beiden Kinder Galina und Maxim.

Vaterländischer Krieg

Der Zweite Weltkrieg tobt. Schostakowitsch verbringt die Sommerfrische in Kellomjaki, das vormals zu Finnland gehörte, als ihn die Nachricht vom deutschen Überfall auf die UdSSR im Juni 1941 überrascht. Der Komponist verlässt den Ferienort, denn Finnland geht mit Nachdruck gegen die Sowjetunion vor. Er komponiert zu dieser Zeit an seiner siebten Symphonie, die er vollendet, als Leningrad unter Beschuss der deutschen Armee gerät. Regelmäßig hält er auf dem Dach des Konservatoriums Brandwache, in den freien Stunden sitzt er an seiner Arbeit, die er auch bei Bombenalarm nicht unterbricht. In der Siebten gibt er die konventionelle Symphonieform wieder auf. Sie wird durch ein zusätzliches drittes Thema gesprengt, das mit bekannten Formeln (Marschrhythmus, Perkussionsinstrumente) die Grausamkeit des Kriegs beschreibt. »Der Krieg brachte unsagbares Leid und Elend. Das Leben wurde sehr, sehr schwer ... der Kummer erdrückte, erstickte uns. Er würgte alle, auch mich. Ich musste ihn in Musik umsetzen. Ich empfand das als meine Pflicht und Schuldigkeit. Ich musste ein Requiem schreiben für alle Umgekommenen, für alle Gequälten. Ich musste die furchtbare Vernichtungsmaschinerie schildern und den Protest gegen sie zum

Dimitri Schostakowitsch 1941 bei der Arbeit an seiner siebten Symphonie im belagerten Leningrad (St. Petersburg). Novosti Press Agency.

Ausdruck bringen.« Die Siebte wird unter diesem Aspekt vom russischen und dem alliierten Auditorium, namentlich dem amerikanischen, enthusiastisch gefeiert. Der Komponist wird zur Symbolfigur der Verteidigung. Die »Times« bringt ein berühmt gewordenes Titelfoto von Schostakowitsch während der Brandwache im Leningrader Konservatorium, die UdSSR bedenkt ihn mit einem weiteren Stalinpreis. Doch dann wird ruchbar, dass die »Leningrader« Symphonie sich auch gegen die stalinistische Gewaltsamkeit wendet. Als die Deutschen die Stadt angreifen, treiben sie russische Zvilisten, darunter viele Greise und Kinder, vor sich her, die so zwischen die Fronten geraten. Während die sowjetischen Offiziere bestürzt das Feuer einstellen, befiehlt der Tyrann: »Keine Gefühlsduseleien, sondern dem Feind und seinen Handlangern, freiwilligen oder unfreiwilligen, die Zähne einschlagen … Schlagt mit aller Kraft auf die Deutschen und auf ihre Abgesandten, ganz gleich, wer sie sind, fegt die Feinde hinweg, ganz gleich, ob sie freiwillige oder unfreiwillige Feinde sind.«

Stalin ist kriegsbegeistert; am liebsten lässt er sich im Soldatenmantel ablichten. Wenn die Siebte gegen den Krieg geschrieben ist, dann klagt sie doch auch den ersten Genossen an! Fehlt in diesem Werk nicht die glänzende Verherrlichung der russischen Streitmacht? Da man vor aller Welt die siebte Symphonie bereits anerkannt und ausgezeichnet hat, gehen die Kulturpolitiker vehement gegen das nächste Werk aus Schostakowitschs Feder vor. Die achte Symphonie, c-Moll, wird als konterrevolutionär geächtet. Der Komponist mache sich der Verbrüderung mit den Faschisten schuldig (die Musik der Achten weiß hiervon freilich nichts). Musikalisch zieht sich Schostakowitsch zurück. Er schreibt vom Regime ungeliebte Kammermusik, ein Klaviertrio, ein Streichquartett, Klavierstücke. Die Forderung wird laut, der Meister solle das Versäumte nachholen und Stalin in einer neunten Symphonie ehren, einer Symphonie von wahrhaft beethovenscher Erhabenheit. Dem verweigert sich Schostakowitsch. Seine Neunte gibt sich betont spröde. »Als die Neunte uraufgeführt wurde, erzürnte sich Stalin ungeheuerlich. Er fühlte sich in seinen heiligsten Gefühlen verletzt. Es gab keinen Chor, es gab keine Solisten, und eine Apotheose gab es auch nicht – nicht die Spur einer Beweihräucherung des Größten. Es war einfach Musik, die Stalin nicht verstand und deren Gehalt daher dubios war.«

Noch mehr staatlicher Zorn soll Schostakowitsch treffen.

Damoklesschwert

1945 ist der Krieg beendet, die Siegermächte beglückwünschen sich. De Gaulle würdigt Stalin: »Sie haben aus der UdSSR eines der Hauptelemente des Kampfes gegen die Unterdrückerstaaten geschaffen, und ebendeshalb konnte der Sieg errungen werden. Das große Russland und Sie persönlich verdienen die Anerkennung des ganzen Europa, welches nur in Freiheit leben und erblühen kann.« Die demonstrative Eintracht der Sieger hält nicht lange an. Das vom Außenminister der Vereinigten Staaten,

George Marshall, eingebrachte Wiederaufbauprogramm wird von der UdSSR abgelehnt – Stalin will sich nicht in die Kontrolle durch die USA begeben. Ein Gegenplan für die Ostblockstaaten wird entwickelt (COMECON), in dem man sich Wirtschaftshilfe zusichert. Die kommunistischen Satellitenstaaten wie Albanien, Rumänien, Ungarn und die DDR isolieren sich von den westlichen kapitalistischen Ländern. Volksfeind Nummer eins und Inbegriff des Imperialismus wird die USA, gegen die Stalin und seine Nachfolger ihre Politik ausrichten. Der in den Staaten hoch geschätzte Komponist Dimitri Schostakowitsch gerät zwischen die Fronten des Kulturkampfes, der sich gegen westlichen Einfluss wehrt. Das ZK der KPdSU, angeführt vom Leiter der Kulturabteilung, Andrej Shdanow, schreitet gegen die »westliche Dekadenz« ein, streitet aggressiv gegen Formalismus und Objektivismus, Begriffe, die in ihrer Ungenauigkeit beliebig auf jeden ungeliebten Künstler und jedes missliebige Werk angewendet werden können. Eine schwarze Liste mit den »verbrecherischsten Formalisten« kursiert im ZK. Ganz oben auf der Liste stehen die Namen Schostakowitsch und Prokofjew. Der Leningrader Maestro lebt wieder einmal wochen-, monatelang in Todesangst. Jede Nacht könnten die schwarzen Häscher des Führers vorfahren, ihn aus seiner Wohnung entführen, jeden Tag, jede Nacht, jede Sekunde könnte der todbringende Telefonanruf kommen, mit dem Stalin höchstpersönlich seine Opfer zu einer Unterredung bittet, von der die meisten nicht nach Hause zurückkehren. Mit der Zeit, bemerkt der Komponist zynisch, lasse die Angst vor dem Tod nach, »ich gewöhnte mich an den Gedanken des unvermeidlichen Endes«, »warten auf die Exekution, ist eines der Themen, die mich mein Leben hindurch gemartert haben. Viele Seiten meiner Musik sprechen davon.« Ein zweites Mal entgeht Schostakowitsch der völligen Ächtung, vor allem auch, weil sich die ZK-Mitglieder mehr an die Literatur halten als an die Musik; sie schießen sich auf den Satiriker Michail Soschtschenko und die Lyrikerin Anna Achmatowa ein. Der Komponist verliert jedoch 1948 alle seine Lehrämter. Damit ist die Familie Schostakowitsch allein auf das geringe Verdienst der Ehefrau Nina angewiesen.

Der Komponist bringt gerade jetzt ein Stück heraus, dessen Komposition allein schon große Zivilcourage voraussetzte. Er schreibt den Zyklus »Aus jüdischer Volkspoesie« für Sopran, Kontralt und Tenor mit Klavierbegleitung (Orchesterfassung von 1963). In der Führung und in der breiteren Bevölkerungsschicht der UdSSR macht sich nach 1945 eine neue Antisemitismus-Bewegung breit. Die Lage der jüdischen Einwohner Russlands war nie gut, nun wird sie katastrophal. Progrome werden geduldet, Formalismusvorwürfe treffen zumeist jüdische Künstler, unter den Verhafteten und Deportierten befinden sich verhältnismäßig viele Juden. Ein zeitgenössischer, regimetreuer Schriftsteller faucht: »Bei uns (wird) die Musik von den Juden beherrscht ... Schostakowitsch ist natürlich Jude ... seine Musik ist ganz und gar nicht russisch ... Im Konservatorium, im Radio, im Bolschoi-Theater – überall wirtschaften Juden.« Der Zyklus »Aus jüdischer Volkspoesie« schildert in acht Liedern die trostlose Situation. Es gibt nicht einen Lichtblick, nicht ein Takt, nicht ein Motiv entwirft auch nur den vagen Schatten einer Utopie. Erst auf Druck der Kritiker komponiert Schostakowitsch drei Lieder hinzu, die wenigstens den Hauch einer Idylle leisten. Durch die »Prawda« gibt das ZK den Befehl aus, die Lieder op. 79 zu boykottieren. Ein Freund des Komponisten beschreibt dessen Reaktion: »Er war sehr traurig, da er von der Kampagne gegen seine jüdischen Lieder erfahren hatte. Es gab zwei anonyme Briefe – sehr grobe und vulgäre: ›Sie haben sich an Juden verkauft.‹« Der Meister selbst schreibt im Dezember 1948: »Physisch fühle ich mich auch miserabel ... ich habe überaus oft Kopfschmerzen ... Beim Rasieren habe ich die Möglichkeit, mein Gesicht zu betrachten. Es ist aufgedunsen, riesige Tränensäcke und aufgedunsene lila Wangen. Innerhalb der letzten Woche ... bin ich stark gealtert.« Schostakowitsch bleibt nur der Rückzug. Wie erwähnt komponiert er »Das Lied von den Wäldern« (eine Hymne auf Stalins Forstwirtschaft), Filmmusiken, zum Beispiel zu »Das unvergessliche Jahr 1919« und er vertont Revolutionsgedichte für Chor (op. 8, 1951).

Zwei Jahre später, 1953, stirbt der sowjetische Diktator. Die wohl einstudierten Rufe fähnchenschwingender Schulkinder »Es lebe Stalin! Es lebe das ZK der KPdSU!« verstummen. Der Kampf um den frei gewordenen Tyrannenthron beginnt und wird schließlich von Nikita Chruschtschow gewonnen.

Tauwetter

Für die Künstler ändert sich nur wenig, ihre Freiheiten bleiben beschnitten. Von Schostakowitsch ist wenigstens die drückende Bedrohung mit Exekution genommen. Er setzt Stalin ein Denkmal in seiner Zehnten Symphonie, genauer im zweiten Satz, einem betont grobschlächtigen, recht chaotisch fabulierenden Scherzo; ein wahnsinniges Stück – Schostakowitsch hielt den Genossen Stalin für einen Psychopathen. Da mit Stalins Tod auch die Vorwürfe von Formalismus und Kosmopolitismus verstummen, denkt der Komponist daran, eine revidierte Fassung seiner Oper »Lady Macbeth« zur Aufführung zu bringen. Andere Werke, die unter dem Regime des Georgiers verboten waren, wie beispielsweise das dem Geigenvirtuosen David Oistrach gewidmete Violinkonzert A-Dur op. 77 (entstanden im Jahre 1948), dürfen nun aufgeführt werden. Künstlerisches Aufatmen äußert sich auch in der vermehrten Komposition von Streichquartetten. Bis 1953 entstehen fünf Werke dieser Gattung, ab dem Todesjahr Stalins komponiert Schostakowitsch noch zehn weitere. Überhaupt Kammermusik. Diesem im Stalinismus verhassten Genre widmet sich der Komponist jetzt verstärkt. Es ist kein musikalischer Rückzug, wie ein amerikanischer Musikwissenschaftler vermutet hat, sondern musikalisches Aufleben. Schostakowitsch vertont Lieder, erarbeitet Sonaten und verfasst Solokonzerte, darunter das schöne Es-Dur-Cellokonzert, das Mstislaw Rostropowitsch zugeeignet ist. Solokonzerte waren bis dahin eine verpönte Gattung, stellten sie doch ein einzelnes Instrument betont heraus, eine ästhetische Idee, die dem kollektivistischen Gedanken des Kommunismus widersprach. Die Oper, eine Herzensangelegenheit, ist aber auch in der nachstalinistischen Ära ein brisanter Gegenstand.

Zwei Jahre nach dem Tod seiner ersten Frau heiratet der Komponist 1956 ein zweites Mal. Die unglückliche Ehe wird drei Jahre darauf geschieden. 1962 geht er seine dritte Ehe ein. Sein Sohn Maxim wird Musiker, Pianist. Für ihn schreibt der Vater das Klavierkonzert F-Dur. Der Komponist erfährt große Ehrungen, wird 1954 Ehrenmitglied der Königlichen Musikakademie Schwedens, 1956 der Accademia Santa Cecilia zu Rom, 1958 erhebt ihn die Universität zum Doktor h. c., 1959 ist er Mitglied der Akademie der Wissenschaft der USA, ab 1963 sitzt er im Musikrat der UNESCO, Österreich überreicht ihm 1967 einen Orden, Krönung ist die Ehrenmitgliedschaft in der französischen Akademie der schönen Künste. Daneben erhält er viele Preise. Mit der neuen Gangart der Regierung der UdSSR scheint er sich arrangieren zu können; man greift kaum in seine künstlerischen Kompetenzen ein, er muss sich nicht völlig zurücknehmen wie unter Stalin. Im September 1961 tritt er der Partei bei. Man belohnt ihn mit einem Deputiertenposten des obersten Sowjets. »Lady Macbeth«, nun »Katharina Ismailowa«, wird endlich wieder aufgeführt. Man kann darüber spekulieren, ob Schostakowitsch mit dem Eintritt in die Partei die Aufführung seiner Oper erreichen wollte. Für sein Poem »Die Hinrichtung des Stepan Rasin« (über einen Kosakenrebellen des 17. Jahrhunderts) für Bass, Chor und Orchester erhält er den Staatspreis der UdSSR. Nur einmal noch gerät er ins politische Kreuzfeuer. In seine dreizehnte Symphonie (1962) hat er einen düsteren Chor (nur Bässe plus Bass-Solo) eingewoben. Den Text verfasste der Lyriker Jewgeni Jewtuschenko, der als opportunistischer Dichter gilt. »Babij Jar« heißt das von Schostakowitsch vertonte Gedicht, das gegen den russischen Antisemitismus Klage erhebt. Tief ironisch bis zur Groteske ist diese Symphonie, wie so viele Werke des Komponisten. Und

Jewtuschenko, der spitzzüngige »zornige junge Mann«, steht ihm in nichts nach. Im Kern aber steht, hinter aller Ironie, die Bitterkeit. Schostakowitsch betont die Zeilen: »Mir ist, als wenn ich selbst ein Jude bin, verlass Ägyptens Land in Todesnöten, gekreuzigt spüre ich, wie sie mich töten … Jetzt bin ich Dreyfuß, trage sein Gesicht. Die Spießer meine Kläger, mein Gericht.« Für Schostakowitsch wird das jüdische Volk zum Symbol aller Verfolgten und Gequälten, auch für ihn selbst, der glaubte, »dass man kaum einen unglücklicheren Menschen als mich finden könnte«.

ACHTZEHNTES KAPITEL

Nichts ist in einem Gemeinwesen so förderlich wie die Musik
Musiker und Mächte der Gegenwart

Mehr als 4.000.000 europäische Juden ermordet.

Über 70.000 Schwerbehinderte und psychisch Kranke einem ›gnädigen Tod‹ überantwortet.

1947 wird Arnold Schönbergs Kantate »Ein Überlebender aus Warschau« op. 46 uraufgeführt.

Die Texte stammen von Zeitzeugen, Opfern des Holocaust. Im Zentrum des Werks steht der hebräische Totengesang, das »Šama' Yisro'ēl 'Adonoy«, den die gläubigen Juden auf dem ›Himmelsweg‹ in die Gaskammern anstimmten.

Leonard Bernstein am 11. 5. 1948 aus Verona:

»Fast genauso aufregend waren die beiden Konzerte in den Deportierten-Lagern am gestrigen Montag; Ich bin von einem Kinderspalier mit Blumen empfangen worden und mit allen sonstigen Ehren. Ich habe ein 20-Mann-Konzentrationslager-Orchester dirigiert (noch dazu mit ›Freischütz‹) und mein ganzes Herz hineingelegt. Ich kann Ihnen das alles jetzt nicht schildern – es sitzt so tief und geht so nah.«

Henze

Der Zweite Weltkrieg verhärtet die Front zwischen westlicher und östlicher Welt. Bei der Neuorganisation der Grenzen kommt

Hans Werner Henze, 1992. Felicitas Timpe. AKG Berlin.

es zu Spannungen zwischen den Alliierten und der UdSSR; geht es doch um Gebietsgewinne, wenigstens um Erweiterung ihrer Einflussbereiche. Einen Keil zwischen West und Ost treibt die agressiv bleibende Außenpolitik der UdSSR und Stalins absolute Macht als Erster Sekretär des Zentralkomitees der kommunistischen Partei und als Ministerpräsident. Zwangsarbeit, Verschleppung in Arbeitslager, Ermordungen. Und das, während Alliierte und UdSSR gemeinsam die UNO planen, die die Sicherung des Weltfriedens und Wahrung der Menschenrechte auf ihre Fahnen geschrieben hat, die offiziell am 26. Juni 1945 gegründet wird. Als der amerikanische Außenminister George C. Marshall 1947 vorschlägt, die kriegszerrütteten Gebiete Europas wiederaufzubauen, weigert sich die UdSSR. Angesichts eigenen staatsökonomischen Desasters fürchtet die UdSSR erheblichen Machtgewinn des finanzstarken Amerika. In Moskau wettert man über den ›Dollarimperialismus‹ der Vereinigten Staaten. Als in den alliierten Gebieten Deutschlands die Währungsreform eingeführt wird, boykottiert die UdSSR den Handel zwischen Sowjetischer Besatzungszone und dem Westen. Berlin wird völlig vom Westen isoliert. Über eine Luftbrücke wird der alliierte Stadtteil mit Lebensmitteln und anderen Notwendigkeiten versorgt. Viele größere und kleinere Krisen vertiefen im Lauf der nächsten Jahre die Kluft zwischen Ost und West. Ein Höhepunkt des ›Kalten Krieges‹ ist die Errichtung der Berliner Mauer im August 1961.

Es ist vor allem dieses Spannungsfeld, das auch die Kulturszene der nächsten Jahrzehnte bestimmen wird. Als Hans Werner Henze 1968 seine Kantate »Das Floß der Medusa« in Hamburg aufführt und das Werk dem kurz zuvor in Bolivien verstorbenen (wahrscheinlich von Armeeangehörigen ermordeten) Guerillaführer Ernesto »Che« Guevara widmet, stößt er auf heftigen Widerstand des Publikums. Ein »kommunistischer Revolutionär« soll gefeiert werden? Der Tumult erreicht solche Ausmaße, dass die Uraufführung abgebrochen werden muss und Polizei aufläuft. »Mitglieder des Arbeitskreises Sozialistischer Musikstudenten verteilten Flugblätter, um das ›bourgeoise Publikum‹ über die

Intention der Musik Henzes aufzuklären … Aber nicht dieser schriftlich formulierte Aufruf an die Anwesenden ›Mühseligen, Beladenen‹ … gab Anlass zum Tumult. Jugendliche Demonstranten stürmten das Dirigentenpult, befestigten dort das Bild Che Guevaras sowie ein auf Henze gemünztes Plakat mit der Aufschrift ›Revolutionär‹, die von Konzertbesuchern wieder abgerissen wurden. Beim Auswechseln der Plakate kam es zu Rempeleien und Handgreiflichkeiten, zu offener Empörung jedoch erst beim Aufrichten einer roten und einer schwarzen Fahne links und rechts des Dirigentenpults … Schließlich wurde auf Veranlassung des NDR die Polizei alarmiert, die die Demonstranten gewaltsam abtransportierte. Es kam zu Tätlichkeiten und vorläufigen Festnahmen, darunter auch des Librettisten Ernst Schnabel«, heißt es in einem Bericht vom 10. Dezember 1968 im »Hamburger Abendblatt«.

Avantgardisten und Gestrige

Progressive Komponisten wie Henze stehen im Gegensatz zu restaurativen und reaktionären Gruppen in Europa, hauptsächlich in Nachkriegsdeutschland, die (wenn sie sich auch zumeist vom Nationalsozialismus und seinen »Auswüchsen« halbherzig distanzieren) Kultur- und Musikpolitik im alten Geiste betreiben oder begünstigen. In der vom breiten Publikum getragenen Musikwelt bleibt manches wie während der Hitler-Zeit. Das Männerchorwesen, von den Nazis viel geliebt, blüht weiter und funktioniert mancherorts als Sammelbecken altgedienter Parteifreunde. Die Chorstücke heißen jetzt nicht mehr »Unsere Seele« (vom Nazikomponisten Bruno Stürmer) oder »Deutsches Bekenntnis« oder »Aus dem Krieg« und ähnlich, aber die weniger auffälligen, gleichwohl eindeutigen Eichendorff-, Geibel-, Fallerslebenchöre bleiben Repertoiremittelpunkt und dienen der Identifikation. Ich – es ist sicher entschuldbar, wenn ich als Zeitzeuge persönliche Erlebnisse mit einflechte – selbst ›durfte‹ nach dem Wechsel auf die höhere Schule im Deutschunterricht, den eine weit über dem Pensionsalter befindliche Lehrerin erteilte, das mir immer noch im Gedächtnis quer steckende Gedicht auswendig lernen: »Arbeiter sein, wir alle müssen's/ Arbeiter sein, wir alle wissen,/ dass nur die Arbeit aus Not und Nacht/ das deutsche Volk ans Licht gebracht.« Selbige Lehrerin hielt uns Mädchen die Predigt, jede Sünde, die wir begingen, gäbe eine Null in der großen Endzeitrechnung – und sie malte sechs Nullen an die Tafel –, aber wenn wir nur ein Kind gebären würden – und sie malte eine Eins vor die Nullen –, wäre alles ins Positive verkehrt, hier sähen wird den Wert der Mutter, sagte sie, indem sie auf die fabrizierte Million wies. Nazis Mutterkult. Nur so viel zum geistigen Klima noch Mitte der siebziger Jahre in Deutschland.

Hans Werner Henze wehrt sich mehrmals musikalisch gegen nationalistisches Gedankengut in Staat und Gesellschaft. 1960 komponiert er gemeinsam mit fünf Kollegen eine »Jüdische Chronik«, 1965 erinnert er mit einem Werk für Kammerorchester an den Widerstand im Dritten Reich. »In memoriam. Die weiße Rose«. Zehn Jahre zuvor hat Luigi Nono bereits eine Kantate nach Abschiedsbriefen zum Tode verurteilter Widerstandskämpfer geschrieben, den »Canto sospeso«, »Unterbrochener Gesang«, denn punktuell werden einzelne Silben, Motive, Harmonien aneinander gereiht, die ein neues Ganzes ergeben. So wie die Individualschicksale von Widerstandskampf, Verhaftung und drohendem Tod, darin alle gleich, zu einer übergeordneten Schicksalsgemeinschaft werden. Das Schicksal des Individuums darzustellen bleibt Luigi Nonos Anliegen. 1960 komponiert er die Oper »Intolleranza« über einen Arbeiter, der nach Demonstrationen verhaftet und Folterverhören unterworfen wird, schließlich aus einem Konzentrationslager fliehen kann und doch nur kurzes Glück in Liebe und Heim findet.

Auch in seinen »Canti di vita e d'amore« (»Sul ponte di Hiroshima« von 1960 – die erste Atombombe wurde am 6. August 1945 über Japan abgeworfen) bleibt für Idylle oder Zukunftspläne nur wenig Platz; lediglich im Mittelteil blühen einige weit gespannte Melodiebögen auf, die »Symbole des Lebens, der Liebe und der

Freiheit gegen jede neue Form der Unterdrückung« (Luigi Nono) sein sollen. Gegen die Verheerungen der Atombome meldet sich ein weiterer Komponist zu Wort, der 1933 in der Nähe von Warschau geborene Krysztof Penderecki mit seinem Orchesterwerk »Threnos – Klagelied für die Opfer von Hiroshima«.

Die Erfahrung des Zweiten Weltkriegs, des »Dritten Reichs« mit seinem Genozid-Wahn, die eigene Gegenwart mit drückenden Militär- und Parteidiktaturen, die Kriege in Asien, in Indochina, Korea, Vietnam, der durch immer weiter getriebene Aufrüstung drohende atomare Weltkrieg, Emanzipationsbewegungen von Minderheiten in den USA, Südamerika, Asien und Südosteuropa (einschließlich Österreich: slawische Minderheiten), öffnen vielen Komponisten den Blick für politische und soziale Ungerechtigkeiten, in demokratisch geführten Ländern ist ihnen von der Verfassung her keinerlei Meinungsbeschränkung auferlegt – etwas anderes ist die Zensur im eigenen Kopf –, was zusätzlich forciert, dass sich die meisten von ihnen kritischer mitteilen. Idealbedingungen, endlich, auch für politische Komponisten à la Johann Friedrich Reichardt? Der Staat weiß, trotz des Rechts auf freie Meinungsäußerung, wie er seine Komponisten im Zaume halten kann. Da wird konservative Presse zu Hetzartikeln animiert (siehe Henze-Skandal), da werden Posten nicht vergeben bzw. nur an handsame Musiker, da wird auf öffentlich-rechtliche Sender Druck ausgeübt, gewisse Musiksendungen oder Kulturdokus nicht auszustrahlen, da werden Preise von Land und Bund plötzlich zurückgezogen, so geschehen Karl Heinz Stockhausen, dem der Kunstpreis Nordrhein-Westfalens einmal unter obskuren Gründen vorenthalten wird; zwar enthält sich der in Köln lebende und arbeitende Musiker im Unterschied zu Henze meist der Parteinahme in tagespolitischen Fragen, doch war er aufgrund seiner Musiksprache immer schon ein Unbequemer und dies erst recht ab 1958.

Stockhausen

Mit fünfzehn Jahren, 1944, erlebt er das Grauen der letzten Kriegsmonate als Sanitäter mit: »Oft habe ich versucht, mit einem Strohhalm ein Loch bis zum Mund zu finden, um etwas Flüssigkeit hineinzugießen, um solch einen Menschen, der sich noch bewegte, zu ernähren – aber das war nur eine gelbe kugelförmige Masse ohne Zeichen eines Gesichtes. Das war das tägliche Leben … Der Tod wurde etwas vollkommen Relatives für mich.« Als der Krieg beendet ist, ist Stockhausens Vater einer der vielen Vermissten, irgendwo gefallen, seine psychisch kranke Mutter von Hitlers Euthanasie-Schergen emordet. Diese Erlebnisse formen seinen hohen ethischen Anspruch und den Willen, sich mit seiner Musik nie zu beugen. Der junge Mann studiert Schulmusik in Köln, begründet erste Kontakte zum WDR. 1951 kommt er zum eben ins Leben gerufenen Elektronischen Studio der Rundfunkanstalt. Auf den Foren für Neue Musik in Donaueschingen und Darmstadt macht er sich als Komponist einen Namen, so manches gerät zum Skandal, zum Beispiel die Uraufführung von »Kreuzspiel« für Oboe, Bassklarinette, Kalvier und Schlagzeug von 1952. Sein Name steht Anfang der Siebziger als pars pro toto für Moderne Musik. Im in Konservative und Linksliberale gespaltenen Deutschland kurz nach den Studentenunruhen versucht jedes der Lager, Stockhausen für sich zu vereinnahmen. Aber Stockhausen verfolgt nur seine eigene Linie. Er mischt sich ein. Genau das macht ihn unbeliebt. Beispielsweise als der Spiegel sich 1968 an der Kampagne gegen extrem links-orientierte Komponisten beteiligt und einen Negativbericht über Hans Werner Henze bringt, telegrafiert Stockausen empört an die Zeitschriftenredaktion:»seit dem krieg hat die deutsche presse henze zum vorbild der musik zu machen versucht … es ist noch nicht lange her, daß der spiegel … seine arbeit sehr hoch würdigte … warum muß ein so populäres magazin wie der spiegel die allgemeine zersplitterung, feindschaft, gehässigkeit noch vergrößern und einen musiker so ekelhaft behandeln?«

Von höchstem Symbolwert dieser Zeit, hier nur marginal er-

wähnt: Der Tod des von einem Polizisten erschossenen Studenten Benno Ohnesorg, der am 2. Juni 1967 die Studentenrevolte
letztlich auslöste, geschah vor der Deutschen Oper in Berlin,
während einer großen Demonstration gegen den Schah von Iran,
der vom Berliner Senat mit einer Festaufführung geehrt wurde.

Ligeti, Xenakis, Theodorakis

Mit subtiler Verächtlichmachung haben kritische Komponisten
in Demokratien zu rechnen, nach wie vor mit Diskreditierung,
Verbot, Verfolgung in diktatorischen Staaten. György Ligeti emigriert 1956 aus Ungarn über Österreich nach Köln zum Stock-
hausen-Kreis. Ab 1949 ist Ungarn sowjetischer Satellitenstaat.
Die Sozialistische Arbeiter-Partei Ungarns hält das Heft in der
Hand. 1956 kommt es zum Volksaufstand gegen die sowjetisch
ausgerichtete Führung; Pressefreiheit, freie Wahlen und Autonomie von der UdSSR werden verlangt. Eine blutige Invasion der
Sowjets beendet die Revolution, Hunderttausenden gelingt die
Flucht, den Übrigen droht ein Terrorregime mit Deportationen
nach Sibirien und standrechtlichen Tötungen. Ligetis »Atmo-
sphères« sind dem von den Nazis verfolgten englisch-ungarischen
Komponisten Màtyás Seiber gewidmet.

Der Grieche Iannis Xenakis weicht dem Bürgerkrieg zwischen
Kommmunisten und Monarchisten 1947 nach Paris aus. Im selben Jahr wird Mikis Theodorakis ins Exil geschickt. Der 1925
geborene griechische Komponist begeistert sich für den Kommunismus. Im Bürgerkrieg, der nach dem Abzug deutscher Truppen
1944 ausbricht, schlägt er sich auf die Seite der Marxisten. Als
sich Amerika einschaltet und die monarchistische Partei die
Oberhand gewinnt, wird der in einem Athener Kulturzentrum
tätige junge Mann des Landes verwiesen. Jetzt entsteht eine Art
Requiem für einen Kampfgefährten, »Elegy and Threnody for
Vassilis Zanos«. 1949 ist der Bürgerkrieg beendet, doch erst elf
Jahre später darf Theodorakis in sein Vaterland zurückkehren.
Getreu sozialistischer Musikästhetik bemüht er sich um griechi-

Auf dem Titelbild des »Spiegel« vom 11. Dezember 1967:
Rudi Dutschke, der legendäre Studentenführer der »68er«. Er starb 1979
an den Spätfolgen eines 1968 auf ihn verübten Attentats. AKG Berlin.

sche Volksmusik. 1964 kommt Konstantin II. an die Macht. Einer seiner Schritte gegen die Marxisten ist das Verbot von Theodorakis' Musik im staatlichen Rundfunk. Im selben Jahr wird der Komponist Parlamentarier, kurz vor einer Regierungskrise, die die Monarchisten in arge Bedrängnis bringt und Ministerpräsident Papandreou zum Rücktritt zwingt. Am 21. 4. 1967 putscht das Militär. Monarchisten, Demokraten und Komunisten werden verfolgt. Theodorakis wird inhaftiert. Nur auf Druck des internationalen Kulturpublikums wird er aus der Haft entlassen, körperlich aufs Schwerste angeschlagen. Nachdem 1973 wieder halbwegs demokratische Verhältnisse in Griechenland herrschen, setzt sich der Komponist, der durch seine folkloristische Filmmusik zu »Alexis Sorbas« weltbekannt geworden ist, erneut als Politiker für seine Überzeugung ein.

Ende der Diktaturen?

Die achtziger Jahre erringen eine Liberalisierung in den meisten autoritär geführten Staaten, politisch begründet durch den allmählichen Abstieg Russlands als Fortschritts-, Wirtschafts- und Kriegsmacht bei gleichzeitigem Übergewicht der USA, personell verursacht durch Staatsführer, die sich von konventionellen, starren Doktrinen zu lösen wagen, in Russland mit Michail Gorbatschows ›Perestroika‹-Politik, in Amerika durch eine erstarkte demokratische Partei; Mitte, Ende der siebziger Jahre liegen symbolhaft die Todestage oder Machtverluste willkürlicher Herrscher, mit denen in der Regel freiheitlichere Regierungen an die Macht gelangen: Im November 1975 stirbt General Franco in Spanien, Juan Carlos I., der neue König, fördert die Demokratisierung; in Griechenland wird Militär-Ministerpräsident Georgios Papadopoulos gestürzt, Demokratie hat wieder eine Chance; am 9. September 1976 stirbt Mao Tse Tung, Teng Hsiao Ping wird als Vizepräsident des ZK abgesetzt; in Madagaskar wird 1975 nach der Niederlage des Militärregenten Ramanantsoa eine Demokratische Republik gebildet. Für die Kulturszenen der Länder bedeutet es erst einmal Erweiterung des Horizonts. In den diktatorisch regierten Staaten ist jeder Blick über die Grenzen hinaus Hochverrat; auch Künstler, auch Komponisten haben sich auf das zu besinnen, was ihnen die Traditionen der eigenen Nation, und nur diese, als Material liefern. Im kommunistisch geführten China bricht die strenge Reglementierung der Musikszene Ende der achtziger Jahre leicht auf. Einflüsse westlicher, avantgardistischer Musik sind nicht länger verpönt, sie werden akzeptiert. Akzeptiert, weil es im Staatsinteresse liegt, westliche Wirtschaft an sich zu binden; um Investoren, Käufer, Absatzmärkte zu gewinnen, muss eine Regierung sich ins Zeug legen und offen zeigen – mit Hilfe der Kultur. Zurzeit herrscht in der chinesischen Musikszene allerdings noch die Vorsicht, sich nicht ganz von der Tradition abzuwenden. Beinahe alle Kompositionen des letzten Jahrzehnts gründen auf Elementen chinesischer Volksmusik, in der einen gering, in der andren deutlich hörbar. Das Auditorium zeitgenössischer Musik in China ist für diese Mischung dankbar, entfernt sie sich doch vom bis dahin praktizierten sozialistischen Einheitsbrei zu erfrischend Neuem. Dass die Regierung zu dem Kompromiss, den die junge Musikergeneration Chinas findet, Beifall klatscht, ist selbstverständlich: westlicher moderner Einfluss gekreuzt mit den alten Traditionsmusiken. Tatsache aber ist auch, dass viele Musiker aus der kommunistischen Umarmung fliehen. Meistens in die Vereinigten Staaten. Völkerrecht, Menschenrecht, hinter derartigen Begriffen steht in China immer noch ein großes Fragezeichen. Ein Wanderer zwischen den Welten, einer, der in China wurzelt, in den Staaten wie in der Heimat lebt und arbeitet, eine Symbolfigur der Annäherung an den Westen, ist der populärste Komponist Chinas, Xiogang Ye, der zwischen Peking und Pennsylvania hin- und herpendelt. Geehrt wird er in beiden Staaten, ausgezeichnet mit Preisen von Hongkong bis San Franzisko. Und das mit Recht. Musik, die zu berühren vermag und die spricht.

Wo sich die Freiheit nur ein Stückchen Bahn bricht, da wächst Hoffnung, sie ganz zu fassen, und durch sie Widerstand. In der

DDR wird Ende der achtziger Jahre eine Kulturveranstaltung ins Leben gerufen, die sich »Wider den Schlaf der Gewalt« nennt und den Unrechtsstaat anprangert. Der Text eines dort gebotenen Sololiedes: »Es ist unwahr,/ man reichte dem Volke die Hand./ Man hat sie ausstrecken müssen/ aus Notwehr.«

Einer der Großen, der sich ein Leben lang, bis zu seinem Tod 1995 im Alter von achtundsiebzig Jahren, gegen ein menschenverachtendes Regime wehrte, ist der Koreaner Isang Yun, der einmal bemerkt: »Ein Komponist ist nicht nur ein Künstler, sondern auch ein Mensch in seiner Welt. Er kann seine Welt nicht so gleichgültig betrachten. Menschliche Leiden, Unterdrückung, Unrecht gibt es doch in der Welt … wo es Schmerzen gibt, wo es Unrecht gibt, will ich mitsprechen durch meine Musik.«

Als Isang Yun 1917 geboren wird, steht Korea unter japanischer Kolonialverwaltung. Der Kompositionsschüler Yun hat japanische Musikgeschichte zu lernen und japanische Texte zu vertonen. Schreibt er einmal ein koreanisches Lied, wird es sogleich verboten. Der Chinesisch-Japanische Krieg, der 1937 ausbricht und acht Jahre dauert, macht Japan angreifbar. Yun geht in den koreanischen Untergrund, wird allerdings gestellt, inhaftiert und gefoltert. Zwei Jahre später bricht Japan als Kriegsmacht zusammen. Den Süden Koreas kontrolliert das amerikanische Militär, der Norden wird 1948 kommunistische Volksrepublik und betreibt eine durchgängig aggressive Politik nach innen und außen. Der Koreakrieg fordert Millionen Opfer. Südkorea wird regiert vom Präsidenten Syngam Rhees, dessen autoritäres Regime sich noch verschlimmert, als ihn 1963 Park Chung Hee im Amt ablöst und Südkorea zur Militärdiktatur macht. Etwa zehn Jahre zuvor vom südkoreanischen Staat ausgezeichnet, wird Isang Yun unter fadenscheinigen Vorwürfen 1967 ins Gefängnis verschleppt und zahlreichen Folterverhören unterzogen, von vornherein der Spionage verdächtigt, da es ihm vergönnt war, in Frankreich und Deutschland zu studieren und zu arbeiten. Erst nach fast zwei Jahren kommt er auf Druck der Weltöffentlichkeit frei und findet in Deutschland Asyl. In seiner Musik bezieht er sich auf konkrete

Vorgänge in Korea, zum Beispiel protestiert er in seiner Instrumentalkomposition »Exemplum in memoriam Kurangju« von 1981 gegen ein in Kurangju geschehenes Massaker an der Zivilbevölkerung. Oder er bedient sich der Metapher »Drittes Reich«, die Nazi-Herrschaft ist ihm wie vielen anderen Komponisten das Bild schlechthin für Unterdrückung, Gewalt, Menschenverachtung. So verfasst Yun eine Kantate auf Gedichte eines Naziopfers.

Ich habe von ähnlichen Biografien in den letzten Jahren mehrfach erfahren. Und es sei mir verziehen, wenn ich ein zweites Mal Persönliches mitteile. Aber ich muss in diesem Augenblick an meinen verehrten Schwiegervater denken, dem eine erfolgversprechende Karriere als Volksmusiksänger offen stand, die allein daran scheiterte, dass er es wagte, eine Frau zu heiraten, die keiner kommunistentreuen Familie entstammte, sondern als Spross einer bekannten Familie der ›Bourgeoisie‹ dem kommunistischen Staat missliebig war. Sie selbst war als kleines Mädchen mit Mutter und Bruder aus dem eigenen Haus gejagt worden, später wurde ihr das Studium verboten, wie später auch zeitweise die Arbeit als Volksschullehrerin.

Das ›idyllische‹ Land, in dem solche (und viel schlimmere) Eingriffe des Staates an der Tagesordnung waren, ist Albanien, das alte Illyrien, ein Land, dessen musikalische Kultur bis in Antike und Mittelalter zurückreicht: Der größte byzantinische Komponist des 14. Jahrhunderts, Joan Kukuzeles, wirkte zwar auf dem Athos, stammte aber aus der wichtigsten Stadt Albaniens, Durrës (Dyrrachion), ein Albaner und sicher kein Slawe, wie das alte Lexikon »Musik in Geschichte und Gegenwart« (in Anschluss an nationalistische großslawische Auffassungen) meint. Kukuzeles bereicherte den Musikstil seiner Zeit durch persönlichen Ausdruck, einen Hang zu reicher Melismatik, der wohl in griechischer Musiziertradition wurzelt. Noch in der Renaissancezeit war Albanien offen für westliche Einflüsse; der Nationalheld Fürst Gjergji Kastrioti, »Skanderbeg«, der 1468 starb, stand der italienischen Kultur nahe. Nach der langen Herrschaft des Osmanischen Reiches besinnt sich Albanien erst in der Ära des nach Autonomie strebenden Statthalters Ali Pascha von Joanina (1741 geboren) verstärkt der eigenen Volksmusik. Die alten Heldenlieder werden wieder gepflegt, neue hinzukomponiert. Für seinen Harem, denn Ali Pascha gilt sprichwörtlich als Freund der Frauen, schreiben ihm seine Komponisten Liebeslieder, die größtenteils Volksliedgut werden. Die musikalische Blütezeit endet jäh mit Ali Paschas Ermordung 1822 und dem Zusammenbruch seines kleinen Staates (um Joanina). Erst 1911 kommt es zur offenen Rebellion, ein Jahr später erklärt das Land seine Unabhängigkeit. Die folgenden Jahre schwankt das Land zwischen unterschiedlichen Regierungsformen, bis Staatspräsident Ahmet Zogu sich 1928 zum König ernennt. Die Orientierung zu dieser Zeit ist westlich. Westliche Kunstmusik wird bevorzugt, Orchester entstehen. Einige Virtuosen werden über die Landesgrenzen hinaus bekannt. 1939 wird die westliche Annäherung zum Verhängnis, besetzt Mussolinis Italien Albanien, Zogu flieht. Es ist die Zeit des Aufstiegs Enver Hoxhas, der an der Spitze der 1941 gegründeten Kommunistischen Partei steht. Im Januar 1946 proklamiert er die Volksrepublik Albanien. Sein Terrorregime beginnt. Verhaftungen von Bürgerlichen und Intellektuellen. Musiker dürfen nur mit außerordentlicher Erlaubnis ins Ausland reisen. Ausländische Musik (mit Ausnahme klassischer E-Musik) ist verpönt, Unterhaltungsmusik nur in gemäßigtem Rahmen (Schlager, kein Rock) gestattet. Gefördert wird wie in allen anderen Volkrepubliken das Volkslied. Aber genaue Richtlinien, woran sich Musiker halten können, gibt es nicht. So geschah einem berühmten albanischen Sänger Folgendes: Er erhält den staatlichen Auftrag, im Rahmen eines der seltenen ausländischen Staatsbesuche unter anderem Lieder der Beatles in Originalsprache vorzutragen. Es gelingt ihm, sich Musik, vor allem die Liedtexte, zu organisieren und einzuüben. Er tritt auf. Die Staatsgäste werden einen Abend gut unterhalten, alles läuft glatt. Die Gäste reisen ab. Einige Tage später wird der Sänger vorgeladen: Er habe englischsprachige Lieder gesungen, das komme Landesverrat gleich. Der Unglückliche wandert für mehrere Jahre hinter Gitter, in Zwangsarbeit. Dabei

Ein Herz auch für die Konkurrenz: Madonna.
Die Münchener Staatsoper ehrt den Popstar im Festspielsommer 2001
mit einer Ausstellung. Verbrüderung von Pop und »Hochkultur«?
Foto: Mondino/WEA.

hatte er von vornherein keine Chance und ging sehenden Auges in sein Schicksal. Er wusste, man sperrt ihn ein, wenn er, wie die Regierung selbst verlangte, englische Lieder sänge, aber genauso hätte man ihn inhaftiert, hätte er den Staatsauftrag verweigert.

Nach Hoxhas Tod 1985 gibt es eine Phase der Liberalisierung, Anfang der Neunziger dann der gewaltsame Umbruch, die Revolution, die von Shkodra ausgeht und Demokratie mit sich bringt. Ich besuchte das Land im Sommer 1993 erstmals, und einer meiner ersten Eindrücke war, dass ich noch nie zuvor so laut, so wüst durcheinander, so viel amerikanische und britische Pop-Musik hörte wie dort. Allzu lange war es verboten, ausländische Sender zu sehen und zu hören, der Nachholbedarf war ungeheuer. Popstar Nummer eins war Madonna. Mittlerweile bemerke ich eine allmähliche Rückbesinnung auf das eigene Liedgut. Die erste Euphorie amerikanischer Beschallung ist abgeklungen, stattdessen gibt es zahlreiche eigene Pop-Produktionen, aus denen aber immer das nationale Element herauszuhören ist. Ethno-Pop – Albanien könnte den Grand Prix um einiges bereichern.

Wohin das Land gehen wird, lässt sich zur Zeit schwer einschätzen. Anarchie einer Umbruchzeit, die prekäre Wirtschaftslage, aber auch der wieder stärkere Nationalismus in den Ländern Südosteuropas (sprich die Lage der albanischen Bevölkerungsgruppen im Kosovo und in Mazedonien) lassen keine sicheren Voraussagen zu. Ein landschaftlich so anrührendes Land mit seiner reichen Geschichte verdiente unsere Zuwendung.

Pop-Musiker und stramme Populisten

Was noch in den Sechzigern und Anfang der Siebziger gegen das »Establishment« rebellierte, die Beatles, Rolling Stones, Janis Joplin, James Brown, Can u. a., und was als Widerspruch gegen die biedere und prüde Nachkriegsgesellschaft verstanden wurde, gerät in den westlichen europäischen Ländern Mitte der Siebziger zum seichten Protest gegen alles und jeden, ohne wirklich provokant oder umstürzlerisch zu sein. Die britische Kritikerin

Julie Burchill behauptete Mitte der Achtziger über Popmusik als Botschaftenträger: »Die Vorstellung, durch eine Kombination von Musik und Politik ließe sich eine größere Zahl von Menschen am politischen Geschehen beteiligen, erreiche man ein Publikum, das weder die Nachrichten verfolgt noch Zeitung liest, und stelle man im Allgemeinen sicher, dass von der Musik angetippte, politische Probleme ernster genommen würden, ist Unfug.« In anderen Staaten, etwa in den Ländern der ehemaligen Sowjetunion, in China oder Japan, deren Komponisten und Musiker allzu lange staatlich indoktriniert wurden, führen Pop-, Rock-, Punk-, Techno-Musik den Aufbruch der jungen Fun-Generation gegen die etablierte Gesellschaft. Die Staaten, bemüht um Annäherung an den Westen, an den Westen der Zukunft, hauptsächlich als wirtschaftlicher Partner, tolerieren die musikalischen ›Auswüchse‹ ihrer Jugend.

In westeuropäischen Landen gibt es dagegen seit geraumer Zeit eine verhängnisvolle Tendenz zur Volkstümelei, zum Sich-Verlieren in Schlagerhimmelwölkchen und rechter U-Musik. Im Österreich der Gegenwart scheint das Männerchorwesen gewisser Fasson wieder aufleben zu wollen, seit der rechtsgerichtete Politiker Jörg Haider als graue Eminenz an der Regierungsmacht partizipiert. Seiner Freiheitlichen Partei gelang es, sowohl das Kultur- als auch das Frauenministerium abzuschaffen. Viele Künstler und Künstlerinnen haben Einspruch gegen die rechtslastige Linie der österreichischen Regierung erhoben. Eine von ihnen ist die junge Komponistin Olga Neuwirth, als Frau und Musikerin doppelt berührt. Auf einer Demonstration gegen die Mitregentschaft der FPÖ sagt sie, »dort, wo gehandelt wird, nicht schweigen« zu wollen, und gibt zu bedenken, wachsam und kritikfähig zu bleiben. Die Musik könne dabei helfen, »Erstarrtes aufzeigen und den desolaten Zustand von Gesellschaft und Politik sichtbar machen«. 1968 in Graz geboren, studiert sie in Wien und bei der Komponistin Adriana Hölszky Musik, arbeitet seitdem als Komponistin in Österreich, Italien und Deutschland. Ihre Musik ist Musik der Extreme: dunkles Zartgewobenes, aus dem plötzlich kräftige Lichtbrocken schießen, Wildes oder Aberwitziges.

Hoch auf dem gelben Wagen

Nicht nur die Fürsten früherer Zeiten, die Diktatoren dunkler Epochen wissen um die Macht der Musik: Auch ein demokratisches Staatsoberhaupt wie der frühere Bundespräsident Walter Scheel singt sich mit »Hoch auf dem gelben Wagen« in die Herzen seiner »Untertanen«, Helmut Schmidt versucht es am Steinway-Flügel mit Klassik à quatre mains im Verein mit diversen Pianisten, Bill Clinton strapaziert sein Saxophon mit Cool-Jazz. Nun soll nach dem Willen unseres jetzigen Kanzlers Gerhard Schröder eine Bundesoper aus der alten Berliner Staatsoper »Unter den Linden« herausgebildet werden (Die Zeit Nr. 12/2001): zentralisierte Kunst, ein mit Vorsicht zu genießender Gedanke, den nicht unbedingt als Vorbilder geeignete Persönlichkeiten wie Richard Wagner propagierten.

Hat sich im Lauf der Jahrhunderte beim Thema ›Musiker und Mächtige‹ überhaupt viel geändert? Vielleicht nur, dass jetzt der Geldadel, die Wirtschaft an Stelle der fürstlichen Mäzene getreten ist. Jedenfalls bleibt Musik ein Medium zur Stimmungskontrolle und zur kontrollierten Meinungsbildung. Repräsentative Festakte werden immer noch mit Klassik umrahmt, und zu Wahlpartys tönen Dixieland und fetziger Rock.

Über Molières Musik-Utopie, die wohl noch kein Politiker beherzigt hat, wird nur gelächelt: »Nichts ist in einem Gemeinwesen so förderlich wie die Musik… Wenn nun alle Menschen Musik zu machen lernten, wäre es dann nicht der rechte Weg, miteinander im schönsten Einklang zusammenzuleben? Könnte man auf diese Weise nicht am Ende den Weltfrieden herbeiführen?«

Anhang

Ausgewählte Literatur

Adorno, Theodor W.: Mahler. Eine musikalische Physiognomik, Frankfurt a. M. 1985.

Ansermet, Ernest: Die Grundlagen der Musik im menschlichen Bewußtsein, München 1985.

Arneth, Alfred von: Maria Theresia und Joseph II.. Briefwechsel, 3 Bde., Wien 1867–68.

Baumgart, Winfried: Deutschland im Zeitalter des Imperialismus. 1890–1914. Grundkräfte, Thesen und Strukturen, Stuttgart/Berlin/Köln/Mainz 1986

Beci, Veronika: Die andere Clara Schumann, Düsseldorf 1997.

Beci, Veronika: Musikalische Salons, Düsseldorf/Zürich 2000.

Beci, Veronika: Verdi: ein Komponistenleben, Düsseldorf/Zürich 2000.

Beckmann, Max: Briefe im Kriege, Berlin 1916.

Beckmann, Max: Tagebücher 1940–1950, München 1955.

Berg, Alban: Briefe an seine Frau, Wien 1965.

Berlioz, Hector: Memoiren, hg. v. Wolf Rosenberg, Königstein/Ts. 1985.

Bernbach, Udo: Wo Macht ganz auf Verbrechen ruht. Politik und Gesellschaft in der Oper, Hamburg 1997.

Beuys, Barbara: Familienleben in Deutschland, Hamburg 1984.

Blaukopf, Kurt: Musik im Wandel der Gesellschaft, München 1982.

Boureau, Alain: Das Recht der Ersten Nacht, Düsseldorf/Zürich 1996.

Braun, Joachim; Hoffmann, Heidi Tamar: Verfemte Musik. Komponisten in den Diktaturen unseres Jahrhunderts, Bern 1995.

Braun, Rudolf: Macht des Tanzes – Tanz der Mächtigen. Hoffeste und Herrschaftszeremoniell 1550–1914, München 1993.

Braunbehrens, Volkmar: Mozart in Wien, München 1986.

Brodde, Otto: Heinrich Schütz. Weg und Werk, Kassel/München 1979.

Buderath, Bernhard; Makowski, Henry: Die Natur dem Menschen untertan. Ökologie im Spiegel der Landschaftsmalerei, München 1986.

Burchill, Julie: Über Prince/Pop/Elvis/Kommunismus/etc., Köln 1987.

Der critische Musikus an der Spree. Berliner Musikschrifttum von 1748 bis 1799, hg. v. Hans-Günter Ottenberg, Leipzig 1984.

Conzelmann, Otto: Der andere Dix – Sein Bild vom Menschen und vom Krieg, Stuttgart 1983.

Dahmen, Hermann Josef: Friedrich Silcher. Komponist und Demokrat. Eine Biographie, Stuttgart/Wien 1989.

Da Ponte, Lorenzo: Mein abenteuerliches Leben, Reinbek 1960.

Day Handcock, William: English Historical documents, Bd.12: 1874–1914, London 1978.

Der Spiegel Nr. 42, 13. 10. 1965.

Deutschland. Eine Zeitschrift, hg. v. Johann Friedrich Reichardt. Auswahl, Leipzig 1989.

Die Familie Mendelssohn. 1729 bis 1847. Nach Briefen und Tagebüchern, hg. v. Sebastian Hensel, Frankfurt a. M. 1995.

Die Tagebücher von Joseph Goebbels. Sämtl. Fragmente, hg. v. Elke Fröhlich, 4 Bde. München/London/New York/Oxford/Paris 1987

Die Zeit Nr. 12, 2001.

Dörffel, Alfred: Geschichte der Gewandhauskonzerte zu Leipzig, Leipzig 1884.

Effenberger, Arne: Frühchristliche Kunst und Kultur. Von den Anfängen bis zum 7. Jahrhundert, München 1986.

Elger, Dietmar: Expressionismus. Eine deutsche Kulturrevolution, hg. v. Ingo F. Walther, Köln 1988.

Elias, Norbert: Mozart. Zur Soziologie eines Genies, Frankfurt a. M. 1991.

Enquist, Per Olov: Der Besuch des Leibarztes, München 2001.

Enzyklopädie des Nationalsozialismus, hg. v. Wolfgang Benz / Hermann Graml / Hermann Weiss, München 1997.

Erpel, Fritz: Max Beckmann. Leben im Werk. Die Selbstbildnisse. München 1985.

Fischer, Jens Malte: Richard Wagners ›Das Judentum in der Musik‹. Eine kritische Dokumentation als Beitrag zur Geschichte des Antisemitismus, Frankfurt a. M./Leipzig 2000.

Fischer, Petra: Vormärz und Zeitbürgertum: Gustav Albert Lortzings Operntexte, Stuttgart 1996.

Freller, Thomas: Die Welt will betrogen sein. Fälscher und Wunderheiler des 18. Jh., Düsseldorf/Zürich 2001.

Fustel de Coulanges, Numa Denis: Der antike Staat. Kult, Recht und Institutionen Griechenlands und Roms, München 1988.

Geiringer, K.: Joseph Haydn, Potsdam 1932.

Glikman, Isaak D.: Dmitrij Schostakotwitsch. Chaos statt Musik? Briefe an einen Freund, Berlin 1995.

Gojowy, Detlef: Dimitri Schostakowitsch, Reinbek 1983.

Griesinger, G. A. von: Biographische Notizen über Joseph Haydn, Leipzig 1810.

Grosz, George: Die Kunst ist in Gefahr, Berlin 1925.

Grunsky, Karl: Kampf um deutsche Musik, Stuttgart 1933.

Gurjewitsch, Aaron J.: Das Weltbild des mittelalterlichen Menschen, München 1982.

Hamann, Brigitte: Elisabeth. Kaiserin wider Willen, München 1999.

Hamburger Abendblatt 10. 12. 1968.

Henze, Hans Werner: Musik und Politik, München 1976.

Heyden-Rynsch, Verena von der: Europäische Salons. Höhepunkte einer versunkenen weiblichen Kultur, Düsseldorf [3]1997.

Hindemith, Paul: Briefe, hg. v. Dieter Rexroth, Frankfurt a. M. 1982.

Hoffmann, Hans: Albert Lortzing. Libretto eines Komponisten-Lebens, Düsseldorf 1987.

Hoffmann, Hans: Carl Maria von Weber. Biographie eines realistischen Romantikers, Düsseldorf 1986.

Homer: Ilias. Odyssee, München [4]1985.

Iwersen, Julia: Lexikon der Esoterik, Düsseldorf/Zürich 2001.

John, Eckhard: Musikbolschewismus – Die Politisierung der Musik in Deutschland 1918–1938, Stuttgart 1994.

Jüngling, Kirsten/Roßbeck, Brigitte: Franz und Maria Marc, Düsseldorf/Zürich 2000.

Kater, Michael H.: Composers of the Nazi Era. Eight Portraits, New York 2000.

Kater, Michael H.: Die missbrauchte Muse. Musiker im Dritten Reich, München 1998.

Kettenmann, Andrea: Frida Kahlo. 1907–1954. Leid und Leidenschaft, Köln 1992.

Kipling, Rudyard: Das Dschungelbuch, Zürich 1987.

Kipling, Rudyard: Kim, München 1985.

Kirkwood Ensor, Robert Charles: England 1870–1914, Oxford 1963.

Kleßmann, Eckart: Die Mendelssohns, Düsseldorf/Zürich 1990, [3]1997.

Klotz, Volker: Operette. Porträt und Handbuch einer unerhörten Kunst, München 1990 (1997).

Köhler, Joachim: Wagners Hitler. Der Prophet und sein Vollstrecker, München 1997.

Kokoschka, Oskar: Mein Leben, München 1971.

Kopitz, Klaus M.: Der Düsseldorfer Komponist Norbert Burgmüller, Kleve 1998.

Kreiten, Karlrobert: Quellenmaterial der Mahn- und Gedenkstätte Düsseldorf für die Opfer nationalsozialistischer Gewaltherrschaft (mit Dank!).

Kreiten, Theo: Wen die Götter lieben … Erinnerungen an Karlrobert Kreiten, Düsseldorf 1947.

Kurtz, Michael: Stockhausen. Eine Biographie, Kassel/Basel 1988.

Kuzmics, Helmut/Axtmann, Roland: Autorität, Staat und Nationalcharakter. Der Zivilisationsprozess in Österreich und England 1700–1900, Opladen 2000.

Lanzmann, Claude: Shoah, Düsseldorf [3]1986.

Lexikon des Mittelalters, 9 Bände, München 1977–98.

Loreley, Die. Ein Lesebuch, hg. v. Wolfgang Minaty, Frankfurt a. M. 1988.

Loreley und Schinderhannes, hg. v. Ursula Schulze u. a., Düsseldorf 2000.

Macke, August: Retrospektive, Katalog des Westfälischen Landesmuseums für Kunst und Kulturgeschichte Münster, Münster 1987.

Magazin der Musik, 1783, 1784.

Maltzan, Maria Gräfin von: Schlage die Trommel und fürchte dich nicht. Erinnerungen, Frankfurt a. M. 1991.

Marc, Franz: Briefe aus dem Feld, Berlin 1940, Neudruck München 1982.

Maurer Zenck, Claudia: Ernst Krenek – ein Komponist im Exil, Wien 1980.

Messmer, Franzpeter: Orlando di Lasso, München 1982.

Messmer, Franzpeter: Musiker reisen, München 1992.

Meyer, Krzysztof: Schostakowitsch – Sein Leben, sein Werk, seine Zeit, Bergisch-Gladbach 1995.

Meysenbug, Malwida von: Memoiren einer Idealistin, hg. v. Renate Wiggershaus, Königstein 1998.

Morton, Frederic: Die Rothschilds. Porträt einer Familie, München 1962.

Müller, Hans-Peter: Ein Genie bin ich selber! Hanns Eisler in Anekdoten, Aphorismen und Aussprüchen, Berlin 1984.

Musikalisches Kunstmagazin. Bd. 1, Berlin 1782. Bd. 2, Berlin 1791.

Musik und Musikpolitik im faschistischen Deutschland, hg. v. Hanns Werner Heister und Hans-Günter Klein, Frankfurt a. M. 1984.

Naujoks, Harry: Mein Leben im KZ Sachsenhausen 1936–1942. Erinnerungen des ehemaligen Lagerältesten, Köln 1987.

Niemetschek, Franz: Leben des K. K. Kapellmeisters Wolfgang Gottlieb Mozart, Prag [2]1808, Nachdr. Leipzig 1978.

Nofretete – Echnaton. Ausstellungskatalog, München 1976.

Nolde, Emil: Mein Leben, hg. v. M. Urban, Köln [6]1987.

Norris, Christopher: Shostakovich. The man and his music, London 1982.

Pass, Walter; Scheit, Gerhard: Orpheus im Exil. Die Vertreibung der österreichischen Musik von 1938–1945, Wien 1995.

Petersen, Peter: Berthold Goldschmidt. Komponist und Dirigent, Hamburg 1994.

Pietsch, Irene: Heikle Freundschaften. Mit den Putins Russland erleben, Wien 2001.

Prieberg, Fred K.: Musik und Macht, Frankfurt a. M. 1991.

Raab-Hansen, Jutta: NS-verfolgte Musiker in England, Hamburg 1996.

Reinhold, Peter: Maria Theresia, Darmstadt 1977.

Ringger, Rolf Urs: Von Debussy bis Henze. Zur Musik unseres Jahrhunderts, München 1986.

Ritter, Franz: Heinrich Himmler und die Liebe zum Swing, Leipzig 1994.

Robbins Landon, Howard C.: Joseph Haydn. Sein Leben in Bildern und Dokumenten, Wien/München/Zürich/New York 1981.

Robbins Landon, Howard C.: 1791. Mozarts letztes Jahr, Düsseldorf 1988.

Rürup, Reinhard: Deutschland im 19. Jahrhundert. 1815–1871, Göttingen 1984.

Salber, Linde: Frida Kahlo, Hanburg 1997.

Saremba, Meinhard: Elgar, Britten & Co. Eine Geschichte der britischen Musik in zwölf Porträts, Zürich 1994.

Schipperges, Heinrich: Moderne Medizin im Spiegel der Geschichte, Stuttgart 1970.

Schlangenbrut. Streitschrift für feministisch und religiös interessierte Frauen Nr. 67, 1999.

Schleuning, Peter: Das 18. Jahrhundert: Der Bürger erhebt sich, Reinbek 1989.

Scholz, Dieter David: Ein deutsches Mißverständnis. Richard Wagner zwischen Barrikade und Walhalla, Berlin 1997.

Scholz, Piotr O.: Der entmannte Eros. Eine Kulturgeschichte der Eunuchen und Kastraten, Düsseldorf/Zürich 1997.

Schubart, Christian Friedrich Daniel: Deutsche Chronik. Eine Auswahl, Köln 1989.

Schultz, Ingo: Viktor Ullmann, Hamburg 1993.

Schütz, Heinrich: Gesammelte Briefe und Schriften, hg. v. Erich H. Müller, Regensburg 1931, Nachdr. Hildesheim/New York 1976.

Steffens, Heinrich: Was ich erlebte, Breslau 1840–44.

Stein, Peter: Epochenproblem »Vormärz« (1815–1848), Stuttgart 1974.

Stompar, Stephan: Künstler im Exil, 2 Bde. Frankfurt a. M. 1994.

Umbach, Klaus: »Zu schönen Klängen eine brutale Ideologie«. Spiegel-Gespräch mit Wagner-Forscher Hartmut Zelinsky über ›Parsifal‹ und dessen Auswirkungen auf Hitler und Holocaust, in: Richard Wagner. Ein deutsches Ärgernis, Reinbek 1982.

Verdrängte Musik. Berliner Komponisten im Exil, hg. v. Habakuk Traber und Elmar Weingarten, Berlin 1987.

Volkow, Shulamit: Jüdische Assimilation und Jüdische Eigenart im Deutschen Kaiserreich, in: Geschichte und Gesellschaft, 1983.

Vones-Liebenstein, Ursula: Eleonore von Aquitanien, Göttingen 2001.

Wagner, Richard: Ein deutscher Musiker in Paris. Novellen und Aufsätze von 1840/41, hg. v. Martin Gregor-Dellin, München 1989.

Wagner-Handbuch, hg. von Ulrich Müller/Peter Wapnewski, Stuttgart 1986.

Walter, Michael: Hitler in der Oper. Deutsches Musikleben 1919–1945, Stuttgart 1995.

Walther von der Vogelweide: In dieser Welt geht's wundersam. Sämtliche Gedichte … Originaltext und Übersetzung, nach der Ausg. von Hugo Witt, mit einer Einführung von Ursula Schulze, München 1984.

Weber, Horst: Musik in der Emigration 1933–1945. Verfolgung – Vertreibung – Rückwirkung, Stuttgart 1994.

Weber, Horst: Zemlinskys Briefwechsel mit Schönberg, Webern, Berg und Schreker, Darmstadt 1995.

Weber, Carl Maria von: Briefe, hg. v. Hans Christoph Worbs, Frankfurt a. M. 1982.

Weber, Max Maria von: Carl Maria von Weber. Ein Lebensbild in drei Bänden, Leipzig 1864–1866.

Wiener Realzeitung, 11. 7. 1786.

Wilhelmine von Bayreuth. Eine preußische Königstochter. Glanz und Elend am Hofe des Soldatenkönigs in den Memoiren der Markgräfin Wilhelmine von Bayreuth, Frankfurt a. M. 1990.

Winkle, Stefan: Johann Friedrich Struensee. Arzt, Aufklärer und Staatsmann, Stuttgart 1983, ²1989.

Wocker, Karl Heinz: Königin Victoria. Eine Biographie, Düsseldorf 1990

Worner, Karl Heinz: Robert Schumann, München 1987.

Zweig, Stefan: Die Welt von Gestern. Erinnerungen eines Europäers, Frankfurt a. M. 1997.

Editorischer Verwerk: Leider konnten nicht alle Rechteinhaber erreicht werden. Der Verlag wird rechtmäßige Ansprüche in angemessener Weise abgelten.

Personenregister

374

Danksagung

Ich danke allen Personen und Institutionen, die mir bei meiner Arbeit geholfen haben, ganz besonders aber meiner geduldigen Familie. Darum möchte ich dieses Buch meinem Mann widmen.